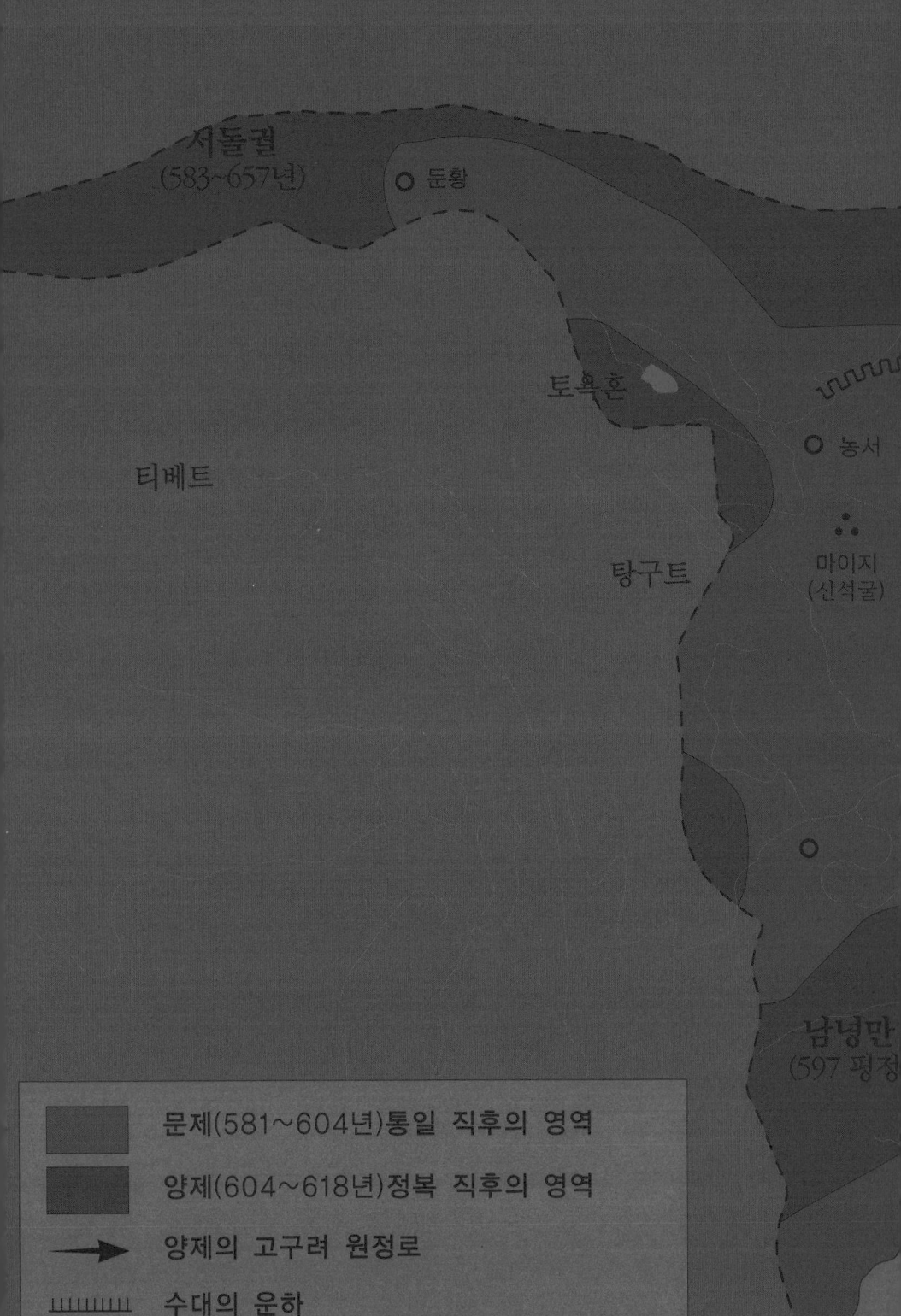

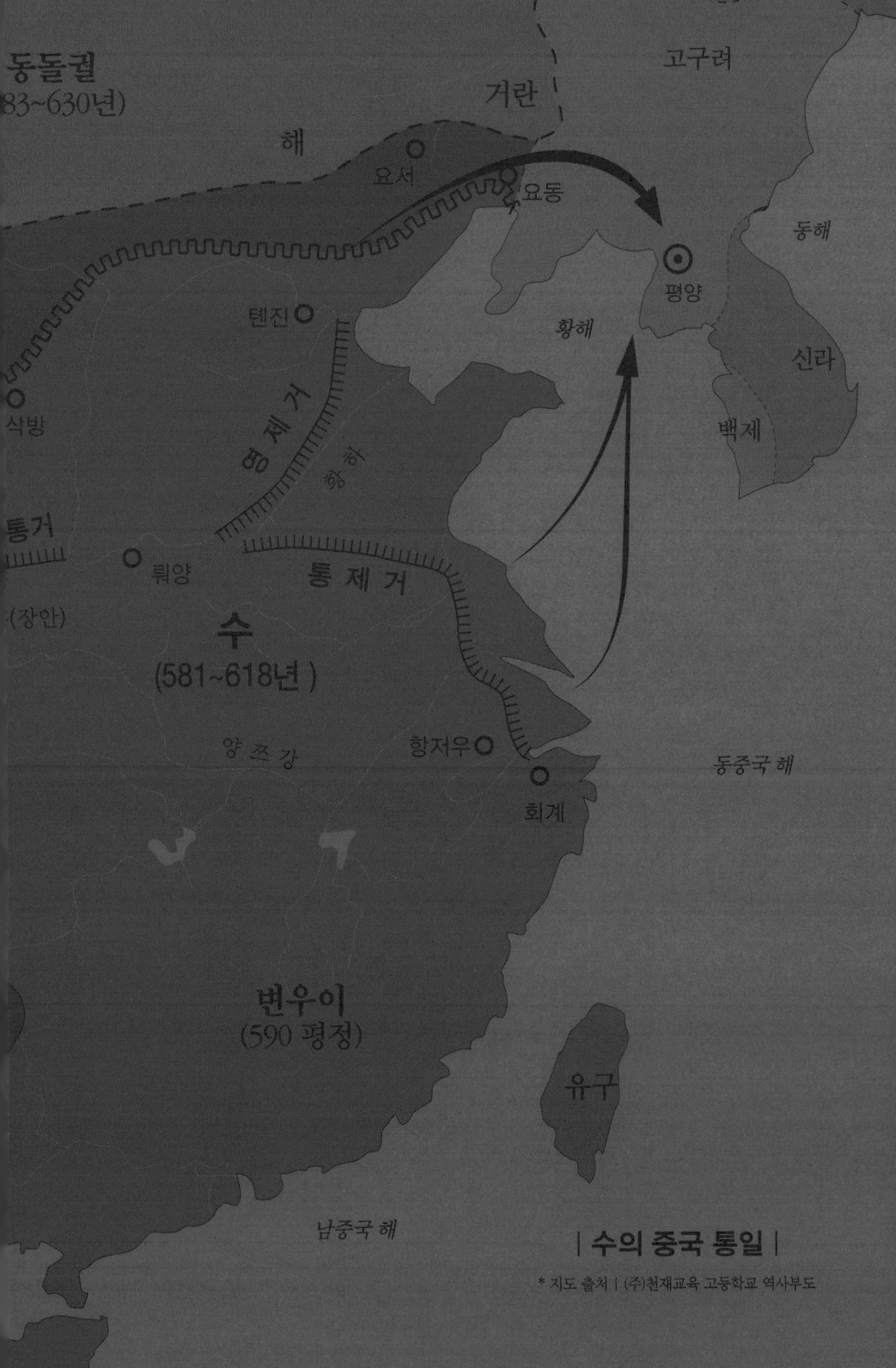

千秋興亡 전주흥망

盛唐氣象
作者: Song Chang Bin
copyright ⓒ 2005 by 長春出版社
All rights reserved

Korean Translation Copyright ⓒ 2008 by Humandom Corporation
Korean edition is published by arrangement with 長春出版社
through EntersKorea Co., Ltd, Seoul.

이 책의 한국어판 저작권은 (주) 엔터스코리아를 통한
중국의 長春出版社와의 계약으로 따뜻한손이 소유합니다.
신 저작권법에 의하여 한국 내에서 보호를 받는 저작물이므로
무단전재와 무단복제를 금합니다.

천추흥망

千秋興亡

수·당나라
중화문화의 절정기

반만년을 이어온
중국의 천하경영

총편집 — 거지엔슝 葛劍雄
지은이 — 쑹창빈 宋昌斌
옮긴이 — 이지연

따뜻한손

| 개정판 서문 |

중국역사 총서 『천추흥망』 전 8권은 2000년에 출간되었다.
중국 역사지리 전문가 거지엔슝葛劍雄 선생이 총편집을 담당하고, 당시 역사학계에서 활동하던 학자들이 집필을 맡았다.
중국 역사상 중요한 8개 왕조(진, 한, 삼국·양진·남북조, 당, 송, 원, 명, 청)를 배경으로, 시대별로 주요 변화 및 발전 시기를 파악해 왕조별로 정치·경제·군사·문화·과학기술·종교·법률 등 여러 부문에 걸쳐 일어난 역사적 사건과 흥망의 변천사를 체계적으로 보여주고 있다.
또한 영웅들로 하여금 주먹을 불끈 쥐게 하고 범인들로 하여금 하염없이 눈물을 흘리게 했던 이야기들을 생생하게 묘사하였다. 여기에 역사적으로 주목할 만한 성공의 경험과 실패의 교훈, 치세의 전략과 전란의 실상을 한데 모으고 심도 있는 연구 토론을 거쳐 역사적 교훈을 제시하고 있다.

이 책은 출판 후 제12회 중국도서상을 수상했으며, 전문가들과 일반 대중에게 큰 호평을 받았다.
　이 책의 역사적 가치를 감안하고 수많은 독자들의 요구에 부응해 이번에 개정판을 내게 되었다.
　개정 과정에서 본문의 내용과 문장을 수정하였을 뿐만 아니라, 역사적인 인물·문물·풍경·지도와 관련된 사진과 그림을 충실히 보충하여 시각적인 효과를 한층 높이게 되었다. 동시에 내용적으로도 풍부해짐으로써 역사적인 무게감도 한층 더해졌다.
　개정된 총서는 독립적인 낱권이 합쳐져 또 하나의 규모있는 역사서가 되도록 구성되었다. 따라서 독자들은 자신의 취향에 맞게 낱권 또는 전집으로 선택해 구입이 가능하다.

| 총 서 |

　북송 원풍元豊 7년(1084년) 11월, 사마광과 그의 조력자들은 19년의 노력끝에 354권에 이르는 대역사서『자치통감資治通鑑』을 드디어 완성했다. 사마광은 황제 신종神宗에게 올리는 표문에서 이 역사서가 다음과 같은 역할을 하기를 희망했다.
　"전대의 흥망성쇠를 거울로 삼으셔서, 오늘날에 득이 될지 손해가 될지 두루 살피시어, 잘한 것은 상을 내리시고 잘못한 것은 경계하시며, 옳은 것은 취하고 그른 것은 물리치시어, 옛 선왕들의 성덕을 충분히 참고하시고, 전대에는 없었던 치세를 이룩하시어, 천하의 만백성이 그 복을 누리게 하소서."
　그러나 제위를 이어받은 철종哲宗과 이후의 휘종徽宗은 사마광의 고심을 저버리고『자치통감』에서 일깨워 준 역사적 교훈을 받아들이지 않았다. 더욱이 '옛 선왕들의 성덕을 참고'하거나 '전대에는 없었던 치세를 이룩'하는 일은 전혀 실현되지 않았다.
　『자치통감』이 세상에 나온 지 42년 후에 금金나라의 대군이 개봉開封으로 쳐들어와 송은 나라의 절반을 잃었고, 휘종과 그의 아들 흠종欽宗 마저도 포로 신세가 되었다. 이로써 천하의 만백성은 복을 누린 것이 아니라 끝없는 화를 당하게 되었다.

그러나 『자치통감』의 가치는 북송의 멸망과 함께 사라지지 않았다. 오히려 시간이 흐를수록 역대 통치자들이 더욱 중시하는 역사서가 되었다. 『자치통감』에 실려 있는 고대의 역사 서술은 오늘날 우리에게 매우 귀중한 역사 유산이다. 『자치통감』과 같은 역사서의 가치가 오늘날에도 전혀 바래지 않는 이유는, 우리에게 역사적인 사실을 제공할 뿐만 아니라 역사를 바라보는 시각과 저자가 총정리한 역사 경험을 알려주기 때문이다. 물론 시대가 다르기 때문에 우리는 그들의 견해에 전적으로 동의하기 어렵고, 때로 비판을 가하는 것도 사실이다. 그러나 수긍할 만한 사실들이 분명히 존재하며, 저자가 제시한 역사적 진실 중 일부는 불변의 가치를 지니고 있음을 어느 누구도 부정할 수 없다.

역사의 발전에는 일정한 규칙이 존재하는데 이것은 인간의 의지로는 바꿀 수 없는 필연적인 것이다. 그러나 모든 사회 발전의 한 단계, 한 왕조, 한 군주, 한 사건에는 반드시 우연성이 존재하므로 어떤 구체적인 규정에 따라 출현하거나 소멸하고, 흥성하고 멸망하는 것은 아니다. 대체적으로 사람 혹은 사건에 직접적인 영향을 미치는 것은 하늘의 뜻이 아니라 인간의 의지다. 또한 필연이 아니라 우연적인 요소가 많다. 따라서 그 결과는 언제나 유동적으로 변하기 때문에 단순하게 한가지 결말로 존재하지 않는다.

봉건사회는 우리가 알고 있는 중국 역사시대의 대부분을 차지하고 있다. 그렇다고 해서 봉건사회의 일반적인 규칙만 연구하고, 봉건사회의 생성과 발전에서 멸망까지의 과정에만 국한하여 역사를 고찰한다면, 각 시대의 흥망성쇠를 설명할 수 없다.

역사에서 봉건사회가 발전하던 단계는 지주층이 신흥계급으로 부상하던 시기로, 쇠퇴한 왕조가 망하고 뒤를 이어 흥기한 새로운 왕조 또한 봉건사회의 특징에서 크게 벗어나지 못했다. 새로이 등장한 군주들 역시 지주계급의 이익을 대표하지 않을 수 없었다.

어째서 같은 봉건왕조라 해도 300~400년을 존속하는 왕조가 있는가 하면, 어떤 왕조는 고작 10~20년 동안만 존재했으며 심지어 생겨나지도 못한 왕조가 있는 것일까? 어째서 같은 지주계급

대표라 하더라도 새로운 땅을 개척하는 군주가 있는 반면 어떤 군주는 영토를 다른 나라에 나누어 주고 배상까지 해야 했던 것일까? 어째서 어떤 이는 청렴결백하고 어떤 이는 극도로 사치스러운 것일까? 어째서 같은 계급 내에서도 충신과 간신이 존재하며, 같은 충신이라 해도 그 최후는 확연히 다른 것일까?

  우리는 역사 발전의 총체성과 법칙성을 연구해야만 역사의 커다란 흐름을 파악할 수 있으며, 이를 통해 우리가 하려는 일의 성공 여부를 확신하고 불굴의 의지로 이를 추진할 수 있다. 그러나 이 말이 구체적이며 일반적인 역사적 경험을 소홀히 하라는 의미는 결코 아니다. 더욱이 개개인의 입장에서는 역사적 경험을 통해 실용적이고 자기계발적인 지혜를 길러나갈 수 있으며, 이런 간접 경험이야 말로 커다란 자산이 될 수 있다.

  이런 의도하에 청톈취안程天權 교수와 장춘출판사 사장님의 공동 기획으로 이 책을 집필하게 되었다. 저자 중의 한 사람으로서, 이 책이 독자들에게 역사적 교훈과 삶의 지혜를 제공하기를 바라마지 않는다.

『천추흥망』은 총 8권으로 구성되었고, 권마다 중국 역사상 영향이 큰 왕조 혹은 시기를 선정, 각 시기에서 인물·사건·제도·관점·단계 등등 10~20개의 주제를 선정해 서술하고, 구체적인 사실을 통하여 저자의 관점과 견해를 제시했다. 때로 사실을 서술하는 과정에서 이치가 분명하게 드러나 저자가 많은 말을 할 필요가 없는 경우도 있었다.

이 책이 일반적인 역사서와 다른 점은 각 권의 체계가 통사의 형식을 취한 것이 아니라, 한 왕조 혹은 단계 중에서 비교적 의의가 크고, 전달하기 쉬우면서 다방면으로 연구되어 온 주제를 선별하여 이를 집중적으로 서술한 것이다. 간혹 독자들 중에 자신이 중요하다고 생각하는 주제가 빠져 있어 아쉽다고 생각하는 분이 있을 수 있으므로 미리 양해를 구한다.

우리는 더 많은 독자가 이 책을 읽기 바라는 마음에서 각 권의 시작에는 대강을 요약하는 장을 삽입했다. 이것은 해당 역사 단계의 통사를 잘 모르는 독자들을 위한 준비 단계로서 뒷부분에 나오는 주제와 배경에 대한 독자들의 사전 이해를 높이기 위한 것이므로 이 방면으로 지식이 풍부한 독자라면 읽지 않아도 크게 상관이 없다.
 이 책의 각 장은 독립적인 성격을 갖고 있어 반드시 책의 순서에 따라 읽을 필요는 없다. 따라서 독자들이 흥미를 갖고 있는 부분을 임의로 골라 읽어도 무방하다. 필자 또한 책을 볼 때 이러한 방법으로 재미있는 부분은 여러 번 읽고, 흥미가 없거나 첫 부분을 읽었을 때 재미가 없으면 다시 보지 않는다. 당연히 이 책의 총편집자이자 작가의 한 사람으로서 각 장 모두가 가능한 한 독자 여러분을 매료시킬 수 있기를 진심으로 희망한다.

거지엔슝 | 葛劍雄

| 목차 |

4 · 개정판 서문

6 · 총서

15 · 진·한(秦漢)의 재현과 중화의 절정기
　　― 수·당(隋唐) 시기 개술

59 · 시대에 순응한 통일의 황제
　　― 수 문제의 무공문치(武功文治)

81 · 도를 넘어선 대업이 도리어 화를 부르다
　　― 수 양제의 대업과 망국

105 · 성당기상(盛唐氣象)의 창시자
　　― 이연(李淵)의 당나라 건립

125 · 당당한 기세와 탄탄한 실력을 갖추고 천하를 꿈꾸다
　　― 황위 쟁탈전 '현무문의 변(玄武門之變)'

145 · 봉건시대 치세의 모범
　　― '정관의 치(貞觀之治)'에 대한 평가

181 · 전무후무한 여황제, 무측천(武則天)
　　― 무측천을 말하다

211 · 전성기를 향한 질주
　　― 당 현종과 '개원성세(開元盛世)'

235 · 지축을 흔든 어양의 북소리
— '안사의 난(安史之亂)' 과 당나라의 내리막 길

253 · 우담화(優曇花)처럼 나타났다 곧바로 사라진 혁신운동
— '이왕팔사마(二王八司馬)' 와 '영정혁신(永貞革新)'

275 · 문하생과 관리의 끊임없는 파벌 싸움
— 공허하게 오래 지속된 '우이당쟁(牛李黨爭)'

297 · 황권 위에 기생한 악성종양
— 환관의 전권과 '감로의 변(甘露之變)'

325 · 병농(兵農) 일치와 분리
— '균전제' 와 '부병제' 로부터 '양세법' 과 '모병제' 까지

349 · 법치행정의 본보기
— 법제의 계승과 발전

373 · 천하의 영웅을 손에 넣다
— 재능만 있으면 발탁하는 과거제도

397 · 인류문명의 공동발전 시대를 연 대외개방
— 폭넓고 도량이 큰 대외개방

422 · 후기

424 · 역사 연대표

진·한(秦漢)의 재현과 중화의 절정기
—수·당(隋唐) 시기 개술

중국 고대사에 대해 조금이라도 이해하고 있는 사람이라면 아마도 수(隋)나라와 당(唐)나라가 매우 융성했던 시기였음을 어느 누구도 부인하지 않을 것이다. 지금까지도 세계의 많은 지역에서 중국인을 '당인(唐人)'이라 부르고, 전통적인 '당인거리'가 여전히 남아있다. 이를 통해 우리는 수·당, 특히 '성당기상(盛唐氣象)'의 영향력이 얼마나 깊은지 알 수 있다.

그렇다면 '성당기상'은 어떻게 형성되었을까? 주로 어느 방면에서 나타났을까? 후세들이 거울로 삼을 만한 교훈은 무엇인가? 이러한 주제들이 이 책에서 탐구하고자 하는 주요 내용이다. 첫 장에서 먼저 개괄적으로 소개한다.

수隋·당唐 두 왕조는 중국 봉건사회 발전에 있어 가장 정점에 오른 시기였다. 수·당도 진秦·한漢과 마찬가지로 오랫동안 곳곳에서 패업을 꿈꾸던 할거정권들을 정복하는 과정을 거쳐 통일된 중앙집권적 봉건제국을 건설했다. 수·당왕조는 재건을 이룩하고 통일을 유지하는 과정에서 봉건제도를 개혁하고, 경제와 문화를 발전시켰으며, 대외개방을 확대하는 등 다방면에서 많은 업적을 남겨 후세의 칭송을 받고 있다.

1. 통일제국의 재건(再建)

동한東漢 말 '동탁董卓의 난' 이후 시작된 분열 상태는 무려 400년 동안이나 지속되었다. 그러나 분열 속에서도 통일을 실현하기 위한 조건들이 무르익어 점차 통일을 향해 나아가고 있었다.

전국 재통일의 시대적 추세가 무르익다

한나라 말기 분열과 대립이 극심했던 주요 원인은 바로 권문사족들의 세력이 막강했기 때문이다. 『삼국지』를 읽어 본 사람들은 알겠지만 조조曹操와 유비劉備가 술을 마시면서 영웅을 논할 때, 유비가 열거한 많은 영웅들의 대부분은 호족豪族을 대표하는 인물이었다. 원소袁紹는 '4대에 걸쳐 3공을 배출하고, 그 제자들과 아전들이 천하에 퍼져 있다' 고 일컫는 원씨 가문 출신이고, 손책孫策은 조상대대로 강동江東에서 살았으며 손책 또한 아버지의 군대를 물려받아 가업을 이었다.

삼국·양진兩晉·남북조에 이르면 호족들의 세력다툼 과정에서 서로 알력이 생겨 결과적으로 호족세력의 약화를 가져온다. 이러한 세력 약화의 원인은 주로 두 가지로 볼 수 있는데 그 하나는 전쟁으로 인한 타격이다. 다시 말해 남조南朝 양梁나라 간문제簡文帝 때 일어난 '후경侯景의 난' 으로 인해 강남에 사는 명문대족들은 멸족을 당했다(양은 南梁·남량이라고도 한다).

오죽하면 당나라 시인 유우석劉禹錫은 "예전에는 제비가 왕씨와 사謝씨 마당에만 들었는데, 지금은 일반 백성 집에 날아드는구나."[1]라고 읊었을까. 당시 세상사의 극심한 변화와 권력의 부침이 심했던 명문세족들의 모습을 매우 구체적으로 묘사하는 시다.

다른 하나는 정책적 제약 때문이었다. 남조는 유송劉宋 이래 '한인寒人이 기밀을 장악한다' 는 말처럼 미천한 집안 출신들을 기용해 국

---

[1] 舊時王謝堂前燕(구시왕사당전연), 飛入尋常百姓家(비입심상백성가)

가의 기밀을 장악하도록 했다. 여기에는 사족세력 견제의 정치적 배경이 깔려있다. 또 '토단土斷'과 '검적檢籍'을 시행해 북방에서 남하한 권문사족들을 모두 현지 호적에 올리고 토착민과 동등하게 대우하는 동시에 호적에 거짓이나 누락이 없는지 등을 철저히 조사했다. 사족의 경제권을 제한하려는 의도였다.

북위北魏에서 시작된 '균전제均田制'나 서위西魏가 실시한 '탁현량擢賢良'의 정책은 모두 경제와 정치 방면에서 권문사족 세력을 견제하기 위한 조치였다. 이 두 원인이 상호작용 하는 가운데 강력한 사족 문벌이 점차 몰락함으로써 통일에 장애가 되는 사회적 요인들은 점차 사라져갔다.

변방의 여러 소수민족들이 중국 영내로 들어와 세운 독립적인 정권도 위진魏晉·남북조의 분열과 대립을 초래한 또 하나의 중요한 요인으로 작용했다. 진晉 조정이 남하한 까닭은 흉노·선비·갈羯·저氐·강羌 등 소수민족의 내륙이동으로 심한 압박을 받았기 때문이었다. 이 무렵 북방에 출현한 '16국'은 대부분 이러한 소수민족들이 세운 정권으로, 뒷날 북방을 통일한 북위 정권의 주인도 선비족의 한 갈래인 탁발씨拓跋氏였다. 내륙으로 들어온 여러 소수민족은 봉건화의 단계로 넘어가는 과정에서 점차 한족의 봉건문화를 받아들이는 동시에 자신의 고유문화와 풍습을 한족에게 전파했다.

수나라 개국 초기 한족의 거주지역에 들어와 있던 여러 소수민족은 경제와 일상생활은 물론, 언어 및 풍습에서도 한족과 융화하여 하나가 되었다. 그래서 후세의 역사학자들은 오직 후손의 성씨로부터 거슬러 올라가야 그들 민족의 뿌리를 알 수 있게 되었다. 통일제국의 재건을 위해 여러 민족의 융합은 중요한 전제조건 중 하나였다.

민족융합이 진행되면서 북방과 남방의 경제는 점점 연계성이 높아졌다. 북방에서는 북위 중기 효문제孝文帝가 개혁을 단행해 사회와 경제 방면에서 뚜렷한 발전을 보였다. 남방의 농업생산량도 크게 늘어났다. 남·북방에서 경제가 회복되고 발전하자 상품교환 등 경제와 문화의 연계가 점차 보편화되었다.

　북방의 낙양洛陽과 장안長安은 남북무역의 중요한 상업도시로 변모했고 남방의 물품은 북방에서 인기상품이 되었다. 북위 시절 낙양성 남쪽의 '사이관四夷館' 부근에는 외국인 1만여 가구가 살고 있었다. 이들은 외지에서 가져오거나 외지인이 취급하는 각종 상품을 판매했다. 남방의 장강 연안과 오흥吳興·오강吳江·오현吳縣의 삼오三吳 지역도 상업이 매우 발달했다. 당시 성도成都는 서남지역 민족 간 상품교환의 중요한 시장이었을 뿐만 아니라 외국 상인들까지 끌어들여 서역의 상인들도 양주凉州를 거쳐 이곳에 와서 무역을 했다. 한수漢水와 회수淮水 연안에서 남북 간의 무역이 점차 늘어나 군대의 관리와 상인들은 수춘壽春(지금의 안휘성 수현)을 중심으로 각자 필요한 상품을 교환했다. 남북경제의 발전과 긴밀한 연계는 전국 재통일의 물질적 기반을 마련해주었다.

수문제의 전국 재통일

　흉노족의 압박을 받아 양자강 남쪽으로 쫓겨 와 동진東晉을 건국한 서진황실의 후예들은 문제文帝 양견楊堅이 수나라 건국으로 전국을 통일하기 이전에 여러 차례 통일을 위한 노력을 기울였다. 동진의 초대 황제 원제元帝 시기에 북방대족으로 남방에 거주하던 조적祖逖이 북벌 단행을 요청했다. 그는 북방통치자들이 서로 갈등을 일으키고 있는 기회를 이용해 적은 병력으로 황하 이남의 영토를 점령했다. 후조後趙

의 통치자 석륵石勒은 그를 두려워해 강화를 요청했다. 그러나 북벌은 남북 토착세력의 협공을 받아 성공을 눈앞에 두고 실패하고 말았다.

 조적의 북벌에 이어 유량庾亮이 출병했다가 실패하고, 은호殷浩도 북벌에서 성과가 없었으며, 환온桓溫은 처음에는 승리했다가 결국은 패하고 말았다. 유송劉宋의 개국황제 유유劉裕도 동진의 장군으로 있을 때 북벌에 나서 장안까지 쳐들어갔으나 부하가 장안에서 내분을 일으켜 하夏나라 왕 혁련발발赫連勃勃에게 지고 말았다.

 남북조 시기에 남과 북은 서로 공격을 주고받았지만, 북조와 남조 모두 상대를 완전히 정복하지 못했다. 비록 무력통일 노력이 성공하지 못했지만 각계각층 모두가 통일을 염원했던 사실을 알 수 있다. 아무튼 통일의 실현 방식에 상관없이 이러한 노력들이 통일을 가속화하는 데 큰 역할을 했다.

 578년 당시 북방을 통일한 북주北周 왕조의 군사·정치대권은 외척 양견(뒷날 수나라 개국황제 문제)의 수중에 있었다. 마침내 양견은 2년 뒤 수를 세우고 강남 진출과 전국 통일을 위한 적극적인 준비 작업에 나선다. 수는 양견의 통치 아래 국력이 날로 강성해져 강남의 진陳(또는 남진·南陳)을 훨씬 앞질렀다. 무엇보다 장기간의 민족투쟁과 민족융합을 통해 남북대립으로 발생한 민족갈등이 기본적으로 사라진 상태였기 때문에 수의 통일전쟁은 매우 순조롭게 진행되었다.

 588년*, 문제의 둘째 아들 진왕晉王 양광楊廣은 50만 대군을 통솔하여 다섯 갈래로 강남의 진陳을 총공격한다. 이듬해에 수도 건강建康은 함락되고 진은 멸망한다. 이어 남방 각지에 흩어져 있는 반항세력을 차례로 소탕해 남방 전체의 주현州縣을 평정했다. 결국 장기간의 남북 분열 상태가 종결되고 봉건제국의 통일이 다시 한 번 실현되었다.

---

*세계사: 590년 로마 교황 그레고리우스 1세 즉위, 교황권이 확립됨

수나라는 건국 이후 문제 양견의 노력으로 정국은 안정되었고 국력도 점차 튼튼해졌다. 그러나 수 양제煬帝 양광이 즉위하면서 통치집단 내부의 갈등이 첨예화되고 백성들의 부담이 가중되었다. 그리하여 봉건제국이 통일된 지 얼마 지나지 않아 전국에서 농민봉기가 일어나고 내부의 실력자들이 끊임없이 중원을 다투는 양상이 전개되었다. 마침내 수왕조는 급속히 와해되면서 전국은 또다시 분열과 혼란 속으로 빠져들었다. 수의 태원유수太原留守 이연李淵은 이 기회를 틈타 군대를 일으켜 각지의 할거세력을 무찌르고 농민봉기군을 진압했다. 그는 전국을 통일하고 약 300년 동안 지속되는 당나라를 세운다.

수 말기의 전란과 진秦 말기의 전란은 그 양상이 매우 비슷하다. 제국이 통일되자마자 일어났다가 곧 사그라지고, 다시 통일제국이 출현해 약 300년~400년을 이어간다. 즉 진과 수가 각각 2대 만에 망하고 뒤를 이은 한漢과 당唐이 수백 년간 통일제국으로 존속하는 것이다.

그러나 당나라 300년의 역사가 굴곡이 없고 순탄했던 것만은 아니다. 초기의 정치는 대체적으로 깨끗하고 사회도 비교적 안정되어 '정관의 치貞觀之治'로부터 '개원성세開元盛世'까지의 시기는 중국 역사의 상승기였다.2) 하지만 그 한편에서 쇠락과 분열의 요소가 함께 자라난다. 즉 개원開元·천보天寶시기에는 성세에서 쇠퇴로 역행하는데 '안사의 난安史之亂'이 바로 그 전환점이 된다.

당은 건국 초기 중앙집권의 통일제국으로서 변방의 여러 민족과의 관계를 잘 처리해 나갔다. 그러나 '안사의 난' 이후 사회는 분열되어 중앙 통치는 무력해졌으며 번진藩鎭의 대립과 전쟁으로 제국은 풍전등화의 위기에 놓인다. 변방 소수민족과의 관계는 매우 복잡하게 얽

---

2) 당은 태종 시기 정관의 치와 현종 시기 개원성세를 거치면서 중국 역사상 가장 강력한 국가로 성장한다

혀 마찰이 잦았고 압력까지 받는다. 이에 더해 번진藩鎭들은 서로 투쟁하고 이용하기에 바빠 나라 전체가 혼란에 빠진다.

그러나 당이 멸망할 때까지 서한과 동한 사이에 있었던 잦은 왕조교체와 같은 양상은 나타나지 않았고, 통일제국은 변함없이 유지되었다. 당 말기의 농민봉기 와중에 번진의 할거로 출현한 5대10국의 분열 상황은 동한 말기 이후처럼 오래 지속되지 않았다. 동한 말기 이후의 분열은 무려 400년 동안이나 지속되었지만 당 말기의 분열은 60년에 불과했다. 이러한 역사적 전개는 결국 진·한에 의해 다듬어지고 수·당의 손질을 거쳐 기본적인 통일의 틀이 마련되었음을 의미한다.

2. 봉건제도의 발전과 변화 과정

수·당은 중국 봉건사회의 계승과 발전 시기다. 봉건제도의 변화 또한 계승과 발전의 색채를 강하게 띠고 있다. 봉건제도의 발전과 흥망은 당시의 경제와 사회 발전에 직접적으로 영향을 미쳤으며, 동시에 안정과 혼란 그리고 흥망성쇠 등의 여러 사실들을 고스란히 알려준다.

수와 당의 균전제와 세금제도

경제 분야를 살펴보면, 두 왕조는 토지·호적·조세·부역제도 등의 확립에 많은 힘을 기울였다. 경제발전의 촉진 및 국가의 수입 보장이 그 취지였다.

수나라 초기에 반포된 균전령(均田令)의 주요 내용은 북위·북제·북주의 균전제와 비슷하다. 그러나 균전제의 시행 범위에 대해서는 지금까지도 논란이 많다.

수와 당의 교체기에 숱한 전란으로 인해 인구가 급격히 감소하고 많은 토지가 황폐해지자, 당은 건국 초기에 백성들이 경작할 토지를 정부에서 등급에 따라 나누어 준다고 규정한 균전령을 반포했다. 그러나 중기에 이르면 행정관리의 부실로 호적관리가 제대로 되지 않고 토지겸병이 심각해져 균전제는 점차 유명무실한 존재로 전락하고 '안사의 난' 이후에는 아예 없어진다.

호적제도의 변화는 균전제와 서로 밀접한 관계에 있다. 수나라 초기에 호구관리의 혼란을 없애고 균전제를 시행하기 위해 전국에 걸쳐 철저한 호적 정리 작업에 착수했다. 이를 위해 주와 현의 관리는 누락된 호구를 조사하고 호적장부에 등재된 사람의 나이 등을 토대로 당사자임을 확인하는 대조·검토 작업을 통해 연령의 날조를 막았다.

중앙에서는 호구등급의 기준을 정해 세금을 거두는 지표로 삼아 이를 모든 주와 현에 반포하고 매년 정월에 평가했다. 동시에 전국의 인구를 향촌과 도시로 나누어 당黨 혹은 족族, 이里 혹은 여閭, 보保 등의 조직으로 편성했다. 조직의 책임자는 담당한 조직의 호구 부실이나 세금체납 등의 문제에 대해서는 연대책임을 져야 했다.

당나라는 징수대장은 해마다 한 번, 호적은 3년마다 한 번 만들 것을 명확히 규정했다. 또 전국의 인구를 그 재산과 성인 여부에 따라 3등급(후에 9등급으로 고침)으로 나누고, 3년마다 한차례씩 수정하여 조세징수의 지표로 삼았다. 일상적인 호구관리는 이里와 보保에서 책임졌다. 중기 이후에는 3년마다 한 번씩 호적을 만드는 일이 점차 형식에 그쳐 이·보 등 하부조직의 호구관리가 제대로 이루어지지 않았다.

토지와 호적제도를 기초로 한 조세와 부역제도의 변화는 더욱 심했다. 수나라 초의 조세와 부역제도는 북주北周를 답습했다. 토지를 받은 가구는 식구들의 연령 및 건강 상태를 근거로 조租·조調·역役을 차등적으로 부담했다(調를 내면 役은 면제되었다). 문제文帝 때 세금과 부역의 부담은 북주 때보다 다소 줄었다. 양제煬帝 시기에도 세금과 부역의 부담을 줄여주는 조령이 있었지만, 얼마 지나지 않아 무거운 세금을 징수하고 대규모로 병역을 동원해 국가가 정한 조세와 부역제도는 사실상 유명무실해졌다.

당나라 전기의 주요한 조세와 부역제도는 조용조제租庸調制다. 조용조 이외에 호세戶稅와 잡역도 있었는데, 일반적으로 호구등급과 성인의 수로 조세를 정했다. 그러나 중기에 이르면 균전제와 호적제도가 붕괴돼 조용조제는 유지할 수 없게 된다. 당 왕조의 조세수입은 호세戶稅와 지세地稅가 점차 주류를 이루게 된다. 이를 해결하기 위해 덕종德宗 건중建中 원년(780년)*에 재상 양염楊炎은 '양세법兩稅法'을 제정했다. '양세법'은 재산의 많고 적음을 기준으로 조세를 부과하는 제도로 세금 징수의 범위를 확대한다는 취지에서 비롯되었다. 이를 통해 조세와 부역이 빈곤한 농민들에게 집중되어 있는 당시 상황을 다소 개혁하는 효과를 거두었다.

그러나 법의 시행 과정에서 물건을 돈으로 환산하는 기준이 자주 바뀌고 지방관리들이 농간을 부려 백성들에게는 점차 막대한 부담이 되었다. 또한 이 제도의 실시로 오히려 토지겸병에 대한 제약이 사라

---

*한국사: 788년 신라 원성왕이 독서삼품과 설치 / 세계사: 774년 샤를마뉴 대제가 이탈리아의 랑고바르드 왕국을 점령, 782년 샤를마뉴가 작센에서 수천 명의 반란군을 살해함

져 불과 30년도 되지 않아 관료와 지주들이 전국의 약 3분의 1에 해당하는 토지를 겸병하게 된다. 곳곳에서 '부자는 수만 무의 토지를 겸병하고, 가난한 자는 발 디딜 땅조차 없는' 현상이 일어난다. 이 때문에 생겨난 대규모의 유민은 사회동요의 근본 원인이 되었다.

관제와 법률의 정비와 과거제의 시행

수·당 시기 관리제도의 뿌리는 두 가지로 볼 수 있다. 하나는 한족 정권에 역사적 기원을 둔 것이며, 다른 하나는 소수민족 정권, 즉 외부로부터 비롯된 것이다. 수나라 초기 문제는 남북조 후기의 제도를 정리하여 매우 정비된 통치기구를 만들었다. 수 개황開皇 원년(581년)*에는 북주의 6관六官 제도를 폐지하고 3성6부제를 도입했다. 개황 3년(583년)에는 지방행정체계를 개혁해 북제와 북주의 군郡 단일 체계를 주州와 현縣의 2단계로 바꿔 많은 주와 현을 통합하고 필요없는 관리를 감원했다. 이로써 국가지출을 줄이고 행정효율을 향상시켜 중앙의 지방에 대한 통제를 강화하게 된다.

당나라의 중앙관제는 기본적으로 수나라 제도를 답습했지만, 정비를 거쳐 더욱 완전하고 치밀해졌다. 중기 이후로는 약간의 변화가 생겼다. 지방의 경우 건국 초기에는 수나라의 주와 현의 2단 체계를 실행하다가, 감찰의 필요성 때문에 전국을 10개(나중에 15개)의 도道로 나누고 중앙에서 임시로 관리를 파견했다. 이들은 처음에는 단일 업무를 수행하다가 나중에는 가장 큰 지방조직으로 변했기 때문에 실질적으로 도·주·현의 3단 체계가 형성된 것이다.

*세계사: 580년 프랑크왕국의 3분국(아우스트라시아, 노이스트리아, 부르쿤트)이 고정되고, 각 분국에서는 재상의 권력이 강해짐

법제 또한 관제와 마찬가지로 한족 정권의 구제도와 서북 여러 소수민족 정권의 새로운 제도를 바탕으로 하고 있다. 수나라 때는 대규모 입법 활동이 두 번 있었다. 한 번은 문제가 즉위 초기에 대신 고비화엽高比火頁과 소위蘇威 등에게 전대의 법률을 참조하여 새로운 법률을 제정하게 했다. 〈개황률開皇律〉이 이때 탄생한다. 또 한 번은 양제 때 〈대업률大業律〉의 편찬이다. 〈개황률〉과 〈대업률〉은 기본적으로 비슷하지만 전자가 후자보다 낫다고 볼 수 있다. 율 이외에 영令·격格·식式 등 법률형식도 출현한다.

당나라 때는 10여 차례의 큰 입법 활동이 있었을 만큼 법률의 정비에 적극적이었고 법률 형식도 전례 없이 완비되었다. 전기의 정비작업은 주로 율을 수정하면서 영·격·식을 다루었고, 후기에는 주로 칙령을 편찬하고 형법을 종류별로 종합했다. 가장 영향력이 큰 법률은 〈영휘율永徽律〉과 〈율소律疏〉인데 현존하는 〈당률소의唐律疏議〉가 바로 영휘율소永徽律疏다.

이밖에 현종玄宗 개원開元 연간에 완성된 〈당6전唐6典〉은 당나라 관제의 행정법전을 체계적으로 기재하여 후대의 행정법 제정에 중요한 영향을 미친다. 사법의 시각에서 보면, 수·당 시기의 비교적 진보적인 통치자들은 모두 엄격성과 일관성 및 신중함을 원칙으로 삼았기 때문에 사회모순을 해결하고 봉건통치를 수호할 수 있었다. 그러나 통치자가 이런 원칙을 포기하는 순간, 사회는 어김없이 무질서의 상태로 빠져들었다.

한漢·위魏 이래 '9품중정제九品中正制'라는 관리선발제도를 시행했으나 차츰 그 폐단이 심각하게 드러났다. 수나라를 세운 문제는 중앙집권을 강화하고 문벌세력을 억제하기 위해 '9품중정제'를 폐지하고 과를 나누어 치르는 과거제로 인재를 선발했다. 그러나 과거제는 아직 초기단계여서 상시 선발과 특별 선발의 두 방식밖에 없었고, 정기적으로 실시되지도 않았다. 각 과목의 시험 내용과 방법도 아직은 제도로서 확립되지 못한 상태였다.

　수의 과거제도를 계승한 당은 이를 점차적으로 보충하고 완비했으며, 과거시험을 통해 수많은 유능한 인재를 선발함으로써 관리사회와 제도를 개선하고 한·위 이래의 사족문벌들의 관직 독점을 억제해 중앙집권을 강화했다. 동시에 관직에 뜻이 있는 많은 지식인들의 사상을 통치자가 바라는 강상명교綱常名敎3)로 통제해 잠재적인 반란 사상과 세력을 약화시켰다. 비록 이 시기의 과거시험이 폐단을 드러내는 일면이 있었지만 후대만큼 심각하지는 않았기 때문에 긍정적인 면이 부정적인 면보다 더 많았다.

부병제의 붕괴와 당왕조 멸망의 상관관계

　부병제府兵制는 균전제와 밀접한 관계에 있는 군사제도로서 서위西魏와 북주北周에서 그 기원을 찾을 수 있다. 수나라는 북주를 대체한 뒤에도 계속해서 부병제를 유지하다가 왕조 말기 동란이 일어난 뒤에야 부병조직을 해체했다. 당나라는 건국과 함께 균전제를 전면적으로 시행하는 동시에 부병제를 부활시켜 정비했다. 이로써 부병제는 당나라 전기의 주요한 군사제도가 되었다.

　부병제의 특징은 병농일치兵農一致로 부병의 병사들은 주로 21세에서 60세의 장정으로 구성되었다. 이들은 장비와 식량 등을 모두 스스로 준비했는데, 평소에는 집에서 농경에 종사하고 농한기에는 군사훈련을 받았다. 주요임무는 교대로 궁궐과 관청의 숙직을 서고 정

---

3) 유가에서 정한 명분과 교훈을 원칙으로 하는 도덕관념

벌 및 방어전에 참전하는 것이었다.

부병제의 또 다른 특징은 병사와 장수의 분리로 전국의 부병은 황제의 통수 아래 있었으며 여러 위衛의 통솔을 받았다. 그러나 부병의 동원권은 상서성 병부에 속해있었기 때문에 위의 장관들에게는 부병을 동원할 권한이 없었다. 평상시에 장수는 병사를 관할하지 않았으며, 전시에만 조정에서 부병을 모집하고 장수를 파견해 병사들을 통솔하도록 했다. 전쟁이 끝나면 병사들을 즉시 돌려보내 농사를 짓도록 하여 장수의 권한을 제한했다.

부병의 배치는 도성을 중심으로 한 수도권 내부에 집중되었으며, 외곽에는 상대적으로 적었다. 부병의 전성기에는 총 657개의 절충부折衝府 가운데 수도가 소재한 관내關內(산해관 이남, 만리장성 안쪽)의 도道와 부근의 하동河東·하남河南 3도에 전국 절충부의 80%에 해당하는 526개가 분포돼 있었다. 이것은 당 왕조의 '관중關中 사람 전체가 사방을 대처한다'는 기본방침의 구현으로 수도와 황제의 안전을 효과적으로 보장하는 효과를 가져왔다. 관중은 섬서성일대를 가리키는데 사방으로 함곡관函谷關, 무관武關, 산관散關, 소관蕭關안에 있다는 뜻이다. 주周의 호경鎬京, 진秦의 함양咸陽, 한·수·당의 장안 등 통일왕국의 수도가 모두 섬서성에 있었다.

당 중기에 이르러 토지겸병이 매우 심각해짐에 따라 부병제를 지탱하던 균전제가 무너져 부병제는 모병제로 점차 대체되기 시작한다. 현종 시기에는 부현府縣·부병府兵·숙위宿衛 인력이 부족하여 12만 명의 궁광기弓廣騎를 모집하여 부병을 대체했고, 그 후 대체 규모가 점점 커져 천보天寶 연간에 이르면 부병제가 철저히 무너지고 모병제가 일반화되었다. 동시에 현종은 변방에서의 전쟁 상황에 대비해 전기의 배치방식에서 외곽에 집중하고 수도권 내부에 적게 배치하는 정책으로 바꾸었다. 이로 인해 변경지역의 절도사가 군대를 독점하는 폐단이 나타나 결국 '안사의 난'이 일어나게 된다.

  당 후기의 황제들은 번진이 군권을 마음대로 휘두름에 따라 중앙이 지방군대를 지휘할 수 없는 상황을 개선하기 위해, 부병제가 붕괴된 상황에서 환관을 파견해 군대를 감시하거나 중앙의 금군4)을 강화하는 등의 조치를 취했다. 그러나 이러한 조치는 오히려 중앙금군(당 후기에는 주로 좌우신책군)의 통제권이 환관의 손에 들어가는 결과를 가져와, 환관들이 전권을 행사하고 황제를 세우거나 폐위하는 심각한 부작용을 초래한다. 문종文宗 시기에는 이런 환관들을 제거하기 위해 은밀한 모의가 진행되지만 신중하지 못해 실패하고 만다. 이것이 바로 '감로의 변甘露之變'이다. 이후로도 번진들이 서로 충돌하고 환관들이 전횡을 일삼는 가운데, 위태위태하던 당왕조는 멸망의 길로 한 발 한 발 나아간다.

3. 경제 · 사회의 발전

  국가의 통일과 선진적인 제도의 창설로 수 · 당시기는 경제와 사회 방면에서 전대미문의 발전을 이룩했고, 많은 부문에서 봉건사회가 도달할 수 있는 최전성기를 구가했다. 당 중엽 이후 이러한 발전과 진보가 무너져 경제 · 문화의 중심이 북에서 남으로 이동하지만, 일부 부문에서는 여전히 새로운 발전을 이룬다. 종합적으로 보자면, 수 · 당은 중국 봉건사회 발전기에서 가장 정점에 오른 시기라 할 수 있다.

---
4) 금위군이라도고 한다. 황제의 궁성을 지키던 군대

수·당 성세의 기초를 마련한 경제번영

농업은 봉건사회에서 가장 기초적이며 중심이 되는 산업이다. 농업을 근간으로 하는 봉건사회에서 농업의 발전 여부는 사회 전반의 흥망성쇠와 직접적인 관련을 갖게 된다. 수와 당나라 전기에는 균전제와 조용조租庸調제를 시행함으로써 '경작하는 자가 그 땅을 소유한다'는 원칙을 광범위하게 실현했고, 과세를 공정하게 하여 농민들의 부담은 줄고 생산 의욕은 크게 고취되었다. 정부는 농민들을 동원해 수리사업을 일으켜 관개면적을 넓히고 가뭄에 대비했다. 생산도구도 부단히 개선되었으며 생산기술 또한 향상되고 널리 보급되어 이 시기의 농업이 빠르게 발전하는 데 큰 역할을 한다.

수 문제隋文帝 시기에 국가는 부강해지고 백성은 넉넉했으며, 중앙과 지방의 창고에는 식량이 넘쳐났다. 서경의 태창太倉·동도의 함가창含嘉倉과 낙구창洛口倉·화주華州의 영풍창永豊倉·섬주陝州의 태원창太原倉 등에는 많게는 1천만 석, 적게는 수백만 석에 이르는 식량이 저장되어 있었다. 이와 함께 장안, 낙양, 태원의 관창에는 각각 수천만 필에 이르는 옷감이 쌓여 있었다. 다른 지역에서 저장한 물량까지 합하면 수나라 통치자가 50, 60년은 족히 사용할 수 있는 막대한 양이었다.

당나라 현종 때는 집집마다 몇 년 동안 먹을 수 있는 양의 곡식을 저장했고, 정부 창고에 쌓아둔 식량은 천보 8년(749년)* 에 이르면 대략 1억 석이 되었다. 당시의 식량 가격은 역사상 가장 낮은 수준으로 떨어졌으며 이러한 안정세는 오랫동안 유지되었다. 그러나 '안사

---

*한국사: 751년 신라 불국사·석굴암 창건 / 세계사: 751년 랑고바르트족이 라벤나를 점령. 피핀이 프랑크 왕국으로 즉위(~768). 카롤링거 왕조의 성립(~987)

의 난' 이후 균전제와 조용조제가 점차 문란해지고, 북방 대부분 지역의 수리시설은 오랫동안 방치되었으며, 인구는 갈수록 줄어들어 농업생산량이 급격히 감소되었다. 반면 남방의 농업생산은 지속적인 인력 및 기술의 축적과 개발에 힘입어 발전을 거듭해 당나라 중후기의 부패해가는 왕조를 지탱하는 역할을 했다.

농업의 발전과 번영에 맞물려 수공업 또한 발전했다. 수나라의 민간 및 관영 수공업은 매우 높은 수준의 상품을 탄생시켰다. 방직업 분야에서는 촉군蜀郡(지금의 사천) 능금조루綾錦雕鏤의 품질이 세인의 감탄을 자아냈고, 예장豫章(지금의 강서성 남창)에서 생산한 계명포鷄鳴布는 소비자들의 대환영을 받았다. 도자기 제조업에서는 당시에 이미 백자白瓷가 출현했고, 유리 제조가 가능했으며, 공예 또한 매우 숙련된 기술을 선보였다. 조선업도 더욱 발달하여 4층 구조에 높이가 45척, 길이가 200척이 되는 '용주龍舟'를 제작하는 수준까지 도달하게 된다.

당나라 수공업의 규모와 수준은 동시대 세계 최고로 손꼽히고 있다. 방직업은 주요한 수공업 부문으로, 사직絲織·마직麻織·면직綿織은 당 전기에 종류와 생산량이 매우 많아 조용조 제도에서 용庸과 조調의 주요 대상품목이 되었다. 당 후기에는 남방의 방직업이 발전을 거듭해, 비단 제품의 생산량과 수준이 전기를 앞질렀다. 채광업에서는 특히 철·동·주석 등의 광업이 당대 전반에 걸쳐 성행했는데, 후기의 은광 제련기술은 규모가 매우 크고 수준이 높았다.

도자기 제작에서 월주越州의 옥류빙玉類冰과 형주邢州의 은류설銀類雪은 밑그림을 넣는 기술을 사용하기 시작했고, 삼색도용陶俑은 후대의 칭송을 받는다. 제작 기술이 향상되고 생산량이 늘어남에 따라 민간에서도 도자기를 보편적으로 사용하기 시작했다. 제지술은 더욱 발전하여 익주益州(지금의 사천성 성도)의 마지麻紙, 박주薄州(지금의 산서성 영제)

의 박백지薄白紙, 양주揚州의 육합전六合箋은 모두 높은 평가를 받았고 묵·벼루·붓도 많은 명품이 탄생했다.

이 시기에는 농업과 수공업의 발전을 토대로 상업무역이 전례 없이 활기를 띠었다. 수나라 개황 원년(581년)에 화폐를 통일하고 오수전五銖錢을 발행하여 주周와 제齊 이래 화폐의 무게가 불균등하던 문제를 해결해 상품 유통이 편리해졌다. 또한 대운하의 개통으로 상인들의 왕래가 끊이지 않아 상업의 발전을 촉진했다. 장안과 낙양은 당나라 때의 가장 큰 상업도시로서 국내외 상인들이 모이는 장소였고, 단양丹陽(지금의 남경)·촉군蜀郡·강도江都(지금의 양주)·경구京口(지금의 진강) 등의 도시에서도 상업활동이 매우 활발하게 이루어졌다.

당나라 전기에 일부 지방성격의 정치·군사 중심과 수륙교통 요충지는 점차 큰 상업도시로 성장했다. 후기에 이르러 상업은 전기에 비해 더욱 발전하여 전란으로 파괴되었던 장안과 낙양은 빠르게 복구되고 다시 번영을 구가한다. 양주·익주·홍주·소주·항주·천주·명주 등 도시의 상업무역도 나날이 번성해갔다. 양주揚州, 변주汴州, 장안長安에는 '야시장夜市'이 섰다. 수륙 주요 도로 또는 나루터가 있는 곳에는 정기적으로 서는 수많은 시장이 생겨났는데 이는 '초시草市(시골시장)'라 불렸다.

교역이 빈번해지자 대도시에는 상인들이 항시 현금을 맡기고 찾을 수 있는 거방柜坊이라는 일종의 금융기관이 나

채색 도용 | 낙타를 타고 있는 호인(胡人)의 형상

타났다. 거방에서는 상인들이 제시하는 보관증을 보고 돈을 내주는 대신 일정한 보관비용을 받았다. 나중에는 상인들이 물건 값을 해당 도道에 있는 진주원進奏院과 제군사諸軍使, 혹은 부자 집에 맡기고 문권文券을 받아 현지에 돌아와 돈으로 바꾸었는데 이를 '비전飛錢' 혹은 '편환便換' 이라 했다. 지금의 수표와 비슷하다.

도시와 운하건설 등의 기반시설 확충

수·당왕조의 수도인 장안은 전대의 기초를 바탕으로 건축 방면에서 새로운 발전을 이룩했다. 수나라 개황 2년(582년)*에 대흥성(장안성)을 짓기 시작하여 당나라 영휘 5년(654년)**에 외곽성이 완공되기까지 50여 년의 세월이 걸렸다. 성 전체의 둘레가 70리, 총면적은 84평방킬로미터에 달한다. 장안성은 지금의 서안 옛 성(명나라 건축)보다 10배나 크고 또 지금의 북경 옛 성보다도 큰 규모로 당시 세계에서 가장 큰 도시로 꼽힌다.

도시 전체의 배치는

당나라 장안성

---
*한국사: 598년 수문제가 고구려 침공 / 세계사: 572년 동로마제국이 사산왕조의 페르시아를 공격하여 아르메니아를 탈환
**한국사: 660년 백제 멸망 / 세계사: 649년 키프로스섬이 사라센군에 의해 점령됨

질서정연하고 아름다웠으며, 궁성과 황성 및 외성 세 부분으로 구성되었다. 궁성은 궁전, 황성은 중앙부서 구역이며 외성은 동·서·남 세 방향으로 구성되어 황성과 궁성을 에워쌌는데 백성과 관리들의 거주지이자 상공업 구역이었다. 외성에는 108방坊을 배치했는데 11개의 남북 대로와 14개의 동서 대로에서 갈라진 것이다. 외성에는 100여 개의 사찰이 있었고, 그 중에서 자은사慈恩寺가 가장 유명했다. 당 고종 시기의 고승 현장玄奘이 인도에서 가지고 온 경전을 봉안한 대안탑大雁塔이 바로 자은사에 있고 지금도 완벽하게 보존되어 있다.

수 양제隋煬帝는 낙양이 교통이 편리하고 각지에서 오는 거리가 비슷하기 때문에 중심으로 삼으면 전국을 통제하기 손쉬울 것이라 판단했다. 그래서 인수仁壽 4년(604년)*에 낙양 건설을 명하고 이곳을 수도로 삼았다. 이듬해에 재상 양소楊素와 유명한 건축가 우문개宇文愷가 설계하고 매달 장정 200만 명을 동원하여 불과 10개월에 만에 완공했다. 새로운 낙양성이 건설되자 양제는 유명한 상업도시와 국제무역의 중요한 거점을 목표로 삼고 원주민과 전국 각지의 거상들을 이곳으로 이주하여 살게 했다. 비록 장안長安이 당시의 수도였지만, 양제가 오히려 낙양에 자주 머물렀기 때문에 낙양이 점차 정치·군사·운송의 중심지가 되었다. 낙양은 당나라 시기까지 동도東都의 지위를 유지했다.

양제는 동도 낙양건설과 조세로 거둔 식량 및 군사 운송의 편리를 위해 강과 하천의 흐름과 예전의 관개수로를 이용해 낙양을 중심으로 남북을 연결한 대운하를 건설했다. 수 문제 개황 4년에 우문개에

*한국사: 612년 고구려 살수대첩이 일어남 / 세계사: 603년 동로마제국이 페르시아의 공격을 받음, 610년경 마호메트가 첫 번째 신탁을 받음

게 명하여 만든 대흥성大興城에서 동관潼關에 이르는 300여 리의 광통거廣通渠를 포함한 대운하는 길이가 5,000여 리에 이르러 당시 세계에서 가장 위대한 운하 건설공사 중의 하나로 꼽는다. 대운하는 남북 교통의 대동맥이 되어 당시와 이후의 남북 경제교류를 촉진했으며, 남북의 연계를 강화하고 연안유역의 경제를 발전시키는 데 큰 역할을 담당했다. 이것은 전국 경제와 문화의 발전 및 교류와 통일에 있어 하나의 원동력이 되었다.

문명의 진보를 이끈 문화와 과학기술의 발달

과학기술 영역에서는 발명과 창조가 끊이지 않았다. 천문역산 분야를 살펴보면, 당나라 초 왕효통王孝通의 『집고산경緝古算經』은 최초로 3차방정식을 사용해 복잡한 공정의 계산문제를 해결했으며, 고종 시기의 이순풍李淳風 등은 10부의 『산경算經』을 주해했는데 이것은 당 왕조의 산학 교과서가 되었다. 당 현종 시기에 스님 일행一行은 『대연력大衍曆』에서 지구가 태양 주위를 도는 속도변화의 규칙을 비교적 정확하게 파악했다. 또한 양령찬梁令瓚과 함께 황도좌표를 직접적으로 측량할 수 있는 황도유의黃道游儀를 처음으로 만들었으며, 후대 천문종天文鐘의 전신이 된, 흐르는 물에 의해 움직이는 혼천동의渾天銅儀를 제작했다.

의학 분야에서는 수나라 소원방巢元方 등의 『제병원후론諸病源候論』, 당나라 초 손사막孫思邈의 『천금방千金方』과 『천금익방千金翼方』, 당 현종 시기 왕도王燾의 『외태밀요外台密要』, 당 고종 시기 소경蘇敬 등이 수정한 『당본초唐本草』 등은 이 시기의 의약학을 높은 수준으로 끌어올렸다. 건축기술에서는 수나라 장인 이춘李春이 설계·제작한 조주 안제교趙州 安濟橋, 수나라 건축가 우문개와 고룡의高龍義 및 당나라 건축가 염립덕閻立德 등이 설계한 장안성은 세계 최고라 할 수 있다. 수말당초隋末唐初에 발명된 조판인쇄술 역시 당시 세계에서 가장 선진적인 인쇄술이었다.

문학예술 영역에서는 더욱더 찬란한 꽃을 피웠다. 이백李白·두보杜甫·백거이白居易 등을 대표로 하는 시가창작은 최고 수준으로 일컬어진다. 한유韓愈와 유종원柳宗元이 핵심이 되어 제창한 고문운동과 고문창작은 육조六朝 이래의 가볍고 형식에 치우친 변려체의 문풍을 없애 중국 고대 산문 발전에 매우 큰 공헌을 했다. 이 시기 출현한 소설 및 불경의 대량 번역, 불교의 속강5)과 변문도 문학영역에 새로운 색채를 보태 문학창작의 새로운 경지를 개척했다.

예술 영역에서는 석굴사원의 조각상·능침陵寢 앞의 석조·고분 속의 도용 등이 주요한 조각예술이었다. 돈황 막고굴敦煌 莫高窟과 낙양 용문洛陽 龍門, 태원 천룡산太原 天龍山 및 사천 대족북산四川 大足 北山등의 석굴 조각, 당 태종 소릉昭陵 6준駿의 부조, 당나라의 채색도용陶俑등은 이 시기 조각예술의 수준을 가장 잘 보여주고 있다. 염립덕·염립본 형제의 인물이야기 그림, 오도자吳道子의 불도화佛道畵, 장선과 주방周昉의 미인도, 한황韓滉·대숭戴嵩·조패曹覇·한간韓干의 우마화牛馬畵 등은 회화의 수준을 한 단계 높은 경지로 끌어올렸다.

구양순歐陽詢·우세남虞世南·안진경顔眞卿·유공권柳公權·손과정孫過庭·장욱張旭·회소懷素 등은 각자 독특한 서체를 개발해 지금까지도 칭송을 받고 있다. 한족 전통의 춤과 노래를 바탕으로 변방민족과 인근 국가의 춤과 노래를 참고해 만들어진 수·당 시기 궁중

---

5) 중이 속인을 대상으로 행했던 설법

악무는 섬세하고 아름답기 그지없다. 이는 민간과 주변 지역으로 광범위하게 전파되어 현재까지도 매우 강한 예술적 감동을 주고 있다.

철학·종교 등 사상학술 분야에서도 매우 큰 성과를 거뒀다. 종교의 경우

용문석굴의 나한상

한나라 때 중국에 들어온 불교는 남북조를 지나 수·당 시기에 걸쳐 종파가 출현했다. 수·당 시기의 주요한 종파로는 천태종·법상종·화엄종·선종으로 각 종파의 교의는 다르면서도 공통적인 부분이 있다. 수·당 통치자의 후원을 얻은 불교는 널리 퍼지게 되어 각지에 많은 사찰과 승려들이 생겨났다. 한때 당 무종唐武宗이 폐불정책을 추진했지만 얼마 지나지 않아 불교는 다시 흥성하기 시작해 중국의 중요한 종교로 자리 잡게 되었다.

도교는 당나라 때도 매우 성행했는데 많은 유명한 도사들이 황제의 신임을 받았다. 그러나 도교는 일종의 불로불사약으로 알려진 연단煉丹 복용을 강조했기 때문에 주로 상류사회에서만 유행했고, 그 영향력이 불교만큼 광범위하지 못했다. 서방의 오교襖敎(또는 대오교, 배화교), 경교景敎(기독교의 일종), 마니교摩尼敎(또는 명교), 이슬람교 등은 중국과 서방의 교통이 발전하면서 이 때 중국에 전해졌다.

철학 방면에서 당나라 초의 부혁傅奕과 여재呂才는 유물론의 관점에서 종교와 미신을 비판했다. 그 후 유종원과 유우석 등은 다른 시각에서 전통적인 공자와 맹자의 유심주의 도통道統과 인성론을

반박하고, 인간과 자연계의 관계를 정확히 해석하는 데 힘썼다. 이 같은 무신론이나 인간의 노력으로 대자연을 극복할 수 있다는 철학적 흐름은 사상 방면에서 진일보했다는 의의를 가진다. 학술 방면에서는 사학과 지리학의 성과가 가장 크다. 수 문제 때는 개인이 국사를 편찬하는 것을 금지했고, 당 태종은 전대와 당조의 역사를 편찬하는 사관史館을 설치하고 재상에게 이를 감수하도록 했다. 이로써 관리가 정사를 편찬하고 재상이 감수하는 방식이 제도화되었다. 당나라 유지기劉知幾의 『사통史通』은 중국 최초의 체계적인 사학비평 및 사학이론 저서다. 당 현종 시기에 편찬한 『당6전唐6典』과 덕종 시기에 두우杜佑가 편찬한 『통전通典』 등은 모두 당시의 전장典章제도를 상세히 기록했고, 새로운 역사편찬의 형식과 체제를 개척했다.

　당 헌종唐憲宗 시기 재상 이길보李吉甫가 편찬한 『원화군현도지元和郡縣圖志』는 중국에서 현존하는 가장 오래 된 지리연혁서로서 사료적 가치가 매우 높다. 당 의종唐懿宗 시기에 번작樊綽이 운남 지역에 관한 사료를 수집해 만든 『만서蠻書』는 오늘날 운남 지역의 여러 민족 역사를 연구하는 데 가장 가치 있는 문헌으로 꼽힌다. 덕종 재위 때 재상 가탐賈耽이 제작한 〈해내화이도海內華夷圖〉는 길이가 3장3척尺, 너비가 3장丈에 이르며 그림에는 1촌寸마다 표시를 해 놓았는데 이것은 실제로는 100리里에 해당한다. 이 지도는 유실되었지만 1137년에 축소판인 〈화이도華夷圖〉와 〈우적도禹迹圖〉가 돌에 새겨져 지금까지 서안의 비림碑林에 남아있다. 현존하는 가장 오래된 지도인 〈화이도〉에 그려진 중국의 산과 강 그리고 평면지형의 윤곽은 대체로 지금의 지도와 비슷하다.

4. 대외교류의 확대

수·당 시기, 중앙왕조는 변방 여러 민족 및 주변 여러 나라들과 전쟁을 치르기도 하고 강화講和를 맺기도 한다. 이에 따라 실제 지배 영역이 확장과 축소를 반복한다. 특히 대외적인 교류가 사회생활의 전반으로 확대되었는데 이는 후세들이 일컫는 '성당기상盛唐氣象'의 중요한 내용이자 특징이다.

수·당왕조의 유연한 대외정책

수나라 초, 돌궐 귀족들은 동쪽으로 유주幽州로부터 서쪽으로 하서河西에 이르는 지역에서 기병을 거느리고 자주 침범했다. 수나라 개황 3년(583년), 수왕조가 대군을 보내 돌궐을 무찌르고 돌궐의 내부 분열을 부추겨 돌궐은 달두아파達頭阿波가 이끄는 서돌궐과 사발략돌리沙鉢略突利가 이끄는 동돌궐로 나뉘게 된다.

당나라 건립 초기에 동돌궐은 당의 변방을 자주 침범하여 많은 변방 주민을 잡아다가 노예로 삼았다. 태종은 즉위하자 대장 이적李勣과 이정李靖에게 10여 만 대군을 이끌고 두 갈래로 나뉘어 출격하게 한다. 정관 4년(630년)*, 동돌궐을 무찌르고 힐리칸頡利可汗을 포로로 잡았으며 동돌궐 옛 땅에 도독부주都督府州를 설치해 직접 통치한다. 정관 9년(635년), 토곡혼吐谷渾이 섬멸됨에 따라 당나라와 서역 여러 나라를 잇는 길도 완전히 뚫리게 된다. 이어서 당은 후군집侯君集을 보내 고창국高昌國을 토벌하고 그곳에 서주西州를 설치해 서역으

---

*한국사: 632년 신라, 경주 첨성대 건립 / 세계사: 638년 동로마제국, 사라센군에게 예루살렘을 빼앗김

로 통하는 길을 효과적으로 통제했다.

당 고종 현경顯慶 3년(658년)*에는 두 갈래의 대군이 진격하여 서돌궐을 멸망시키고 예전의 국경에 많은 부주를 설치하여 당왕조가 이곳을 직접 통치하게 된다. 수·당 시기에 중앙왕조가 돌궐을 멸망시키고 토곡혼과 고창을 무찌른 목적은 침범을 방지하고 내부의 안정을 보장하며 동서무역과 영토를 확장하기 위해서였다.

토번은 지금의 티베트고원 일대에 있었다. 6세기의 티베트고원에는 3개의 강력한 세력이 있었다. 서부에는 목축을 위주로 하는 양동羊同이 있었고, 중부와 북부에는 사냥과 목축을 위주로 하고 일부 지역에서는 농사를 지었던 소비蘇毗가 있었다. 서남부에는 비교적 농업이 발달했던 토번吐藩(지금의 티베트)이 자리 잡고 있었다.

7세기 초, 토번의 낭일론찬朗日論贊이 소비를 병합하고 그의 아들 송찬간포松贊干布는 양동을 섬멸하여 티베트고원을 통일했다. 송찬간포의 통치 시기에 토번사회는 빠르게 발전했고 그는 몇 차례에 걸쳐 당나라에 청혼했다. 정관 15년(643년)**, 당 태종은 이도종李道宗에게 문성공주文成公主를 호위해 토번으로 가게 했는데 송찬간포는 직접 백해柏海(지금의 청해 어링호와 자링호)까지 나와서 맞이했다.

당나라와 토번이 혼인 관계를 맺게 되자 서로 간의 경제 및 문화 교류가 활발해졌다. 이러한 혼인은 두 나라의 경제와 사회 발전에 상당한 추진 역할을 했다. 송찬간포가 죽고 나서 토번 귀족들은 적지 않은 주변 민족을 정복했고 당나라의 안서安西 4진을 일시 점령했던 적도 있다. 그러나 전쟁이 장기화되자 토번 백성들은 부역에 지쳐 봉기를 일으켰고, 피정복 민족들도 잇달아 반란을 일으켰다.

*한국사: 660년 백제 멸망
**한국사: 642년 고구려에서 연개소문의 정변이 일어남, 645년 고구려가 안시성 싸움에서 승리를 거둠

장안 2년(702년)*, 토번 찬보贊普는 사신을 파견해 당나라와 화약을 맺었다. 경운景云 원년(710년)**, 당나라가 금성공주金城公主를 토번 찬보 척대주단尺帶珠丹에게 시집보냄으로써 당나라와 토번은 다시 우호관계를 회복하고 교류를 재개했다. 수・당 시기 전체를 놓고 볼 때, 토번은 중앙왕조를 상대로 강화와 전쟁을 반복했지만 당왕조는 계속해서 평화위주의 정책을 고수하여 민족관계를 원만히 처리하는 모범적인 선례를 만들었다. 회흘回紇 등과의 민족관계 처리문제에서도 화친정책을 실행하여 상당한 성과를 거두었다.

고구려는 지금의 한반도와 중국 동북에 위치해 있었다. 당시 한반도는 아직 통일을 달성하지 못한 상태여서 북쪽에는 고구려, 중・동부에는 신라, 서남부에는 백제가 있었다. 수나라와 당나라 전기에는 영토 확장을 목적으로 여러 차례 고구려와 한반도 침략에 나섰는데 대부분 실패했다. 이런 침략전쟁은 두 나라 백성 모두에게 큰 재난이 아닐 수 없었다.

수・당왕조의 전례 없는 대외개방 정책

경제 영역에서 대외 상업무역은 더욱 활발해졌다. 편리한 교통과 도시의 발달에 힘입어 대외 상품무역의 범위와 종류는 전대보다 더욱 확대되었다. 수출상품으로는 비단 외에도 도자기・차・종이・문구 등 종류가 다양했다. 수입상품으로는 진주・보석・향료・약품・무소뿔・상아 등 진귀한 상품 이외에 의복과 음식 등 일상용품도 점차 늘어났다.

---

*세계사: 697년 베네치아에서 도제(徒弟)제도 시작
**세계사: 710년 사라센군이 탄제르를 점령, 이로써 북아프리카의 정복 완료

대외무역이 증가하자 수왕조는 수도 건국문建國門 밖에 사방관四方館을 설치했고, 이곳에서 외국 상인과 국제무역에 관련된 업무를 관리했다. 당나라는 육상무역을 관리하는 기구 이외에 광주廣州에 중국 역사상 최초의 해관海關인 시박사市舶使를 설치했다. 이밖에 수·당정부는 대외무역을 확대하고 자신의 위상을 높이기 위한 조치로 외국인들에게 일부 우대정책을 실시했다. 교통과 숙식 등에서 외국상인들은 우대를 받았는데 특히 '조공'과 '회사'6)에서 뚜렷하게 나타난다. 이것은 수 양제 시기의 외국상인들에 대한 '부의 과시'와는 사뭇 다르다.

외국 손님을 맞이하는 장면을 그린 그림

문화 분야 역시 외국과의 교류 범위가 더욱 확대되었으며 상호간에 미치는 영향도 더욱 커졌다. 신라와 일본 및 베트남 등지에서 중국 문화를 배우고자 여러 차례 견당사·유학생·학문승을 중국에 파견해 중국의 문화 및 예술과 과학기술을 배워갔다. 중국의 일부 학자들도 출국하여 외국의 문화와 예술을 공부했는데 그 중에서 당나라 전기 현장이 인도, 의정義淨이 인도네시아에 가서 불법을 배우고 다량의 불경을 갖고 귀국해 구법여행의 영향과 성과가 매우 컸다. 감진鑑眞은 몇 차례에 걸쳐 장기간 일본에 거주하면서 선교활동을 하는 동시에 건축예술과 의약 등 방면에서 일본에 공헌한 바가 크다.

---

6) 回賜 – 조공에 대한 답례품

중국과 외국 학자들, 인사들의 폭넓은 왕래를 통해 이 시기 중국의 많은 과학기술과 문화가 외국에 전해졌고, 외국의 일부 선진 기술도 중국에 전래되었다. 특히 불교가 널리 퍼짐에 따라 문자·문장·문학창작·회화·조각·인쇄술·건축 등 많은 분야에 새로운 요소가 첨가되었다.

가장 주목할 만한 점은 이 시기에 대외개방의 물결이 이미 정치 영역에 깊숙이 침투했다는 사실이다. 외국 국적을 가진 인사 혹은 중국에 유학 온 외국 인사들이 중국의 정계로 활발히 진출한다. 그 예로, 중국문화에 매우 조예가 깊었던 대식인大食人(아랍인) 이언승李彦升은 중국에서 과거시험에 참가해 진사에 급제하고 중국에 남아서 관직생활을 했다. 페르시아의 수령 목낙사穆諾沙는 개원開元시기에 두 번이나 당나라에 와서 군직을 수여받고 숙위를 담당했다. 천축天竺(인도)인 가엽제迦葉濟는 당 덕종 시기에 경주대장涇州大將 시태상경試太常卿이었고, 신라인 박구朴球는 황제의 시종侍從을 담당했다. 많은 고구려와 백제인들이 당나라의 무장이 되었는데 그 중에서 가장 유명한 인물로는 흑치상지黑齒常之·천남생泉男生·고선지高仙芝·왕사례王思禮등이 있다. 장안에서 50여 년 동안 거주한 일본 문학가 아배중마려阿倍仲麻呂(아베노 나카마로)는 교서랑校書郞에서부터 비서감秘書監까지 역임하면서 매우 높은 대우를 받았다.

당왕조가 이처럼 외국인에게 벼슬길을 열어준 목적은 한편으로는 중국 행정을 배우고 싶어하는 그들의 염원을 만족시켜 주고, 다른 한편으로는 그들로부터 여러 가지 유용한 지식을 얻기 위한 것이었다. 또한 외국인의 등용이 정치에 좋지 않은 영향을 끼칠 것이라는 두려움이 전혀 없었기 때문으로 해석된다. 이것은 당의 대외개방이 다각적이었고, 왕조는 자신감이 넘쳤으며, 나라는 그 시대에 도달할 수 있는 가장 정상의 위치에 올랐섰음을 설명해 준다.

5. 치란흥쇠(治亂興衰)의 계시

수·당 시기의 안정과 혼란, 그리고 흥망으로부터 거울삼을 만한 역사적 교훈은 매우 많다. 여러 가지 구체적인 내용에 대해서는 각 장에서 자세히 언급하려 한다. 여기서는 역사의 거시적인 시각에서 개괄적으로 서술한다.

통일 유지를 위한 여러 가지 조치들

중앙과 지방의 관계는 통일과 분열의 정세와 밀접한 관련이 있다. 수·당왕조는 한나라 말 이후의 상황 재현에 대비해 건립 초기부터 중앙집권 강화에 힘썼다. 3성6부제 및 재상제도를 확립한 사실은 중앙집권의 통치가 성숙단계에 이르렀음을 의미한다. 또한 지방에서 주와 현의 2단계 행정체계를 실시하고, 현 이하의 하부에서는 호구편성과 관리를 강화했다. 더불어 중앙정부에서 직접 주현의 관리들을 임명하고 감찰부문에서 정기적·비정기적으로 지방에 대한 단편적인 혹은 종합적인 감독과 조사를 진행함으로써 중앙정부는 지방정권을 효과적으로 통제할 수 있었다. 한나라와 위나라 때부터 이어져 온 '9품중정제'를 폐지하고 과거시험으로 인재를 선발하여 지방 문벌의 관직 독점 현상을 막고 중앙왕조의 통치권을 강화하는 데 필요한 인재들을 발굴했다.

중앙왕조는 균전제를 바탕으로 부병제를 시행했으며, 의도적으로 '중앙을 강화하고 변방을 가볍게 하는' 구도를 만듦으로써 군사력으로 지방을 위협하고 제어했다. 그러나 이러한 조치가 일부 지방에서 제대로 이행되지 못할 경우, 통일의 국면에 심각한 위협을 주게 된다. 당 현종 시기에 변방방어를 위해 군사력을 중앙보다 변방에 집중 배치한 결과 '안사의 난'이 일어났고 당왕조는 거의 멸망에 이를 뻔했다.

그 후 부병제가 무너지고 절도사들이 군권을 독점하면서 번진의 분열과 대립이 날로 심해졌다. 당 후기의 중앙 3성6부와 재상들이 정사당政事堂에 모여 논의하던 제도가 붕괴되자, 황제는 황권을 확대함과 동시에 부득이하게 환관에게 의지하게 되었다. 이리하여 환관에게 권력이 집중되어 통치집단 내부의 갈등 및 지방의 분열과 동란이 극심해졌다.

한족과 소수민족 간의 관계 또한 통일 및 분열과 밀접한 관련이 있다. 위진남북조 시기 장기간의 분열은 주로 민족갈등에 의해 빚어졌다. 그러나 이 시기 여러 민족 간의 마찰과 융합은 한편으로 수·당의 통일을 위한 기반을 마련했다. 수·당왕조가 재건되고 민족갈등은 전대만큼 심각하지는 않았지만, 변방 여러 민족정권들 간의 관계는 여전히 통일을 정착시키는 데 큰 걸림돌이 되었다. 수·당 시기의 민족관계 문제는 전반적으로 잘 처리되었고, 시행된 많은 민족정책 또한 정확하고 성공적이었다고 볼 수 있다.

그 예로, 공공연히 중국 영내로 침입해 잔인한 행위를 저지른 일부 소수민족 귀족 무장세력에 대해 단호하게 공격을 가해 국가의 통일과 백성의 안녕을 지켜냈다. 대다수의 우호적인 변방 소수민족에 대해서는 가급적이면 평화공존의 정책을 취해 '화친' 등의 방식으로 민족 간 왕래와 교류를 강화함으로써 여러 민족의 백성에게 이익이 되었다. 물론 민족관계 문제에 있어서 실책도 있었다. 예를 들면, 수나라와 당나라 전기에 단행한 고구려 정벌은 대한족주의大漢族主義와 침략의 색채가 강해 한족백성과 고구려 백성 모두에게 매우 큰 재난을 안겨주었으며, 사회적인 갈등을 불러일으켜 분열세력에게 기회를 제공했다. 당나라 후기에 중앙과 지방 번진의 전쟁에서 중앙왕조가 일부 소수민족 무장세력을 이용한 사실도 통일과 큰 관련이 없었고 오로지 해만 끼쳤다.

경제이익의 분배와 사상문화의 방향은 사회의 통일과 안정에 깊은 영향을 미친다. 수·당 시기의 일부 경제정책과 조치는 사회의 각 방면과 각 계층의 이익을 고려한 것이다. 균전제와 조용조제 및 양세법兩稅法은 정책 그 자체로는 국가의 재정수입을 늘리면서 관료지주의 기득권을 유지시키고 수많은 백성의 생활을 보살피려는 의도가 담겨 있었다. 전체적으로 각계각층의 이익을 상당히 고려했다고 할 수 있다. 그러나 정책을 시행하는 과정에서 불공정함이 나타나거나 혹은 실행 중에 원래의 의도를 벗어나면 필연적으로 한쪽의 이익을 해치게 된다. 이때 대부분의 경우 백성이 피해를 입기 때문에 사회 동란의 소지를 제공한다. 수 양제 시기의 가혹한 세금징수, 당나라 후기 양세법의 변질은 농민과 상공업자의 부담을 가중시켜 농민봉기와 통일왕조의 분열을 초래했다.

경제이익의 분배보다 더욱 중요한 흐름이 사상문화의 방향이다. 한나라 때 '백가를 배척하고 유교만을 숭상한' 뒤 유가사상과 충효인의 등 도덕관념은 사회 사상문화의 각 영역에 이미 깊은 뿌리를 내렸고, 봉건 법률제도 상에서 완벽히 구현되었다. 〈개황률〉과 〈영휘율소〉가 그 전형적인 예로 수율과 당률의 안정과 실시는 수·당 사회의 장기적인 통일 유지와 안정에 지대한 역할을 했다.

제도혁신과 문명 발전의 상관성

　제도의 혁신에 있어 중요한 전제 조건은 기회를 잡고 추세에 순응하는 결단력이다. 수 문제가 북주北周를 수나라로 대체할 때 과감하게 개혁을 단행해 북주의 관제를 한漢·위魏의 제도로 바꾸었던 이유는 북주의 6관제가 당시 통치를 위한 제도로서는 맞지 않았고, 한·위이래 점차로 발전한 3성6부제가 시대의 흐름에 더욱 적합했기 때문이다. 따라서 이런 제도개혁을 통해 큰 성과를 거두게 된다. 당나라 초기에 시행된 균전제·조용조제·부병제는 전란 이후 인구가 감소하고 토지는 황폐해졌으며 경제가 위축되었던 당시의 상황을 타개했다. 이러한 개혁을 추진하기 위한 물질적·사회적 전제조건이 갖추어진 상태에서 제도개선은 민생안정, 경제회복과 발전, 공정한 조세부과, 사회 안정화라는 시대적 요구에 부응했다. 당 중기 이후 조세제도를 개혁해 조용조제를 양세법으로 바꾼 개혁 역시 당시 실제 상황에 맞춘 조치였다. 이와 반대로 무측천武則天 시기에는 오로지 개인의 독재를 위해 중앙관제를 수차례 변경했지만 후대에게 칭송받을 만한 내용이 거의 없다.

　제도를 혁신하는 과정에서 가장 중요한 요소는 많은 사람들의 의견을 모으고 상하가 한마음이 되는 태도다. 제도의 혁신은 매우 중요한 일이다. 정책 결정에 실수가 있으면 매우 심각한 결과를 초래하기 때문이다. 따라서 가능한 한 많은 사람들의 의견을 모으고 통치집단 내부에서 공감대를 형성하는 일이 우선되어야 한다. 당 태종 정관 시기에는 역대 왕조의 흥망의 경험과 교훈을 참고하고, 통치집단 내부에서 최대한 민주적인 분위기를 형성해 사람들이 과감히 다른 의견을 내도록 고무했으며, 중대한 정책 결정을 내리기 전에 논쟁을 끌어내 그 중에 정확한 의견들을 모아 시행했다. 따라서 이 시기에 단행한 혁신은 대부분 과학적이고 합리적이었기 때문에 경제발전과 사회 안정에 큰 도움을 주었다. 그래서 이른바 역사에 남는 '정관의 치'를 이룰 수 있었던 것이다.

제도혁신과 직접적으로 관계되는 수·당 시기의 입법 활동은 많은 경우 각계각층의 의견에 귀를 기울이고, 옛 것을 참고해 현재를 헤아려 득실을 따지는 과정을 거쳤다. 당시와 후세에 큰 영향을 미친 〈개황률〉과 〈영휘율〉이 바로 많은 의견을 종합하고 집단의 지혜를 모은 산물이라 할 수 있다. 반대로 수 양제 시기의 일부 혁신과 당나라 중후기의 일부 황제들의 변혁, 특히 순종 재위 때의 '영정혁신永貞革新'은 개인 독재와 신비의 색채를 띠고 있어 실행에 어려움이 있었고 결국 실패하고 만다.

역량의 배양과 점진적인 시행은 제도혁신을 위해 반드시 필요하다. 일반적으로 시대의 흐름에 순응한 제도혁신은 시행이 가능한 기초 조건을 그 자체로 구비하고 있다. 그러나 혁신과 시행은 상호 유동적이기 때문에 많은 경우에 충분한 준비와 계획적인 배치 및 과학적인 절차가 필요하다. 그 가운데 가장 중요한 점은 혁신을 위한 역량을 키우고 적극적이고 타당하게 혁신적인 제도를 시행하여, 혁신으로 인한 대가를 줄이고 그 효과를 극대화하는 절차를 밟아야 한다는 것이다.

봉건시대에 역량을 키운다는 것은 우수한 인재의 발굴 이외에 관리제도의 정비를 의미한다. 이점은 혁신의 내용이자 혁신을 위한 필수 요소다. 수·당시대의 9품중정제 폐지, 과거의 시행, 관리 세습제의 폐지, 임기와 회피 규정 등은 모두 제도의 혁신이자 다른 제도의 개혁을 시행하기 위한 전제였다. 수와 당나라의 전기, 일부 중대한 개혁조치를 단행할 때 개혁가들은 모두 지향점이 같은 사람들의 역량 집결을 중시했다. 그리하여 뜻이 맞지 않는 관리들은 숙청해 개혁의 취지가 널리 퍼지도록 하고 내부 감독을 강화함으로써 개혁조치가 순조롭게 시행되도록 했다. 당나라 전기의 균전제와 호구조사등기제 등이 이런 과정을 거쳐 시행되었다.

반대로 당나라 중후기의 양세법은 법 자체로는 시대의 흐름에 부응한 혁신조치였지만, 제도의 시행 당사자인 관리조직이 부패했기 때문에 시행하는 과정에서 입법의 처음 취지와는 달리 심각한 폐단이 드러났다. 또 '영정혁신'의 많은 내용은 의심할 바 없이 진보적이었지만, 개혁의 주체가 더 많은 역량을 결집시키지 못했고 너무 성급하게 추진하는 바람에 실패로 돌아갔다.

제도의 혁신에서 반드시 지켜야 하는 기본원칙은 세태를 파악하고 시대의 추세에 맞추어 끊임없이 수정을 가해야 한다. 법을 만들면 반드시 폐단이 생기게 마련이다. 고심고심 해서 만든 아무리 좋은 제도라 해도 시행 뒤 변화무쌍한 실제 상황에서 맞지 않는 내용이 생기게 된다. 또한 현실 상황의 변화 때문에 실패하여 병을 고치는 양약이 백성을 해치는 독약으로 변질되기도 한다. 이론상으로 보면 제도의 혁신은 하나의 끝없는 여정이어서 한 번으로 영원히 해결되는 것이 아니다. 실천의 측면에서도 개혁가들은 시종일관 혁신의 여론을 파악하면서 시대에 맞는 조치로 수정을 거듭해야 한다.

수·당 시기의 현명한 통치자들은 제도를 혁신할 때 실제 상황마다 서로 다른 요구가 있음을 유의했다. 상황이 바뀌어 시행한 제도가 시대에 뒤떨어지면 때맞춰 수정을 했는데 율·영·격·식의 수정이 바로 이에 해당한다. 그러나 우매한 통치자들은 한 번의 혁신으로 만족하고, 여론을 파악하고 시대에 맞게 수정할 줄 몰랐으며 심지어는 귀찮아했다. 그리하여 세월이 흐르면서 개혁법에 폐단이 생기는 상황을 수수방관하고 혁신에서 보수로, 진보에서 반동의 길로 들어설 수밖에 없었다.

성세의 원동력은 경제의 번영

경제를 발전시키는 원동력 가운데 하나는 노동자의 생산 의욕 고취를 들 수 있다. 봉건시대에 노동자의 생산 의욕을 높이는 조치는 주로 두 가지가 있었다. 하나는 노동자가 생산을 늘리도록 그들을 자극하고 고무하는 조치고, 다른 하나는 부역과 세금의 부담을 줄여주는 제도적 보장이다. 거의 모든 왕조에서 두 가지 조치를 실시했지만 그 정도와 효과에서는 차이가 있다.

수·당 시기, 특히 전기에는 두 조치를 시행하는 데 힘을 쏟았다. 그 예로, 관료지주의 과도한 토지 소유를 제한했고 상공업의 규모를 적당히 억제하면서 상공업자의 세금을 늘려 더 많은 노동자들이 경작지로 돌아가도록 했다. 또한 정부가 직접 수리시설 건설에 나서 생산조건을 개선해 노동자의 생산, 특히 농업생산성을 높이는 데 도움을 주었다.

조용조법과 양세법의 실시, 호구조사통계와 호구등급에 대한 평가의 강화, 정부기구의 간소화, 근검절약의 강조는 모두 세금을 공정하게 부과하고 노동자의 부담을 경감시키기 위해서였다. 재해가 들면 여러 가지 '황정(荒政)'을 실시했다. 그 예로 의창[7], 평조[8], 감세, 부역 면제, 구제, 의료 등등이 있다. 이러한 조치들은 봉건시대

---

7) 義倉 – 흉년이 들면 의창을 열어 백성들을 구제했다
8) 平糶 – 정부가 비축미를 방출하여 싸게 판매했다

'어진 정치仁政'의 일환으로 노동자의 생산능력을 회복하고 생산 의욕을 북돋우는 데 도움이 되었다. 이 모든 정책은 수·당 경제의 회복과 발전 및 번영을 효과적으로 촉진했다.

과학기술은 경제와 문화 사이에 걸쳐 있는 영역이다. 과학기술의 진보는 경제발전에 유리하게 작용할 뿐만 아니라 문화의 번영을 가져온다. 수·당의 과학기술은 전대의 축척된 기초를 바탕으로 새롭고 눈부신 발전을 이룩했다. 통치자들은 새로운 과학기술을 경제와 문화 영역에 널리 적용하는 데 힘써 과학기술·경제·문화의 세 가지가 서로 시너지효과를 낼 수 있게 했다. 이 시기에 발명된 굽은 쟁기曲轅犁(곡원려)는 전대의 곧은 쟁기直轅犁(직원려)보다 많은 장점을 가지고 있었다. 써레질과 다지기(논에 사용), 돌태(논과 밭 겸용)는 땅을 고르게 하고 잡물을 제거하는 데 편리했다. 수력으로 움직이는 통차筒車는 낮은 곳의 물을 산에 있는 밭으로 끌어 올릴 수 있었다.

이러한 농기구의 보급으로 노동생산성이 크게 높아졌다. 이에 힘입어 방직·조선·도자기 제조·제지·채광·건축기술도 한 단계 발전했고, 수공업 전 분야도 더욱 발전했다. 주로 관청의 장려로 발명된 새로운 천문역산 기술과 조판인쇄 기술 및 의약분야 기술의 진보는 당시 문화예술의 발전과 전파에 큰 공헌을 했다.

중앙집권 봉건국가가 언제나 취하는 경제발전 조치로는 국가가 앞장서서 각계각층의 역량을 동원·조직하여 큰 규모의 건설공사에 집중하는 정책을 들 수 있다. 수·당 때 경제와 사회가 비교적 빠른 속도로 발전할 수 있던 요인도 이러한 정책에 힘입은 바가 크기 때문에 참고할 만한 가치가 크다. 수와 당나라 초기에 장안과 낙양의 대규모 건설과 일부 중요 지역의 집중적인 도시건설은 경제, 특히 상업무역의 발전에 유리하게 작용했다. 수 문제 때 시작해 양제 때 완공된, 남북을 잇는 대운하도 남북의 교류와 운송 및 연안지역 경제의 번영에 크게 기여했다.

이밖에 당나라 전·후기에 중앙과 지방정부에서 노동력을 동원해 건설한 수많은 대규모 수리관개 공사는, 당시 큰 규모의 농업생산을 유지하고 농업을 높은 수준으로 발전시키는 데 많은 공헌을 했다. 물론 국가가 큰일에 착수하기 위해 인력을 동원할 때는 동원 인력으로 수행이 가능한지, 백성들이 실제로 부담할 능력이 되는지를 반드시 고려해야 한다. 그렇지 않을 경우 좋은 의도로 시작해 나쁜 결과를 얻을 수 있기 때문이다. 만약 의도부터 좋지 못하다면 상황은 더욱 악화될 가능성이 크다. 수 양제의 대운하 건설과 동도 낙양의 건설이 바로 이런 역사적 교훈의 사례다.

전면적인 대외개방이 자국의 발전을 가져오다

수·당의 대외개방 수준은 전면적이었다. 개방정책은 경제와 사상 문화 영역에 머물지 않고 봉건 통치자들이 항상 금기시해온 정치영역에서까지 외국에 문호를 열었다. 바로 이러한 전례 없는 전면적인 개방이 수·당의 사회 각 분야에 큰 활력을 불어넣었고, 아울러 중요한 창조의 동력으로 작용해 화려한 물질문명의 꽃을 활짝 피우는 한편 정신문화와 제도발전의 절정을 이끌었다. 전면적인 대외개방정책이 없었다면 수·당의 봉건문명은 그처럼 수준이 높지는 못했을 것이 분명하다. 만약 수·당 이후의 역대 봉건왕조가 모두 이러한 정책을 고수했다면 중국사회 진보의 속도와 정도는 완전히 다른 역사를 창조했을 것이다.

수·당의 대외개방 경향은 상대국과 소통하고 서로 유익한 방향으로 흘렀다. 쌍방이 소통하고 서로에게 유익하다는 점은 대외개방을 위한 매우 중요한 전제조건이다. 그러나 역사를 살피면 강자가 약자를 억누르고, 오는 것만 있고 가는 것이 없거나 가는 것만 있고 오는 것이 없으며, 이익을 독점하는 경우가 적지 않다. 당시 세계에서 국력이 가장 강하고 문명이 매우 발달했던 수·당왕조는 대외개방정책을 실행하는 과정에서 거의 예외 없이 주고받는 계산이 정확했다. 또한 상대를 평등하게 대했으며 때로는 외국에서 온 사람들을 더욱 우대했다. 이 때문에 당시는 물론 후세들로부터도 큰 칭송을 받았다. 수·당왕조의 이러한 개방적인 자세로 인해 더욱 많은 외국인들을 끌어들일 수 있었고, 문화의 교류가 활발하게 이뤄졌다. 그리고 많은 중국인들이 국외로 나가 중국문화를 전파하고 외국의 문화를 배워오도록 이끌어 당대 인류문화의 발전을 촉진시키는 데 기여한다.

  수·당의 대외개방이 전면적이었으며, 상호 소통이 잘 이루어지고, 서로에게 이익이 되었다는 사실은 수·당왕조의 강한 자신감의 표현으로 볼 수 있다. 동시에 국력신장을 위해 거쳐야 하는 절차였다. 봉건전제정치 체제에서 대외개방정책을 펼치려면 용기와 자신감이 필요하다. 용기와 자신감이 없는 국가와 민족은 대외개방을 할 수 없으며, 특히 전면적인 대외개방의 경우에는 더욱 그러하다. 일반적으로 용기와 자신감은 막강한 국력에서 나오지만 더욱 중요한 요소는 개방에 대한 통치자의 정확한 인식이다. 만약 통치자의 정확한 인식이 없다면 강대국만이 대외개방을 할 수 있고 약소국가는 반드시 쇄국을 해야 한다. 이것은 인류사회 발전의 규칙과 추세를 벗어나는 행위다. 수·당왕조의 대외개방은 국력의 막강함에 근거한 용기와 자신감에서 비롯되었음은 물론이지만 개방정책 실행에 대한 통치자의 정확한 인식이 있었기 때문에 가능했다. 그리하여 이 시기의 대외개방은 전대미문의 규모와 수준을 지속적으로 유지할 수 있었고, 수·당왕조는 번영의 길로 나아갔다.

치세를 이룩하기 위한 세 가지 전제조건

수·당 시기 치란흥쇠治亂興衰의 경험을 돌이켜 볼 때 앞에서 언급한 여러 요인 외에 3가지 매우 중요한 역사적 경험이 있다. 즉 법치, 언론개방, 인재중용이 그것이다. '정관의 치' '개원성세' '원화중흥' 등은 모두 이 세 가지를 실천했기 때문에 가능했다. 그러나 이 세 요소를 거스르면 쇠퇴와 혼란이 잇따랐다.

치세는 언론의 개방이 전제되어야 하는데 수·당 때에는 비교적 이를 잘 실천했다고 평가되고 있다. 봉건시대의 언론개방이란 통치집단 내부의 정책결정 과정에서 민주적인 방법이 실현되는 것을 의미한다. 다시 말해 군주는 도량이 있어 허심탄회하게 간언을 받아들이고, 신하는 담력과 지모를 갖추고 있어 과감하게 바른말을 잘 할 수 있는 분위기가 조성되어야 한다. 전제군주제의 봉건제도 아래에서는 언론을 개방하고 통치집단 내부에서 민주적 방법으로 여론을 수렴해야 개인의 독단으로 비롯되는 각종 실수를 효과적으로 예방할 수 있다. 이런 과정을 통해 과학적이고 민주적인 정책결정이 가능해지고 봉건국가의 여러 방침과 정책도 당시 사회현실에 부합돼 사회의 발전을 촉진한다.

후세에 높은 평가를 받는 '정관의 치'는 당 태종이 겸허한 마음으로 간언을 받아들이고, 위징魏徵을 대표로 하는 많은 대신들이 과감하게 진언하는 데 능숙했기 때문에 실현될 수 있었다. 당 현종 즉위 초기에도 요숭姚崇과 송경宋璟 등 충직하고 유능한 많은 신하들의 간언이 있었기에 '개원성세'가 실현되었다. '원화중흥' 시기의 당 헌종憲宗은 전폭적으로 간언을 수용했다. 반대로 수 양제는 직언을 받아들이지 않고 잘못을 감추는 데 급급하는 바람에 멸망을 초래했다. 그러나 태종·현종·헌종 등은 원하던 목표를 이루자 점점 의기양양해져 직언을 따르지 않았기 때문에 치세와 중흥의 시대에서 그 반대의 상황으로 치닫게 된다.

태평성대의 조건은 또한 재덕을 겸비한 인재의 등용이다. 수·당 시기의 치세가 이 사실을 분명히 입증한다. 당 태종 초기에 인재등용 원칙은 정확한 방향을 강조했다. 즉 좋은 사람 한 명을 쓰면 좋은 사람이 모두 따라 오고 나쁜 사람 한 명을 쓰면 나쁜 사람이 모두 따라 온다는 말이 이에 해당한다. 정관의 치세는 태종이 현명한 인재를 많이 등용한 사실과 불가분의 관계에 놓여있다. 특히 장손무기長孫無忌와 방현령房玄齡, 두여회杜如晦 등이 재상으로 임명되어 그를 보좌한 사실이 매우 주효했다.. '개원성세' '원화중흥' 시기도 현명한 재상들이 많았는데 요숭·송경·무원형武元衡·배도裴度 등은 모두 후세들이 본받고 싶어 하는 명재상들이다.

태평성대에는 재상 외에도 주와 현 등의 관리를 임용할 때 무엇보다 백성을 가까이 하는 사람을 중시했다. 태종과 현종은 주와 현의 장관 인선을 항상 마음에 두고 수시로 직접 선발했다. 이 시기에 태평성대를 가져온 요인으로는 바로 언론개방, 과거시험을 통한 인재 발굴 및 문벌이 아닌 품행과 재능의 중시, 실적을 바탕으로 한 관리의 승진을 꼽을 수 있다.

최고통치자가 이러한 원칙을 저버리고 현명한 사람이 아닌 아첨꾼들을 가까이 하게 되면 조정에는 곧바로 폐단이 생겨 대란의 기운이 싹트기 시작한다. 현종이 말년에 이임보李林甫 등 간신의 무리를 임용함으로써 '안사의 난'이 일어난 역사적 사실은 이를 증명하고 있다.

　법치 역시 태평성대의 중요한 요소로서 수와 당의 치세에 분명하게 드러난다. 일반적으로 봉건사회에는 법이 없고 법에 따라 처리하는 일이 없었을 것이라고 오해하는 사람도 많다. 그러나 실제로 그렇지 않다. 봉건사회의 역사를 자세히 연구해 보면 그 시대에도 법제가 있음을 발견하게 된다. 특히 수·당시대는 중국 고대법률과 제도의 제정과 정비에서 찬란한 성과를 거두었다. 이 시기의 안정과 혼란 그리고 흥망성쇠는 모두 법제 제정의 잘잘못과 직접적인 관련이 있다. 수 문제의 '개황의 치'는 〈개황률〉의 제정·실시가 가져온 성과이며 수 양제 시기의 쇠퇴와 혼란은 법제의 붕괴에서 직접적인 원인을 찾을 수 있다. 이는 이 시기 역사를 연구하는 사람들 모두 부인할 수 없는 사실이다.

　정관 시기의 태종은 특히 법률의 통일 및 안정과 엄격한 집행을 강조했기 때문에 이 시기에 전형적인 사례가 많이 등장한다. 이때는 반드시 법에 의거해 매사를 처리했고, 상벌이 엄격하고 공정했다. 이에 더해 법에 따라 공정하게 일을 처리하는 훌륭하고 선량한 관리들이 많았는데 그들의 행위는 현대사회에서도 본받을 만하다. 철저히 법을 준수하는 집행관들이 있었기 때문에 기율을 따르고 법을 준수하는 사회기풍이 이 시기에 자리 잡을 수 있었고, 법을 지켜 나라를 다스리는 사람들은 중용되고 뇌물에 눈이 어두워 법을 어기는 자들은 철저하게 처벌을 받았다. 황제 자신도 때로는 그들 앞에서 언행을 조심하지 않을 수 없었다. 이는 또한 발생 가능한 불법 행위를 어느 정도 억제하는 역할을 했다.

　물론 봉건군주제도 아래에서 완전한 법치는 이루어질 수 없다. 이 시기의 법제는 본래 황제와 대표적인 봉건 착취계급들 자신이 제정하고 또한 기본적으로 그들의 의지를 대표한 것임에도 불구하고 그들의 이익과 항상 충돌한 것이 사실이다. 이런 이유로 법에 입각한 처리가 잠시 가능할 뿐 끝까지 지속될 수는 없었다. 그래서 봉건시대의 태평성대도 일시적이었을 뿐 오래 유지되지는 못했다. '정관의 치' 이후 무측천의 법률 파괴, '개원성세' 이후 '안사의 난', '원화중흥' 이후 국가의 재분열 등은 어떤 의미에서 전제군주제와 법치의 상호충돌은 필연적인 결과라는 사실을 말해준다.

시대에 순응한 통일의 황제

— 수 문제의 무공문치(武功文治)

오랫동안 동란을 거치게 되면 민심은 치세를 바라게 되고, 오랜 기간의 분열 중에 통일의 기운이 움트기 시작한다. 이러한 시기에 시대의 추세에 순응하는 것이 성공을 향한 가장 쉬운 길이다. 그러나 쉽게 얻는 것은 쉽게 잃게 마련이다. 시대의 흐름에 순응하여 성공한 자는 성공한 후 자제심을 잃고 방종에 빠지기 쉽다. 자신을 억제하지 못하면 모든 행위는 처음의 의도를 벗어나게 되고 성공의 한 가운데 실패가 잠복하게 된다. 수 문제 양견에게서 이러한 점을 엿볼 수 있다.

문제文帝 양견楊堅은 수나라의 개국황제다. 위진魏晉 이래 수백 년 동안 지속돼 온 분열 상태를 매듭짓고 통일의 대업을 완성한 사람이 바로 문제다. 봉건시기의 많은 중요한 법률제도는 문제 통치 때 정비되고 새롭게 만들어졌으며 후세에 매우 큰 영향을 주었다. 그러나 칭찬을 받아 마땅한 이 훌륭한 군주는 만년에 이르러 태평성세의 왕조에 쇠퇴와 혼란의 씨앗을 뿌린다.

1. 양견의 수나라 건립

서위西魏 대통大統 7년(541년) 6월, 양견은 풍상馮翔(지금의 섬서성 대려현)의 반야사般若寺에서 태어났다. 전설에 따르면 그 당시 절 주위에는 자색 기운이 감돌고 상서로운 구름이 뒤덮었다고 전해진다. 날이 밝을 무렵 외지에서 한 비구니가 아기를 데리고 와서 이 아이는 태어날 때부터 특별한 아이라서 세속적 방법으로 키워서는 안 된다고 말했다. 그리고는 양견을 다른 지방으로 데려가 키웠다. 사서에는 양견은 머리에서 뿔이 자라고, 몸에 비늘이 있으며, 콧대가 정수리까지 통하고 눈에서 빛이 나고, 손에는 '문文' 자와 같은 손금이 있고, 몸은 상체가 길고 하체가 짧았으며, 얼굴 표정은 위엄이 있고, 말과 웃음에 구애받지 않았다고 전한다. 완전히 '진룡천자眞龍天子'9)의 형상이었다.

사실 양견의 탄생신화는 생모 여씨呂氏의 출신이 비천한 사실을 감추기 위해 만들어진 이야기다. 양견은 동한東漢 이래 유명한 '홍농 양씨弘農楊氏'의 후예다. 양견의 선조 양진楊震은 동한의 태위太尉였고, 그 뒤 몇 대에 걸쳐 모두 북조北朝의 고관을 지낸다. 양견의 부친 양충楊忠은 우문태宇文泰가 서위西魏의 실권자로 있을 때와 그의 아들 우문각宇文覺이 북주北周를 건립하는 과정에서 큰 공을 세워 보육여씨普六茹氏 성을 하사 받고 수국공隨國公에 봉해졌다. 양견의 생모 여씨는 양충이 동부지역을 순시할 때 맞이한 처로 가문이 미천하고 지위가 낮아 양충과 여씨 가문은 나중에 왕래가 끊어진다. 봉건시대 상류사회에서 부모의 출신이 비천한 사실은 매우 부끄러운 일이었다. 따라서 후대에 '하늘의 서기瑞氣를 품고 태어났다'라는 진룡천자의 신화를 빌려 탄생을 가공하고 포장했던 것이다.

'홍농 양씨' 조상의 공훈과 지위에 힘입어 북주에서 양견의 벼슬길은 매우 순조로웠다.

---

9) 용의 현신으로 내려온 천자

황위에 오르기 위한 양견의 사전작업

그는 14세 때 관리의 길로 들어섰다. 북주의 관리사회에서 그는 차츰 지위가 높아져 37세에는 이미 대전의大前疑(재상직에 맞먹음)가 되었다. 당시 북주를 통치한 주 선제周宣帝는 어리고 무지한데다 매우 방탕해 위아래로부터 원성의 대상이었다. 양견은 이 기회를 이용해 북주를 대체할 작업에 착수한다. 그 의도를 알아챈 선제는 양견을 궁전으로 불러들이기 전에 호위병에게 "만약 그의 표정이 조금이라도 이상하면 즉시 주살하라."고 은밀히 지시한다. 그러나 양견이 아무런 내색도 하지 않아 선제는 손을 쓸 수가 없었다.

선제의 의심을 피하는 한편, 지방에서 세력을 키우기 위해 양견은 내사상대부內史上大夫 정역鄭譯의 도움을 받아 양주 총관으로 자리를 바꿔 남쪽 정벌 작업을 준비한다. 이 무렵 선제의 병이 위중해졌다. 소어정小御正 유방劉昉과 어정중대부御正中大夫 안지의顔之儀를 불러 뒷일을 부탁하려 했지만 이미 말을 할 수가 없는 혼수상태였다. 유방과 정역, 양견은 비밀모의를 통해 양견이 보정대신輔政大臣을 맡는다는 가짜 조서를 작성했고, 양견은 기회를 틈타 수도의 수비부대를 장악했다. 선제가 죽은 지 사흘이 되어서야 이 소식을 선포하고 8세의 우문연宇文衍을 즉위시켰는데 역사에서 주 정제周靜帝라 한다. 정치·군사대권을 장악한 양견은 스스로 재상직까지 겸직했다. 이어 승상부丞相府를 설치하고, 고영高熲 등 정치적 재능이 있는 인재들을 중용하여 승상부가 중앙의 명실상부한 정책결정기구로 자리 잡도록 했다.

조정을 철저히 통제한 양견은 북주를 대체하기 위해 온갖 수단을 동원하고 조치를 취해 자신이 황위에 오르는 길을 닦아놓는다.

우선 그는 북주의 종실인 우문씨 세력을 제거한다.

집정 초기에 양견은 속임수를 써서 선제의 동생 우문찬宇文贊을 집으로 돌려보내 조정에서 멀리 떠나있게 했다. 그 뒤 다시 음모를 꾸며 우문태의 다섯 아들을 살해한 데 이어 북주 종친들을 모조리 학살해 우문씨 세력의 씨를 말렸다.

다음으로, 선제 때의 가혹한 형벌과 법률을 폐지하고 일부 토목공사를 중지하여 민심을 얻고 광범위한 지지를 확보했다. 동시에 통제 가능한 군대와 심복 장수를 총동원해 지방에서 군사를 일으킨 적대세력 진압에 나섰다. 위효관韋孝寬은 상주相州(지금의 하남성 안양현)에서 반란을 일으킨 위지형尉遲迥을, 왕의王誼는 운주鄖州(지금의 하북성 안륙현)에서 봉기한 사마소난司馬消難을, 양예梁睿는 익주益州에서 반항하던 왕겸王謙을 토벌하기 위해 나섰다. 반년 동안의 전란을 통해 마침내 세 무장 세력의 반란을 평정했다.

반란을 평정하는 과정에서 양견은 자신의 등극을 위해 일련의 조치를 취했다. 스스로 재상의 자리에 오르고, 아들들에게 군정대권을 나누어 장악하게 했으며, 자신의 가문을 널리 알리고, 선비족 출신의 북주 황제가 한족에게 하사한 성씨를 폐지하고 원래의 성씨로 회복하게 함으로써 한족의 광범위한 지지를 얻었다.

이러한 준비 작업이 끝나고 양견이 측근의 의견을 널리 구하자 모두 북주를 대체할 시기가 이미 성숙되었다는 데 의견을 같이했다. 581년 2월, 퇴위의 압박을 받은 정제는 '선양禪讓'의 형식으로 황위를 양견에게 넘겨주었다. 양견은 자신이 아버지의 수국공 자리를 이어받았고 또 수왕隨王이라 칭했기 때문에 새로운 왕조의 국호를 수隨로 정했다. 그러나 '수隨' 자에 책받침 변辶이 있어 '가다'의 의미와 같아 불길하다고 생각한 양견은 '隨'를 '수隋'로 고치고 연호를 개황開皇으로 정했다.

2. 수의 전국 재통일과 영토 확장

수나라를 세운 양견은 내정을 혁신하고 중앙집권을 공고히 하는 동시에 남방을 통일하는 작업을 적극 진행했다.

남조南朝의 양梁나라가 무장 진패선陳覇先의 반란으로 멸망당하자, 서위西魏의 보호 아래 소찰蕭詧이 강릉에 후량後梁을 세우고 황제에 올랐지만 서위의 속국에 불과했다. 북주를 대체하고 수를 세운 양견은 내정을 튼튼히 하기 위해 개혁을 진행했고, 후량 정권에 대해서는 온건 정책을 폈다. 통치기반이 공고해지자 경제와 군사역량이 크게 발전했고 또 강남을 통일할 준비가 끝나자 양견은 자신의 영역 내에 독립적인 왕국들이 존재하는 현실을 더 이상 용납할 수가 없었다. 마침내 개황 7년(587년) 8월, 양견은 후량제後梁帝 소종蕭琮을 장안으로 초청한 뒤 후량 방어를 구실로 최홍도崔弘度에게 대군을 거느리고 강릉江陵에 들어가라고 지시했다. 후량의 백관들은 남녀 백성 10여 만 명을 거느리고 진陳나라로 도망가 후량은 결국 멸망했다.

이 시기 강남 한쪽 모퉁이에 있던 진의 황제 진숙보陳叔寶를 역사에서는 진 후주陳後主라 하는데 여전히 '근심 없는 천자'의 망상 속에서 세월을 보내고 있었다. 그는 토목공사를 크게 일으켜 임춘臨春·결기結綺·망선望仙 의 누각을 짓고, 모든 문과 창문 및 난간을 진귀한 침향나무와 단향나무로 만들었는데 미풍이 불어오면 정원 전체가 향기로 가득 찼다. 세 누각이 완성되자 후주는 총애하는 후궁 장려화張麗華, 공귀비孔貴妃와 함께 강총江恩, 공범孔范 등을 데리고 자주 그곳에서 돌아가며 잔치를 벌였다. 그는 「옥수후정화玉樹後庭花」「임춘악臨春樂」이라는 가곡의 가사를 직접 짓고 하루 종일 가무와 주색에 빠져 있었다. 상류사회는 극도의 사치스런 생활을 위해 백성들을 더욱 가혹하게 착취했다. 당시 남방에서 유행하던 한 가요는 부패한 통치집단에 대한 백성들의 원망을 담고 있었는데 누군가 나타나 진왕조를 멸망시키고 다시 통일을 이루기를 원하는 그들의 갈망을 표현했다.

진·한 시대에 비견되는 대제국의 건설

진의 황제와 신하들이 하는 일 없이 사치와 향락에 빠져 있을 때 양견은 진을 멸망시키기 위한 작업을 하나하나 진행시켰다. 진 후주가 즉위 할 무렵, 양견은 대장군 한금호韓擒虎를 광주廣州 총관으로 파견하고 여강廬江(지금의 안휘성 여강현)에 진주하도록 지시했으며, 하약필賀若弼을 오주吳州(지금의 강소성 양주현) 총관으로 임명하고 강을 사이에 두고 진나라 수도를 견제하라고 명했다. 개황 8년(588년) 말에는 회남행태성淮南行台省을 수춘壽春에 설치하고 차남 진왕晉王 양광楊廣을 상서령으로 삼아 진나라 토벌전의 총지휘를 맡겼다. 그리고 양광·양준楊俊·양소楊素를 행군원수行軍元帥로 임명하고 군사 50여 만을 동원했다. 양광은 육합六合, 양준은 양양襄陽, 양소는 영안永安(지금의 사천성 봉절현), 유인은劉仁恩은 강릉, 왕세적王世積은 근춘蘄春(지금의 호북성 근춘현), 한금호는 여주廬州(지금의 안휘성 합비시), 하약필은 광릉廣陵(지금의 양주시 서북), 연영燕榮은 동해東海(지금의 강소 연운항)에서 출병했다. 50만 대군은 동쪽으로는 동해에서, 서쪽으로는 현재 사천의 전체 장강 연안에 이르기까지 여덟 방면에서 동시에 출격해 수륙 양면으로 진나라를 대거 공격했다.

수나라 군대가 한발 한발 조여오자 진의 변방 장군들은 위급함을 알리고 구원을 요청하는 상소를 올렸지만 후주는 개의치 않고 오히려 "왕기王氣가 여기에 있고, 이전에 제(북제)나라와 주(북주)나라가 공격해왔지만 모두 성공하지 못했다. 오늘 수나라 군대가 쳐들어온들 또한 어쩔 수 없을 것이다."라고 큰소리를 쳤다. 소위 문무를 겸비했다고 자칭하던 대신 공범孔范 역시 "장강은 천연의 요새로 예전부터 남북을 갈라놓고 있는데 수나라 군대가 어떻게 날아 건너올 수 있겠는가? 이것은 분명히 변방 장군이 공을 세우려고 허위 보고한 것이 틀림없다."라고 맞장구쳤다. 이처럼 위기를 알리는 변방 장수들의 보고는 묵살되었다. 이때 조정에서는 모두 설날 경축 준비로 바빴다. 건강建康(지금의 남경)의 10여 만 군대는 아무런 방비도 하지 않았고, 소마가蕭摩訶처럼 전쟁 준비를 해야 한다고 거듭 주장하는 재능 있는 장군들은 중용되지 못했다.

  설날 밤, 진의 황궁에는 대낮처럼 등불이 환하게 밝혀졌고, 문무백관들은 산해진미가 차려진 술상에 둘러앉아 즐겼으며, 후주는 곤드레만드레 취해 시각을 다투는 군사 보고서를 개봉하지도 않고 침대 밑에 던져버렸다. 채석기采石磯와 같은 군사요지를 지키는 병사들도 모두 취해 쓰러져 있었다. 수나라 장군 한금호韓擒虎는 이 기회를 놓치지 않고 500명을 거느리고 밤에 채석기를 건너 술에 취해 곯아떨어진 진나라 군사들을 전멸시켰다.

  설날 아침, 대장군 하약필은 자욱한 안개를 틈타 장강을 몰래 건넜지만 진나라 수비군은 전혀 알아차리지 못했다. 수나라 군은 진이 손쓸 사이도 없이 강구江口(지금의 강소성 진강)를 점령하고 수도 건강으로 쳐들어갔다. 수나라 군이 건강에 도착하자 진의 대장군 소마가와 배운 것도 없고 재주도 없는 공범이 나와 맞섰다. 수나라 군이 먼저 집중적으로 공범의 진지를 공격하자 진나라 군은 막아내지 못했고 대장군 임충任忠은 한금호에게 투항해 수나라 군을 주작문朱雀門으로 안내했다. 성을 지키던 수비군이 저항을 준비하고 있을 때 임충이 그들에게 "나도 투항했는데 너희들이 어찌 항거를 하겠다고 그러느냐?"라고 말리자 진나라 군은 이 말을 듣고 모두 도망쳤다. 각지의 진나라 군도 앞 다투어 투항했다. 경양궁景陽宮에 숨어 있던 후주와 문무백관은 모두 포로가 되었고 진나라는 이로써 멸망했다.

수 문제 양견은 파죽지세로 남쪽을 정벌하는 동안 위협적 존재였던 북부 변방의 돌궐에 대해서는 강온양책을 병행했다. 양견은 북주에서 집권하던 시절 이미 천금공주를 돌궐에 시집보내 돌궐과 화친을 맺어 두 나라의 긴장 관계를 완화시킨 적이 있었다. 양견이 북주를 대체하자 돌궐 귀족 사발략칸沙鉢略可汗은 북주의 원수를 갚겠다는 구실로 대거 남하해 지금의 감숙甘肅과 섬북陝北 일대를 공략했다. 양견은 양홍楊弘과 고영高潁 등을 파견해 사발략칸을 무찔렀다.

돌궐의 남하를 저지하기 위해 개황 원년(581년)·6년(586년)·7년(587년) 3차례에 걸쳐 장성을 구축해 원래 북제가 쌓아 놓은 장성과 연결함으로써 북방의 접경지역 여러 주의 수비를 강화했다. 얼마 뒤 돌궐은 동과 서로 분열됐는데 서돌궐은 서쪽으로 확장하고 동돌궐은 점차 수나라의 통제를 받게 되면서 북부 변방의 방어는 갈수록 튼튼해졌다.

수나라는 남북을 통일하고 돌궐을 견제하면서 수백 년 동안 분열과 대립, 동란으로 얼룩진 중국에 다시금 통일과 안정을 실현했다. 수나라가 가장 번성했던 시기에는 국경이 동남쪽으로 바다, 서쪽으로 차말且末, 북쪽으로 오원五原까지 확대되어 동서 길이가 9,300리, 남북이 1만4,815리가 되고 민가가 900만 호, 인구가 약 5,000만 명에 이르렀다. 진한秦漢의 통일 대제국에 비견될 만한 규모다. 이런 대제국 건설의 원동력으로는 물론 수나라 통치자의 공로도 있지만 당시 여러 민족들의 백성도 저마다 분열을 반대하고 통일과 안정을 갈망했다는 사실이 더욱 중요하다. 이것이 바로 그 당시 대세의 흐름이었다.

3. 새롭게 정비하여 성세를 실현하다

제도의 정비와 과거제의 실시

양견의 수나라 건국에 있어 일등공신은 유방劉昉과 정역鄭譯 등이었다. 이들은 내심으로 자신들의 공이 크기 때문에 양견이 황제가 된 뒤에는 중용되어 더욱 큰 권력을 쥐게 될 것이라 생각했다. 그러나 양견은 이들이 북주 시기에도 아첨으로 총애를 얻었을 뿐 아니라 나라를 다스리는 재능도 없는 인물이라는 사실을 잘 알고 있었다. 양견은 "이 몇 사람이 없었다면 지금의 나는 있지 못했을 것이다. 그러나 나는 그들이 지조가 없는 소인배들임을 잘 알고 있다. 만약 내가 그들을 중용하더라도 그들은 성실하게 일을 하지 않을 것이고, 만약 그들을 쓰지 않으면 불평불만을 품고 나를 성가시게 할 것이다."라고 단호하게 말했다. 결국 이들은 양견과의 사이가 점차 멀어졌고 끝내 파면당하거나 살해되었다. 이들 대신 명망이 높고 현명한 인재들이 많이 중용되었다. 고영은 상서좌복야尚書左僕射 겸 납언納言, 우경虞慶은 내사감內史鑒 겸 이부상서吏部尚書, 이덕림李德林은 내사령內史令, 위세강韋世康은 예부상서禮部尚書로 임명되었다. 이어 군사적 재능을 지닌 양소와 경제적 식견이 뛰어난 소위蘇威도 중용되었다.

양견은 새로운 통치집단을 조직하고 나서 동란 뒤의 내정을 정비하고 개혁했다. 주로 『주관周官』을 모방해 만든 북주北周의 관료체제는 혼란스럽고 쓸데없는 것이 많았다. 양견은 최중방崔仲方의 건의를 받아들여 다시 한漢·위魏의 제도를 복구했다. 중앙에는 삼사三師·삼공三公·오성五省을 설치했다. 삼사는 태사太師·태부太傅·태보太保를 말하며, 덕망이 높은 사람에게 주는 명예직이었다. 그래서 실권은 없었다. 삼공은 태위太尉·사도司徒·사공司空을 말하며 국가대사에 참여하기는 하지만 단지 고문 성격이어서 실권이 없고 상설직도 아니다. 오성은 상서성尚書省·문하성門下省·내사성內史省·비서성秘書省·내시성內侍省성을 일컫는데 실권을 쥔 정부기구였다.

그 가운데 내시성은 환관기구로서 황궁의 잡일을 관할하고, 비서성은 국가의 지도와 서적 및 역법을 관리하는 기구로 비교적 한가했다. 이 두 기구는 오성 중에서 중요한 위치를 차지하지는 않았다. 문하성과 내사성은 모두 황제의 정치를 보좌하는 정책결정 기구로 기밀관리, 국정논의, 황제의 조서심사, 대신들의 상주문上奏文 조인 등의 업무를 담당했고 황제에게 자신의 의견을 말하고 건의를 할 수 있었으며 상소에 대해 기각하거나 별도로 처리할 수 있는 권한이 있었다. 상서성은 일상적인 정무를 처리하는 기구로 상서령尚書令과 좌우복야左右僕射 각각 한 명씩을 두고 아래에 이부, 예부, 병부, 탁지度支(뒤에 민부·民部로 이름을 바꾸고 당나라 시기에는 이세민의 이름을 피해 호부·戶部라 함), 도관都官(나중에 형부·刑部로 개칭), 공부 등 6부를 두어 행정사무를 나누어 관리하게 했다.

북주는 지방에서 주州, 군郡, 현縣의 3단계 행정체계를 시행했는데 당시 전국에는 주 211개, 군 508개, 현 1,124개가 있었다. 주는 평균 3개 미만의 군을 관할했고, 군마다 관할하는 현은 평균 2개에 불과했다. '백성은 적고 관리가 많아 10마리 양을 9명이 방목하는' 현상이 나타나 재정 낭비가 매우 심했다. 개황 3년(583년), 양견은 군을 폐지하고 주와 현의 2단계 행정체계를 시행할 것을 지시했다. 또 일부 주와 현을 병합하고, 자리만 차지하는 쓸모없는 일부 관리들을 감원했다. 이로 인해 지출이 줄었을 뿐만 아니라 정령政令의 시행이 더욱 편리해졌다.

양견은 동한東漢 이래 지방세력이 중앙정권을 위협하는 상황을 인식하고 중앙과 지방관제를 개혁할 때 다음과 같이 규정했다.

(1) 9품 이상의 관리는 모두 이부吏部에서 일괄 임명·해임하며, 매년 이부의 심사를 받아야 한다.

(2) 자사刺史, 현령縣令은 3년마다 한 번씩 관할지역을 바꿔야 한다. 지방세력이 형성되는 것을 방지하기 위한 조치였다.

(3) 현령은 출신지역에 임용할 수 없다. 호족 지주들이 지방행정권을 장악하지 못하게 하기 위해서였다.

사족문벌이 선발권을 쥐는 것을 억제하고 중앙집권을 강화하기 위해, 양견은 개황 연간에 한위 이래의 '9품중정제'를 폐지하고 과거 시험제도를 제정했다. 당시의 과거시험은 대체로 두 가지로 나뉜다. 하나는 임시로 보는 특과인데 현량賢良·지행수근志行修謹·청평간제清平干濟 등 과목을 포함했고, 하나는 상설과목으로 수재秀才·명경明經·진사進士 등이 이에 해당했다. 수나라의 중요한 인물 가운데 유도劉悼·왕정王貞·두정현杜正玄·두정장杜正藏·허경종許敬宗 등은 모두 수재 출신이고, 방현령·후군집侯君集·손복가孫伏伽 등은 진사 출신이며 공영달孔穎達과 위운기韋云起 등은 명경 출신이었다.

개황률의 편찬과 부병제의 개혁을 통한 병농일치의 확립

북주의 형법은 체계가 없고 잔인했다. 개황 원년(581년), 양견은 고영과 양소, 정역 등에게 새로운 법률의 제정을 명했다. 개황 3년에는 소위蘇威와 우홍牛弘 등을 시켜 〈개황률〉을 제정했다. 〈개황률〉은 북주 형법 중에서 목을 베는 것과 거열10) 등 가혹한 형벌을 폐지

---

10) 車裂 - 사람의 팔과 다리를 각각 다른 수레에 묶고 수레를 반대 방향으로 끌어서 찢어 죽이는 형벌

하고 형벌을 사死, 유流, 도徒, 장杖, 태笞 5등급으로 정했다. 또한 '10악'에 해당하는 죄목(모반, 대역, 반역모의, 부모 또는 존속을 때리거나 모살한 죄, 부도죄, 대불경, 불효, 불목, 불의, 내란)을 확정하고, 10악을 저지르는 자는 사면에서도 제외한다고 규정했다. 귀족과 관리들은 우대를 받아 일반적인 범죄를 저지르면 감면의 혜택이 있었고, 상황에 따라서 의議 · 청請 · 속贖 · 관당官當 등의 특권을 누렸다.

〈북제율〉의 형식을 따른 〈개황률〉은 '법령이 명확하고 간결한' 특징이 있고, 후대 봉건 법전에 중요한 영향을 끼쳤다. 양견 통치 전기에는 법에 입각한 일의 처리를 중시했으며, 황제 본인도 사사로운 감정에 치우치지 않고 법에 따라 집행했다.

수 문제 양견은 북조 이래의 균전제 등 경제제도를 답습하는 동시에 당시 실제 상황에 맞춰 혁신과 조정을 꾀했다. 그 예로, 북주 이래 백성이 과세와 부역을 피할 목적으로 호구와 연령을 속이는 상황을 방지하기 위해 호구편성 정책을 우선 시행했다. 즉 전국의 국민을 대상으로 보保(다섯 집이 1보), 여閭(다섯 보가 1려), 족族(4려가 1족)의 3단계로 호구편성을 하고 이를 바탕으로 '대색모열大索貌閱(호구의 실태조사)'과 '수적정양輸籍定樣(재산 등의 상황에 따라 호의 등급을 정하고 과세의 근거로 삼음)'을 실시했다. 전국의 호구와 부역의 대상을 정확히 파악하기 위한 조치였다.

균전제는 최대한 일반 정착민들에게 일정량의 토지를 제공한다는 전제로 출발했다. 귀족 관리들에게는 일정 분량의 직분전職分田, 영업전營業田, 공해전公廨田을 지급해 재정지출을 줄이고 국가수입을 늘렸다. 백성이 부담하는 조租, 조調, 부역을 지역과 상황에 따라 적절히 조정하고 공평하게 세금을 거둬 백성의 생산의욕을 높였다.

양견은 생산성을 높이고 안정적인 공급을 보장하기 위해 통제거通濟渠의 개통 등 대형 수리공사를 진행하고, 관동關東 등지에는 식량창고를 설치했고, 재해 때의 구제용인 '의창'도 설립했다. 또 오주전五鑄錢을 주조하고 오주전의 독점유통을 위해 옛날 화폐와 개인 화폐를 완전히 폐지했다. 도량형도 통일해 상공업을 발전시켰다.

수나라 초기에는 서위西魏와 북주北周 이래의 부병제를 계승했는데 부병제는 병사와 그 가족, 토지가 하나의 시스템이 되어 지방 주와 현의 관할권 밖에 있었다. 이 제도는 국가의 세금수입에 많은 영향을 주었다. 양견은 진나라를 멸망시키고 나서 개황 10년(590년)에 부병제를 큰 폭으로 개혁했다. 모든 군인의 호적을 주둔지의 주와 현에 귀속시키고 토지분배와 조세징수의 방법은 농민과 일치시켰다. 이들은 군인의 신분이었기 때문에 군부軍府의 관할을 받았다.

이러한 병농일치의 조치는 국가 재정수입을 증대시키고 또 한편으로 정부의 군인에 대한 통제를 강화했다. 동시에 양견은 변방과 수도를 호위하는 군대를 제외한 나머지 병력을 위한 병기 등 군사장비의 제조를 금지하고, 민간이 소지한 무기는 모두 소각하라고 명령했다. 군인의 자제는 학문에 힘쓰게 하고, 공신의 후손들은 유교 경전을 숙지하여 관직에 오르도록 했다.

개황 15년(595년)과 18년(598년)에는 민간이 소지한 무기와 큰 배를 몰수하라고 명령했다. 이 조치에는 중앙집권을 강화하고 반란을 방지하려는 정치적 의도가 깔려 있었다. 그러나 표면적으로는 전쟁을 멈추고 문화 발전에 힘써 사회 안정에 기여했다.

선정의 실현을 통해 이룩한 경제 대번영

 문제 양견 통치 시기에는 분열된 정국을 정리하고 통일을 달성하여 사회는 안정을 되찾았고, 정부의 행정은 효율적으로 집행되었으며, 큰 사회동란도 일어나지 않았다. 법치는 기본적으로 잘 이뤄졌고, 관리들의 공무집행도 비교적 공정했다. 양견은 자주 감옥을 시찰하면서 억울한 판결을 받은 죄수가 없는지 살피고, 탐관오리는 엄중히 처벌하여 법의 권위를 세움으로써 사람들이 법을 함부로 어기지 못하게 했다. 또한 그는 솔선수범하고, 백성의 고통에 관심을 기울였으며, 근검절약을 강조하고, 정치적 실적이 뛰어난 관리들을 찾아 상을 내려 올바른 관리 기풍을 확립했다.

 개황 20년(600년), 제주齊州에 법집행과 공무처리에 최선을 다하고 백성들을 잘 보살피는 왕가王伽라는 하급 관리가 집에 돌아간 범인이 기간 내에 수도에 가서 귀환을 보고하도록 설득했다. 이 사실을 알고 크게 감동한 양견은 왕가를 접견하고 전국의 관리들에게 왕가를 배우라는 칙령을 내렸다. 그 뒤로 관리들이 백성을 헤아리는 데 힘써 백성의 국가에 대한 신임과 조정에 대한 지지도가 높아졌다.

 당시 경제와 사회의 수준은 전대를 훨씬 능가했다. 농업뿐만 아니라 수공업과 상업 및 문화기술 영역에서도 새로운 발전이 있었다. 무엇보다 식량비축 상황은 실로 놀랍다. 사서에는 전국의 거의 모든 창고, 특히 낙구창洛口倉 · 여양창黎陽倉 · 함가창含嘉倉과 같은 큰 창고는 늘 비축곡식이 넘쳐나서 오히려 골치거리가 되었다고 기록되어 있다. 농업생산의 발전과 수확량의 증가는 물론 정부가 식량과 옷감의 비축에 노력을 기울인 결과였다. 한 통계에 따르면, 개황 말기에 이르러 전국의 비축량은 50, 60년을 사용할 만큼 많았고 이 기록은 과

수나라 이(李)씨 아이 석관

거에는 찾아볼 수 없는 막대한 양이었다. 당나라 정관 11년(637년)에 마주馬周는 당 태종에게 "수나라 낙구창에 저장된 비축물자는 이밀李密이 차지했고, 서경西京(즉 장안) 관창의 비축물자는 당나라에서 쓰고 있지만 아직까지도 다 사용하지 못했습니다."라고 보고했다. 마주의 말은 수 양제의 수탈과 남 좋은 일을 한 것에 대한 풍자를 내포하고 있지만, 수나라가 멸망한 지 20여년이 지난 뒤에도 당시에 저장된 식량과 옷감을 다 쓰지 못했다는 사실은 정말 놀랄 만한 일이 아닐 수 없다.

4. 수 문제 만년의 실정이 심은 멸망의 씨앗

문제 양견은 조상의 공훈을 등에 업고, 또 간계를 이용해 황제의 자리에 올랐다. 그는 문무대신들을 항상 의심하고 경계했다. 만년에는 의심이 더욱 심해져 자신과 의견을 조금만 달리해도 신하들을 내쫓거나 처형했다.

그를 도와 적대세력 왕겸을 토벌한 공신 양예梁睿는 익주총관으로 있으면서 주민들의 인심을 샀다는 이유 하나만으로 파면됐다. 또 아무런 근거도 없는 모함을 듣고 위지형尉遲迴과 진중수陳中數를 평정할 때 큰 공을 세운 왕세적王世積을 곧바로 처형했다. 제나라를 멸망시키는

데 큰 공을 세운 우경측虞慶則은 이현李賢의 반란을 토벌하고 돌아오는 길에 한 지역을 가리키며 이곳은 지키기 쉽고 공략하기 어려운 곳이라고 말했다가 고발당했다. 양견은 우경측을 반역죄로 사형시켰다.

많은 전쟁에서 공을 세운 사만세史萬歲는 양소에 의해 폐태자 양용楊勇의 무리라는 모함을 받고 죽음을 당했다. 처형 직전 조정으로 불러들여 간 사만세는 이러한 사실을 전혀 모르고 자신과 부하 장수들의 공적을 크게 떠들어댔다. 양견은 크게 노하여 사만세를 몽둥이로 때려 죽였다. 오래전부터 양견의 심복이었으며 중임을 맡아 많은 공을 세운 고영도 태자를 바꾸는 과정에서 원칙을 고수했다는 이유로 의심을 받았다. 고영이 반란을 선동하고 있다는 모함을 들은 양견은 어떤 조사도 지시하지 않고 그의 모든 관직을 박탈했다. 양견의 차남으로 황제의 자리에 오른 수 양제煬帝 양광楊廣은 즉위하고 얼마 지나지 않아 고영을 살해했다.

양견이 개황 초기에 제정을 지시한 〈개황률〉은 시대의 변화에 발맞춰 형법의 내용이 잔혹하지 않아 후세의 칭송을 받고 있다. 그러나 개황 말년에 이르면 양견은 자신이 직접 제정한 형법은 내팽개치고 잔인한 본성을 드러내며 형벌을 남용한다. 그는 늘 심복을 곳곳에 파견해 감시하고 조금이라도 과실이 있는 자가 있으면 즉시 엄벌로 다스렸다. 손님을 접대하는 빈관賓館을 주관하던 홍려소경鴻臚少卿 진연陳延은 단지 정원에서 말똥이 발견되었다는 이유로 매를 맞아 중상을 입었고, 빈관을 책임지던 주객主客은 맞아 죽었다.

양견은 아예 형벌을 수시로 집행하기 위해 궁중에 몽둥이를 준비해 놓고 조금이라도 마음에 들지 않는 자가 있으면 그 자리에서 장형에 처했는데, 심지어 하루에 여러 명을 때려죽인 적도 있다. 절도행위 근절을 목적으로 백성들에게 서로 고발하게 하고 사실로 드러나면 피고의 모든 재산을 몰수하여 신고자에게 주었다. 이 방법이 실시되자 절도는 급격히 감소했다. 그러나 얼마 지나지 않아 역효과가 발생하기 시작했다. 고의로 물건을 다른 사람 앞에 던져 놓는 사람들이 생겨난 것이다. 만약 누군가 그것을 주우면 주운 이는 즉시 관아로 압송되어 '도둑'으로 몰렸다. 도둑으로 몰린 사람은 모든 재산을 고의로 물건을 던져 놓은 사람에게 넘겨주어야 했다. 이런 부당한 행위로 많은 사람들이 파산했고, 오히려 일부 악한 자들이 부자가 되었다.

양견은 이에 그치지 않고 더욱 가혹한 조서를 반포했는데 그 내용은 이러하다. '1전錢 이상의 돈을 훔친 자는 모두 머리를 베어 그 시체를 대중에게 공개한다. 지방관리로서 1전 이상의 뇌물을 받은 자와 그 사실을 알고도 고발하지 않는 자는 사형에 처한다' 개황 초기에 시행된 형법은 적절했지만, 말기에 이르러서는 잔혹하게 변질되었고 심지어 무고한 사람들을 마구 처형했다.

사치와 탐욕으로 얼룩진 수 문제의 말년

문제 양견은 원래 많이 배운 사람이 아니었고, 이점은 그 스스로 인정한 바 있다. 그는 황제가 된 초기에 학식 있는 선비들을 중용할 수밖에 없었지만 속으로는 지식인들을 경멸했다. 더욱이 문화의 필요성을 인식하지 못했기 때문에 학교의 건립을 그다지 중시하지 않았다. 인수仁壽 원년(601년), 양견은 황족과 귀족 자제들이 공부하는 국자감만 남겨두고 군과 현의 모든 학교를 없애라고 명령했다.

문화교육을 중시하지 않았던 그는 불교·상서로운 징조·음양오행·귀신에 심취했다. 사실 북주 시기에 승상으로 있을 때부터 이미 불교를 매우 숭상했다. 황제에 즉위한 해에는 백성에게 마음껏 출가하여 중과 도사가 되라는 조서를 내리고 전국 각지에 수많은 사찰을 짓는 바람에 당시 불경은 유가의 6경보다 10배나 더 많이 유통되었다. 개황 20년(600년), 불상과 기타 신상을 파괴하는 자는 모두 처형하라는 명령을 내렸다.

인수 원년(601년)에는 30개 주에 대대적으로 인력을 파견해 사리를 보내고, 불탑을 세우도록 했으며, 도량道場을 많이 만들게 했다. 심지어 주와 현에 공무를 중단하고 불사佛事에 전념하라고 지시를 내리기까지 했다. 그는 자신의 황위를 지킬 목적으로 부서지설符瑞之說을 적극적으로 제창했다. 학자출신인 왕소王劭는 양견의 속뜻을 알아차리고 여러 가지 '상서로운 조짐'에 대한 사례를 수집해 많은 종류의 『도참위서圖讖緯書』를 편찬했다. 그는 이를 통해 양견의 인정을 받았고, 이를 모방한 많은 사람들이 승진하고 부자가 될 수 있었다.

양견의 즉위 초기 절약정신과 인자함은 유명해서 사서에 많은 사례들이 실려 있다. 그러나 사실 이런 절약의 모습은 겉치레에 불과해 그는 사치와 탐욕의 본성을 끝내 감추지 못했다. 양견은 황제가 된 이듬해에 장안성의 규모가 매우 작고 또 궁중에 늘 '귀신소동'이 끊이지 않는다는 핑계를 들어 옛 성의 서북쪽에 연말까지 새로운 도성을 건설하라고 지시했다. 그의 최초 작위가 대흥군공大興郡公이어서 신도시 이름을 '대흥성大興城(지금의 서안시)'이라 했다.

개황 13년(593년) 대흥성에 싫증을 느낀 양견은 양소를 총관으로, 우문개를 설계자로 임명하여 기산岐山(지금의 섬서성 봉상현 남쪽)에 인수궁仁壽宮을 짓게 했다. 양소는 문제 양견의 환심을 사려고 인부들을 혹독하게 부렸기 때문에 2년 사이에 죽은 자가 수만 명에 이르렀다. 인수궁은 인부들의 백골 위에 완성된 궁전이라 할 수 있다.

양견이 처음 시찰을 나갔을 때 죽은 인부들이 이곳에 많이 묻혔다는 양소의 말을 듣고는 자신의 '인자한' 이미지에 먹칠을 했다는 이유로 매우 불쾌히 여겼다. 그러나 그의 아내 독고씨獨孤氏가 "우리는 이미 늙었고, 즐길만한 다른 곳이 없습니다. 지금은 태평성세이니 이점을 누리는 것이 죄가 되겠습니까? 양소가 우리를 배려하는 마음에서 한 일이니 그는 충신입니다."라고 양소를 두둔했다. 이 말을 들은 양견은 즉시 태도를 바꾸어 양소에게 100만 냥과 비단 3,000필을 상으로 주었다.

개황 18년(598년)에 그는 또 인수궁과 대흥성 사이에 행궁[11] 12개를 짓고 오락과 휴식을 즐기는 장소로 삼았다. 후인들은 이곳까지 읽다가 "수 문제가 그 때 북으로 장성을 수축하고, 동으로 태악泰岳을 순찰했으며, 인수궁과 행궁 12개를 지어 죽은 자가 수만에 이르렀다. 훗날 수 양제의 대형 토목공사로 인한 착취가 없었다 해도 백성들은 이미 살길이 없었다."라고 평가했다.

수 문제와 함께 이성(二聖)으로 불린 독고황후

양견의 아내 독고씨는 북주의 대신 독고신獨孤信의 딸이다. 양견이 권력을 잡고 황제가 되기까지 독고씨 집안의 지위와 영향력이 뒷받침 되었다. 독고씨는 수완이 좋고, 성격이 강했으며, 질투가 심했다. 양견은 독고황후를 항상 두려워했다. 그는 독고씨의 환심을 사기 위해 다른 여자와의 사이에 자식을 낳지 않겠다는 맹세까지 했다.

양견이 황제가 되고 나서 독고씨는 언제나 정사에 참견을 했다. 양견이 조정으로 행차할 때 독고씨는 함께 마차에 탔다가 궁문 앞에서 내리고 자기 대신 환관을 딸려 보냈다. 만약 양견의 정사 처리가 타

---

[11] 황제가 나들이 할 때 머무는 별궁

당치 못할 때는 환관이 곧바로 나와서 독고씨에게 보고하고, 독고씨가 자신의 의견을 전달하면 양견은 즉시 시정해야 했다. 양견이 조정을 나서면 두 사람은 다시 함께 마차를 타고 침전으로 돌아왔다. 양견이 모든 일에서 독고씨의 의견을 따랐기 때문에 독고씨는 황제가 아닌 황제였다. 당시 궁중에서는 두 사람을 합해 '두명의 성인二聖'이라 불렀다.

양견은 평소 독고씨의 철저한 감시 아래 있어 후궁들을 절대로 가까이 할 수 없었다. 한번은 후궁에서 아름다운 궁녀를 우연히 발견하고 정을 나누었는데 이 사실이 곧바로 독고씨의 귀에 들어가게 되었다. 독고씨는 암암리에 사람을 보내 그 궁녀를 죽여 버렸다. 울화가 치민 양견은 겉으로는 화를 표현하지 못하고, 울적함을 달래기 위해 말을 타고 정처 없이 내달렸다. 고영 등은 양견을 찾아서 데리고 와서 "어찌 한 여자 때문에 천하를 다스리는 책임을 져버릴 수 있습니까!"라고 설득했다. 이 일이 독고씨의 귀에 들어갔는데 그녀는 이에 대해 앙심을 품고 양견의 앞에서 늘 고영을 헐뜯어 마침내 고영이 파직된다.

다행히 독고씨가 죽기 전까지(독고씨가 죽을 때 양견은 이미 62세가 되었다) 양견은 여색에 빠지지 않았다. 그러나 독고씨가 차남 양광을 좋아하고 양견 또한 아내를 무서워하던 터라 다른 사람의 참소를 믿어 장자 양용楊勇을 태자에서 폐위하고 양광을 태자 자리에 앉혔다. 사서에 따르면, 그가 임종 직전에 양광의 여러 가지 좋지 못한 행실을 발견하고 양용을 다시 태자로 복귀시키려고 했지만 이미 때가 늦었다고 한다. 양견이 만년에 심은 여러 가지 나쁜 씨앗들은 양제 양광 시기에 싹을 틔워 마침내는 멸망의 열매를 맺게 했다.

도를 넘어선 대업이 도리어 화를 부르다
— 수 양제의 대업과 망국

'문무의 도(文武之道)', 나갈 때와 거둘 때를 아는 것은 고대 치국의 원리를 설명하는 대표적인 명언이다. 나라를 올바르게 다스리고 업적을 세우고자 하는 지도자라면 누구나 반드시 이 원칙을 새기고 실천해야 한다.

아무리 현명하고 유능한 제왕이라 해도 모든 일을 현실에서 시작하지 않고, 백성의 고충을 헤아리지 않으며, 실상을 정책에 반영하지 않고, 일처리가 지나치고 독단에 빠지면 모든 일은 원래의 의도를 벗어나게 되고 결국에는 비참한 결말을 맞게 된다.

수 양제隋煬帝 양광楊廣은 역사상 폭군으로 널리 알려져 있다. 그의 아버지 문제가 세운 강산은 그의 손에서 대가 끊긴다. 사실, 양제는 많은 업적을 세우기도 했다. 그러나 비현실적인 공적에만 집착하여 도를 넘어 방종했고, 사치와 낭비가 심했으며, 충고를 받아들이지 않고 자신의 잘못을 은폐하는 데 급급했던 큰 결함을 가지고 있었다. 그 결과 수나라는 2대 만에 멸망하고 만다.

1. 황위를 향한 양광의 야망

　　　　　　　　　　양광은 문제 양견의 둘째 아들로 이름은 양영楊英이다. 그는 태어날 때부터 용모가 출중하고 기개가 비범했다. 아버지 양견이 북주北周의 대신으로 있을 때 아버지의 공훈에 힘입어 안문군공雁門郡公에 책봉되었다. 문제 개황 원년(581년)에는 진왕晉王으로 책봉되고, 병주幷州(지금의 산서성 태원시) 총관을 맡았다. 이때 양광은 겨우 13세의 어린 나이였다.

문제 개황 8년 (588년), 진陳나라 토벌전의 최고사령관으로 임명된 양광은 이듬해 50여 만 명의 대군을 거느리고 진을 멸망시켰다. 양광은 수나라 군대를 이끌고 진나라 수도에 진입하여 시문경施文慶 등 진 후주後主 주변의 간신들을 살해하고 지도와 호적을 수거했으며 국고를 차압했지만, 재물에는 일절 손을 대지 않아 정치가로서의 치밀함과 기개를 드러냈다. 이후 대내외 전쟁에서 그는 계속해서 공적을 쌓는다.

정치적 기반이 다져질수록 황제의 자리를 향한 양광의 야망 또한 커져갔다. 그러나 양견이 장자 양용楊勇을 황태자로 책봉하면서 양용이 법적인 황위계승자가 되었다. 양광은 태자 자리를 꿰차기 위해서는 우선 부모의 환심을 사야하고, 심복 무리들의 도움이 필요함을 잘 알고 있었다. 그는 두 가지 책략을 써서 양용과 잔혹한 황태자 쟁탈전을 벌이게 된다.

양견은 절약을 중시한 황제였고, 독고씨는 질투심이 매우 강하고 첩을 총애하는 남자를 미워하는 황후였다. 태자 양용은 이 방면에서 주의력이 부족해 언제나 제멋대로 행동했다. 그에게는 촉나라 사람이 만든 정교한 갑옷이 있었는데 그것도 화려하지 않다고 생각해 다시 아름다운 꽃무늬를 장식해 넣었다. 양견은 그의 이런 행동을 마음에 들어하지 않았다. 양용은 노골적으로 여색을 밝히고, 부모가 정해준 정실 원씨元氏를 냉대했다. 이 기구한 운명의 원씨는 가슴앓이로 일찍 사망한다. 독고황후는 양용이 원씨를 독살했다고 의심해 장남을 더욱 못마땅하게 생각한다. 또한 동짓날 양용은 대대적으로 백관의 하례를 받아 아버지 문제의 의심을 산다. 부모 모두 그를 싫어하자 양용의 태자자리는 풍전등화와도 같았다.

술수와 무력으로 황제의 자리를 찬탈하다

그럼 양광은 어땠을까? 그는 부모의 환심을 사기 위해 오직 왕비 소씨蕭氏와 지내고, 만약 후궁이 아이를 낳으면 모두 죽여 버렸다. 양견과 독고씨가 그의 거처로 가면 아름다운 첩들을 모두 숨기고, 늙고 못생긴 여자들에게 남루한 옷을 입혀 시중들게 했다. 또한 고의로 악기의 줄을 끊어 놓고 먼지도 닦지 않고 내버려두었다. '검소하고 가무와 여색을 탐하지 않는' 양광을 보고 양견 부부는 그를 총애하기 시작했다. 부모가 사람을 보내면 양광과 소왕비는 문 앞까지 나와서 함께 맞이했고, 풍성한 술상을 차려 접대했으며, 돌아갈 때는 선물까지 딸려 보냈다. 그리하여 사람들은 모두 양견 부부 앞에서 양광의 인자함과 효에 대해 칭찬을 아끼지 않았다. 양광은 같은 방법으로 조정의 대신들을 접대했고 그의 명성은 갈수록 높아졌다.

양광은 접대에 신경을 쓰면서 동시에 태자 양용을 모함했다. 양주揚州 총관으로 부임하기 위해 떠나는 자리에서 그는 독고황후 앞에서 무릎을 꿇고 눈물을 흘리며 부모 곁을 떠나기 괴로운 척, 억울한 듯 가장하며 이렇게 호소했다. "저는 평소에 진심으로 형제를 대하건만 어떤 이유로 태자이신 형님의 미움을 사게 되었는지 모르겠습니다. 머지않아 형님의 손에 목숨을 잃게 될 것입니다!" 독고씨는 태자의 여러 가지 악행과 양광의 장점들을 떠올리고는 양광을 위해 나서겠다고 다짐한다.

황후의 속마음을 훤히 꿰뚫어 본 양광은 심복 우문술宇文述의 건의를 받아들여 문제의 총애와 신임을 한 몸에 받고 있는 대신 양소에게 뇌물을 건넨다. 양소도 문제 부부 앞에서 양광을 칭찬하고 양용을 헐뜯으며 양용을 폐위하고 양광을 태자 자리에 앉히라고 문제에게 권한다. 동시에 바쁘게 움직이며 조정에서 태자를 비방하는 여론을 조성하고, 심지어 점술을 동원해 지금의 태자는 마땅히 폐위해야 하며 태자가 장차 반역을 꾀할 징조가 있다고 모함했다. 마침내 문제는 태자에 대한 방비책을 세워 놓는다. 이에 놀라 어쩔 줄 모르던 태자는 미신을 이용해 액운을 막으려 했고, 이는 양소가 태자에게 모반 혐의를 씌울 구실을 제공했다. 문제는 크게 화가나 양용을 폐서인했다.

양용이 폐위된 얼마 뒤, 양광은 소원대로 황태자에 책봉되었다. 인수仁壽 4년(604년), 문제는 인수궁仁壽宮에 병으로 누워 있었다. 양광과 상서복야 양소楊素, 병부상서 유술柳述, 황문시랑 원암元岩이 입궐하여 문제를 병시중했다. 양광은 마음이 조급해져 후사가 어떻게 처리될지를 묻는 편지를 양소에게 띄웠다. 그러나 양소의 회신이 공교롭게 문제 손으로 들어가게 되었고, 이를 본 문제는 대노했다. 때마침 문제가 총애하는 선화宣華부인 진씨가 곁에서 시중을 들었는데, 양광은 문 밖에서 진씨를 보자마자 욕정을 느껴 간음하려 했다. 이 사실을 알게 된 문제는 양광을 태자로 책봉한 것을 크게 후회하고 양용을 다시 태자로 삼을 생각으로 유술과 원암 등에게 양용을 빨리 궁으로 불러들이라고 지시했다. 그러나 양광이 이 소식을 접하고 심복 우문술과 곽연에게 동궁 무사를 거느리고 황궁을 포위하라고 지시하고 문제 곁에서 시중을 드는 후궁들을 쫓아내도록 했다. 양광은 사람을 보내 문제를 죽이고, 유술과 원암을 감옥에 가두었으며, 양용을 살해했다고 역사는 전한다. 그해 7월에 양광은 황제의 자리에 올랐고, 연호를 대업大業으로 바꿨다.

2. 수 양제 업적의 빛과 어둠

양광은 즉위 초기에 내정에서 일부 업적을 이루었다. 문제의 장례가 끝나자마자 그는 부인과 노비 및 부곡의 세금과 부역을 면제하고, 남자 성인의 부역 담당 연령을 21세에서 22세로 조정하라고 명령했다. 대업 2년(606년), 10명을 전국으로 파견해 주와 현을 병합해 백성보다 관리가 넘치는 예전의 상황을 개선했다. 이듬해에는 주州를 군郡으로 바꾸고, 지방 행정기관을 모두 군과 현의 2개 행정체계로 단순화하는 제도를 실시했다.

과거에서는 진사과進士科를 처음으로 시행해 인재 선발의 길을 넓혔다. 문제 시기에 없앴던 국자감國子監 · 태학太學 · 사문학四門學 · 주현학州縣學을 부활시켰다. 이에 더해 경經, 사史, 자子, 집集 등의 네 가지 분류법을 만들어 서적을 정리하고 보존했다. 문제 말기에 법령이 가혹한 상황을 감안해 법률을 수정했는데 이를 〈대업률大業律〉이라 한다. 대업률은 〈개황률〉보다 뛰어나지 않았지만 더 간편했다. '10악十惡' 조례를 삭제하고, '다섯 가지 형벌' 중 무거운 처벌에서 가벼운 처벌로 바뀐 조항이 무려 200여 개나 된다.

양제 양광은 수왕조의 통치를 공고히 하기 위해 문제 시기의 막강한 국력을 바탕으로 대규모 건설공사를 벌였다. 인수仁壽 4년(604년), 양광은 수십만 명의 장정들을 동원해 산서성 용문龍門에서 시작해 황하를 지나 상락上洛(지금의 섬서성 상현)에 이르는 부채꼴 모양의 긴 참호를 건설했다. 대업 3년(607년)에는 하북河北의 장정들을 징발해 태행산太行山을 뚫어 병주에 이르는 치도(황제나 귀족들이 나들이하는 길)를 건설했다. 또한 유림榆林 동쪽에서 탁군涿郡(지금의 북경)에 이르는, 길이가 무려 3,000리가 되고 너비가 100보에 달하는 황제 전용 통행로를 만들었다. 그 해 7월, 장정 100여 만 명을 징발해 서쪽으로 유림에서부터 시작해 동쪽으로 자하紫河(지금의 산서성 평로현)에 이르는 장성 구축에 나섰고 이듬해에는 20만 명을 추가로 파견해 건설에 박차를 가했다.

    수나라의 수도 장안은 서북쪽에 치우쳐 있어 조정의 명이 변경지역까지 도달하기 힘들고, 동방에 대한 통제는 더욱 어려웠다. 고대에

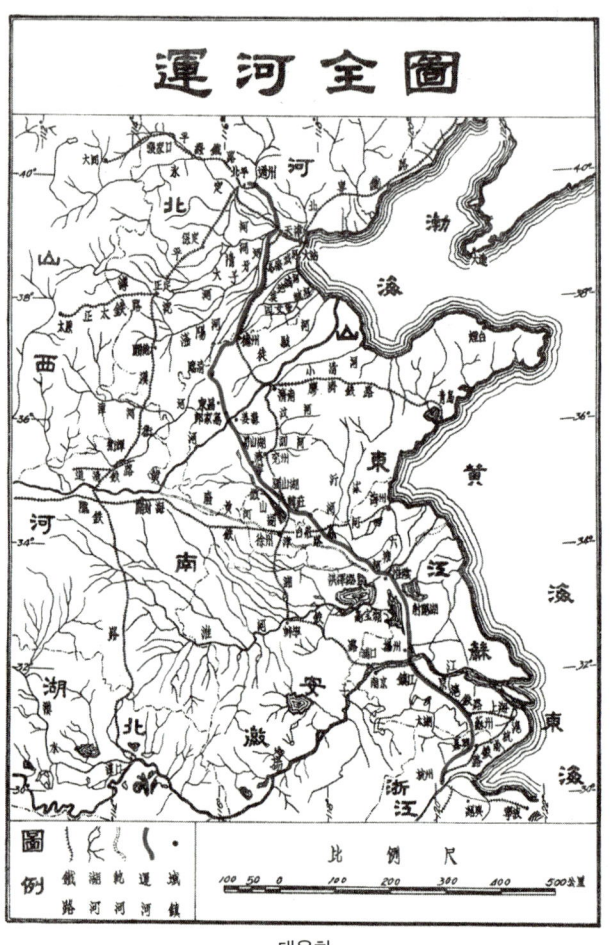

대운하

중주中州라고 불린 낙양洛陽은 전국의 중심에 위치하고 있어 산동과 강남을 제압할 수 있는 유리한 위치에 자리 잡고 있다. 뿐만 아니라 당시 장안이 위치한 관중지역은 물자의 생산에 한계가 있고, 각지의 물품이 장안으로 공급되는 데 배 운송이 순조롭지 못했다. 반면, 낙양은 사면이 서로 통해 있어 '수륙교통이 편리하고, 공물을 거두기 쉽다' 하여 진·한시대에 황제들이 수도로 정하는 이상적인 도시였다. 양광은 즉위하자 문제가 축적한 풍부한 재력에 힘입어 200만 명의 농민을 동원해 낙양을 건설하고 수도로 정했다. 공사는 대업 원년(605년)에 시작해 이듬해 완공되었다. 경제 중심이 차츰 남쪽으로 이동하는 과정에서 이루어진 수도의 건설로 인해 국가 정치의 중심이 중앙으로 이동하고, 물자가 전국으로 고르게 확산될 수 있었다.

당시 최대 규모의 건설공사는 바로 유명한 대운하의 건설이다. 개황 4년(584년), 문제는 우문개宇文愷에게 대흥성大興城(지금의 서안)에서 동관潼關으로 통하는 광통거의 건설을 명하였는데 길이가 300리에 달했다. 대업 원년(605년), 양제 양광은 상서우승尙書右丞 황보의黃甫議에게 명하여 100만 명의 하남과 하북 백성을 징발해 수로를 개통하게 했다. 이 수로는 낙양 서완西宛에서 곡谷과 낙洛의 물을 황하로 끌어온 뒤 황하의 수로를 이용해 판저板渚(지금의 하남성 범수 동쪽)까지 도달하게 했다. 이어 판저에서 다시 황하의 물을 끌어다 남쪽 변수汴水로 흘려보내고, 다시 대량大梁(지금의 하남성 개봉시)에서 변수의 물을 동쪽에서 끌어다 사수泗水로 흘려보내고, 마지막에 회수淮水에 도달하게 했다. 동시에 회남淮南 백성 20여 만 명을 동원해 일찍이 춘추시대 오왕吳王 부차夫差가 개통한 한구邗溝를 수리하여 회수의 물이 장강長江까지 통하게 했다.

대업 4년 (608년)에는 100만 명의 백성을 동원하여 영제거永濟渠를 개통시켜 심수沁水의 물을 끌어다 남으로는 황하, 북으로는 탁군涿郡까지 도달하게 했다. 또한 대업 6년(610년)에는 10여 만 명의 백성을 징발해 북경에서 여항余杭까지 잇는 강남하江南河를 개통했다. 이로써 6년(문제 시기의 수로 개통기간은 제외)의 세월을 들여 낙양을 중심으로 북으로는 탁군에서, 남으로는 항주에 이르는 총 길이가 2,500km의 대운하를 전부 개통했다. 대운하는 남과 북을 하나로 연결해 이후 남북의 경제와 문화 교류의 대동맥이 되었다.

양제의 탐욕과 방종

이러한 대공사가 수나라의 국력을 많이 소모시키고, 백성들에게 큰 부담을 안겨주었지만 공사 그 자체는 긍정적인 역할을 했다. 그러나 양제가 궁전을 대대적으로 짓고, 전국을 순시하며 황음무도를 일삼은 여러 행태들은 악정에 불과하며 백성들에게 해를 끼치는 행위였다.

양제 양광은 동도 낙양을 건설할 때 우문개와 봉덕이封德彛에게 서쪽에 현인궁을 건설하되 강남 및 강북과 오령 이북의 기이한 목재와 돌, 바다의 화초 및 짐승들을 모아 화원을 꾸미라고 지시했다. 그리고 또 서쪽에 서원西苑을 지었는데 그 주위 200리 안에는 바다가 있고, 10리 안에는 바다 안에 봉래·방장·영태 3개의 신선산을 만들었다. 서원과 바다 안의 건축은 극도로 화려했다. 양광은 이곳에서 불과 며칠을 즐기고 싫증을 느끼기 시작했다. 그는 사람을 시켜 수많은 산천의 지도를 가져오도록 하고 궁을 지을만한 이상적인 장소를 직접 찾아 나섰다. 사서에는 '하루도 빠짐없이 궁을 짓는 바람에' 전국 곳곳에 화려한 행궁들이 생겨났다고 기재되어 있다.

수도를 한 발자국도 떠나기 싫어한 과거의 제왕들과 달리 양제는 선천적으로 움직이기를 즐기고, 돌아다니면서 놀기를 좋아했으며, 그 방식에도 끊임없이 변화를 주었다. 즉위한 해(605년)에는 배를 타고 강도江都를 돌았는데 이듬해 4월이 되어서야 낙양에 돌아왔다. 대업 3년(607년)에는 북쪽으로 유림을 순방하여 돌궐 계민칸啓民可汗의 처소에까지 갔으며, 대업 4년(608년)에는 오원五原에 가서 장성 밖의 변방지역까지 순행했다. 대업 5년(609년)에는 서쪽 장액張掖으로 가서 서역 사자를 접견했다. 이어서 대업 6년(610년)에는 강도를 다시 순방했고, 대업 7년부터 10년까지는 3차례에 걸쳐 친히 고구려 원정에 나섰다. 대업 11년(615년)에는 재차 북쪽 장성을 순행하다 돌궐의 시필칸始畢可汗에게 안문雁門에서 포위당했으나 풀려났고, 그 이듬해에는 강도를 세 번째 순방했다. 재위 기간에 수도에 머문 시간은 1년도 채 안 된다. 수차례에 걸친 그의 순방은 주로 유람이 목적이었고, 순행 할 때마다 그 위세가 자못 놀라웠고 양식은 매번 바뀌었다. 예를 들면, 그가 강도를 처음으로 유람할 때 크고 작은 배 수천 척을 제조했고, 황제가 타는 용주龍舟와 황후가 탄 상리주翔螭舟의 규모와 화려한 장식에 사람들이 혀를 내두를 정도였다. 비빈들과 귀족들이 탑승한 배도 모두 어마어마한 자금을 들여 만들어졌다. 순행할 때 노 젓는 병사가 8만여 명에 달했으며, 유람선단의 앞에서부터 뒤까지의 거리는 무려 200여 리나 되었다. 기마병은 운하의 양쪽을 따라 행군했는데 그 깃발이 들판을 덮었다. 지나는 주와 현 500리 내에서 모두 진귀한 물건과 산해진미를 바쳤고, 남은 음식은 떠나기 전에 모아 묻어버렸다.

  양광은 천리의 의장대로 천하를 뒤흔들고, 재물을 탕진하는 순행에 황제 시기 대부분의 시간을 보냈다. 그는 깊은 궁중에 묻혀 지내던 남조南朝의 제왕들은 각지를 돌아다니며 백성들과 직접 만날 기회가 없었다고 비웃었다. 그러나 그가 각지로 순행한 진짜 목적은 백성들과 만나기 위해서가 아니었을 뿐만 아니라 자신의 순행으로 백성들이 치러야 하는 대가가 그가 수도에서 착실히 지낼 때보다 몇 배에 달한다는 사실을 알지 못했다.

양광은 원래 여색을 몹시 밝혔다. 즉위 전까지는 어머니 독고황후의 비위를 맞추고 태자 자리를 차지하기 위해 이러한 행실을 숨길 수밖에 없었다. 진나라를 평정할 때 진 후주의 귀비 장려화張麗華가 강남에서 가장 미인이라는 소문을 듣고, 이 미인을 손에 넣지 못할까 걱정하여 여자를 멀리하던 종전의 태도와는 달리 선봉대에게 사람을 죽이지 말라고 지시했다. 그러나 후주의 귀비는 끝내 고경高熲에게 살해당한다. 양광은 이 일 때문에 고경에게 원한을 품고 있다가 마침내 고경을 죽이고 만다.

아버지의 병시중을 하던 중 선화부인을 겁탈하려 했던 사실 때문에 황제의 자리를 잃을 뻔 했던 적도 있었다. 양광이 즉위하자 선화부인은 자신이 새 황제에게 화가 미치게 한 죄로 죽음을 면치 못할 것이라 생각했지만, 양제는 사람을 시켜 '동심결12)'을 선화부인에게 보냈고 그날 밤 두 사람은 동침했다.

양광의 후궁에는 소황후와 많은 귀인(황후 다음의 비빈), 미인 및 서원의 16원 부인과 궁녀 수천 명이 있었다. 대업 8년(612년)에는 매년 강도군江都郡에서 자태가 단정하고 예쁜 여자아이들을 뽑아 궁에 들여보낼 것을 명했다. 양광은 궁이나 서원은 물론 전국 순방 때마다 이들을 데리고 다니며 향락을 즐겼다. 말년에 강도에서 살 때도 왕세충에게 명하여 강회 미녀들을 뽑았고, 궁중에는 100여 개의 방을 만들었는데 방마다 미녀들이 넘쳐났다. 양광은 방마다 돌아가며

---

12) 同心結 - 애정을 표시하는 매듭

성대한 연회를 베풀게 하고 우문화급이 목에 칼을 들이댈 때까지 소황후와 함께 매일 먹고 마시며 흥청망청 지냈다.

3. 대규모의 서역 경영과 영토확장의 야심

양제 양광이 즉위한 대업 원년(605년)에 북방의 거란족이 영주營州를 침범했다. 양광은 통사알자通事謁者 위운기韋雲起에게 돌궐병을 이끌고 토벌하게 했다. 돌궐 기민칸은 기마병 2만 명을 위운기에게 주었다. 위운기는 유성柳城(즉 영주)으로 가서 고구려와 무역을 한다고 속이고, 거란인이 소홀한 틈을 타고 습격을 감행해 대승을 거두었다. 큰 공에 집착하던 양광은 수나라 군대를 동원하지 않고 얻어낸 이 승리에 관심을 가졌고, 이 승리는 사방으로 영토를 확장하려는 그의 야심에 더욱 불을 지피게 된다.

대업 3년(607년)부터 양제는 서역을 대규모로 경영하기 시작했다. 당시 서역의 여러 나라 상인들은 대부분 장액張掖에서 수나라와 무역을 했는데, 황문시랑黃門侍郎 배구裴矩가 서역 경영의 책임자였다. 서역 여러 나라를 방문하여 산천지형과 물산풍속을 유심히 관찰한 배구는 『서역도기西域圖記』 3권을 편찬해 양광에게 바쳤다. 그는 이 책에서 이렇게 주장했다. '현재 국가의 위엄과 덕에 힘입어 서역을 경영하는 것은 식은 죽 먹듯 쉬운 일이지만, 서돌궐과 토곡혼吐谷渾이 서역의 여러 나라들을 통제하고 있어 조공을 거두기가 쉽지 않다. 현재 서역의 여러 나라들은 상인들을 통해 우리에게 성의를 표시하므로 우리가 사자를 파견해 상인들을 위로하면 병사를 출동시키지 않고도 서역을 평

정할 수 있으며, 토곡혼과 서돌궐을 멸망시킬 수 있다.'

　배구의 상주를 듣고 매우 기뻐하던 양광은 평소 동경해 마지않던 진시황秦始皇과 한 무제漢武帝의 웅대한 기상을 떠올렸다. 그는 배구를 장액에 보내 서역 여러 나라에서 사자를 조정에 파견하도록 거금을 주며 설득했다. 드디어 서역 여러 나라와 활발한 왕래가 이루어졌고, 이들이 지나는 주와 현에서 손님을 접대하는 경비가 걸핏하면 1만 냥이 넘었다.

　대업 4년(608년), 양광은 서역과의 교역통로를 열기 위해 사조알자司朝謁者 최군숙崔君肅에게 서돌궐의 처라칸處羅可汗을 접견하게 했고, 처라칸은 사자를 보내 한혈마汗血馬를 공물로 바쳤다. 이듬해 양광이 농우隴右를 순찰할 때 처라칸이 만나러 오지 않자 양광은 배구의 계책에 따라 사궤射匱를 시켜 처라칸을 공격해 투항을 이끌어냈다. 이로써 서역을 경영하는 데 있어 큰 걸림돌이 제거되었다.

　대업 5년(609년), 양제 양광은 우문술과 양웅을 파견해 토곡혼을 쳐부수고 이 지역에 서해西海, 하원河源, 선선鄯善, 차말且末의 4군을 설치함으로써 중원과 서역의 교역로가 열리게 되었다. 그 후 양광은 설세웅薛世雄을 옥문도玉門道의 행군대장으로 임명하고 군대를 거느리고 옥문관에서 출발해 이오伊吾를 공격하라고 명령했다. 이오가 투항하자 설세웅은 1,000여 명의 병사를 남기고 이오를 수비하게 한다.

　중원과 서역의 교통로가 열린 뒤 대업 5년(609년), 양광은 서쪽으로 연지산燕支山 순행에 나섰을 때 고창왕과 서역 27개국 사절을 접견했다. 양광은 그들에게 금과 옥을 두르고 비단을 걸치게 하고, 무위와 장액의 처녀 총각들에게 화려한 옷을 입고 잘 꾸며진 마차를 타고 와서 구경하게 했으며 지방 관리가 이를 감독했다. 접견할 때 주위 수십 리가 인산인해를 이루었고 마차로 인해 길이 막혔다. 서역 사람들에게 중원의 부를 과시하기 위한 양광의 시나리오였다.

　대업 6년(610년) 정월, 서역 여러 나라 수령들이 낙양에 모이자 양제 양광은 단문에서 연극 공연을 지시했다. 극장 주위 5,000보 내의 모든 사람들에게는 수놓은 비단 옷을 입혔고, 진귀한 깃털로 장식한 옷을 입은 3만 명에 이르는 출연자들의 노래 소리가 수십 리까지 퍼졌으며, 저녁부터 다음날 새벽까지 등불이 천지를 대낮처럼 비추었다. 이러한 광경이 한 달 동안이나 지속되었다.

　연극이 날로 화려해짐에 따라 국가가 매년 사용하는 비용도 억만금에 달했다. 서역 상인들이 낙양에서 무역하기를 원하자 양광은 점포들의 차양을 통일시키고, 천막을 두르게 했으며, 상점 안에 진귀한 물건을 쌓아 놓게 하고, 심지어 채소를 파는 상인들도 진귀한 용의 수염으로 짠 돗자리를 쓰라고 지시했다. 또한 비단을 나무에 매어 호화스러움을 과시하기도 했다. 서역 상인들이 음식점을 지나면 일부러 초청하여 배불리 먹이고 한 푼도 받지 않으며 "중원은 풍요롭기 때문에 술과 음식 값은 이제껏 받은 적이 없습니다!"라고 허풍을 떨었다.

전쟁준비로 민생이 도탄에 빠지다

　서역과의 거래가 서로 이득을 취하고 진보한 정책이었다고 한다면 3차례에 걸친 고구려 원정은 무력을 남용하고 백성들에게 심각한 재난을 가져다주었다고 봐야 할 것이다.

　고구려는 수나라의 동북 지역에서 가장 강력한 인접국이었다. 문제 양견 개황 18년(598년), 고구려가 요서遼西를 침공하였으나 수나라의 요서총관 위충韋沖이 이를 물리쳤다. 문제는 고구려가 영토를 요하까지 확장했고 영주를 침범한 적이 있다는 이유를 들어 당시 한

왕漢王 양양楊諒에게 고구려 토벌을 명했으나 패배하자 다시는 정벌에 나서지 않았다.

　대업 3년(607년)에 이르러 양제 양광이 동궐 기민칸을 방문했을 때 마침 고구려 사자가 그 자리에 있었다. 배구의 건의대로 양광은 고구려왕 고원高元의 입궁을 강요했으나 고원이 거절하자 이를 고구려 원정의 빌미로 삼는다.

　대업 4년(608년)에서 대업 7년(611년)에 걸쳐 양제 양광은 고구려를 토벌할 대대적인 준비 작업에 돌입한다. 낙구洛口에서 탁군涿郡에 이르는 영제수로를 개통하여 뱃길을 열고, 탁군에 임삭궁을 건설하여 출정의 지휘본부로 삼는다. 유주幽州 총관 원홍사元弘嗣를 동래군東萊郡(지금의 산동 내주)으로 보내 300여 척에 이르는 큰 배의 건조를 감독하라고 지시했는데, 조선공들은 불철주야 물속에서 작업을 하는 바람에 30%~40%가 노역으로 목숨을 잃었다. 하남·회남·강남 등지에서 제조한 전차 5만대를 고양高陽(지금의 하북성 고양현)으로 보내 육로수송도구로 사용하라고 명했다. 각 군에 대량의 정교한 병기 제작을 지시하고 열심히 일하지 않는 자가 있으면 목을 베라고 명한다. 산동에서는 병사가 도처에 넘쳐났다. 각지의 부자들에게는 재산의 정도에 따라 말을 구입해 전쟁 준비를 하게 했는데 말 한 마리의 가치가 10만 냥까지 폭등했다.

　전쟁에 돌입하기 직전인 대업 7년(611년), 양제 양광은 직접 임삭궁으로 가서 각지의 육군을 소집하고 또한 강북의 선원 1만 명, 쇠뇌 사격수 3만 명, 영남의 창병 3만 명을 차출하여 수군으로 충당했다. 동시에 강회 남쪽 인부와 배들을 징발해 여양창黎陽倉과 낙구창의 식량과 병기를 탁군涿郡까지 운반하게 했다. 배들이 꼬리에 꼬리를 물고 이어졌으며, 수십만 명이 넘는 사람들이 밤낮을 가리지 않고 분주하게 운반해, 과로로 죽은 자들이 부지기수였고 그 죽은 시체들로 인한 악취가 사방에 진동했다.

또한 산동 일대의 우차와 인부를 보내 쌀을 노하瀘河(지금의 하북 동북부에 위치)와 회원懷遠(지금의 요녕성 조양 동부) 두 진으로 운반시켰다. 60여만 명에 이르는 인부들이 2인 1조가 되어 각조가 3석의 쌀을 운반했지만, 길이 험난한 탓에 3석의 쌀은 인부들이 운반 중에 먹기도 부족하여 목적지에 도착 했을 때는 이미 바닥나 도망칠 수밖에 없는 상황이었다. 백성들이 경작 시기를 놓쳐 토지는 황폐해지고, 국가재정은 고갈되었으며, 장백산長白山(지금의 산동성 장구현)의 왕박王薄이 이끄는 농민봉기도 이해에 터졌다.

무리하게 진행된 4차례의 고구려 원정

대업 8년(612년) 정월, 양제 양광은 고구려에 대한 제1차 전쟁을 개시한다. 수나라군은 130만 명으로 구성된 24군과 양제가 직접 거느리는 6군을 합해 총 30군으로 구성되었다. 식량을 운반하는 인부는 이 숫자의 배에 달했다. 선봉대가 탁군을 출발한 뒤 매일 40리를 간격으로 한 개 군이 출발하여 40여 일이 걸려서야 모든 군대가 출발을 마쳤다. 육군 주력의 대열은 1,000리나 이어졌다. 그 밖에 우익위대장군右翊衛大將軍 내호아來護兒는 수군을 거느리고 동래東萊 해구에서 출발해 패수浿水에서 육군을 지원했다. 내호아의 수군은 고구려 수도 평양에서 60리 떨어진 곳까지 쳐들어가 승리를 거두었다. 그러나 승리의 여세를 몰아 평양성으로 쳐들어가 노략질을 일삼다가 고구려 복병에게 패하여 4만 명의 병사 중 살아남은 몇 천 명만이 배를 타고 황급히 도망쳤다.

대장군 우문술과 우종문이 이끄는 육군이 압록강을 건널 때 병사들은 무기와 식량의 무게를 감당할 수 없어 몰래 내버렸고 중간 지점에 이르렀을 때 식량은 이미 떨어져 버렸다. 수나라 군대는 평양에서 30리 떨어진 곳까지 진격했지만 이미 지친상태여서 다시 살수까지 퇴각할 수밖에 없었고, 이 때 을지문덕乙支文德 장군이 이끄는 고구려 군대의 맹렬한 공격을 받아 우둔위장군右屯衛將軍 신세웅辛世雄은 맞아 죽는 등 수나라 군대는 전멸당했다. 강을 건너던 30만 병사 중 겨우 3,000여 명이 압록강을 건너 도망쳤다. 제1차 고구려 원정은 철저한 실패로 돌아가고 말았다.

　첫 번째 출정은 백성들에게는 큰 재난이었으며, 각지에서 농민봉기가 폭풍처럼 거세게 일어났다. 제군齊郡의 왕박王薄과 맹양孟讓, 북해의 곽방예郭方預, 청하의 장금칭張金稱, 평원의 학효덕郝孝德, 하간의 격겸格謙, 발해의 손선아孫宣雅 등이 난을 일으켰다. 봉기군은 많게는 수십만 명, 적어도 몇만 명이었고 이들 세력은 수왕조에 큰 위협이 되었다.

　대업 9년(613년), 실패를 인정하고 싶지 않은 양제는 제2차 고구려 원정에 나선다. 군사 배치는 첫 번째 원정 때와 거의 동일했고, 양제는 요동에 머물면서 지휘하고 우문술과 양의신楊義臣 등이 평양으로 진격했으며, 내호아는 수군을 거느리고 동래를 떠났다. 마침 육군이 전선에 도착하고 수군이 아직 떠나지 않았을 때, 수나라 귀족 양소의 아들인 예부상서 양현楊玄이 여양에서 반란을 일으키고 낙양을 공격했다. 이 소식을 접한 양제는 당황하여 황급히 전선에서 군대를 돌려 낙양으로 향하면서 군수물자를 모두 고구려 영토에 버리고 돌아왔다. 이로써 제2차 고구려 원정도 실패로 끝나고 만다.

　두 차례의 고구려 원정의 실패는 농민봉기와 통치집단 내의 반란으로 이어졌으며 수나라 전체에 큰 타격을 주었다. 이런 상황에도 불구하고 양제는 목적을 달성하기 위해 무리한 전쟁을 지속한다. 대업 10년(614년) 제3차 고구려 원정이 시작되었다. 이해 7월, 내호아의 수군이 평양 부근에서 고구려 군을 격파했다. 더 이상 싸울 생각이 없는 고구려는 사자를 보내 강화를 요청했고, 양제도 더 이상 싸울 힘이 없음을 깨닫고 이를 구실로 철군한다. 그 직후, 고구려왕이 알현하러 오지 않자 제4차 고구려 원정을 다시 준비하기 시작했다. 그러나 국내 정세는 더 이상 전쟁을 수행할 수 있는 여건이 아니었다.

4. 양제의 인격적인 결함이 나라를 망치다

봉건 제왕 중에서 양제 양광은 비교적 총명하고 문학적 재질이 있는 인물이었다. 그는 자신의 재능과 학문에 대해 매우 자부심을 느끼고 있었기 때문에 "모든 사람들이 내가 천하를 물려받았다고 말하지만, 만약 내가 공정하게 사대부들과 겨뤘어도 응당 천자가 되었을 것이다."라고 자신했다. 그는 늘 당시의 문사文士들과 겨뤘으며 그들의 현명함과 능력을 질투했다. 그래서 자기보다 뛰어난 자들을 어떻게 없앨까를 고심했다. 예컨대 내사시랑內史侍郎 설도형薛道衡은 북제 때 가장 유명한 인물로 그의 새 작품이 나올 때마다 위로는 진 후주陳后主부터 아래로는 일반 문인까지 앞 다투어 서로 읊을 정도였다.

그의 재능과 명성을 질투하던 양제는 설도형이 억울하게 처형을 당할 때 득의양양한 어조로 "너는 아직도 '空梁落燕泥(공량낙연니)'[13]라는 아름다운 가사를 지을 수 있겠느냐?"라고 비꼬았다.

---
[13] 남편을 그리는 부인의 고독하고 처량한 마음을 그린 시구

저작좌랑著作佐郎 왕주王胄의 문장은 천하에 명성이 자자했는데 그가 처형당할 때 양제가 옆에서 그가 지은 유명한 구절인 "정원의 화초가 마음대로 푸를 수 있나.14)"를 읊으면서 "당신은 이런 구절을 다시 만들 수 있겠소?"라고 비아냥거렸다.

양제는 다른 이의 현명함과 재능을 시기하였을 뿐만 아니라 자신의 재주와 지식을 주로 독단과 자기 허물의 은폐에 사용했다. 그는 노골적으로 비서랑秘書郎 우세남虞世南에게 "나는 천성이 직언하는 사람들을 싫어하며, 명망이 높은 사람들이 자신의 명예를 위해 하는 말은 듣기만 해도 귀찮다. 지위가 낮은 사람들은 당장은 용서할 수 있어도 언젠가는 그들을 이 세상에 남겨둘 수 없음을 너는 알고 있는가?"라고 말한 적이 있다.

수나라의 유명한 대신 상서복야尙書僕射 고경은 문제 양견 때뿐 아니라 양제 양광 재위 시에도 많은 공을 세웠다. 그는 양제가 여색에 빠져있고 대규모 토목공사를 일으키는 것에 대해 태상승太常丞 이의李懿에게 "북주 황제도 오락에 빠져 나라를 망쳤는데 이를 교훈으로 삼지 않고 어찌 이럴 수가 있는가?"라고 한탄의 말을 늘어놓았다. 양제가 돌궐 계민칸에게 주는 답례품이 너무 풍성한 것을 보고 고경은 나라를 깊이 걱정하는 마음에서 태부가조太府何稠에게 "계민칸啓民可汗은 중국의 허실과 산천의 지세를 잘 알고 있어 후환이 걱정됩니다."라고 말했다. 예부상서 우문고宇文敢, 광록대부光祿大夫 하약필賀若弼도 고경의 말에 찬성했다. 양제는 조정을 비방한 죄로 이들 세 사람을 처형했다.

3차에 걸친 고구려 원정을 끝낸 뒤 양제 양광이 다시 낙양으로 놀러 갈 때 태사령太史令 유직庾直이 "폐하가 매년 고구려 원정에 나서신

---

14) 庭草無人隨意綠(정초무인수의록) - 주인이 없는 정원의 처량한 모습을 그린 명구

결과, 백성들은 매우 궁핍한 상황입니다. 관내의 민심을 위로하고, 백성들에게 농사에 힘쓰게 하여 한숨을 돌리게 한 뒤 다시 낙양으로 가야 합니다."라고 충고했다. 양제는 결국 유직을 살해한다. 대신들은 양제의 직언을 전혀 받아들이지 않는 모습을 보고서, 누구도 감히 목숨을 무릅쓰고 나설 수 없어 양제의 말을 따를 뿐이었고 그가 하는 대로 내버려 두었다.

 조언을 듣지 않고 충신들을 멀리하는 양제의 주위에는 흉악하고 악독하며 탐욕스럽기 그지없고 아첨만 일삼는 자들이 득실댔다. 양제가 총애하는 대신 양소는 문무의 재능을 갖추었으나 매우 잔인하고 탐욕스러웠다. 주택은 여러 차례 단장하여 화려하기 그지없었고, 상점과 땅은 헤아릴 수 없이 많았으며 머슴이 수천 명에 달하고, 후원엔 비단 옷을 입은 첩들이 1,000여 명에 이르렀다. 그는 황제에게만 아첨했기 때문에 고발을 당하고 한때 양제의 의심을 사기도 했지만, 호화롭고 편안한 일생을 보냈다.

 양소의 동생 양약楊約은 양제의 명을 받고 직접 태자 양용을 목 졸라 살해했다. 양제는 양소에게 "자네 동생은 확실히 크게 쓸 수 있겠구나."라고 말하고, 며칠 후 내사령內史令에 봉했다. 양제가 태자에 오르도록 도와준 우문술은 눈치가 빨라 양제를 따라 순행할 때마다 진귀한 물건을 바쳤기 때문에 많은 은총을 받을 수 있었다. 곽연郭衍은 양제의 비위를 맞추려고 양제에게 정사를 돌보느라 몸이 상할 수 있으니 닷새에 한 번씩만 조정에 나오도록 권고하기까지 했다. 양제는 이런 간신들의 행위를 오히려 자신에 대한 충성으로 여기고 "오직 곽연만이 나와 같은 마음이다"라고 칭찬했다. 특히 순방 중에 공물을 많이 바친 자는 승직시켜주고, 적게 바친 자는 강등했다.

 양제는 마지막 강도江都 순방 때 강회 일대 지방관을 접견하고 예물의 많고 적음에만 관심을 가져, 많이 바친 자는 승직시키고 예물이 보잘 것 없으면 정직처분을 내렸다. 강도의 군승郡丞 왕세충王世充은 구리거울과 병풍을 바쳐 통수通守로 승진했고, 역양군승歷陽郡丞 조원해趙元楷는 별미를 바쳐 강도군승江都郡丞으로 승진했다. 윗물이 고와야 아랫물도 곱다는 말처럼 전국의 군과 현에서 관리들은 거리낌 없이 백성들을 착취했고, 경쟁적으로 공물을 바쳤으며, 자신도 기회만 생기면 뇌물을 받았다. 그리하여 정치는 날이 갈수록 부패해갔다.

양제는 현명한 인물은 멀리 하고 아첨하는 자를 가까이 하며 직언을 듣지 않고 잘못을 감추었으며, 진실을 듣기도 싫어했고 듣지도 않았다. 그의 통치 초기에 이미 농민봉기가 폭발했고 그 기세는 더 거세졌다. 그는 저녁에 여인들의 애무가 있어야만 잠이 들었다. 또한 대신들이 도적이 적다고 말하면 기뻐하고 그렇지 않으면 불쾌해 했으며, 심지어 진실을 말하는 대신들은 가볍게는 좌천을 당하고 무겁게는 참수형을 받았다.

내사시랑 우세기虞世基는 양제가 도적 얘기를 매우 싫어하는 사실을 알고 여러 장군들이나 군, 현에서 조정으로 보내는 긴급구조 요청 상주문을 고치거나 압수해버렸다. 양제에게는 "좀도둑의 무리들로, 바로 씨를 말려버릴 것이오니 폐하는 걱정하실 필요가 없습니다."라고 거짓으로 보고했다. 양제는 이런 말만 들으려했다. 그의 이런 행동으로 말미암아 봉기는 전국 도처에서 발발했고 조정은 마비상태에 빠졌다.

양제 자신의 과실이 부른 비참한 최후

대업 말기에 이르러서야 양제는 마침내 정세의 심각성을 알게 되었다. 그는 농민봉기의 표적이 되는 것을 피하기 위해 다시 강도로 떠났다. 조정의 많은 대신들은 양제가 이번에 떠나면 다시 돌아오지 못할 것으로 생각했지만 누구도 감히 사실을 말하지 못했다. 양제는 우문술의 권고를 받아들여 월왕越王 양동楊侗을 수도에 남겨 지키게 했다.

강도에서 1년여를 보내는 사이, 농민군 두복杜伏은 강회江淮로 접근해 오고 있었으며 고우高郵를 함락시키고 역양歷陽을 점령했다. 중원의 적양翟讓과 이밀李密이 이끄는 와강군도 수나라군 주력인 장수타張鬚陀와 배세기裵世基를 섬멸했다. 그들은 주위의 주, 현에 격문을 띄워 양제의 각종 죄상을 폭로했다. "磬南山之竹, 書罪無窮; 決東海之波, 流惡難盡(경남산지죽, 서죄무궁; 결동해지파, 유악난진)". 그 뜻인 즉 "남산의 대나무를 모두 잘라 붓을 만들어도 양제의 죄악은 다 쓸 수 없으며, 동해의 물을 다 써도 양제의 죄악은 씻어버릴 수 없다."는 것이다. 양제는 왕세충을 파견해 강회 정예부대를 거느리고 낙양을 지키고 있는 월왕 양동과 함께 와강군에게 대항할 것을 지시했다. 이때 수나라의 많은 장수들은 국운이 다한걸 보고 앞다투어 병사를 일으켜 독자세력을 구축했다. 양제는 완전히 고립되고 버림을 받은 신세가 되었다.

양제는 최후가 다가오고 있음을 알고 나서도 여전히 즐기기에 바빴다. 그는 소황후에게 "현재 많은 사람들이 나를 뒤엎으려 들지만 우리의 처지가 아무리 나빠져도 나는 장성공, 황후는 심황후(망국 후 남진南陳의 진숙보와 심황후)의 신세 정도는 될 테니 술이나 마시면서 즐깁시다!"라고 위로했다. 하루는 양제가 거울을 비춰보면서 비관에 찬 어조로 소황후에게 "이렇게 멋진 목을 도대체 누가 와서 칠 것인가?"라고 말했다. 그는 위기가 닥치면 삼킬 독약을 준비해 몸에 지니고 다녔다.

그러나 양제의 최후는 진 후주처럼 장성공이 되지 못했고, 독약도 쓸모가 없었다. 대업 14년(618년) 3월, 양제는 천하가 어지러움에도 수습할 수 없음을 알고 단양궁(지금의 남경)을 다시 수리하게 하고 그쪽으로 거처를 옮길 준비를 했다. 수레를 끄는 사람들은 모두 관중의 무사들이었는데 고향을 그리워하는 마음에 하나 둘씩 도망쳤다. 이때 호분랑장虎賁郎將 사마덕감司馬德戡과 원례元禮는 직각直閤배건통裴虔通과 공모해 우문술의 아들 우문화급宇文化及을 앞세워 정변을 일으켰으며, 양제는 우문화급의 협박으로 목매달아 죽는다.

사치스럽고 부패한 제왕은 죽은 뒤에 번듯한 관도 얻지 못한 채, 소황후와 궁녀들이 침대 받침대를 뜯어서 만든 작은 관에 눕혀져 강도궁의 유주당 아래에 남몰래 묻혔다. 우문화급이 모두를 이끌고 강도를 떠난 뒤 강도태수 진릉은 양제를 강도궁 서쪽의 오공대 아래에 다시 매장했다. 당나라가 강남을 평정한 뒤인 정관貞觀 5년(631년), 뇌당雷塘(지금의 양주시 북쪽 15리 뇌당 남평강 위, 오공대에서 남쪽으로 10리 떨어진 곳)에 다시 매장 했다. 후세 사람들은 시를 지어 '수 양제는 일찍이 진나라를 평정하고 남북을 통일하여 큰 업적을 세웠으나, 주색에 빠지고 잔혹하여 나라를 파멸로 몰아넣고 자신은 죽은 뒤에 몇 무밖에 되지 않는 뇌당에 묻히고 말았구나'15)라고 풍자했다.

---

15) 隋煬帝早年平定陳朝(수양제조년평정진조), 統一南北(통일남북), 功業很大(공업흔대), 只因荒淫殘暴(지인황음잔폭), 葬送了一統江山(장송료일통강산), 自己死後只落得幾畝雷塘田葬身了(자기사후지락득기무뇌당전장신료)

성당기상의 창시자

— 이연(李淵)의 당나라 건립

동란이 이미 일어난 상황에서 반란을 일으킬 시기를 어떻게 선택할 것인가? 군웅들이 할거하고 정치기강이 무너진 상황에서 이러한 국면을 어떻게 수습할 것인가? 심각한 궁중정변이 일어났을 때 어느 쪽을 선택할 것인가? 당 고조 이연은 당나라를 건립하는 과정에서 명철하고 합당하게 이러한 문제를 해결해 나갔다.

수나라 말기의 사회 혼란 속에서 여러 정치세력들이 주도권을 빼앗으려고 서로 다투고 있었다. 수나라의 태원유수太原留守 이연李淵은 포부가 크고 계략이 뛰어났으며 심사숙고하는 성격이었다. 그는 적당한 시기에 군사를 일으켜 관중을 평정하고 군웅들을 제압했으며 다시금 통일을 이루고 제도를 혁신해 당나라의 통치기초를 닦아 놓았다.
　말년에 '현무문의 변玄武門之變'으로 인해 뒤로 물러나 있었지만, 시대의 흐름을 잘 이용하고 대세를 파악하는 능력을 갖추고 있어 유종의 미를 거둘 수 있었다. 이연은 개국황제 중에서 훌륭한 인물로 일컬을 만하다.

1. 이당(李唐)의 건립 과정

이연은 본적이 농서 성기隴西 成紀(감숙성 태안)로 16국시대 양무왕涼武王 이호李暠의 7세손이라고 자칭했다. 그의 조부 이호李虎와 아버지 이병李昞은 모두 북주北周의 공신으로 당국공에 봉해졌고 관직은 자손에게 세습되었다. 그래서 이연은 7살 때 당국공의 작위를 계승했다. 젊은 시절에는 뜻이 크고 호방했으며 성품이 관대했고, 여기에 관농 지역의 유명한 가문 출신이어서 명성이 높았다. 그의 아내 두씨竇氏는 수나라 귀족 신무공神武公 두의竇毅의 딸로 문제 양견의 황후인 독고씨는 바로 이연의 이모였다. 그리하여 이연은 문제 재위 때 초주譙州(지금의 안휘성 박현)·농주隴州(지금의 섬서성 농현)·기주岐州(지금의 섬서성 봉상현)의 자사刺史를 역임했다.

대업 13년(617년), 이연은 태원유수에 임명되었다. 당시는 천하가 어지러워지기 시작하던 때였고, 태원은 수나라의 군사 요충지로 군사 재원이 많고 식량과 봉급이 넉넉한 고장이어서 이연은 매우 기뻐했다. 그는 태원에 재직하고 있는 기간에 자신의 세력을 키우는 데 힘쓰면서 후일을 도모했다. 군사적인 능력도 뛰어나 자신이 지휘하는 5, 6천여 명의 군사로 단번에 '역산비歷山飛'라고 불리는 수만 명의 농민봉기군을 궤멸시켰다. 이를 통해 그의 군사적

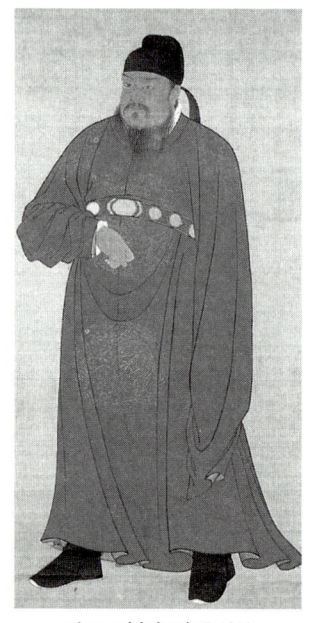

당 고조(唐高祖) 초상화

인 재능을 충분히 과시했고 군사적 위엄을 크게 떨치게 되었다.

정치적으로는 진양晋陽 일대의 관료·지주·부호들을 적극 자기편으로 끌어들였다. 이렇게 해서 진양령 유문정劉文靜·응양부사마鷹揚府司馬 허야서許也緖·당검唐儉·무사확武士彠·최선위崔善爲 등이 모두 이연에게 의탁했다. 그의 첫째 아들 이건성李建成과 둘째 아들 이세민李世民은 각각 하동과 진양 일대에서 재능이 출중한 인재들과 친분을 맺고 있었다. 바로 이해 2월에 마읍馬邑의 유무주劉武周가 반란을 일으켜 태수 왕인공王仁恭을 죽이고 천자를 자칭했다. 이연은 즉시 유무주를 토벌한다는 명분을 내세워 군사를 모집했고, 이세민과 유문정 등도 이연의 지휘 아래서 활동하며 인재들을 끌어들였다.

당시 국내의 끊임없는 반란과 사분오열의 정세 속에서 둘째 아들 이세민을 포함한 많은 사람들이 이연에게 공개적으로 군사를 일으켜 천하를 차지하라고 권유했다. 그러나 주도면밀한 성격의 이연은 함부로 출병하려 들지 않았다. 사서에는 이연의 결단을 이끌기 위해 이세민의 지휘로 태원령 유문정과 진양궁감 배적裵寂이 이연을 강제로 취하게 만들고 기회를 틈타 양제의 두 애첩과 잠자리에 들게 함으로써 이연을 '양산에 오르게 하였다'라고 적혀있다. 왕조시대 황제의 애첩이 대신과 관계를 맺는 것은 사형감이었다.

사실 이연이 일찍 출병을 하지 않은 데는 그 나름대로 이유가 있었다. 사람들의 주의를 끌지 않으면서 힘을 기르고, 혼란한 상태에서 정세를 파악하고 기회를 엿보고 있다가 때가 무르익어 결단력 있게 행동한다면 더 쉽게 성공 할 수 있다고 생각했던 것이다. 어느 정도 군사 및 정치세력이 갖추어지고 국내 형세가 출병하기에 유리해지면 이연은 당연히 거병했을 것으로 추측된다.

이연이 대대적으로 자신의 세력을 발전시키고 있을 때, 태원부유수

왕위王威와 고군아高君雅는 이연이 유무주를 토벌한다는 명분으로 병사들을 확충하는 것을 보고 의심을 품게 된다. 수양제煬帝 양광楊廣은 당시 유행하던 '이씨 성을 가진 사람이 강산을 차지하게 될 것이다' 라는 참언을 듣고 매우 경계하고 있었다. 왕위와 고군아 두 사람은 이연을 없애기로 은밀히 모의했다. 이 일을 알게 된 이연은 돌궐족과 결탁했다는 명목으로 그들을 신속히 체포했다. 공교롭게 이때 돌궐족이 침입해 그들의 죄가 확실해졌기 때문에 이연은 즉시 두 사람을 죽였다.

그 뒤 돌궐과의 화친을 선포한 이연은 유문정을 돌궐에 사자로 파견했고, 돌궐의 칸은 좋은 말 1,000마리를 골라 태원으로 선물로 보내는 한편 군대를 보내 이연을 서경 장안까지 호위할 것을 제안했다. 돌궐의 지원을 받아 후환을 없앤 이연은 각지에 격문을 띄워 수나라 천하를 안정시키기 위해 의병을 일으킨다고 선포했다.

진양에서 거병하고 1년 만에 당을 세우다

진양에서 군사를 일으킨 이연은 관중으로 진군하여 장안을 공격하고 천하를 호령하여 대업을 도모하기로 결정했다. 당시 서하군승西河郡丞 고덕유高德儒는 이연에게 복종하지 않았다. 이연은 두 아들 건성과 세민 형제를 보내 서하를 함락시키고 고덕유의 목을 베었다. 서하에서 승전보를 올리고 난 이연은 군부軍府를 설치하고 스스로 대장군이라 칭했다. 건성과 세민 형제에게 3군을 통솔하게 하고 배적·유문정·은개산殷開山 등에게도 관직을 내렸다.

대업 13년(671년) 7월, 넷째 아들 이원길李元吉을 보내 태원을 지키게 한 이연은 직접 군대를 거느리고 관중으로 향했다. 도중에 확읍霍邑·임분臨汾·강군絳郡(지금의 산서성 강현)을 빼앗고, 분음汾陰에서 황하를 건너 승승장구하여 장안으로 향했다. 이때 이연의 딸 진양공주가 모집한 수만 명의 군사도 합류했다. 대업 13년(617년) 11월, 이연과 그의 자녀들은 20만 대군을 거느리고 장안을 함락했다.

장안에 진입한 이연은 국고를 폐쇄하라는 명령을 내리고 지도와 호적을 보존하고 약탈을 금지하여 크게 인심을 샀다. 그리고 수나라 대리왕 양유楊侑를 황제로 세웠다. 역사에서는 그를 공제恭帝라 한다. 이연은 연호를 의녕義寧으로 고치고 스스로 신하의 도리를 다하고 있음을 천하에 알리기 위해 수 양제를 태상황으로 추존했다. 동시에 자신은 가황성假黃鉞·사지절使持節·대도독내외군사大都督內外軍事·대승상大丞相·진위당왕晋位唐王의 자리에 올랐다. 이연은 무덕전武德殿을 승상부丞相府로 정하고 군권을 독점했다. 맏아들 이건성을 세자로 책봉하고, 둘째 아들 이세민은 경조윤京兆尹·진왕秦王으로, 넷째 아들 이원길은 제공齊公으로 각각 봉했다. 동시에 대대적으로 공신들에게 관직을 내려 인심을 얻고 조정을 좌지우지했다.

이에 앞서 대업 14년(618년) 5월, 양제가 강도에서 죽고 우문화급이 스스로 황위에 올랐는데 얼마 뒤 두건덕竇建德에게 살해되었다. '이제 때가 되었으니 더 이상 공제를 방패로 내세울 필요가 없다' 라고 생각한 이연은 공제에게 양위를 요구하고 태극전에서 선양을 받았다. 국호를 당唐, 연호를 무덕武德으로 정하고 장안을 수도로 삼았다.

이연은 진양에서 군대를 일으켜 장안까지 진군했던 1년이라는 짧은 기간 안에 이당李唐왕조를 건립했다. 이처럼 짧은 시간에 당을 세울 수 있었던 배경에는 이연이 수나라 말기의 농민봉기와 통치집단 내부의 분열로 생긴 허점을 교묘하게 이용해 세력을 발전시키고, 먼저 옛 왕조의 정통을 잇는데 역점을 두어 적과의 대립을 최소화하고, 인재를 잘 활용한 전략이 자리 잡고 있다.

2. 사분오열을 하나로 합치다

이연이 장안에서 당을 세우고 황제로 등극했을 때 전국은 여전히 사분오열의 상태였다. 정치적 포부를 지닌 이연은 관중의 한 모퉁이를 차지하는 것에 결코 만족하지 못했다. 그는 적극적으로 식량을 비축하고 철저한 준비를 거친 뒤 전국을 통일하는 전쟁을 개시했다.

우선, 관중에 위협적인 존재였던 설거薛擧와 설인고薛仁杲 부자에게 창끝을 겨누었다. 설거는 원래 수나라 금성군金城郡(지금의 감숙성 난주)의 부호였다. 대업 13년(617년), 그는 천하가 어지러운 상황을 보고 수나라 관리들을 내쫓고 서진패왕西秦覇王을 자처하다가 곧 황제로 칭하고 천수天水로 수도를 옮겼다. 그리고 아들 설인고를 제공齊公으로 봉하고 농서隴西의 국경지역 전체를 차지했다. 13만 명에 달하는 병력을 소유한 그는 호시탐탐 관중을 노리고 있었다.

이연이 장안을 점령하자 설거 부자는 10만의 군사를 이끌고 진격하여 장안을 크게 위협했다. 이연은 이세민을 내세워 설거군을 무찔렀다. 무덕 원년(618년) 5월, 이연이 장안에서 황제의 자리에 오를 때 설거는 또 다시 기병을 거느리고 소란을 피웠다. 설거의 병사들은 약탈 자행과 함께 당나라군을 무찌르고 장안을 점령할 기세로 접근해 왔다. 그러나 공교롭게 설거가 병으로 죽게 되어 설인고가 그 자리를 계승했다. 이연은 하늘이 선사한 이 기회를 놓치지 않고 진왕 이세민을 총사령관으로 임명하여 설인고 군대의 토벌을 명령했다. 설인고는 이세민에게 크게 패하여 당나라에 투항했다. 이로써 농서 지역도 당의 영역에 병합되었다.

무덕 2년(619년)에는 이궤李軌 정권을 전복시켰다. 이궤는 양주의 호족으로 수나라의 무위사마武威司馬였다. 수나라 말기 동란 중 이궤는 호걸들을 끌어들이고 내원성內苑城을 점령하여 양왕凉王을 자처했다. 당군과 설군이 싸우고 있는 사이에 이궤는 또 천자를 자칭하며 장액張掖·돈황敦煌 등 하서河西 지역의 5개 군을 점령했다. 전국을 통일할 욕망에 불타고 있던 이연은 왕을 자처하는 이궤의 행위를 용납할 수 없었다. 그리하여 이궤 정권의 호부상서 안수인安修仁의 동생 안흥귀安興貴를 양주에 비밀리에 파견했다. 안수인은 이궤의 신임을 얻어 좌우위대장군에 임명되었다. 무덕 2년(619년)에 안씨 형제는 꾀를 내어 이궤를 생포했고 이궤 정권은 멸망했다. 이로써 하서의 다섯 개 군은 당의 영토로 편입되었다.

무덕 3년(620년)에는 유무주劉武周를 궤멸시켰다. 유무주는 수나라 마읍馬邑(지금의 산서성 삭현) 응양부鷹揚府의 교위校衛로 있었다. 대업 13년(617년), 그는 마읍군의 장만세張萬歲 등과 함께 태수 왕인공王仁恭을 살해하고 병사 1만 여 명을 모아 태수로 자립했다. 또 돌궐에 의탁하여 누번樓煩·안문雁門·정상定襄 등을 점령했다. 돌궐은 유무주를 정양칸定楊可汗에 봉했고 얼마 뒤 그는 황제를 자칭했다. 무덕 2년(619년), 유무주는 돌궐과 결탁해 병주幷州(지금의 진양)로 쳐들어갔는데 당나라의 병주총관이자 제왕인 이원길이 패하는 바람에 태원은 위급한 상황에 놓이게 된다. 이연은 우복야 배적을 파견해 반격했지만 역시 패해 이원길도 장안으로 도망친다. 유무주의 세력이 하현夏懸과 포판蒲坂 일대까지 미치자 관중이 술렁였다. 이연은 이세민에게 용문龍門에서 강을 건너 유무주를 공격하라고 지시했다. 이세민은 강을 건너고 나서 병사를 쉬게 하고 말에게 먹이를 먹이면서 절대로 앞으로 나가지 않다가, 적군의 식량이 바닥났을 때 일격을 가해 유무주를 궤멸시켰다. 유무주는 남은 병사들을 거느리고 돌궐로 도망쳤으나 나중에 돌궐에서 살해당한다.

봉건 할거 세력과 농민봉기군을 제압하고 통일을 달성하다

서북지역의 주요한 세 할거세력이 제거되자 관중의 정세는 점차 안정되었다. 바로 이때 이연은 중원 쟁탈전을 전개했다. 당시 중원을 제패하고 있던 세력은 왕세충이었다. 왕세충은 수나라 강도의 통수通守로 수 양제가 우문화급의 협박으로 목을 매어 자살한 뒤 강도에서 양동楊侗을 황제로 세우고 농민군인 와강군을 무찔렀으며 투항해온 수많은 장수들을 받아들였다. 무덕 2년(619년), 왕세충은 양동을 폐위하고 스스로 황위에 올라 국호를 정鄭으로 정하고 낙양을 차지하여 하남에서 가장 큰 세력으로 성장했다.

무덕 3년(620년), 이연은 이세민을 보내 낙양을 공격하게 했고 왕세충이 차지하고 있던 하남의 주와 현이 당나라에 잇달아 항복했다. 이미 대세가 기울었다고 판단한 왕세충은 2,000여 명의 신하들을 거느리고 당나라에 투항했고, 하북의 모든 현들도 연이어 항복했다. 이로써 당나라는 황하 유역을 통제하게 되었다.

이연은 중원을 차지하면서 이정李靖을 기주夔州(지금의 사천성 봉절현)로 파견해 장강 중하류의 소선蕭銑을 공격하게 하여 이 지역을 점령하게 된다. 원래 수나라의 관리였던 소선은 무덕 원년(618년)에 파릉巴陵에서 황제를 자처하면서 수도를 강릉으로 옮기고 파巴 · 촉蜀 등지를 점령했다. 그 병력이 40여 만에 달했다. 무덕 4년(621년)에 이정과 이효공이 강릉을 포위하자 소선은 패하여 당나라에 투항했다. 이리하여 당나라는 장강의 중하류지역도 장악하게 되었다.

수왕조의 통치집단 내부에서 자생한 세력들이 하나하나 제거되자 이연은 여전히 존재하고 있던 농민봉기군을 향해 창끝을 돌렸다.

가장 힘든 싸움이 와강군과의 전투였다. 와강군 수령은 이밀李密과 두건덕竇建德으로 이밀은 원래 선비였는데 두건덕이 이끄는 와강군 봉기가 일어났을 때 그에게 투항했고 수령의 직위를 얻었다. 이밀과 이연, 이세민은 원래 친분이 있었다. 이연이 장안으로 진군할 때 이밀은 이연에게 편지를 띄워 함께 수나라를 멸망시키자고 약속했다. 이연은 대세를 고려해 공손하게 감사의 인사를 하며 거짓으로 이밀에게 주도권을 주어 그의 군대가 낙양의 수나라 군대를 막아 내게 했다. 이로써 자신은 장안을 공격하기가 더 쉬워졌던 것이다.

이밀의 견제로 수나라 군이 장안을 원조할 수 없어 이연은 순조롭게 장안으로 진군했다. 왕세충이 와강 군을 격파한 뒤 이밀은 당나라에 투항했다. 무덕 3년(620년), 이세민과 왕세충이 중원을 놓고 싸우고 있을 때 와강 군은 왕세충의 요구에 응해 두건덕의 지휘를 받아 이세민을 공격했다. 이세민에게 패한 두건덕은 포로가 되었지만 굴복하지 않아 이연에게 살해당한다.

두건덕이 살해되자 그의 부하 장수가 유흑달劉黑闥을 추대해 장남漳南(지금의 산동성 덕주 일대)에서 반당反唐 군대를 일으키고, 이들은 반년도 안 되는 사이에 두건덕이 차지한 지역을 모두 되찾았다. 무덕 5년(622년), 유흑달은 명주洺州에서 한동왕漢東王으로 자처하면서 당나라 군을 여러 차례 무찔렀다. 이연은 황태자 이건성을 보내 직접 유흑달을 토벌하게 했으며, 이건성은 위징의 건의를 받아들여 위무정책의 실시로 민심을 얻어 유흑달 부대를 와해시켰다. 무덕 6년(623년)에 유흑달은 포로 신세가 되어 처형되었다. 하북과 산동지역도 당나라의 통제범위로 들어왔다.

강회지역을 차지하고 있던 두복위杜伏威가 이끄는 농민봉기군은 당의 통일대업에 크나큰 장애가 되었다. 대업大業 13년(617년), 두복위는 역양歷陽(안휘성 화현)을 차지하고 총관을 자처했다. 무덕 원년(618년)에는 단양丹陽으로 옮기고, 당시의 수나라 월왕 양동에게 상주하여 안남도安南道 대총관에 임명되고 초왕楚王으로 책봉되었다. 당나라군이 낙양을 공격할 때 두복위는 항복하여 오왕吳王, 강회이남 안무대사로 책봉되었다. 유흑달이 패배하여 살해된 뒤 두복위는 부하 보공우輔公祐에게 단양丹陽 수비를 지시하고 자청하여 입궁했다.

이연은 기회를 이용해 두복위를 돌려보내지 않았다. 무덕 6년(623년) 가을, 보공우가 단양에서 반당군反唐軍을 일으키고 송제宋帝의 자리에 오르자 당왕조는 이를 구실로 두복위를 살해한다. 그 뒤 대장군 이효공·이정·이세적李世勣을 파견해 단양을 공격하게 했다. 무덕 7년(624년)에 보공우는 무장한 지주에게 사로잡혀 당나라 병영에서 처형되었다. 이로써 강남과 회남은 당나라 관할구역이 되었다.

당왕조의 마지막 공격 대상은 양사도梁師都였다. 양사도 역시 수나라 관리였는데 대업 13년(617년)에 삭방朔方에서 군대를 일으켜 조양雕陽·홍화弘化·연안延安 등을 점령하고 양국梁國을 세웠다. 그는 스스로 황제의 자리에 오르고 나서 돌궐에 청하여 '해사천자解事天子'에 책봉되었다. 그러나 당 태종太宗 정관貞觀 2년(628년)에 당나라에 의해 멸망되었다. 이로써 이연 부자는 봉건 할거세력을 통합하였을 뿐만 아니라 농민봉기 무장세력을 진압해 전국을 다시 통일하게 된다.

3. 법전과 제도의 정비로 당전기의 기초를 닦다

　　　　　　　　　　　　　　　　　　수나라가 제정한 각종 제도는 대부분 그 자체로도 훌륭했다. 문제는 실시하는 과정에서 본래의 의도를 살리지 못한 지방이 많았다는 점이다. 또 실제 상황에서 많은 변수가 발생해서 일부 제도는 변혁이 필요했던 것이 사실이다. 당 고조唐高祖 이연이 당나라를 세운 초기에 내정 분야에서 처리해야 할 일들이 산적해 있었다. 그래서 전쟁을 치르면서 중요성과 시급성에 따라 우선순위를 정하고 많은 제도를 개정해 나갔다.

　수나라 말, 형법은 무너지고 통치자는 잔혹했으며 백성들은 자유가 없었다. 이연은 장안을 점령하고 나서 한 고조漢高祖 유방劉邦을 본떠 잠정헌법 12조를 만들었다. 당왕조를 건립하고 황위에 올랐을 때 수 양제 시기의 〈대업률〉을 폐지하고 배적과 유문정 등에게 수 문제 시기의 〈개황률〉에 기초한 법률 수정을 지시했다. 또한 그는 수정작업의 원칙으로 '너그럽고 간편해야 하며 시대에 발맞춰야함'을 강조했다. 무덕 7년(624년)에 신법 〈무덕률武德律〉을 정식으로 공포했다. 〈무덕률〉은 대체로 〈개황률〉에 입각해 만들어졌고 53개조만 수정을 했다. 형벌은 수나라 시기보다 가벼워졌지만 중앙집권 통치를 수호하려는 의도가 더 짙어졌다. 비록 완벽한 법은 아니었지만 관리와 백성들이 준수 할 수 있는 내용으로 구성되었고, 이후의 〈정관율貞觀律〉의 기초가 되었다.

　이연은 건국 초기 수도와 지방에 학교를 설립하여 인재를 발굴하고 키우는 데 힘썼다. 실력을 갖춘 사족계층을 끌어들이기 위해 무덕 7년(624년)에 수나라 때 폐지된 중정관中正官을 부활시키고, 북조北朝와 북제北齊의 제도에 입각해 주마다 현지에서 명문가의 선비를 한 사람씩 뽑아 대정중大正中을 맡겼다. 그러나 실제로 대정중은 명예직일 뿐이었고, 주요 인사권은 여전히 이부吏部에서 장악했다. 이부에서 인재를 선발하는 주요 경로는 수나라 시대에 창설된 과거제도였다. 과거제도는 대체로 수나라와 비슷했지만 진사과進士科를 더욱 중시했다. 과거시험은 보통 이부의 고공원외랑考功員外郎이 주관했다.

수나라 균전제와 조용조제의 계승

수나라 말기의 전란 시기에 인구가 급격히 감소해 무덕 원년에 국가가 파악한 전국 가구수가 200여 만 호밖에 되지 않았다. 수나라 전성기의 4분의 1에도 미치지 못하는 수치였다. 유민들을 토지로 불러들이고 생산력을 신속히 회복하며 국가의 조세 수입을 늘리기 위해 고조 이연은 북위와 수나라의 균전제均田制 및 조용조제租庸調制를 계승하고 실제 상황에 맞추어 조정했다. 여기에는 어느 정도 득실이 있었다.

무덕 7년(624년)에 반포한 균전령을 살펴보면, 무덕 연간의 균전제에서는 토지매매의 제한이 이전보다 많이 완화되었는데 이는 봉건국가가 직면한 토지겸병을 허용하지 않을 수 없었음을 설명해준다. 일반 부녀자와 노비에게는 더 이상 경작지를 지원하지 않았으며, 부녀자의 부역도 없앴다. 이는 노비의 수가 크게 감소하고 농업생산 분야에서 이미 주도적 지위를 차지하지 않고 있음을 나타낸다. 반면 상공업자·승려·도사·여자도사·비구니에게 경작지를 준 까닭은 상인지주와 불교 및 도교가 여전히 무시할 수 없는 세력이라는 사실을 말해주고 있다. 관료 귀족들에게 땅을 수여하는 특권규정은 역대 왕조와 다를 바가 없었지만 정도에서 약간 차이가 있었다.

균전제를 바탕으로 한 조용조제를 유지했는데 수나라와 비교해 용庸으로 역役을 대체한다는 조항이 다르다. 수나라 때에는 50세 이상의 인재는 용으로 역을 대체할 수 있다고 규정했는데, 무덕 연간의 제도에서는 연령 제한을 철폐하고 부역 기간의 최고 한도를 규정해 놓고 있다. 이것은 확실히 부역과 세금을 경감하는 색채를 띠고 있다.

수나라 말기 전란으로 인해 부병제도 파괴되었다. 이연이 태원에서 군사를 일으킬 때 병사의 수가 겨우 3만 명밖에 되지 않았지만 장안에 도착할 때는 이미 20여 만 명에 달했다. 이연은 군심을 당나라로 돌리고 군량 문제를 해결하기 위해 차츰 군대를 부병조직으로 편입시키고 대강의 모양새를 갖추어 놓았다. 무덕 원년(618년)에는 군부를 설치하고 수나라 제도를 답습하여 공신과 투항군의 장군들을 위대장군衛大將軍 및 장군으로 임명했다.

그러나 위대장군은 유명무실한 자리였고, 실질적인 군사권을 쥐고 있는 사람은 표기驃騎와 차기車騎 두 장군 뿐이었다. 그들을 쉽게 통제하기 위한 의도가 담겨있다. 무덕 2년(619년)에는 12군이 설치돼 관중의 모든 부府가 12군에 종속되었고, 다시 관중을 12도로 나누어 12군과 서로 상응하게 했다. 도마다 표기부와 차기부를 두었다.

12군은 당나라 초기 관중지역의 궁을 지키던 금위군 부대였다. 각 군에는 장군과 부장군을 두었고 이들은 전쟁과 농사를 감독했다. 병사는 평상시 집에서 농업에 종사하고 농한기에는 병부에서 훈련을 받았다. 일상적인 임무는 순번에 따라 수도에서 숙직을 서는 것이고, 전쟁이 일어나면 전쟁터로 나가 싸웠다. 부병은 복무기간에는 세금이 면제되었고, 숙직을 서거나 전쟁터로 나갈 때의 병기·의복·식량 등은 모두 자신이 준비해야 했다.

4. 당 고조의 유종의 미

중국사를 연구하는 외국 사학자들을 포함한 근대의 일부 사학자들은 모두 다음과 같은 문제를 제기했다. '이연이 당을 세우고 나서 황제로서의 재위 기간이 길지 않았고 그의 계승자가 명성을 떨친 유명한 인물이었기 때문에 그의 많은 업적이 무의식적으로 또는 고의적으로 말살되었다' 그래서 사람들은 오랫동안 당을 건국한 고조 이연이 평범하고 무능한 황제라고 생각해왔다. 그러나 주관적인 편견이 개입되지 않는다면, 우리는 정교하게 꾸며진 사서 자료에서조차도 이연이 원대한 포부와 지략을 지닌 개국황제라는 사실을 엿볼 수 있다. 이것은 앞서 이미 서술한 바 있고, 그의 만년도 크게 비난을 받을 점이 없다.

봉건제왕으로서 이연도 봉건국가의 특권인 화려한 궁정 생활을 했고, 무덕 연간에 좋지 않은 행위를 일삼은 적이 있다. 비빈을 총애하여 국정을 등한시하거나 배적裴寂의 중상모략을 믿고 유문정劉文靜을 죽이는 등 여러 실책이 있었다. 사서에 따르면, 무덕 연간에 낙양을 평정한 이세민은 귀비들을 낙양으로 보내 수나라 궁녀들을 선발해오게 하고 창고의 진귀한 물건들을 거둬들이게 했다. 귀비들은 이세민에게 보물과 자신의 친척들을 위한 관직의 청탁을 은밀히 부탁했지만 거절당하여 그에게 불만을 품고 있었다. 이세민이 회안왕淮安王 이신통李神通의 공로를 인정하여 '교敎(진왕의 지시)'의 형식으로 수십 경의 땅을 주었다. 장첩여張婕妤(이연의 귀비 중 한명)의 아버지도 딸이 이연에게 부탁해 수십 경의 밭을 하사받았다. 장첩여는 이세민이 이신통에게 주기 전에 자기 아버지한테 주지 않은 데 불만을 품고 고조 이연의 앞에서 "황제께서 소첩의 아버지에게 하사하신 땅을 진왕(이세민)이 빼앗아 회안왕에게 주었습니다."라고 일러바쳤다. 이연은 일의 전후사정은 묻지도 않고 크게 화를 내며 "너의 교가 나의 칙명보다 더 유효하단 말이냐?"라고 질책했다.

양위로 인해 평온했던 이연의 말년과 내정

　이런 행위가 좋은 모습은 아니지만 봉건시대였다는 점을 감안한다면 특수한 사례는 아니다. 오히려 이연은 칭송받을 만한 자질을 많이 갖추고 있었다. 특히 그는 민심을 헤아리고 허심탄회하게 직언을 받아들일 줄 알았다. 무덕 연간에 만년현萬年縣의 법조法曹 손복가孫伏伽는 상주문을 올려 수나라의 멸망을 예로 들며 이연의 유희를 질책하고 황태자와 여러 왕자들의 교육에 더욱 신경을 쓰고 좌우 사람들을 신중히 선택하라고 직언했다. 이연은 조금도 숨김없는 솔직한 비판의 글을 보고도 오히려 일리 있는 말이라 수긍하며 매우 기뻐했다. 그리고 손복가를 치서시어사治書侍御史로 승직시키고 비단 300필을 하사하라고 명함으로써 사람들에게 마음 놓고 직언을 할 수 있는 분위기를 만들어 주었다. 훗날 당 태종의 직언을 충분히 수용하는 태도는 아버지 이연의 영향을 받지 않았다고 말할 수 없다.

　무덕 말기 형제간 피비린내 나는 싸움이었던 '현무문의 변'에 대해 이연은 부황父皇으로서 어느 정도 책임이 있다. 그러나 이런 사건은 봉건시기에는 흔히 일어나는 일로, 당초 이연이 장자 이건성을 태자로 책봉한 일은 봉건사회의 기본원칙을 따른 것이지 결코 잘못된 행위가 아니다. 사서에는 이연이 이세민에게 태자를 다시 정할 것을 약속했다고 기록되어 있지만, 그런 기록은 믿으면 사실이고 믿지 않으면 소문일 뿐이다.

그가 비빈들과 대신들의 중상모략을 그대로 믿고 태자와 이원길을 편애하여 이세민의 안전을 위협했다는 기록도 믿을 수 없다. 정사正史에 따르면, 이연이 다음날 아들들을 불러 결단을 내리겠다고 말한 전날 밤에 현무문의 변이 일어났다. 이세민의 민첩함과 잔인함이 엿보이는 이 사건은 이연도 예상하지 못한 일이었다. 이세민이 형제를 잔인하게 살해했다는 보고를 받은 이연은 분기가 치솟은 나머지 한 마디 말도 하지 못하다가 한참이 지나서야 "이 불효자가 결국 자기 친형제를 살해하리라고는 생각지도 못했다!"라고 회한에 휩싸여 말했다. 옆에 있던 소우蕭瑀는 "폐하, 화를 가라앉히십시오. 원래 태자(이건성)와 제왕齊王(이원길)은 진왕秦王보다 공이 크지 못하니 모든 국사를 진왕에게 맡기신다면 일을 마무리 지을 수 있을 것입니다."라고 간했다. 몹시 화가 난 이연은 이미 돌이킬 수 없는 상황에 마주하여 전반적인 정세를 고려하고 대세에 순응하기로 했다. 이연은 마침내 그해 6월 7일 이세민을 황태자로 봉하고 8월에 이세민에게 황위를 양위한 뒤 자신은 태상황으로 물러났다.

이연은 태상황의 신분으로 태안궁에 거주하면서 다시는 조정의 일에 간섭하지 않았다. 그리하여 태종 이세민의 극진한 대접을 받게 된다. 정관 7년(633년) 겨울, 이세민은 미앙궁未央宮에서 성대한 연회를 베풀어 태상황 이연을 상석에 모시고 매우 공손히 대했다. 이연은 기쁜 나머지 자리를 같이 한 돌궐 힐리칸頡利可漢에게 춤을 추게 하고, 남만 추장에게 노래를 부르게 했다. 이세민 역시 직접 술을 따라 이연에게 권하며 "지금 북방과 남방이 한집안이 되었고, 사방의 오랑캐들을 정복했으니 이는 모두 아버님께서 가르쳐주신 결과입니다."라고 말했다. 이리하여 이연은 다시 한 번 황제로서의 만족감을 느끼고 매우 흡족해했다.

이세민이 대세를 장악하고 있음을 충분히 알고 있던 이연은 결코 정사에 간섭하지 않은 채 한적한 나날을 보냈다. 이 때문에 당시 궁중 내부의 갈등과 투쟁은 줄어들었고, 동시에 이세민이 원대한 포부를 펼치는 데 크게 도움이 되었다. 정관 9년(635년) 5월, 이연은 병이 깊어져 71세로 태안궁에서 세상을 떠났다. 묘지명은 고조高祖이며 헌릉獻陵에 묻혔다. 개국황제로서 당 고조 이연은 유종의 미를 거둔 셈이다.

당당한 기세와 탄탄한 실력을 갖추고 천하를 꿈꾸다

— 황위 쟁탈전 '현무문의 변',

봉건사회에서는 사전에 적장자를 황태자로 책봉하여 합법적인 황위 계승자로 인정함을 기본원칙으로 삼았다. 그러나 여러 사서를 찾아봐도 이러한 절차를 거쳐 황위에 오른 사람은 많지 않다. 이것이 의미하는 사실은 무엇일까? 우리는 '현무문의 변'에서 그 해답을 찾을 수 있다.

당나라 초기의 황위 교체 중에서 '현무문의 변玄武門之變'은 영향력이 가장 큰 사건으로 꼽힌다. 그러나 이 사건에 대한 당대와 후세의 평가는 일치하지 않는다. 사건의 과정과 결과를 살펴보면, 진행 과정에서 봉건사회의 황위계승 제도의 폐단이 드러나고 있다. 이는 오늘날의 인사제도 개혁에서도 교훈으로 삼을 만하다.

1. 이세민의 성장배경과 통일전쟁에서의 활약

당 고조高祖 이연李淵과 황후 두씨는 첫째 아들 건성, 둘째 아들 세민, 셋째 아들 원패, 넷째 아들 원길, 딸 평양공주 이렇게 4남 1녀의 자녀를 두었다. 여러 아들 중에서 원패는 일찍 요절했고, 나머지 3남 1녀는 이연을 따라 당을 세우고 천하를 통일하는 전쟁에 참여하여 모두 공을 세웠다. 그 중에서도 둘째 아들 이세민李世民의 업적이 제일 두드러졌다.

이세민은 수나라 개황 18년(598년) 12월 22일에 지금의 섬서성 무공의 이씨 집 별관에서 태어났다. 당시는 수 문제文帝 양견楊堅이 이연을 막 농주자사隴州刺史로 임명한 때였고, 여기에 아들까지 얻은 이연은 기쁜 마음에 장차 세상 사람들을 구하고 민심을 안정시켜 이씨 가문에 영광을 가져다주라는 의미로 아들 이름을 세민世民이라 지었다.

이세민은 어려서부터 총명하고 민첩했으며 담력과 식견이 뛰어났다. 장수 가문의 후예답게 어려서부터 무인 집안의 분위기에서 성장한 그는 말타기와 활쏘기를 즐겼고 문무에 능했다. 청소년 시기에 아버지의 임지를 따라 용주·기주·형양·누번 등지를 두루 거쳤고, 14살에 수도 장안으로 갔다. 잦은 이사로 인한 불안정한 생활은 고충이 따르기 마련이지만, 오히려 그에게는 성장의 발판이 된다. 전국의 산천과 군사요지를 둘러보고 인심과 풍속을 접할 수 있는 기회가 된 것이다. 이런 기회를 통해 사회현실을 깨닫고 안목을 넓히고 식견을 쌓는 한편 강한 의지와 호방한 성격을 형성하는 계기가 된 것이다. 그리하여 이세민은 청소년 시기부터 출중한 재능을 드러내기 시작했다.

수 양제煬帝 대업 11년(615년), 18세 되던 해에 아버지가 산서와 하동의 무위대사撫慰大使로 임명되자 이세민은 하동으로 이사를 한다. 이해 8월, 양제가 북쪽 변경을 순찰할 때 돌궐 시필칸始畢可汗이 이끄는 수십 만 기병이 안문雁門을 포위했다. 이러한 위급상황에서 양제는 신하의 건의를 받아들여 전국 각지에서 군사를 모집하여 황실을 호위하라는 내용이 담긴 조서를 나무토막에 묶어 남쪽으로 흐르는 분수하汾水河에 흘려보낸다.

이세민은 아버지의 명을 받들어 둔위장군 운정흥云定興의 근왕군대에 참군했다. 당시 적이 강하고 아군이 약한 형세를 분석한 그는 운정흥 장군에게 "아군의 강함을 과시하기 위해 많은 깃발을 세워 병사가 많은 것처럼 속여 적을 물리치는 전략을 사용하소서."라고 건의했다. 운 장군은 "어린 나이에 이런 식견을 다 갖추다니. 앞으로 반드시 공을 세울 인물이구나!"라고 이세민을 크게 칭찬했다.

장안 함락과 이세민의 역할

이세민이 아버지를 따라 산서에 머무르고 있을 때 수왕조의 내부 동란이 매우 심각했다. 원대한 포부를 지닌 이연도 계획을 세우고 기회를 봐서 병사를 일으킬 준비를 하고 있었다. 아버지의 유능한 조수이자 참모로서 출병의 모든 계획과 정책결정에 참여한 이세민은 군대를 조직하고 동원하는 막중한 임무를 책임졌다. 한편으로 아버지를 도와 군사를 모으고 역량을 집결했으며, 또 한편으로 아버지의 뜻에 따라 당시의 많은 영웅들과 사귀었다. 수나라 장군 손순덕孫順德 유홍기劉弘基 두종竇琮 등은 이때 이연 부자의 심복이 되었고, 진양령晉陽令 유문정劉文靜과 궁감宮監 배적裵寂도 정책결정 집단의 핵심이 된다. 전하는 바에 따르면, 이연이 얽히고설킨 복잡한 형세에서 마음을 정하지 못하고 있을 때, 이세민이 유문정 및 배적과 상의하여 이연으로 하여금 마침내 군사를 일으킬 결심을 하게 했다고 한다.

수나라 대업 13년(617년) 5월, 이연은 진양에서 정식으로 거병을 선포했다. 이때 이연의 장자 이건성李建成 · 넷째 아들 이원길李元吉 ·

사위 시소柴紹 등도 잇따라 군사를 거느리고 하동과 장안을 떠나 진양에서 비밀리에 합류했다. 관중으로 들어가 장안 공략의 전략목표를 결정하려는 시기에 서하西河 군승 고덕유高德儒가 복종하지 않자, 이연은 건성과 세민 형제에게 서하 공격을 지시했다. 두 사람은 명을 받고 서하로 진격해 고덕유의 목을 베고 창고를 열어 가난한 사람들을 구제하여 민심을 얻는다. 이연은 두 아들이 명예를 떨친 것을 보고 매우 흡족해했다. 이어서 이해 7월, 막내아들 이원길을 진북장군으로 임명해 태원을 지키게 한 이연은 두 아들 건성·세민과 함께 3만 명의 군사를 거느리고 관중으로 진군했다.

 대군은 영석현靈石縣으로 들어가서 가호보賈胡堡에 막사를 치고 진지를 구축해 주둔했다. 수나라 장군 송로생宋老生은 확읍(지금의 산서성 확현)에서 주둔하며 저항했다. 그러나 공교롭게도 장마를 만나 식량공급이 중단되었고, 군사들 사이에서는 돌궐과 유무주가 연합하여 태원을 공격할 기회를 엿본다는 유언비어가 돌기 시작했다. 이연은 여러 장군들을 모아놓고 상의를 했는데 배적은 "태원太原은 군사요지이며 의용군 가족들이 있는 곳이기 때문에 즉시 태원으로 돌아가 다시 기회를 보아 장안을 도모해야 합니다."라고 제의했다. 이연은 이 제의가 합리적이라고 생각해 군사를 거두어 돌아가기로 결정했다.

 이때 이세민은 "돌궐은 태원에 심각한 위협이 되지 못합니다. 대의를 위해 먼저 함양咸陽으로 들어가 천하를 호령해야 합니다. 만약 지금 군사를 되돌린다면 군대의 사기가 꺾일 뿐만 아니라 이후 거사를 일으킬 기회를 다시 얻기 어려울 수 있습니다."라고 반대 의견을 내놓았다. 이건성도 태원으로 돌아가는 것을 반대했다. 두 아들의 직언을 듣고 이연은 이미 퇴각한 일부 군사들을 다시 불러들이고 원래 계획대로 밀고나갔다. 이연의 대군은 확읍에 이어 임분臨汾과 강군絳郡을 점령하고 용문에 도달했다. 이어 농민봉기의 수령 손화孫華의 안내로 황화를 건너 하동을 공격했다.

수나라 효기대장군 굴돌통屈突通이 하동을 지키고 있었는데 이연은 오랫동안 공격했지만 함락시키지 못했다. 배적은 대군으로 하동을 공격해 후환을 없애자고 건의했다. 이세민은 신속하되 주력을 피하고 약한 곳인 관중을 먼저 공략해야 한다고 주장했다. 여러 사항을 고려한 이연은 군사를 두 갈래로 나누어 이세민에게는 강을 건너 관중으로 들어가 장안을 공략하는 동시에 상응한 병력으로 하동의 굴돌통과 맞서도록 했다. 이때 평양공주가 모집한 6,7만 명의 군사를 거느리고 이세민에게 합류했고, 이연과 이건성도 연이어 패상覇上에 도착했다. 이리하여 20만 대군으로 장안 공격에 나서 대업 13년(617년) 11월에 마침내 장안을 함락했다.

통일전쟁에서의 독보적인 활약

이연은 장안을 점령한 이듬해(618년)에 황위에 오르고 당을 건국했다. 이건성은 적장자로서 황태자에 책봉되었고 이세민은 진왕, 이원길은 제왕에 책봉되었다.

이연은 황제가 된 뒤에는 직접 원정에 나서지 않았고, 황태자 이건성도 수도에 남아 일상적인 정무를 돌봐야했다. 이 때문에

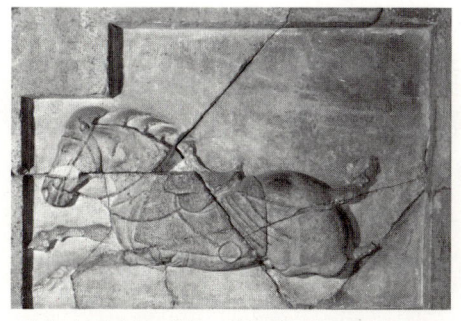

백제오(白蹄烏) | 당(唐) 소릉(昭陵) 여섯 준마 중 하나

전국 통일전쟁의 지휘라는 중책은 진왕 이세민에게 떨어졌다. 당시 22세에 불과하던 이세민은 통일전쟁에서 뛰어난 공을 세우게 된다.

농우에 할거하고 있던 설거·설인고 부자를 평정하는 과정에서 적군과 아군의 상황을 정확히 분석한 이세민은 진지를 굳게 지키면서 힘을 비축하고 피로한 적군과 싸우는 전술을 세운다. 첫 번째 교전에서 이세민은 학질에 걸려 유문정과 은개산殷開山에게 군대 지휘권을 맡겼는데, 두 사람은 이세민의 권고를 듣지 않고 적을 얕보고 급히 쳐들어가 크게 패했다.

설거가 죽고 아들 설인고가 즉위했다. 이세민이 첫 전투의 패배를 거울삼아 60여 일 동안 진지를 굳게 지키고 싸움에 나서지 않자 설군은 식량이 떨어지고 군심이 동요하여 사기가 떨어지기 시작했다. 이때 군사를 두 갈래로 나누어 남북으로 협공하여 적을 단번에 격파했다. 이세민이 앞장서서 소수의 병사들을 거느리고 추격에 나섰고 설인고는 마침내 군사를 거느리고 투항했다.

대북代北에 자리를 잡고 있던 유무주가 돌궐과 결탁해 태원으로 남하하자 이원길은 장안으로 도망쳤다. 이 위급한 상황에 군사를 거느리고 북상하여 황하를 건넌 이세민은 산서山西에 진입해 유무주를 토벌했다. 유무주군의 주력 송금강宋金剛은 매우 용맹했는데 이세민은 여전히 진지를 지키고 싸우지 않는 전략으로 밀어붙여 양쪽의 군대는 5개월 동안 대치했다. 송금강이 식량이 떨어져 북으로 철군하는 틈을 타 이세민은 맹렬하게 공격을 퍼부어 하루 동안 8번이나 교전한 끝에 전승을 거두었다. 결국 송금강은 10여 명의 병사를 거느리고 태원으로 도망쳤다. 이런 참상을 목격한 유무주는 자신은 적수가 되지 못하리라 생각해 돌궐로 도망갔으나 얼마 안 되어 돌궐에서 살해당했다.

유무주를 평정한 이세민은 장안으로 돌아가 2개월간 군대를 다시 정비했다. 무덕 3년(620년) 3월, 그는 다시 군대를 거느리고 동쪽 정벌에 나서 왕세충·두건덕을 상대로 중원지역에서 승부를 겨루었다. 왕세충과 두건덕의 강력한 군사역량에 맞서 이세민은 비범한 용기와 전략을 과시했다. 그는 위험을 두려워하지 않았으며 결정이 필요할 때는 언제나 결단력을 발휘했다. 낙양의 왕세충을 공격하는 동시에 주력을 끌고 원조하러 온 두건덕과 결전을 벌여 단번에 적군을 궤멸시키고 두건덕을 생포했다. 두건덕이 생포됐다는 소문에 왕세충은 간담이 서늘해져 투항한다. 당의 전국 통일전쟁은 이로써 결정적인 승리를 거두게 된다.

　이세민은 무덕 원년(618년) 6월에 출정하여 무덕 5년(623년) 7월에 조정에 다시 돌아오기까지 4년 동안 용감히 싸웠다. 국내의 주요 할거세력을 제거하는 데 성공한 이세민은 통일제국으로서 당왕조 건립을 위해 크게 공헌했다. 그는 당왕조에서 누구와도 비교할 수 없는 특별한 공신이 되었으며 명망과 위세는 갈수록 높아졌다. 그는 상서령에 임명되었는데 이것은 재상에 위치하는 자리였다. 또한 군권도 장악한 그는 권력이 점차 커지고 지위는 빠르게 상승했다. 이러한 모든 조건은 이세민으로 하여금 최고의 권력을 향한 야심을 품게 만든다. 하루는 이세민이 방현령房玄齡과 함께 평복차림으로 왕지원王知遠이라는 도사를 찾아갔다. 도사는 이세민이 천자의 상이어서 앞으로 황위에 오를 것이라고 말했다고 한다. 이세민은 크게 고무되어 이 말을 마음속에 깊이 새기게 된다.

2. 이세민의 세력 확대와 치열한 황위 쟁탈전

일찍부터 큰 뜻을 품어 온 이세민은 진양에서의 출병과 통일전쟁 과정에서 자신의 지위와 신분을 이용하는 데 각별히 주의를 기울였다. 지략 있는 대신들과 용맹한 장군들이 점차 주위로 모여들어 그를 중심으로 한 정치집단이 형성되었다. 무관으로는 진경秦瓊・정교금程咬金・위지경덕尉遲敬德・공손무달公孫武達・서세적徐世勣 등이 있고, 문관으로는 유문정・배적・두여회杜如晦・방현령 등이 있는데 이들은 모두 당대의 명신이 되었다.

무덕 4년 (621년) 7월, 관동전선에서 장안으로 돌아온 그는 천책상장天策上將으로 책봉되어 여러 왕들의 위에 있게 되었고 또한 천책부를 세우고 관리들을 두어 자신의 군사고문과 정책결정 기구로 삼았다. 동시에 그는 자신의 진왕부에 문학관을 설립해 방방곡곡의 문인학사를 모으고 인재를 선발했다. 이때 두여회와 방현령 등 18명이 선발되어 학관으로 들어왔다. 이세민은 수시로 고문과 자문을 받기 위해 그들에게 관내에서 돌아가면서 당직을 서게 하고, 이름난 화가 염립본閻立本에게 18명의 초상화를 그리게 했다. 이세민의 지시로 문학가 저량諸亮은 그들을 '18학사'라 이름 붙여 찬양하는 글을 지었다. "18학사들이 영주瀛州에 오르다."는 바로 여기에서 나온 말이다. 천책부와 문학관의 설립은 진왕 이세민의 정치핵심집단이 공식적으로 조직됐음을 의미한다. 비록 이때까지만 해도 이세민이 최고 권력을 차지하려는 생각이 없었다 하더라도 그의 문무공신들은 관부에 머무르는 것만으로 만족할 리가 없었다. 바로 '당당한 기세를 막을 수 없었다'는 상황이 연출된 것이다.

이세민에 맞서는 이건성과 이원길의 연합작전

이세민의 용기와 재능 및 포부를 태자이자 형인 이건성도 잘 알고 있었다. 그래서 이연이 이세민을 중용하고 상을 내릴 때마다 이건성은 질투심으로 불타올랐다. 이세민의 세력이 커지고 명망이 높아질수록 이건성은 질투와 두려움에 휩싸였고, 황위 계승자로서 자신의 지위가 심각하게 흔들리고 있음을 온몸으로 느꼈다. 이건성은 이세민에게 대항할 필요성 때문에 이익을 보장하는 대가로 동생 이원길을 끌어들였다고 전한다. 그러나 이원길 또한 야심이 큰 인물이었기에 우선 이건성과 손잡고 이세민을 처리한 다음 다시 형의 자리를 넘보려는 속셈을 갖고 있었다. 이렇게 서로 다른 의도를 가진 두 형제가 연합해 이세민과 황태자 자리 쟁탈전을 벌이게 된다.

이들은 각자의 세력 크기가 장차 결정적인 역할을 할 것이라는 사실을 잘 알고 있었다. 그리하여 자신에게 속한 인재들의 실력을 키우는 한편, 갖가지 방법을 동원해 상대방의 기반을 허물어 세력을 약화시키려 기도했다. 황태자의 신분과 권력을 이용한 이건성은 병력을 이동시키고 장군을 파견할 기회만 생기면 이세민의 부하들을 전출시켰다. 정교금은 진왕부의 유능한 장군이었다. 이건성은 온갖 방법을 강구하여 정교금을 강주자사康州刺士로 전임시켜 진왕부를 떠나게 만들었다.

위지공尉遲恭도 매우 용맹한 진왕부의 장군이었다. 한 수레의 금은을 주고 그를 매수하려다 실패한 이건성은 은밀히 자객을 보내 암살하려고 했으나 자객이 감히 손을 쓰지 못해 실패하고 만다. 결국 이건성은 고조 앞에서 위지공을 모함해 그를 감옥에 가둔다. 이세민이 여러 번 간청하여 그는 겨우 죽음을 면하게 된다. 이세민도 이에 지지 않고 사람을 보내 산동 호걸들을 적극 끌어들이고 이건성의 부하들을 분열시킨다. 원래 태자의 심복으로 동궁을 호위하는 중임을 맡고 있던 상하常何와 경군홍敬君弘은 진왕의 와해 공작으로 조용히 태자 집단에서 이탈해 진왕의 부하가 되었다.

이들은 서로 상대의 기반을 허무는 작업을 진행하면서 궁중에서 다양한 관계를 이용해 아버지 이연 앞에서 상대방을 헐뜯기에 바빴다. 이건성과 제왕 이원길은 수도에서 살았기 때문에 궁중에 아는 사람이 많아 이 점에 있어서는 이세민을 능가했다. 전하는 바에 따르면, 두 사람은 비빈들에게 아첨하고 뇌물을 바치며 아버지 앞에서 좋은 말을 해주기를 부탁했다. 반면, 이세민은 비빈과 부황에게 아첨하지 않았을 뿐만 아니라 매사에서 원칙을 고수하여 비빈들의 눈 밖에 나게 되었다. 당연히 그들은 황제 앞에서 좋은 말을 해줄 리가 없었고 심지어 그를 헐뜯었다.

한번은 이세민이 궁중 연회에서 일찍 세상을 뜬 어머니를 그리워하며 눈물을 흘리는 것을 본 고조 이연은 그다지 기뻐하지 않았다. 비빈들은 이 기회를 놓치지 않고 "지금 천하가 태평하고 폐하가 연로하시니 마땅히 기쁜 마음으로 즐겨야 하거늘, 진왕은 오히려 눈물을 흘리고 있으니 우리를 미워하는 것이 분명합니다. 폐하께서 돌아가시면 진왕이 우리 모자를 가만 두겠습니까? 우리를 모두 살해할 것입니다."라고 통곡을 하며 헐뜯었다. 이에 반해 "황태자는 인자하고 효심이 깊으니 폐하께서 우리를 태자한테 맡기셔야 우리 모자의 목숨을 보전할 수 있을 것입니다!"라고 간청했다. 이 말을 들은 고조는 이세민에 대해서는 점차 불신이 깊어졌고, 이건성에 대해서는 호감을 가지게 된다. 이건성과 이원길, 이세민은 기회만 생기면 몰래 아버지를 만나 서로를 비방했다.

특륵표(特勒驃)
| 당(唐) 소릉(昭陵) 여섯 준마 중의 하나

쌍방의 대립이 격화됨에 따라 물리적으로 상대를 없애려는 음해 사건이 간혹 일어났다. 역사가들의 은폐로 인하여 분명하지는 않지만, 모두 이건성과 이원길이 사건을 일으켰고 이세민은 최후의 현무문의 변 외에 다른 행동을 하지 않았던 것으로 보인다. 사서에 의하면, 이원길은 여러 차례 이세민을 제거하려 했지만 이건성이 이를 막았다고 한다. 이를 통해 이건성의 너그러운 일면을 엿볼 수 있다.

이세민 음해사건과 현무문의 변

사서에 분명하게 기재된 이세민 음해 사건은 적어도 두 차례가 있다. 한번은 고조 이연이 교외로 사냥을 나갈 때 이건성이 자신의 사나운 말을 이세민에게 주며 같이 사냥을 가자고 권했다. 이세민이 이 말을 타고 사슴을 쫓을 때 말이 미친 듯이 날뛰어 멀리 나가떨어지는 바람에 목숨을 잃을 뻔했다. 이세민은 "건성이 말을 이용해 나를 해치려 했지만 생사는 운명에 달려있으니 이런 행동이 무슨 소용이 있으랴!"라고 개탄했다.

이를 알게 된 이건성은 비빈들을 시켜 이연 앞에서 "진왕이 자신은 천명을 받았기 때문에 장차 천하의 주인이 될 것이라고 말했다고 합니다."라고 거짓말을 하게 했다. 고조는 격분하여 이세민을 불러들여 "천자는 천명으로 되는 것이지 머리로 얻을 수 있는 것이 아니거

늘 뭐가 그렇게 급하단 말이냐?"라고 크게 꾸짖으며 그를 감옥에 가두려 했다. 그러나 이때 마침 돌궐의 침입이 있어 이세민을 기용할 수밖에 없었다. 그래서 이세민은 겨우 심문을 면하게 되었고 병사를 이끌고 돌궐과의 전쟁터로 나섰다.

또 한번은 이건성이 이세민을 연회에 초청하여 독을 탄 술을 권했는데, 이세민이 이를 마신 뒤 피를 많이 토해 생명이 위급했다. 그러나 집으로 돌아와 응급조치를 취해 목숨을 건질 수 있었다.

날이 갈수록 격렬해지는 두 아들의 싸움에 대해 아버지 이연은 그 누구보다도 이 문제를 심각하게 생각했다. 이건성은 전통적인 원칙에 따라 결정한 황위계승자이고 이세민은 업적이 뛰어난 실력 있는 인물인 만큼 그는 진퇴양난의 상황에 빠지게 되었다. 더구나 둘 모두 자신의 혈육이었다. 그래서 그는 중립적인 입장에 서서 둘의 대립이 완화될 수 있도록 조정을 원했다. 특수한 상황에 처해서는 한쪽을 처형하려는 생각도 갖고 있었지만 끝내 행동으로 옮기지는 못했다.

사서에 따르면, 무덕 7년(624년) 6월 고조는 이세민과 이원길을 데리고 인지궁으로 가고 이건성을 남겨 수도를 지키게 했다. 태자 동궁시위를 맡고 있던 경주도독慶州都督 양문간楊文幹은 사사로이 군사를 모아 장안으로 보내곤 했다. 이건성은 이원길이 부황과 함께 궁을 떠날 때 이원길에게 기회를 봐서 이세민을 없애버리라고 비밀리에 지시하고, 동시에 두 명의 부하 장수를 보내 양문간에게 무기를 주면서 안팎에서 서로 협조하도록 계획을 세웠다. 그러나 두 장수가 오히려 고조에게 이 일을 보고했다. 이 소식을 접하고 크게 놀란 고조는 이건성을 감금하고 경주의 양문간도 불러들이자 그는 아예 반란을 일으켰다.

고조는 이세민에게 반역자를 토벌하라고 지시하면서 떠나기 전에 모종의 승낙을 했다. 이세민이 떠난 뒤 이원길과 비빈들은 고조 앞에서 이건성을 대신해 거듭 청원했고 봉덕이 등 조정 대신들도 풀어줄 것을 간청했다. 그리하여 고조는 생각을 바꿔 이건성을 다시 수도로 불러들인다. 이세민은 이 사실에 크게 실망하지 않을 수 없었다. 부황 이연이 이 문제를 해결하려고 하지 않고 또한 해결하지 못한다면, 남은 길은 오직 골육상잔과 유혈로 해결되는 수밖에는 없었다.

이렇게 해결의 실마리가 보이지 않는 가운데 돌궐이 침범해왔다. 이건성은 북쪽의 원정에 이원길을 추천했고 이 기회에 이세민 밑의 여러 장수들을 데려가도록 했는데 고조도 이에 동의했다. 전하는 바에 따르면, 이건성과 이원길은 이세민이 출정하는 군사들을 배웅할 때 이세민을 제거하기로 모의했다. 그러나 이 기밀이 이세민의 귀에 들어가게 된다. 이세민이 부하들과 상의하자 장손무기와 위지경덕 등은 세민에게 먼저 손을 써서 이건성과 이원길을 없애라고 권고한다. 결단을 내린 이세민은 비밀리에 입궁하여 이연을 만나 이건성과 이원길의 여러 불법행위를 고발하고 자신이 군사를 배웅하는 기회에 자신을 해치려 한다는 음모를 폭로한다. 깜짝 놀란 고조는 "내일 내가 직접 심문할 것이다. 나한테 일찍 말했어야 했다."라고 말한다.

이세민은 이건성과 이원길이 부황을 만나러 가려면 반드시 통과해야 하는 현무문에 군사를 잠복시켰다. 이튿날 아침 — 무덕 9년(626년) 6월 4일 아침, 이건성과 이원길은 궁중에서 장첩여가 사람을 시켜 전한 밀고를 받고 현무문을 향해 달려왔다. 고조를 만나 이세민의 고발에 대해 반박하기 위해서였다. 이때 현무문에 매복해 있던 병사들은 이건성과 이원길을 습격했고, 이세민은 직접 이건성을 칼로 베고 이원길은 위지경덕에 의해 살해되었다. 이건성의 수행원들도 반격하려 했지만 주인과 제왕 이원길이 모두 죽은 사실을 보고 바로 흩어져 버렸다.

이세민은 계획이 성공한 다음 위지경덕을 고조에게 보내 이 사실을 보고하게 했다. 고조는 당시 궁중 호수에서 배를 타고 있었는데 이 소식을 접하고 경악한 나머지 아무 말도 못했지만 이런 현실을 받아들이지 않을 수 없었다.

삽로자(颯露紫)
| 당(唐) 소릉(昭陵) 여섯 준마 중 하나

3일 뒤 상황을 받아들이고 이세민을 황태자로 책봉하고 두 달 뒤 정식으로 황위를 선양했다. 이세민은 즉위하여 호를 태종(太宗)으로 하고 이듬해 연호를 정관貞觀으로 고쳤다. 이것이 바로 역사적으로 유명한 '현무문의 변' 이다.

3. '현무문의 변' 의 교훈

'현무문의 변' 이 발생한 뒤 당시의 많은 역사 기록은 왜곡되고 은폐되었다. 전하는 바에 의하면, 태종 본인은 이 사건에 대한 기록에 매우 큰 관심을 보이고 여러 번 실록을 보여달라고 요청했다. 방현령 등은 많이 삭제된 실록을 올렸다. 문자에 많은 사연들이 숨겨져 있다고 생각한 태종은 방현령에게 "예전에 주공周公이 관숙管叔과 채숙蔡叔의 반란을 평정하고 주나라를 안정시켰고, 계우季友가 숙아叔牙를 독살하여 노나라가 안녕을 되찾았다. 내가 한 일은 큰 뜻에서 이 일들과 동일하고 국가의 안정과 백성을 위한 행위였다. 사관이 이렇게 숨길 필요가 있겠는가? 응당 즉시 허식이 있는 문자들을 없애고 단도직입적으로 당시의 일을 기록하라."고 명했다.

위징魏征은 이 기회에 직언을 올렸다. 그는 "제가 알기로 황제는 가장 존귀한 위치에 있으니 무엇이 두렵겠습니까! 국사는 나쁜 점을 징벌하고 좋은 점을 찬양하는 것이니 기록이 진실하지 않으면 후대들이 무엇을 참고할 수 있겠습니까? 폐하께서 사관에게 문구를 수정하라고 한 명은 가장 공정한 역사 수정 원칙에 부합되는 것입니다."라고 했다. 태종 자신이 계획한 이 사건에 대한 평가가 어떠하든지를 불구하고 사관에게 사실을 기록하라고 요청한 사실은 칭찬받을 만하다.

그러나 후세는 현무문의 변에 대한 기록의 진실성에 대해 여전히 의심을 품고 있다. 이 사건에 대한 평가는 사람마다 보는 시각이 다르고 의견이 분분하다. 그러나 찬양과 비난은 대체로 사건 및 관련인물들에 국한된다. 지금까지도 국내외 사학계에서는 통일된 관점이 없다. 그러나 이 역시 매우 정상적인 일이다.

적장자 황위계승제의 한계점

만약 우리가 더 큰 시각으로 들여다본다면, 이 사건을 통해 봉건시대 황위계승자 양성제도의 극복할 수 없는 폐단을 발견할 수 있다. 이는 현대사회 인사제도의 개혁에도 거울로 삼을 만한 점이 있다는 사실을 부정할 수 없다.

누군가 정사에 기록되어 있는 중국 봉건사회 역대 황위계승의 상황에 대해 대략적인 통계를 낸 적이 있다. 그 결과, 봉건사회 황위계승 원칙에 따라 적장자가 황태자가 되고 정상적으로 황제의 자리에 오른 경우는 역대 황제들의 절반도 되지 않았다. 즉 황위에 오른 대부분은 정상적인 후계자제도와 절차로 길러진 사람이 아니라는 말이다. 현무문의 변으로 황위에 오른 이세민도 그중의 하나일 뿐이다. 이는 심사숙고해야 할 문제다. 단순히 후계자 자신이 아니라 후계자 제도 상에서 문제점을 찾아야만 한다.

적장자를 황태자로 정하고 황태자가 황위계승의 합법적인 후계자가 되는 황위후계자 양성제도는 필연성과 합리성을 갖추고 있지만, 봉건전제제도에서는 그 자체로 해결할 수 없는 폐단과 모순을 품고 있는 것이다.

우선, 이는 후계자의 우수성을 보장하지 못한다. 적장자가 황위계승자로 정해진 이상, 적장자의 소질 및 자격과는 전혀 상관없이 태어날 때부터 합법적인 황위계승자가 되기 때문이다. 일단 적장자의 황위계승 지위가 확정되면, 다른 우수한 사람들은 공정한 경쟁을 할 수 없게 되어 불법적인 경로와 수단으로 해결할 수밖에 없다. 그러나 우수한 자들이 반드시 지위를 뺏을 수 있다고 보장할 수도 없어 이로 인해 통치질서는 더욱 혼란스러워진다. 적장자로서 황제의 자리가 확정되면, 그는 지위의 제한을 받아 더 많은 실천의 기회들을 잃게 되고 자신에게 필요한 소양·재능·업적을 배양할 수 없게 된다. 이는 적장자 자신이 순리에 따라 황위를 계승하는 데 오히려 불리하게 작용한다. 이건성은 황태자가 되고 나서 대부분의 시간을 수도에서 일상 업무를 보는 데 허비했지만, 이세민은 오히려 늘 군사를 거느리고 각지로 출정하여 싸우며 실력을 키웠다. 따라서 두 사람의 업적과 명성의 차이는 시간이 흐를수록 벌어지고, 한쪽의 실력이 높아짐에 따라 지위가 바뀔 가능성 또한 커질 수밖에 없었다.

다음으로, 황제의 지위가 보장됨으로써 여러 세력들의 공격에 쉽게 노출된다. 황제의 자리는 언제나 지극히 매력적이다. 황태자 지위에 오른 사람은 사회에서, 특히 권력의 각축장에서 가장 큰 과녁이 되어 여러 인물들이 그를 향해 사방에서 화살을 쏘아대기 마련이다. 무능한 자는 물론이고 재능이 뛰어난 사람이라도 막을 수 없고 당해내기 힘들다. 수많은 황태자들 중 우수한 사람도 최고 보좌인 황위에 오르기 위한 경쟁에서 온몸이 상처투성이가 되고, 혹은 최고 보좌에 오르기 마지막 단계에서 쓰러지는 사람들도 있었다. 한 사람이 만인의 적과 싸우는 이러한 전쟁에서 성공률이 얼마가 될지는 쉽게 가늠할 수 있을 것이다.

그리고 이런 경쟁은 황태자와 황제의 갈등을 불러일으킨다. 봉건 전제제도 아래에서 황권은 나눠 가질 수 없는 강한 배타성을 띤다. 황권과 재상권의 장기적인 갈등과 투쟁이 바로 그 증거라 할 수 있다. 태자와 황제 사이에도 대립과 투쟁이 형성되기 쉽다. 태자는 대부분 사방의 공격을 받지만, 만약 황제와 큰 갈등이 없다면 이를 막을 수 있다. 반면, 황제와 심각한 갈등이 있다면 그의 앞날은 결코 밝지 못하다. 황태자들의 안위와 승패는 대부분 황제의 생각과 밀접하게 연관되어 있다. 혼자서 만인을 막는 것도 힘들고, 황태자 한 몸으로 황제 한 사람에 대처하기도 어렵다.

이런 점에서 보면, 현무문의 변이 일어난 과정에서 고조 이연이 시종일관 태자 이건성의 지위를 바꾸지 않은 자세는, 비록 황태자와 아무런 갈등이 없었던 것은 아니지만 보기 드문 일이었다. 그의 노력이 성공하지 못한 채 결국 형제 간 골육상잔을 빚었지만, 봉건제도의 테두리에서 이연을 평가한다면 크게 비난하기 어렵다. 이세민이 실력으로 제위를 노리고 성공한 사실은 인류사회 생존의 법칙에 부합된다. 힘의 역량은 항상 사회문명 진보를 가로막는 제도와 충돌하고 가끔의 승리가 사회의 진보를 추진한다.

봉건시대 황위계승제도의 폐단은 당시 사회에서도 모르는 사람이 없었다. 이런 모순과 발생 가능한 폐해를 줄이기 위해 때로는 일부를 변경하여 적용하기도 했다. 실제로 청나라에서는 황위계승자를 황제가 선택하고 나서 조서를 숨기고 선포하지 않는 방법을 채택했다. 이는 황태자가 받는 공격과 압력을 줄여준 듯 싶지만 여러 모순과 폐단을 근본적으로 해결하지는 못했다. 때로는 문제를 더 복잡하게 만들기도 했다.

예컨대 옹정雍正황제 즉위 문제는 아직도 풀리지 않는 수수께끼다. 그가 즉위하는 과정에서 형제 간 골육상잔의 비극은 그 전 왕조들에 비해 결코 줄어들지 않았다. 역사는 우리에게 당시의 사회발전 정도에 맞는 방법을 채택하고, 가급적이면 평등하고 민주적이며 공개적인 원칙에 입각해 인재를 선발해야만, 재능과 덕을 두루 갖춘 사람이 직무를 맡아 인류사회를 진보의 방향으로 이끌어간다는 교훈을 다시 한 번 알려주고 있다.

봉건시대 치세의 모범
— '정관의 치'에 대한 평가

지난 1,000여 년 동안, '정관의 치'는 줄곧 봉건시대 치세의 모범으로 사람들에게 찬양을 받아왔다. 매우 풍부한 내용을 담고 있는 정관의 치의 내용 중에서 언론의 개방, 현명한 인재의 선발, 법치의 세가지는 가장 큰 특징이며 또한 모든 봉건치세의 공통특징이다. 이 치세가 당나라 초기에 출현했던 이유는 봉건사회 흥성과 쇠퇴, 교체의 기본 법칙을 반영했기 때문이다.

'현무문의 변玄武門之變' 이후 이세민李世民은 황제가 되고 정관貞觀을 연호로 개원했다. 정관 연간에 그는 수나라의 멸망을 교훈 삼아 통치 계급 내부에서 민주적인 분위기가 자리 잡을 수 있도록 힘썼다. 그가 '백성이 나라의 근본'이라는 원칙으로 국가를 다스림에 따라 당은 정치·경제·대외관계 등 사회 모든 방면에서 번영을 이룩하게 된다. 후세는 이를 '정관의 치貞觀之治'라 부른다. 태종 이세민의 재위 때 이룬 태평성대라는 얘기다.

1. 정관의 치를 가능케 했던 당 태종의 선정(善政)

황제에 막 오른 태종은 정관 첫해에 왕공대신들에게 "개인이 자신의 얼굴을 보려면 반드시 거울이 필요하고, 군주가 자신의 과실을 알려면 반드시 충신의 도움이 필요하다. 군주가 스스로 자신이 현명하고 능력이 있다고 여기고, 신하가 잘못을 바로 잡지 않는다면 곧 위태로운 상황에 빠지게 된다. 군주가 나라를 잃으면 신하도 자신을 보전할 수 없다. 수 양제煬帝는 총명했지만 직언을 듣지 않고 잘못을 감추었으며 신하들 역시 입을 다물었다. 그 결과는 어떠했는가? 그 자신은 목숨을 잃고 나라는 망했으며 그의 신하 우세기虞世基 등도 얼마 뒤 살해되었다. 이 사건은 모두 얼마 전의 일로 여러분들도 직접 목격한 바다. 앞으로 나의 잘못을 발견하면 반드시 직언해 주기를 바란다."라고 선포했다.

그는 이어 "정직한 군주가 간사한 신하를 임용하면 태평성대를 이룰 수 없다. 마찬가지로 충직한 신하가 사악한 군주를 모셔도 치세를 이룩할 수 없다. 오로지 정직한 군주가 충직한 신하를 만나야 물고기가 물을 만난 듯이 천하가 안정될 수 있다. 나는 비록 총명하지 않지만 다행히 당신들처럼 잘못을 바로 잡아 주고 보좌해주는 충신들이 옆에 있다. 나에게 많은 직언을 해주어 천하를 태평하게 만들어 달라."라고 일렀다.

태종은 대신 위징에게 "황제는 어떻게 해야 현명하고, 어떻게 해야 어리석은 것인가?"라고 물었다. 위징은 "여러 방면의 의견에 귀를 기울이시면 시비를 잘 구별하실 수 있고, 한쪽 말만 믿으시면 사리에 어

당 태종 초상화

둡게 됩니다."라고 대답했다. 이어서 그는 역사상의 사례를 들어 설명했다. 태종은 이 말을 듣고 매우 흡족해 했고, 여러 의견에 귀 기울이고 한쪽말만 믿지 않도록 유의했다.

태종은 외모가 위엄이 있고 얼굴 표정이 엄숙하여 신하들은 그를 대할 때 모두 두려워 떨며 언행에 실수가 많았다. 간언을 준비했다가 그를 만나자 겁을 먹어 잊어버리는 신하, 입을 열었지만 횡설수설하고 제대로 표현하지 못하는 신하도 있었다. 자신의 표정이 몹시 엄숙하여 이런 일이 발생한다는 사실을 알게 된 태종은 조정에 나갈 때마다 가급적이면 편안한 표정을 지어 신하들이 과감히 말할 수 있는 분위기를 조성했다.

한번은 그가 원률사元律師라는 사람을 사형에 처하라는 조서를 내렸는데 당시 형률을 책임진 대리사大理寺 소경少卿 손복가孫伏伽가 반대하는 상소를 올렸다. 손복가는 원률사의 죄가 사형감은 아니기 때문에 형벌이 지나치다고 비판했다. 그의 말이 일리가 있다고 생각한 태종은 비판을 받아들이고 100만의 가치에 달하는 난릉공주원蘭陵公主園을 상으로 내렸다. 누군가 상이 너무 크다고 불만을 토로하자 태종은 "내가 황제가 된 이래 누구도 감히 조정을 비판하지 못했다. 이번에 손복가에게 후한 상을 내린 일은 여러분이 국가 정치에 관심을 두고 많은 의견을 제출하기를 장려하기 위해서다."라고 설명했다. 상소를 올려 의견을 제출하는 사람이 많아지자 검토해야 하는 내용도 많아졌다. 태종은 이를 벽에 붙여 놓고 드나들 때마다 보면서 가급적 상세하게 상황을 파악하여 정치를 개선해 나갔고, 일에 파묻혀 한 밤중이 되어서야 잠이 들 때도 있었다.

언론의 대문이 활짝 열리다

　군주와 신하 사이에서 대신들은 보통 일반적인 의견은 과감히 제안하고 군주도 이를 잘 받아들이는 경향이 있다. 그러나 몇몇 중요한 문제에 대해서는 감히 직언하는 사람이 적다. 군주가 받아들이기 쉽지 않아 자칫하면 자신에게 큰 화가 미치기 때문이다. 전대의 이러한 상황에 비추어 태종은 신하의 과감한 비판을 강조했다.

　그는 "현명한 군주가 되는 일은 쉽지 않고 정직한 신하가 되기도 쉬운 일이 아니다. 용은 길들일 수 있는 동물이지만, 역린逆鱗(용의 턱 아래에 거꾸로 돋은 비늘)이 있어 그것을 건드리면 사람을 죽인다고 들었다. 일반적으로 군주도 마찬가지라고 생각한다. 그러나 여러분은 역린을 건드리는 것에 대해 두려움을 갖지 말기 바란다. 나는 여러분 중에서 누가 진심으로 충고하는가를 반드시 잊지 않을 것이다."라고 격려했다.

　그가 이 말을 한 지 얼마 안 되어 섬현陝縣 현승縣丞 황보덕참皇甫德參이 상소를 올렸다. 그러나 그 어투가 매우 과격해 '역린'을 건드렸다. 상소를 본 태종은 황보덕참이 조정을 비방한다고 생각해 화가 치밀었다. 이때 위징이 "옛날 가의賈誼가 한 문제漢文帝에게 상주할 때 '군주를 위해 통곡하고 군주를 위해 탄식한다'라고 말했습니다. 자고 이래로 상소의 대부분이 과격하고 절박한 언어를 사용하는 데는 이유가 있습니다. 만약 그러하지 못하면 군주의 마음을 움직일 수 없기 때문입니다."라고 진언했다. 태종은 이 말을 듣고 깨달은 바가 있어 황보덕참에게 비단 20필을 하사했다.

　정관 연간에 과감하게 간언을 올린 신하들 중에서 위징이 가장 두드러진다. 한 통계에 따르면, 위징 한 사람이 올린 간언만 해도 200

여 건이 된다. 위징은 과감하게 간언했을 뿐만 아니라 틀림없다고 생각하는 의견은 끝까지 밀고나갔고 조금도 두려워하거나 타협하지 않아 태종을 종종 난처하게 했다. 그러나 태종은 위징의 간언을 여전히 흡족해했고 맞는 말은 기분이 좋든 싫든 대부분 받아들였다.

때로는 위징의 끈질김에 양보하지 않을 수 없었고 때로는 하지 말아야 할 일을 하는데 그를 만나면 입을 열기 전에 멈추고 황급히 이러지 말아야 한다고 생각하곤 했다. 어느 날 위징이 밖에서 돌아오는데 황제의 수레가 이미 행차준비를 끝내고 가다가 갑자기 멈춰 섰다. 위징은 태종을 보고 "사람들이 모두 폐하가 남산에 행차하신다고 하던데 왜 갑자기 가지 않으십니까?"라고 물었다. 태종은 웃으면서 "원래는 그럴 생각이었는데 그대가 화를 낼까봐 멈췄소."라고 사실을 알려줬다.

한 번은 위징이 조정에서 얼굴을 붉히면서 직언을 하는 바람에 태종이 군신들 앞에서 매우 민망해진 적이 있었다. 후궁으로 돌아온 태종은 "이 촌놈이 너무 밉다. 꼭 그 놈을 죽여 버리고 말겠다."라고 화를 감추지 못했다. 장손황후長孫皇后는 그 원인을 물어본 뒤 즉시 예복으로 바꿔 입고 태종에게 "옛 사람들이 말씀하시기를 군주가 영명하면 신하도 정직하다고 했습니다. 지금 위징이 이렇게 정직할 수 있는 이유는 곧 폐하의 영명함을 말해주는 것이 아니겠습니까."라고 축하했다. 태종은 태도를 바꾸어 예전처럼 위징을 대했다. 위징이 죽은 뒤 태종은 매우 상심하여 "구리로 거울을 만들면 옷매무새를 바로 고칠 수 있고, 역사로 거울을 만들면 국가 흥망성쇠의 도리를 알 수 있다. 그리고 사람으로 거울을 삼으면 자신의 잘못을 바로 볼 수 있다. 지금 위징이 죽으니 나는 거울을 잃은 것과 같다."라고 슬퍼하며 말했다.

많은 의견에 귀를 기울이고 각급 관리들이 능력을 충분히 발휘하도록 태종은 일부 제도를 개정했다. 그는 5품 이상의 중앙 관리에게는 돌아가며 중서성에서 숙직을 서게 하여 수시로 만나 나라 일을 자문했다. 일반적인 정사를 처리하는 과정에서 중서성中書省과 문하성門下省의 관리들은 서로를 감독하는 역할을 맡도록 했다. 군국대사에 대해서는 공문서의 기초를 책임진 중서사인中書舍人들이 자신의 의견을 표명하고 조서를 작성한 뒤 중서시랑과 중서령의 심사를 거치고 다시 문하성으로 보내 심사와 결정을 하게 했다. 이때 합당하지 않은 부분이 있으면 끝까지 논쟁을 벌이게 해 대충 처리하는 법이 없게 지도했다. 그는 또 재상이 조정에서 군국대사를 의논할 때 간관諫官(황제의 잘못을 간하는 관리)과 사관史官으로 하여금 반드시 동참하게 했다. 그들이 서로의 앞에서 비판 의견을 내놓고 제때에 견해차를 수정하기 위해서였다. 그들이 가장 중요한 정보를 파악하고 그것을 기록해 후세 사람들에게 교훈으로 삼게 하려는 배려였다.

군주와 신하가 서로 힘을 합하고 언론을 개방함으로써 정관 연간의 정책결정은 민주적이고 과학적이었으며 당시 사회의 실제 상황에 부합되어 정관의 치세를 가능하게 하는 중요한 역할을 한다.

태종의 인재중용정책

일찍이 부친을 보좌하여 진양晋陽에서 군사를 일으켜 당나라를 세우고 전국을 통일하는 과정에서 태종은 인재를 모으는 데 매우 큰 관심을 가졌다. 그는 황제의 자리에 오른 뒤 '정치의 핵심은 사람을 얻는 일이고 그 재능을 쓰지 않으면 정치를 잘 할 수 없다'라는 사실을 절감했다. "재능 있는 인재를 많이 선발해야 천하를 잘 다스릴 수 있다."라고 천명하고 우수한 인재의 선발이 자신과 재상의 가장 중요한 직책이라 여겨 각 방면의 유능한 인재들에게 관심을 기울였다. 정관 연간에 그가 다섯 번이나 인재를 구하는 조서를 반포한 사실을 보면 인재에 대한 목마름이 얼마나 절실했는지를 짐작할 수 있다.

정관 2년(628년), 태종은 재상 방현령과 두여회에게 "당신들은 복야僕射(재상)로서 마땅히 나와 근심을 같이 하고 나를 도와 국사를 책임져야 한다. 근래에 당신들이 하루에 수백 건이나 되는 소송을 처리한다고 들었다. 공문도 다 볼 수 없는데 어떻게 나를 도와 현명한 인재를 찾을 수 있는가?"라고 나무랐다. 이후 자질구레한 업무는 좌우승左右丞이 처리하게 되었고 재상은 현명한 인재를 찾는 데 시간을 보냈다.

당시 재상 봉덕이封德彝가 오랫동안 인재를 한명도 추천하지 못하자 태종이 그 이유를 물었다. 그는 추천할만한 인재를 아직 찾지 못했다고 대답했다. 태종은 화를 내면서 "자고로 현명한 군주들은 인재를 쓰는 방법이 마치 물건을 사용하는 것과 같았다. 그 장점을 최대한 살려 쓰고 모두 당대의 인재를 선발했다. 상商의 명신 부설傅說과 주周의 명신 여상呂尙이 나와야만 나라를 다스릴 수 있단 말인가? 어느 시대나 현명하고 재능 있는 사람이 존재하지만 지나치고 있을 뿐이다. 당신 자신이 인재를 알아보지 못하는 것이지 어찌 이 시대에 인재가 없다고 말할 수 있는가?"라고 꾸짖었다.

정관 3년(629년), 태종은 문무백관에게 조정의 좋고 나쁨에 대해 상소를 올리라고 지시했다. 중랑장 상하常何가 상주한 20여 건은 모두 조정의 실제상황과 맞아떨어져 태종은 기뻐하면서도 의아해 했다. 경서를 읽은 적이 없는 무장 상하가 이렇게 수준 높은 견해를 가지고 있을 리 없기 때문이었다. 이들 의견은 상하의 집에 있는 식객 마주馬周가 대신 썼다는 사실을 알게 되었다. 즉시 마주를 불러 대화를 나누어보고 그가 틀림없는 인재라는 사실을 발견했다. 태종은 마주를 문하성 관리로 임명했다. 동시에 상하에게 고급 비단 300필을 하사해 그의 인재 발굴을 치하했다. 사고가 민첩하고 해결능력이 뛰어난 마주는 박학다식하고 일처리가 공정했으며 직언을 잘해 태종의 신임을 받고 중용돼 명성이 자자한 추밀대신이 되었다.

태종은 인재에 대한 갈망이 컸지만 사람을 쓰는 원칙을 중시했다. 덕과 재능을 겸비한 인재의 등용을 원칙으로 삼았고 사적 관계에 얽매이지 않았다. 그는 "사람을 씀에 있어서 반드시 덕행과 학식을 근본으로 하고 인재를 선발함에 있어서는 조심하고 함부로 해서는 안 된다. 좋은 사람 한 명을 쓰면 좋은 사람들이 따라서 모이게 되고, 나쁜 사람 한 명을 쓰면 나쁜 사람들이 꼬이게 된다!"라고 여러 번 강조했다. 출신, 지위, 황제와의 관계는 상관없이 덕과 재능을 가진 사람이라면 누구나 등용되었다.

현무문의 변 이후, 동궁 태자집단에서 태종을 음해하려는 사람이 수백 명에 이르렀다. 그러나 그는 이를 따지지 않고 능력에 따라 중용했다. 동궁집단에 속한 장군 설만철薛万徹은 현무문의 변 때 병사를 거느리고 진왕부를 공격했지만 실패하자 종남산終南山으로 도주했다. 태종은 그를 거두어 대장군으로 삼았다. 위징과 왕규王珪 및 위정韋挺 등은 모두 태자집단의 중요한 모신謀臣이었지만 태종에게 중용되어 정관 시기의 명신이 되었다. 한번은 태종이 진왕으로 있을 당시 진왕부에 있던 부하들을 모두 중용하자고 요청하는 사람이 있었지만 태종은 "나는 천하를 집으로 삼기 때문에 옛 부하만 중용할 수 없다. 오로지 재능을 보고 사람을 써야지 사적인 관계를 기준으로 해서는 안 된다."라고 일언지하에 거절했다.

도덕사비(道德寺碑)

관리들이 덕행의 수양을 소홀히 하자 그는 위징의 건의를 받아들였다. 관리들에게 '충' 교육을 강화해 용방龍逄·비간比干과 같은 충신이 되게 했다. 또한 '효' 교육을 강조해 증참曾參·자건子騫과 같은 효자, '언言' 교육을 강화해 미생尾生·전금展禽과 같이 약속을 지키는 사람, '염廉' 교육을 드높여 백이伯夷·숙제叔齊와 같이 청렴한 관리들이 많이 등장하게 되었다. 무엇보다 공평을 시비 판단의 기준으로, 인의를 선악을 구별하는 표준으로 삼고 관리의 공적과 과실을 살펴 그들의 직무를 정하라고 지시했다. 담당한 업무로 관리들의 우열을 파악하고 실적을 중요시했다.

태종은 칙사勅史와 현령 등 지방관리로는 백성을 살필 줄 아는 사람의 등용을 강조했다. 그는 "나는 매일 밤 백성을 생각하는 데 때로는 한밤중에도 잠을 이루지 못한다. 가장 근심스런 일은 도독과 칙사가 백성을 보살피는 중임을 잘 맡고 있는가 하는 것이다. 그래서 나는 병풍에 그들의 이름을 적어놓고 앉거나 누워서도 항상 보곤 한다. 누가 만약 좋은 일을 하면 그의 이름 아래에 적어 놓고 나쁜 일을 해도 기록해서 승진과 상벌의 근거로 삼는다. 나는 궁중 깊은 곳에 있어 멀리 볼 수도 없고 먼 곳의 소식을 들을 수도 없다. 단지 도독이나 칙사에게 위탁할 수밖에 없기 때문에 이들이 국가의 안위를 결정한다. 따라서 이 직책을 감당할 만한 인재가 필요하다."라고 당부했다.

그는 지방관은 매년 연말 수도에 와서 업무보고를 하고 이부에서 책임지고 평가해 실적에 따라 품급을 결정하라고 규정했다. 태종은 정관 8년(634년) 순찰업무를 위해 이정李靖 등 13명의 출척대사黜陟大使를 전국 각지에 파견했다. 그리고 공이 있는 관리는 승진시키고 실직한 관리는 처벌했다.

　인재 선발의 길을 넓히기 위해 태종은 과거제도를 완비하고 과목을 증설했으며 응시의 범위와 수를 확대하여 더욱 많은 사람들이 과거시험을 통해 자신의 재능을 표현하고 국가기구로 들어오게 했다. 한번은 궁의 정문에서 진사들이 줄을 지어 나오는 것을 보고 태종은 얼굴에 웃음꽃을 활짝 피우면서 "천하의 영재들이 모두 내 손에 들어왔구나!"라며 기쁨을 감추지 못했다.

　인재의 선발과 채용을 중시한 태종의 관심에 힘입어 정관 연간에 수많은 인재들이 모여들어 조정에는 문무를 겸비한 인재들이 넘쳐났다. 정관 17년(643년) 2월에 태종의 명에 따라 화가들이 능연각凌烟閣에 그린 24명의 공신은 그 중에서도 대표적 인물들이다. 지금도 사람들이 칭송하는 장손무기長孫無忌·방현령房玄齡·두여회杜如晦·위징魏徵·위지경덕尉遲敬德·이효李孝·고사렴高士濂·이정李靖·초우肖瑀·단지굉段志宏·유홍기劉弘基·굴돌통屈突通·단개산段開山·시소柴紹·장손순덕長孫順德·장량張亮·후군집侯君集·장공근張公瑾·정지절程知節·우세남虞世南·유정회劉政會·당검唐儉·이적李勣·진숙보秦叔寶 등이다.

　이 밖에 저명한 문사 요사렴姚思廉·육득명陸得明·공영달孔穎達·안사고顏師古, 뛰어난 서예가이자 화가인 구양순歐陽洵·저수량褚遂良·염립본閻立本, 걸출한 소수민족출신 장군 아사나토악阿史那吐樂과 집실사력執失思力도 24 공신에 포함돼 있다. 이런 문신과 장군 및 문인학사들은 모두 '정관의 치' 형성에 큰 공헌을 했다.

2. 모범적인 정관 시기의 법제(法制)

정관 원년(627년), 태종은 즉위한지 얼마 되지 않아 장손무기와 방현령 등에게 고조 때 제정한 〈무덕률〉을 바탕으로 새 법률을 제정하라고 지시했다. 이것이 바로 정관 11년(637년)에 완성된 〈정관율貞觀律〉이다. 무덕률과 비교해 보면 정관율에는 태종의 입법 지침인 간결성, 통일성, 안정성이 충분히 구현되었고 특히 형벌이 많이 경감되었다. 아울러 국가의 각종 제도에 관한 법규인 영令 1,546조를 제정했다.

또 고조 재위 시기인 무덕武德 9년의 칙령을 수정해 3,000조를 700조로 줄이고 격格이라 이름 붙였다. 문무백관의 직책 범위를 규정한 내용인데 관리 심사의 기준으로 삼았다. 마지막에 상서성 각부와 여러 시寺·감監·위衛의 업무방법을 규정해 식式이라 이름 붙였다. 율·영·격·식은 당시 사회 여러 방면의 생활상을 담고 있어 봉건국가의 법률이 전례 없이 완비된 경지에 도달했다. 태종은 국가의 가장 높은 통치자로서 법률의 통일과 안정에 힘썼다. 그는 "국가의 법은 제왕 일가의 법이 아니라 천하가 모두 함께 준수해야 하는 법률이다. 따라서 모든 일은 법을 기준으로 해야 한다."라고 말한 바 있다. 그는 "법령이 제정되면 엄격히 집행해야 하며 함부로 변경해서는 안 된다. 그렇지 못하고 변동이 잦으면 사람들이 갈피를 잡지 못해 범죄자에게 기회를 주게 되고, 사법 관리들도 파악하고 기억하기 어려워 문제와 갈등이 쉽게 생기게 된다."라고 여러 번 강조했다.

태종은 자신이 모범적으로 법률을 준수하고 앞장서서 법률의 통일에 힘을 기울였다. 정관 첫해에 예비관리 중에 출신을 속인 자들이 매우 많음을 발견한 태종은 칙령을 내려 자수를 권고하고 자수하지 않는 자는 처형한다고 선포했다. 칙령을 내린 지 얼마 지나지 않아 자수하지 않은 자를 발견하여 처형하려 했다. 이때 대리소경大理少卿 대주戴冑가 나서서 "형률에 따르면 유배형에 처해야 합니다."라고 사형을 반대하자 태종은 그 자리에서 "당신은 법을 지킬지 모르지만 나로 하여금 천하의 신용을 잃게 할 셈인가?"라고 크게 화를 냈다. 그러자 대주는 "칙령은 일시적인 기분으로 반포한 것이지만, 법은 국가로 하여금 천하의 신용을 얻게 합니다. 폐하께서 사기꾼에게 매우 분노하셔서 사형을 내리려고 하시지만 이렇게 하면 안 된다는 걸 알고 형법에 따라 처리하시면 작은 원한을 참아 큰 신용을 얻게 되리라 생각합니다."라고 직언을 하자 태종은 일리가 있다고 여겼다. 그래서 "당신이 이렇게 법을 집행하니 나로서는 근심할 바가 없다."라고 칭찬했다.

태종은 법률을 안정시키기 위해 영令을 내릴 때는 조심해야 하고 일단 내리면 반드시 집행해야 하며 함부로 변경하지 말라고 강조했다. 또한 수시로 사면령을 반포하고 인자함을 명분으로 마구 베푸는 행위를 반대했다. 그는 "모든 사면은 오로지 법을 지키지 않는 자들에게만 주어졌다. 옛말에 '소인의 행운은 군자의 불행이다' '한 해 중에 두 번 사면하면 좋은 사람들은 침묵한다'고 했다. 독초를 키우면 싹을 망쳐놓고 법을 어긴 자에게 은혜를 베풀면 좋은 사람들은 침묵한다. 제갈량은 촉나라를 다스릴 때 10년 동안 사면하지 않아 촉나라가 태평성대를 이루었다. 반면 양 무제梁武帝는 해마다 몇 번씩 사면을 베풀어 결국 나라가 망하고 말았다. 작은 은혜를 베푼 자들이 큰 덕을 해친다. 그래서 나는 천하를 맡은 이래 사면을 반포하지 않았다."라고 설명했다.

사서에 의하면, 장손황후가 병이 위독해지자 황태자는 황후에게

"약은 모두 써봤습니다. 부황께 청하여 사면을 내리고 사람들을 출가시켜 어머님께서 신령의 보호를 받으시도록 하겠습니다."라고 말했다. 태종의 성격을 잘 알고 있는 장손황후는 통하지 않으리라 짐작하고 태자를 말렸다.

법률의 통일과 안정에 힘쓰다

법률의 통일과 안정에 앞장선 태종은 분명한 상벌체계와 공정한 판결을 강조했다. 그의 숙부 강하왕江夏王 이도종李道宗은 당나라 건국을 위해 큰 공을 세운 개국공신이지만 죄를 짓자 법률에 따라 관직과 영지를 박탈당하고 감옥살이를 했다. 태종의 아들 오왕吳王 이각李恪이 사냥을 할 때 단지 농민의 밭을 망가뜨렸다는 이유로 어사 유범劉范은 상소를 올려 그를 탄핵했다. 이각은 부황이 자신을 처벌하지 않을 거라 생각해서 안심하고 있었다. 그러나 태종은 이각을 파면하고 그의 봉읍 300호를 박탈했다. 태종의 오랜 부하인 민주도독岷州都督 고증생高甑生이 법을 어기자 누군가 태종에게 사정을 봐줄 것을 부탁했다. 태종은 "진양에서 군사를 일으킨 이래 공신이 매우 많다. 지금 만약 고증생을 처리하지 않으면 앞으로 국가의 법령을 제대로 집행할 수 없게 된다. 나는 공을 세운 모든 사람들을 잊지 않고 있지만 만약 법을 어기면 그 누구라 해도 모두 법에 따라 처벌을 받아야 한다."라고 청한 사람을 혹독하게 비난했다.

정관 첫해 공신에게 관직을 수여할 때 회안왕淮安王 이신통李神通은 방현령과 두여회 등이 자신보다 높은 관직에 오르자 불만을 품었다. 태종은 자신의 숙부인 이신통에게 "처음 군사를 일으킬 때 비록 숙부께서 가장 먼저 호응했지만 그것은 화를 피하기 위해서였습니다. 두건덕竇建德이 산동을 공격할 때 숙부의 군대는 전멸을 당했고, 유흑달劉黑闥이 재차 반란을 일으켰을 때 숙부께서는 도망치기에 바빴습니다. 방현령 등은 지략으로 천하를 다스리기 때문에 공으로 상을 내리자면 마땅히 숙부의 위에 있어야 합니다. 숙부는 비록 저의 친척이지만 나 역시 사사로운 감정으로 함부로 상을 내리지 못합니다."라고 하자 모두 탄복했다.

태종은 형량을 정할 때는 항상 신중을 기하라고 강조했다. 정관 원년(627년) 그는 신하에게 "사람이 한번 죽으면 다시는 살릴 수 없으니 법의 집행은 반드시 관대하고 간단해야 한다. 옛말에 관을 파는 사람은 해마다 전염병이 돌기를 바라는데 이것은 그가 사람을 미워해서가 아니라 자신의 이익 때문이라고 했다. 판결을 책임진 사람은 사건을 심사할 때 반드시 엄격하게 하고 이것을 고과의 기준으로 삼아 승진을 결정해야 한다. 이렇게 해나가면 상황을 개선할 수 있다."라고 강조했다.

또 "예전에는 안건을 심사할 때 3괴槐 9극棘과 같은 관리에게 자문을 구했다. 지금의 3공과 9경이 이에 해당한다. 이제부터 사형을 판결할 때는 언제나 중서성과 문하성의 4품 이상의 관리 및 상서와 9경 등이 의논하여 함께 심사해야 지나치거나 잘못된 판결을 막을 수 있을 것이다."라고 당부했다. 태종은 잘못된 판결을 발견하면 바로 시정을 요구하고 사례를 교훈으로 삼으라고 강조했다.

정관 첫해, 사형은 3차례 이상 중앙에 보고하고 비준을 받은 뒤 집행하도록 규정했다. 정관 5년(631년), 태종은 대리승大理丞 장온고張蘊古와 도독 노조상盧祖尙을 판단착오로 처형한 것을 매우 후회했다. 그는 죽은 자의 명예를 회복시켜 주는 한편, 사형의 경우에는 수도에서는 5차례 보고하고 지방에서는 3차례 보고해야 한다고 제정했다.

이후 다시 "중앙의 모든 법집행 부서에서 요즘 범죄자를 사형에 처할 때 비록 다섯 번 보고를 올리지만 모두 하루에 진행되어 심사숙고하여 처리할 수가 없으니 무슨 소용이 있겠는가? 후회해도 때는 이미 늦게 된다. 앞으로는 중앙의 책임기관에서 사형을 판결할 때 사흘에 거쳐 다섯 번 보고하고 지방은 세 번 보고하도록 하라."라고 조서를 내렸다.

형량을 줄여 '형조刑措'를 실현하다

태종은 형벌을 내릴 때 유가의 예교禮敎에 입각해 형량을 결정하려고 노력했고, "덕과 예는 정교政敎의 근본이고, 형벌은 정교를 실행하기 위한 것이다."라는 기본 원칙을 고수했다. 정관 5년(631년), 그는 법을 집행하는 관리들에게 직접 조서를 내려 "요즘 사건을 심사할 때 모두 법조문에만 매달리니 정상을 참작할 만한 상황이라도 형을 줄여주지 못한다. 법조문에만 전적으로 매달려 처리하면 억울한 사람들이 생길지 모른다. 그러니 지금부터 문하성에서는 법조문에 입각해 사형을 판결할 때 만약 정상참작이 필요한 경우라면 상황을 기록하여 보고하라."고 지시했다. 정상참작의 경우에는 대부분 예와 법 사이에 모순이 발생하게 마련이다. 보고를 지시한 의도는 법이 아니라 예를 기준으로 삼아 형량을 결정하기 위해서였다.

태종이 직접 모범을 보여 법으로 나라를 다스리고 상벌이 분명하고 사사로운 정에 얽매이지 않았기 때문에, 정관 시기에는 사회가 안정되고 관리사회가 깨끗하고 법을 어기는 자가 적었으며 사형수가 드물었다. 사서의 기록에 따르면, 정관 3년(629년)에 전국의 사형수는 29명에 불과해 봉건사회에서 '형조刑措(형벌을 사용하지 않아도 됨)'의 모범을 보여주고 있다.

　정관 6년(632년)에는 사형을 선고 받은 전체 수감자가 390명이 있었다. 이해 연말, 감옥을 시찰하면서 측은한 마음이 든 태종은 "이들을 모두 석방해 집으로 돌려보내고 가족들과 지내게 하라. 다음해 가을에 다시 수도로 돌아와 복역하게 하라."고 명했다. 다음해 가을이 되자 390명은 한 명도 빠짐없이 모두 돌아왔다. 태종은 기쁜 마음에 이들의 죄를 사면했다. 후세는 이 일은 그가 이름을 날리기 위해 법을 어긴 행위라고 비난하고 심지어 사전에 손을 써서 상황을 만든 것이라고 의심했다. 그러나 이 일은 '정관의 치' 시기의 법제 상황을 보여주는 하나의 생생한 예라 할 수 있다.

3. 태평성세의 실현

　　　　　　수나라 말의 전란과 기근으로 인구는 급속히 감소하고 경제는 위축되었다. 당 고조 재위 때 어느 정도 회복되었지만 태종의 즉위 때에도 상황은 계속 심각했다. 정관 초기에는 연이어 서리 피해와 가뭄으로 쌀값이 폭등하고 전국이 기근에 시달렸으며 곳곳에서 유랑민이 생겨났다. 이런 상황에서 태종은 무덕 연간에 이미 반포한 균전제와 조용조제를 적극 시행했다. 제한된 범위 안에서 가급적 토지를 균등하게 배분해 수많은 유랑민이 고향으로 돌아가 농업에 종사하면서 경제를 발전시키고 국가의 재정수입을 늘렸다.
　태종은 수나라 말기의 농민봉기가 주로 무거운 부역과 탐관오리 및 기아 때문에 일어났다는 사실을 잘 알고 있었다. 그는 "군주와 신하는 배이고 백성은 물이다. 물은 배를 띄울 수도 있고 침몰시킬 수도 있다."라고 옛말을 인용하며 자신을 일깨웠다. 또한 신하들에게 "군주는 반드시 백성을 우선으로 보살펴야 한다. 만약 백성을 괴롭혀 자신을 봉양한다면 이것은 마치 자기 다리의 살을 떼어 내어 자기 배를 채우는 것처럼 배는 부를지 모르지만 사람은 죽게 되는 것과 같다."라고 훈계했다.

그래서 태종은 적극적으로 세금과 부역을 경감하고 민생을 안정시키는 정책을 시행해 농업생산을 발전시켰다. 즉위 초기, 그는 한해의 조세를 면제하고 전란과 가뭄 피해를 입은 지역은 2년 치의 조세를 면제한다고 선포했다. 부역을 줄이려고 노력했고 반드시 징발해야 하는 부역은 가급적이면 농한기에 진행했다. 중남中男(18세가 되지 않은 남자)의 병사 징발과 낙양궁전의 재건 계획은 모두 신하의 건의를 받아들인 것이다.

정관 5년(631년) 2월, 황태자 이승건李承乾이 13세가 되자 대관식의 진행을 위해 각지의 부병을 의장대로 선발하려 했다. 태종은 시기가 농번기이니 의식을 진행하면 농사에 영향을 미친다고 말하고 가을 농한기로 미루라고 지시했다. 태종의 노력으로 정관 초기에 관중과 하남 등지의 수로는 모두 원래대로 회복되었고 동시에 많은 배수와 관개시설이 정비되었다. 당시 전국 인구가 급격히 줄어들자 태종은 다음과 같은 조서를 내렸다. '민간인으로서 20세 이상의 남자와 15세 이상의 여자 중에 아직 결혼하지 않은 자는 주현 관리가 책임을 지고 혼인을 성사시켜 가정을 이루게 한다. 또한 가난해서 결혼을 못 하는 자의 경우에는 해당 지역의 부자와 친척들이 도와 혼인하게 한다. 혼인과 호구의 증감 상황을 지방관리의 고과에 반영하여 실적을 평가하는 중요한 기준으로 삼는다.'

태종은 백성의 부담을 덜어주기 위해 스스로 모범을 보여 사치를 삼가고 의식을 간소화했다. 그는 즉위한 뒤 낡을 대로 낡은 수나라의 궁전에서 줄곧 지냈지만 정관 초년에 한 번도 중건공사를 진행한 적이 없다. 그는 신경계통에 지병을 가지고 있어 습기가 많은 옛 궁전에서는 늘 재발했다. 대신들이 이를 이유로 새 궁전의 건축을 건의했지만 듣지 않았다. 궁중의 생활비를 줄이기 위해 3,000명의 궁녀를 집으로 돌려보낸 일도 있다. 동시에 5품 이상 관리와 공훈귀족들의 화려한 장례식을 엄격히 금지했다.

그는 신하들에게 모범을 보이기 위해 "산에 능을 만들고 관만 들어가게 하라."고 자신의 능묘 규격을 스스로 정했다. 또 지방관리의 백성 착취를 예방하기 위해 진귀한 보물을 바치는 것을 금했다. 한번은 공부상서 단륜段綸이 양사기楊思齊라는 장인을 궁에 들여 목각인형을 제작해 태종의 환심을 사려 했다. 태종은 받아들이지 않았을 뿐만 아니라 단륜을 한바탕 꾸짖고 파면했다.

태종이 솔선수범했기 때문에 정관 초기에는 절약을 숭상하는 풍조가 점점 자리 잡았고 절약정신으로 이름난 많은 대신들이 나타났다. 호부상서 대주戴胄는 생전에 줄곧 낡은 집에서 살았고 심지어 죽은 뒤에는 제사를 지낼 곳도 없었다. 명신 위징은 한평생 관리로 있으면서 집에 마루도 없었다. 그의 병이 위독할 때 태종이 위문을 갔다가 이러한 상황을 보고서야 사람을 시켜 집 한 채를 지어주었다.

정관 초기에 정부기구 간 협조를 긴밀하게 하고 지방에 대한 통제를 강화하며 행정업무 효율을 높이기 위해, 태종은 많은 주현을 병합했고 중앙의 관리를 7,000여명에서 600여명으로 대폭 줄였다. 이 조치는 국가의 재정 지출을 줄여 낭비를 없애고 백성의 부담을 덜어주어 후세의 칭송을 받았다.

백성을 헤아리는 마음이 성세를 실현하다

홍수·가뭄·서리·메뚜기떼 등 자연재해가 발생할 때마다 태종은 발생 가능한 여러 가지 위험 상황을 헤아려 신속하게 다양한 '재해대책荒政(황정)'을 시행해 백성을 구제했다. 즉 재해지역의 창고를 신속히 열어 백성을 구제했고 백성들이 다른 지역에 가서 식량을 구하는 일을 허용했으며 재해로 인해 몸을 판 사람들을 구출하기 위해 관청에서 자금을 대 식구들 곁으로 돌아가게 했다.

재해가 심각하고 세금 및 부역이 과중하자 어떤 지역에서 도적이 출현했다. 누군가 중형으로 처벌하자고 주장하자 태종은 "백성이 이 길로 갈 수밖에 없는 이유는 세금이 과중하고 관리는 부패하여 굶주림에 시달리다 막다른 길을 선택할 수밖에 없기 때문이다. 우리는 마땅히 이 사실을 교훈으로 삼아 세금을 경감하고 사치를 삼가며 청렴한 관리를 채용해 백성들이 먹을 밥이 있고 입을 옷이 있도록 해주어야 한다. 이렇게 되면 누가 도적이 되겠으며 또 중형으로 다스려야 할 이유가 있겠는가?"라고 훈계했다.

어느 해 메뚜기떼 재해가 심각했는데 태종이 궁전의 화원에서 메뚜기를 발견하고 몇 마리를 잡았다. 그리고 "백성이 곡식을 먹고 사는데 네가 그것을 먹다니. 차라리 네가 나의 폐와 장을 먹게 하는 것이 낫겠다."라고 말하며 메뚜기를 입에 넣고 삼키려했다. 옆에 있던 사람이 "이것은 해충이니 먹으면 중독되어 병에 걸릴 수 있습니다."라고 말리자 태종은 "내가 백성을 위해 재해를 막겠다는 데 질병을 피한다니 말이 되느냐!"라고 말하고 메뚜기를 삼켜버렸다. 전하는 바에 따르면, 그해의 메뚜기떼 재해가 사라졌다고 한다.

태종이 생산의 회복과 발전을 위한 많은 조치를 적극적으로 실행했기 때문에 정관 시기의 경제는 빠르게 상승곡선을 탔다. 정관 3년(629년)부터 시작해 전국에는 매해 풍년이 들어 식량 가격이 떨어졌다. 원래는 비단 한 필로 식량 1 말을 바꿀 수 있었지만 한 필로 10말을 바꿀 수 있게 되었다. 사회는 점차 안정을 찾아 예전에 그렇게 많던 유민은 사라졌고 백성은 편안한 생활을 누리게 되었다.

전국의 호구는 고조 무덕 시기 180만 호에서 정관 23년(649년)에는 380만 호로 두 배 넘게 증가했다. 전국이 균형 있는 발전을 이루지는 못했지만 전체적으로는 상승세를 보였다. 사서에는 정관 중기에 소와 말이 들판에 널렸고, 백성들은 먹을거리와 의복이 풍부했으며, 밤에는 문을 닫지 않아도 도둑이 들지 않았고, 남이 떨어뜨린 물건을 줍지 않았다고 기록되어 있다. 인류 역사상 보기 드문 태평성세의 모습이 아닐 수 없다.

4. 전쟁과 화친을 병행한 성공적인 대외정책

역대 통치자들은 줄곧 한족과 변방 소수민족의 관계에 대해 매우 큰 관심을 기울였다. 태종은 정관 초기에 역사적인 교훈을 거울로 삼아 국력이 점차 강성해지자 변방을 통일하고 국가의 안정을 수호하는 전쟁을 개시했다. 이와 함께 변방 여러 소수민족과의 관계를 잘 처리하여 강력한 다민족 대당제국大唐帝國의 건립과 안정의 기초를 다진다.

동돌궐은 당나라에 가장 위협적인 소수민족 정권이었다. 당나라 초기에 동돌궐은 북방의 여러 할거세력들을 이용해 통일을 가로막고 백성을 괴롭혔기 때문이다. 태종이 즉위하자마자 먼저 동돌궐의 칸이 20만 기병을 거느리고 장안을 습격하고, 장안성 부근의 위수교渭水橋 이북 지역까지 쳐들어왔다. 태종은 지략과 결단력을 발휘해 동돌궐의 힐리칸頡利可汗을 감복시켰다. 두 사람은 위수교에서 백마를 잡아 제사 지내며 동맹의 결의를 하늘에 맹세했다. 이때 돌궐은 잠시 철군한다. 이후 태종은 전쟁준비에 돌입하면서 돌궐 내부의 갈등을 충분히 이용한다. 그는 설연타薛延陀와 연맹을 맺고, 돌궐의 다른 수령인 돌리칸突利可汗은 당나라에 귀속했다.

정관 3년(629년) 11월, 태종은 병부상서 이정李靖을 사령관으로 임명하고 그에게 이세적·시소·설만철 등 대장군과 함께 10만 대군을 거느리고 4갈래로 진군하여 동돌궐을 토벌하는 임무를 맡겼다. 이정의 용병술로 당나라 군은 대승을 거두었고, 힐리칸은 토곡혼吐谷渾으로 도주하다 생포돼 동돌궐은 멸망했다. 당나라는 북부 변경을 통일하고 음산陰山부터 대막大漠에 이르는 지역을 회복하면서 중원은 오랫동안 눈엣가시 같은 존재였던 동돌궐의 위협에서 벗어났다. 동돌궐의 노역을 담당하던 여러 민족 백성도 함께 해방되었다. 이 전쟁의 승리로 당시 변방의 여러 민족 사이에서 당왕조의 위신이 크게 올라갔고 주변의 여러 부락과 부족의 수령들이 앞다투어 항복해왔다. 이들은 태종을 최고의 수령이라는 뜻으로 '천칸天可汗'이라 높여 불렀다.

서역 통일의 완성

북부 변방이 안정되자 태종은 실크로드의 장애물을 없애고 서역 통일대업을 완성한다. 당시 서역은 주로 발하슈Balkhash 호수의 남쪽과 동쪽에 있는 신강新疆과 청해青海의 광대한 지역을 말한다. 수나라 말의 계속되는 동란으로 원래 서역까지 통해 있던 길이 두 세력에 의해 막히게 되었다. 하나는 한족 국씨麴氏가 세운 고창정권이고 다른 하나는 서돌궐이다. 고창(지금의 신강 투루판 지역)은 서역과 중원 사이에 위치해 있어 중국과 서역을 잇는 교통의 요지였다. 정관 초기에 고창 수령 국문태麴文泰가 여러 번에 걸쳐 분열 공작을 펴 중원과 서역의 교통을 가로막았다. 기타 소수민족 백성은 이에 대해 큰 불만을 품었고 국내의 갈등도 심해졌다.

정관 13년(639년) 12월, 태종은 후군집과 설만균에게 국문태 토벌을 지시했다. 이듬해 5월 후군집이 고창에 도착하자 국문태는 아무런 대책이 없어 전전긍긍하다가 병에 걸려 죽고 그의 아들 지성智盛이 즉위했다. 후군집 등은 국문태의 장례가 끝나기를 기다렸다가 공격을 개시했다. 고창은 원래 서돌궐의 지원을 얻으려 했지만 지원병이 중도에서 돌아가 버리자 상황에 떠밀려 성문을 열고 투항했다. 후군집은 승리에 힘입어 단숨에 22개성을 공략하고 고창 전체를 평정했다. 당나라는 고창지역에 서주西州와 정주庭州를 두었는데 나중에 다시 안서安西와 북정北庭, 두 개의 도호부都護府를 설치했다.

고창을 평정한 태종은 구자龜兹를 이용해 서역교역로를 가로막는 서돌궐을 다음 목표로 정했다. 태종은 정관 21년(647년) 12월 아사나사이阿史那社爾와 곽효각郭孝恪을 보내 구자(지금의 신강 고풍)를 토벌하게 했다. 이듬해 4월, 서돌궐에서 갈라져 나온 엽호아사나하로葉護阿史那賀魯가 무리를 이끌고 투항하여 당나라의 서역 통일전에 가담했다. 아사나사이의 군사력이 크게 향상되었고 여기에 안내자까지 있어 몇 차례의 전투로 구자의 큰 성 5개를 함락했다. 당나라는 승리에 힘입어 안서도호부를 구자로 옮기고, 언기焉耆·구자·쇄엽碎葉·소륵疏勒의 4진을 관할하게 했다. 이후 서역 대부분의 지역은 당나라로 통일되었다. 뒷날 고종高宗 초기에 이르러 서역을 공략하고 정주庭

州에 북정도호부를 설립해 끝내 서역통일의 대업을 완성한다.

태종은 전쟁을 통해 변방 지역을 통일하면서 개방된 민족정책을 시행해 민족 간의 갈등을 해결하고 민족관계를 개선해 나갔다. 피정복민과 투항한 소수민족 부락에 대해서는 그들의 생활방식과 풍속을 바꾸라고 강요하지 않았고, 그들 원래의 수령이 관직을 맡아 해당 지역과 부락 백성을 관리하게 배려했다. 또한 그들에게 농기구와 소 등을 나누어 주어 농업과 목축업의 생산을 발전시키도록 했다. 많은 소수민족 수령들이 선발되어 수도의 관리로 임명되었는데 문관도 있었지만 무관이 더 많았다. 동돌궐의 귀족 중에는 장군과 중랑장으로 임명된 자가 500여 명, 5품 이상의 고위직 관리가 100여 명이 있었다. 심지어 일부 소수민족 수령은 당나라 황실의 금군 장수를 맡았는데 이를 통해 그들이 당의 깊은 신임을 받았음을 알 수 있다. 태종은 화친을 맺어 소수민족과의 결속력을 높이고 단결을 강화했다. 그는 황실의 딸들을 소수민족의 수령에게 여러 차례 시집보냈다. 그 가운데서 토번吐蕃(티베트)과의 화친이 효과가 가장 컸다.

태종이 전쟁과 화친을 성공적으로 운용하여 변경 지역에는 통일과 안정이 실현되었고 민족 사이의 교류가 활발해졌다. 중원 지역의 선진적인 생산기술이 소수민족 지역에 전파돼 경제와 문화가 발전하고 변방 지역의 개발을 촉진했다. 동시에 소수민족의 생산기술과 문화가 내지에 전파되어 한족의 경제와 문화 발전에 큰 영향을 끼쳤다.

세계 각지와의 활발한 문화교류

국내에서 민족이 화합하고 변방이 통일과 안정을 이룸에 따라 정관 시기 당나라와 세계 여러 나라의 교류도 갈수록 빈번해졌다. 아시아와 아프리카 지역의 많은 나라에서 끊임없이 사절·상인·학자·예술가·승려 등을 당나라에 파견했다. 수도 장안은 국내 여러 민족의 대도시였을 뿐만 아니라 세계적인 대도시였다. 외국과의 교류에서 매우 우호적인 태도를 취한 태종은 홍려사鴻臚寺를 지어 각국 사절을, 상관商館을 설립해 외래 상인들을 접대하게 했다.

사서에 따르면, 당시 당나라는 세계의 70여국과 교류를 가졌다. 많은 외국 상인들이 육로와 수로를 통해 장안·낙양·양주·광주 등의 대도시로 들어왔다. 당나라 정부는 그들의 장기 거주와 중국인과의 결혼을 허용했다. 외국 식물 품종인 후추·시금치·튤립·생강 등이 페르시아(지금의 이란)와 인도에서 중국으로 들어왔으며 불교 경전도 대량으로 전해져서 한문으로 번역되었다. 경교·회교·마니교 등도 이때 중국에 전파되었다.

외래문화가 중국으로 많이 전해진 동시에 정관시기의 선진적인 봉건문화가 아시아 및 세계 여러 나라에 전파돼 중요한 영향을 미쳤다. 중국의 비단·차·도자기·종이는 대량으로 페르시아 등지에 수출되었고 또한 그들을 통해 서양에 팔렸다. 중국 4대발명 중 하나인 제지술도 이 시기에 아랍과 인도에 전파되었고 또한 아랍을 통해 유럽과 아프리카에 전해져 서양문화 발전에 큰 원동력이 되었다.

당나라 문화는 일본과 조선에 더욱 많은 영향을 미쳤다. 일본은 정관 5년(631년)에 처음으로 견당사遣唐使를 중국에 보내 문물을 배웠고 횟수가 점점 늘어났다. 정관 19년(645년), 일본에서 '대화大化혁신'이 일어나 당나라의 관제·균전제·조용조제·부병제·형법 등을 도입하자 봉건화에 더욱 속도가 붙었다. 중국의 사절과 승려 및 상인들은 아시아 각지에 발자취를 남겼다. '당가자唐家子'는 당시 외국인이 중국인을 부르던 호칭이다. 지금까지도 서양인들이 중국인을

'당인唐人'으로 부르는 습관이 남아있다.

5. 치세에 어두운 그림자가 드리우다

정관 11년(637년), 위징은 태종에게 다음과 같은 상소를 올렸다.

"많은 군주들이 천명千命을 받들어 나라를 세울 때는 어느 누구나 깊이 생각하고 신중하게 처신하며 덕으로 행합니다. 그러나 큰 성공을 세우게 되면 덕행은 사라지기 시작합니다. 처음에는 많은 일을 잘 처리하지만 끝까지 잘하는 경우는 많지 않습니다. 이것이 바로 창건은 쉽지만 지키기는 어렵다는 말이 아니겠습니까? 천하를 평정할 때는 힘이 넘쳐났는데 천하를 지키는 지금에 와서 힘이 부족함을 느끼는 까닭은 무엇일까요? 창건할 때는 깊은 배려 속에 성심성의껏 부하를 대합니다. 그러나 일단 성공을 거두면 욕심을 부리고 교만해집니다. 성심성의껏 사람을 대할 때는 북쪽과 남쪽의 오랑캐 같은 먼 지역의 사람도 내 백성처럼 친밀하게 대하지만 오만할 때는 피를 나눈 형제도 거리에서 만난 사람처럼 소홀히 다룹니다. 엄격한 형벌로 감독하고 위엄과 분노로 위협을 줄 수 있지만 이렇게 하면 부하는 항상 그 자리에서 화를 피하는 방식으로 대응하고 맘속으로는 좋은 생각을 하지 않을 것입니다. 겉으로만 존경심을 드러낼 뿐 속으로는 절대 복종하지 않게 됩니다. 원한의 크고 작음이 아니라 민심이 떠나는 일을 걱정해야 합니다. 물은 배를 띄우기도 하지만 침몰시키기도 합니다. 때문에 반드시 크게 경계해야 합니다. 어찌 썩은 밧줄로 끄는 수레의 위험성을 무시할 수 있겠습니까?"

불행히도 위징이 걱정했던 상황이 벌어졌다. 그는 항상 태종에게 "처음과 같이 신중하고" "점점 변질되는 것을 방지해야" 한다고 말하곤 했다. 그러나 태종은 시간이 흐름에 따라 수나라 멸망의 '은감殷鑒(선현의 교훈)'을 점차 잊었다. 문치무공에서 많은 성과를 거두게 되면서 태종은 오만하고 욕심을 부리기 시작했다. 봉건제왕의 탐욕과 독재 본능이 그에게서 갈수록 뚜렷해졌다.

정관 초년의 태종은 '애민愛民' '자민子民' '인의'의 정신으로 백성을 돌본다는 말을 수시로 했다. 그리고 절약을 몸소 실천하고 덕으로 백성을 다스려 선정을 실현했다. 정관 13년(639년), 위징은 상소를 올려 황제가 '점차 변하여 좋은 결과를 보지 못하는', 이른바 경계해야 하는 10가지를 지적했다. 그 중에서 두 번째 조항이 바로 태종의 백성을 대하는 태도에 변화가 있다는 지적이었다.

그는 "폐하께서는 정관 초기에 백성을 대함에 있어 마치 자신의 상처를 다루듯 극진한 관심과 연민의 정을 보여주셨습니다. 백성을 마치 자식을 사랑하듯 대하셨고, 언제나 검소하셔서 어떤 궁전도 짓지 않으셨습니다. 그러나 최근에 마음이 바뀌시어 겸허함과 절약정신을 잊으시고 백성을 마구 동원하고 계십니다. 게다가 백성은 할 일이 없으면 방종해지니 노역을 시켜야만 쉽게 그들을 다스릴 수 있다는 말씀까지 하셨습니다. 예로부터 백성이 한가하고 편안하다 하여 나라가 멸망한 적은 없었습니다. 어찌 백성의 방종이 두려워 일부러 그들에게 힘든 일을 시킬 수 있겠습니까?"라고 직언을 올렸다.

초심을 잃은 태종의 변화와 그 결과

위징이 근거 없이 한 말이 아니었다. 사서에는 정관 중후기에 태종이 끊임없이 궁전을 짓는 바람에 백성의 부역 부담이 점점 가중되었다고 기록되어 있다. 정관 16년(642년)에는 농민들이 부역을 피하기 위해 자신의 손발을 자르는 일까지 발생했다. 이를 '복수福手' '복족福足'이라 했다. 태종은 이 사실을 알고 나서도 부역을 경감하지 않았을 뿐만 아니라 오히려 "지금부터 스스로 손발을 잘라 부역을 피하는 자는 법에 따라 엄중히 처벌하고 그대로 부역을 지게 하라."고 명령을 내렸다. 예전의 언행과 비교하면 완전히 다른 사람 같았다.

간언의 수용과 인사 처리에서도 종전과는 많이 달라졌다. 정관 초기의 태종은 사람들이 직언을 하지 않을까 두려워해 온갖 방법을 동원해 신하들의 직언을 격려했다. 그러나 정관 중후기에 이르면 직언을 매우 싫어해 때로는 억지로 들으며 마음속으로는 좋아하지 않았다. 특히 정관 17년(643년) 위징이 죽고 나서부터는 유기劉洎와 마주馬周 등 극소수의 신하만이 과감히 의견을 말했을 뿐이고, 대신들 대부분은 오로지 아첨만 일삼았기 때문에 태종은 의기양양해져 마음대로 행동했다. 인사 방면에서도 더 이상 재능과 학식 및 덕행을 우선하도록 강조하지 않았다. 그래서 업무 능력이 부족한 많은 공신의 자제들이 조정에 넘쳐났고, 이들은 서로 견제하기에 바빠서 행정효율은 크게 떨어질 수밖에 없었다.

여기에 태종도 대신들을 의심하기 시작했다. 특히 정관 후기에 이르러서는 걸핏하면 대신들의 죄를 다스려 가볍게는 좌천을 시키고 무겁게는 처형했다. 위지경덕, 방현령과 같이 옆에서 보좌하던 공신도 화를 피할 수 없었다.

정관 17년(643년), 태자 폐위 사건이 발생하자 태종의 의심이 더욱 깊어졌다. 위징은 생전에 태자의 교체를 반대했는데 그가 죽자 태자는 반역죄로 폐서인되었다. 여기에 연루된 후군집은 피살되었으며, 중서시랑中書侍郎 겸 태자좌서자太子左庶子 두정륜杜正倫도 유죄로 판결을 받았다. 위징이 살아있을 때 두정륜과 후군집을 재상감이라고 태종에게 추천했기 때문에 태종은 위징이 그들과 같은 무리라고 의심했다. 더욱이 누군가 태종 앞에서 위징을 헐뜯어 태종은 자신이 승낙했던 위징의 자녀와의 혼약을 파기하고 자신이 직접 쓴 위징의 묘비마저도 없애버렸다.

정관 후기, 태종은 대외적 문제에서도 수 양제와 같은 길을 걸었다. 그는 대외확장 욕심에 집착해 두 차례의 고구려 정벌전쟁을 개시했지만 모두 실패했다. 그는 고구려와의 전쟁에 대규모의 인력과 물자를 동원했다. 검남劍南(지금의 사천 일대)의 백성들은 길이가 100척, 너비가 50척이 되는 큰 전함을 건조하기 위해 전답과 자식을 팔 수밖에 없었다. 아주雅州(지금의 사천성 아안 일대), 공주邛州(지금의 사천성 공래, 대읍 2현), 미주眉州(지금의 사천성 미산, 홍아 2현)에서는 농민봉기가 일어났다. 이 모든 일로 인해 '정관의 치'에 어두운 그림자가 드리워졌고 치세의 빛이 점차 꺼져갔다.

6. 정관의 치 탄생의 역사적 배경과 태종의 업적

만년에 들어 태종의 일부 좋지 못한 행위는 정관의 치세에 한층 어두운 그림자를 드리웠다. 그러나 전체적으로 볼 때, '정관의 치'는 칭송 받을 만한 봉건시대의 치세다. 사람들은 정관의 치세를 찬양하는 동시에 정관의 치가 우연적으로 출현했는지, 그 출현이 무엇을 설명하는가에 관해 궁금증을 갖는다.

중국 고대사를 살펴보면, 정관의 치의 출현이 우연이 아님을 알 수 있다. 그 출현은 봉건사회 치란흥쇠治亂興衰의 기본적인 법칙을 잘 드러내고 있기 때문에 이에 대해 후인들이 깊이 생각해 볼 가치가 있다.

우선, 대규모 농민봉기가 일어난 뒤에는 훌륭한 황제가 출현하고 치세가 잇따른다는 사실은 거의 하나의 법칙이다. 진秦나라 말 농민봉기가 일어난 뒤에는 서한西漢 초의 '문경文景의 치'가 출현했다. 수나라 말의 농민봉기 이후에는 당나라 초의 '정관의 치'가 나타났다. 송 고조宋高祖, 명 태조明太祖, 청淸나라 강희康熙 연간에도 모두 정관의 치와 비슷한 치세를 이루었다.

봉건전제제도 아래서 황권의 강화는 결과적으로 자신의 멸망을 초래한다. 전제제도는 자체로는 효과적으로 황권의 강화를 제한하지 못하고, 농민봉기만이 효과적으로 그것을 억누르는 사회적인 힘을 갖고 있기 때문이다. 농민봉기 이후에는 거의 예외 없이 봉건 통치자가 잠깐이나마 정신을 차리고 "물은 배를 띄울 수도 있고 침몰시킬 수도 있다."는 논리를 상기해 두려운 마음에서 양보하는 정책을 시행하게 된다. 이것은 통치계급 자신을 위한 정책이지만 사회 발전과 진보에 긍정적인 효과를 미친다.

태종은 수나라 말 농민봉기가 일어난 지 얼마 되지 않아 황제의 자리에 올랐다. 이때는 농민봉기가 거셌고 수나라 멸망을 직접 목격한 지 오래되지 않았기 때문에 항상 두려움을 갖고 있었다. 그래서 정관 초기에는 그의 언행에 두려움이 배어 있었다. 그는 무엇을 두려워했던 것일까? 농민들이 들고 일어나서 자신을 수 양제와 같은 패망의 길로 몰아넣을까 두려워했다. 그래서 언제나 '평안할 때 위험을 생각함'과 '역사를 거울로 삼음'을 잊지 않았다.

그는 "진시황은 한 세대의 영웅으로 6국의 평정과 같은 대업을 완성했다. 그러나 진秦나라는 자기 대에서만 유지되었을 뿐 아들 대에는 멸망하고 말았다. 역사상의 걸桀·주紂·유幽·여厲 등 제왕은 모두 자신을 망쳤다. 이런 사실을 생각하니 몹시 두렵다."라고 고백했다. "근대의 제왕을 살펴보면 일부는 10대까지 이어졌고 일부는 단지 1,2대에 그쳤으며 자기 자신으로 끝난 이들도 있다. 나는 이 때문에 늘 두렵다."라고 솔직한 심정을 말했다. 그는 태자에게 "배는 군주와 같고 물은 백성과 같다. 물은 배를 띄울 수도 뒤집을 수도 있다. 너는 이제 막 태자의 자리에 올랐으니 어찌 두렵지 않겠느냐?" "황제로서 덕을 베풀면 백성은 따를 것이지만 덕이 없으면 백성은 바로 등지게 된다. 정말 두려울 뿐이다!"라고 일렀다. 정관 시기 백성을 편안히 쉴 수 있게 했던 일련의 대내외 정책은 바로 이러한 '백성을 두려워하는' 사상에서 비롯되었다.

다음으로, 태종은 수나라 멸망의 원인과 특징을 교훈삼아 '군주의 도리'를 연구했다. 수隋와 진秦의 멸망은 원인과 특징에 있어 공통성을 보인다. 양자 모두 토지겸병과 같은 봉건사회에서 자주 보이는 경제적인 문제가 아니라 황제 개인의 잔혹성 때문에 폭발한 농민폭동에 의해 멸망되었다. 즉, 황제가 자신을 통제하지 않고, '늦추고 조이는 문무의 도리를 잘 조절해야 한다'는 치국과 군주로서의 도리를 지키지 못했다는 뜻이다.

태종 소릉(昭陵) 전경

정관 첫해 위징은 태종에게 올린 상소에서 이점을 분명하게 말하고 있다. 그는 "수나라는 천하를 통일하고 군사력이 매우 강했습니다. 30여 년 동안 그 위세가 만리까지 퍼졌고 주변국을 뒤흔들었습니다. 그러나 백성에게 버림을 받자 백성은 다른 사람의 차지가 되었습니다. 설마 수 양제가 천하의 태평과 백성의 안정, 국가의 존속을 원하지 않아 일부러 하걸夏桀과 같은 폭정으로 자신의 멸망을 초래했겠습니까? 당연히 그렇다고 말할 수 없습니다. 그가 자신의 강대함만 믿고 후환을 생각하지 않았기 때문입니다. 그는 자신의 욕망을 채우기 위해 천하의 사람들을 동원하기에 바빴습니다. 천하의 재물을 긁어모으게 해 쾌락에 허우적거렸고, 미색을 선발하고 먼 곳의 보물을 쫓았으며, 궁전과 정원은 화려하게 장식하고 건물은 하늘 높은 줄 모르고 높게 치솟았습니다. 이를 위해 수시로 인력을 징발하고 군대를 끊임없이 동원해 전쟁을 벌였습니다. 외모는 위엄이 있었지만 그 내면은 악독함과 의심으로 가득 차 있었습니다. 아첨하는 자는 상을 받고, 충성하고 정직한 자들은 생명을 잃었습니다. 그래서 상하가 서로 기만하고 군신 사이에 예절과 의리라곤 찾아볼 수가 없었습니다. 백성들은 이런 폭정을 참을 수 없어 들고 일어났고, 나라는 사분오열되었습니다. 그리하여 존귀한 황제는 보통 사람의 손에 죽었고 자손은 멸족을 당해 천하의 멸시와 조소의 대상이 되었으니 이 어찌 통탄할 일이 아닙니까?"라고 개탄했다.

태종은 당연히 이에 대해 매우 주의를 기울였다. 그는 항상 군자로서 '군도君道'를 지킬 것을 강조했다. '군도'의 내용과 원칙은 매우 많다. 당 현종玄宗 시기의 대신 오긍吳兢이 편찬한, 주로 정관 시기의 군주와 신하의 언행을 기록한 『정관정요貞觀政要』 중에서 개종명의開宗明義 제1편이 바로 '군도'다. 여기에는 태종과 위징 등 대신의 '군도'에 대한 연구와 이론을 비교적 상세하게 기록하고 있어 '정관의 치'의 지도사상이 되었다.

다음으로, 수 양제의 일부 난폭한 행위는 태종에게는 직접적인 교훈이 되었다. 일찍이 "서한西漢 초기와 당나라 초기의 역사적 조건은 비슷하고, 통치자들은 모두 전대의 뼈아픈 교훈을 거울로 삼았습니다. 그렇지만 당 태종의 많은 특징, 예컨대 간언을 받아들이고 인재를 알아보고 적재적소에 기용했으며 법을 준수하고 진보된 민족정책을 실행하는 등등은 왜 한 고조漢高祖·한 문제文帝·한 경제景帝에게서는 찾아 볼 수 없을까요?"라고 질문을 던진 사람이 있었다. 이것은 수 양제가 진시황보다 더욱 많이 참고할 만한 교훈을 제공했기 때문이다. 그 예로 직언을 받아들이지 않고 잘못을 감추고 신하를 의심하고 백성들에게는 포악하고 전쟁을 일삼았던 행동을 들 수 있다. 태종으로서는 단지 그와 반대되는 길을 걸으면 그것이 바로 정도正道였다. 이런 의미에서 수 양제가 없었다면 당 태종이 없었을 것이고, 수 양제의 '대업'이 없었다면 당 태종의 '정관'이 없었을 것이라고 말할 수 있다.

태종의 인품과 덕이 '정관의 치' 형성에 일조를 하다

이밖에 태종 본인의 인품과 덕 또한 정관의 치를 형성한 하나의 중요한 요소였음은 의심할 나위가 없다. 비록 그가 만년에 좋지 않은 행동을 많이 했지만 이것은 옥에 티일 뿐 공로가 과실보다 크다. 정관 21년(647년) 5월, 태종은 신하들과 자신의 성공 원인을 토론할 때 다섯 가지로 정리했다.

첫째, 예로부터 제왕들은 자신보다 재능이 뛰어난 사람을 질투하였지만 나는 타인의 장점을 보면 마치 내 장점을 발견한 것처럼 즐거워했다. 둘째, 누구든지 완벽할 수는 없다. 나는 그 사람의 단점을 버리고 장점을 취했다. 셋째, 어떤 제왕은 현명한 자를 자신의 품에 안을 정도로 아끼지만 그렇지 못한 자는 낭떠러지로 밀어버릴 정도로 미워했다. 그러나 나는 현명한 자는 존경하고 중용했으며 그렇지 못한 자는 불쌍히 여겼다. 양쪽 모두 각각 쓰임새가 있는 법이다. 넷째, 자고로 제왕들은 정직한 자를 싫어하여 공개적으로 살해하거나 비밀리에 암살했다. 그러나 내가 즉위한 이래 정직한 자가 아주 많았으나 한명도 파면하거나 처벌하지 않았다. 다섯째, 자고로 제왕들은 모두 한족을 중히 여기고 소수민족을 깔보았다. 그러나 나는 차별하지 않고 모두 애정으로 보살폈다. 그래서 모두 복종했다.

　이듬해(648년) 봄, 즉 태종이 세상을 뜨기 한 해 전에 그는 태자 이치李治를 위해 직접 『제범帝范』 12편을 편찬했다. 여기에서 자신이 잘못한 일들을 하나하나 아들에게 들려주면서 고대의 성현을 스승으로 삼고 자신(태종)을 배우지 말라고 당부했다. 봉건제왕으로서 세상을 뜨기 전에 계승자에게 자신의 모든 잘못을 말해주고 거울로 삼기를 바라는 것은 정말 쉬운 일이 아니다. 이런 점 때문에 비록 그가 만년에 실정을 했음에도 불구하고 사람들은 그의 공로를 인정하고 기억하는 것이다. 또한 정관의 치가 완전히 빛을 잃지 않을 수 있었던 중요한 원인이기도 하다.

전무후무한 여황제, 무측천(武則天)
― 무측천을 말하다

무측천은 중국 봉건사회에서 전무후무한 여황제다. 사람들은 오랫동안 이 여황제의 공로와 과실에 대해 서로 다른 평가를 내렸다. 무측천의 행위를 객관적으로 분석해 보면 그녀는 지극히 진취적이고 창조적인 인물이다. 그녀에게는 봉건시대 남성 제왕이 소유한 장점과 단점도 보이고 남성 제왕에게는 없는 우수성과 결점도 나타난다. 역사상 전례 없는 '무주혁명(武周革命)'은 이당(李唐)의 강산을 망하게 했다기보다 이당왕조 성세의 기초를 다졌다고 할 수 있다.

섬서성 건현乾縣에는 당 고종唐高宗 이치李治와 여황제 무측천武則天의 합장릉인 건릉乾陵이 있다. 건릉 주작문朱雀門 밖 동서 양쪽에는 각각 비석 하나씩이 세워져 있다. 왼쪽의 것은 '술성기비述聖記碑'라 하는데 고종의 업적을 칭송하기 위해 세운 비석으로 무측천이 쓴 글과 당 중종唐中宗 이철李哲(또는 이현)이 손수 쓴 8,000여 자가 새겨져 있다. 고종의 공덕이 상세히 서술되어 있다.

오른쪽 비석은 무측천을 위해 세운 것으로, 비록 높이와 너비 등 규격은 왼쪽의 비석과 대체로 비슷하지만 한 글자도 쓰여 있지 않아 '무자비無字碑'라 불린다. 오랜 세월 사람들은 이 무자비 앞에 서면 '비석만 있고 글자가 없는' 사실에 대해 여러 가지 추측을 했다. 이 때문에 '무자비'의 주인공인 여황제 무측천에 대해 더욱 많은 호기심과 의문을 갖게 된다. 그럼 도대체 무측천은 어떤 인물이었던 것일까?

1. 당 태종의 후궁에서 고종의 재인이 되다

고조高祖 무덕武德 7년 (624년) 정월 23일, 무측천은 당나라 개국공신 무사확武士彠과 후처 양楊씨의 둘째 딸로 태어났다. 전설에 따르면 무사확이 이주利州(지금의 사천성 광원시)도독을 맡고 있을 때, 부인 양씨가 용담龍潭 옆에서 놀고 있는데 갑자기 깊은 연못에서 금룡 한마리가 솟아 나와 그녀와 성교를 했고, 양씨는 이 때문에 임신을 해서 무측천을 낳았다고 한다. 또 무측천이 젖먹이일 당시 관상을 보는 대사로 유명했던 원천강袁天綱이 무사확 일가의 관상을 봐주다가 무측천의 모습이 태양처럼 빛나는 천자의 얼굴에 호방한 기색임을 보고 매우 놀라서 "만약 여자였다면 천하의 주인이 되었을 것입니다."라고 말했다고 한다. 이러한 전설은 물론 후세 사람들이 무측천이 황제가 된 것에 대한 근거를 만들기 위해 억지로 꾸민 이야기이기는 하지만, 그녀의 외모나 자질이 평범하지 않았음을 말해준다.

무측천의 아버지는 당의 개국공신으로 원래는 부유한 상인 출신이다. 태종이 편찬한 '씨족지氏族志'에는 무씨가 들어있지 않다. 소녀시절의 무측천은 관리집안의 자녀로서 부유한 상류사회의 영화를 만끽했지만, 한편으로는 근본이 미천한 출신들이 받았던 멸시와 공격을 견뎌야 했다. 정관 11년(637년), 태종은 무측천이 미색이 뛰어나다는 얘기를 듣고

무자비(無字碑) | 무측천의 비석

그녀를 궁으로 불러들여 재인16)으로 삼았다. 어머니 양씨는 매우 걱정했지만 무측천은 도리어 "천자를 보는 것이 어쩌면 행운이 될 지도 모르니 슬퍼할 필요가 없습니다."라고 위로했다.

궁전으로 들어간 뒤 태종이 무측천에게 무미武媚라는 이름을 하사하여 사람들은 그녀를 보통 미랑媚娘이라 불렀다. 미랑은 태종의 사랑을 얻기 위해 그 앞에서 교태를 부렸지만 끝내 총애를 얻지 못했다. 전하는 얘기에 따르면, 당시 궁중에 천상참어天象讖語(예언)가 돌았는데 당나라는 3대 이후 여자 군주 무왕武王이 집권한다는 내용이었다. 의심을 품게 된 태종은 예언과 비슷한 여자들을 모두 죽여 후환을 없애려 했다. 그러자 태사령 이순풍李淳風은 사람의 힘으로는 하늘의 뜻을 거역할 수 없으니 잘못하면 더욱 심각한 결과를 초래할 수 있다고 태종을 설득했다. 이 때문에 태종은 실행에 옮기지 않았지만 이때부터 무씨 여자를 싫어했다. 그리하여 무측천은 14살에 입궁하여 12년 동안 궁중에 머물면서 자식을 낳지 못했고 신분도 상승하지 못해 감옥살이 같은 생활로 청춘을 흘려보냈다.

고종의 총애를 받다

정관 23년(649년) 5월에 태종이 세상을 떠났다. 이 해에 무측천은 이미 26세의 나이로 머리를 깎고 비구니가 되어 감업사感業寺로 들어간다. 다음해, 즉 고종 영휘永徽 원년 태종 일주년 제사 때, 고종 이치는 감업사에 와서 향을 올렸다. 이치가 태자 시절에 무미랑을 보고 한눈에 반한 적이 있었다. 전하는 말에 따르면, 그 때부터 두 사람은 태종의 눈을 피해 몰래 사랑의 감정을 키웠다. 이번에 감업사에서 향

---
16) 지위가 가장 낮은 후궁

을 올리게 되면서 미랑을 다시 보게 된 것이다. 예전의 감정과 더불어 아름다운 여인의 가련한 모습 때문에 고종은 마음이 크게 움직여 미랑을 다시 환궁시키겠다고 결심하게 된다.

마침 이때 왕황후와 소숙비 사이에 고종의 총애를 얻기 위한 경쟁이 벌어지고 있었다. 왕황후는 고종과 소숙비 사이를 떼어놓기 위해 무측천의 입궁을 강력히 주장하고, 또 한편으로 무측천에게 머리를 기르면서 기다리라고 지시한다. 얼마 뒤, 고종은 당시의 예의법규를 무시하고 무측천을 궁으로 데려온다. 다시 궁으로 돌아온 무측천은 황제와 황후의 사랑을 받아 곧바로 소의昭儀(정2품)로 신분이 상승한다. 이는 9명의 빈嬪 중에서 으뜸가는 위치로 황후와 4명의 비妃 다음가는 높은 자리였다.

그러나 무측천은 이에 만족하지 않았다. 그녀의 첫 번째 목표는 바로 왕황후의 자리였다. 그녀는 후궁 중에서 황후와 사이가 좋지 않은 사람들을 모두 자기편으로 끌어들여 황후의 주위에 심어놓고 자신의 눈과 귀로 삼았다. 그녀는 우선 왕황후와 소숙비의 갈등을 이용해 황후와 손을 잡고 소숙비를 무너뜨렸다. 이어 방향을 왕황후에게 돌렸다. 왕황후는 생리적인 문제 때문에 아이를 낳을 수 없었지만 무측천은 4남2녀를 낳았다. 영휘 5년(654년) 초 무렵, 무측천은 둘째 아이로 딸을 낳았는데 매우 귀여웠다. 왕황후도 가서 안아주고 황제가 오기 전에 방을 나갔다. 무측천은 사람이 없는 틈을 이용해 자신의 친딸을 목 졸라 죽인 다음 가만히 이불을 덮어 놓았다.

얼마 뒤 고종이 딸을 보려고 들어오자 무측천은 거짓으로 환하게 웃으며 함께 침대로 가서 이불을 젖혔다. 딸의 시체를 보자마자 무측천은 대성통곡을 했고 고종은 너무 놀라 서둘러 누가 왔었는지를 물었다. 시녀가 왕황후가 금방 다녀갔다고 대답하자 고종은 황후가 직접 자신과 무측천의 딸을 죽였다고 단정지었다. 무측천은 기회를 놓치지 않고 자신이 당한 갖가지 억울한 일들을 울면서 호소했다. 물론 거짓이었다. 원래 왕황후가 아이를 낳지 못하는 사실에 불만을 품고 있던 고종은 이런 변을 당하자 왕황후를 폐위하고 무측천을 황후로 앉힐 결심을 하게 된다.

 황후의 폐위문제를 둘러싸고 궁중에서는 엄청난 투쟁이 벌어진다. 장손무기長孫無忌와 저수량褚遂良 등의 원로들은 왕씨를 폐위하고 무씨를 황후로 세우는 것에 대해 단호하게 반대하고 나섰다. 이유 중 하나는 무측천은 출신이 미천하고 선황 태종을 모셨기에 황후로 세우면 예에 어긋나고 고종의 명예를 훼손한다는 내용이었다. 저수량은 이 일로 좌천된다. 고종은 여러 번 회의를 소집했지만 중신들의 지지를 얻지 못한다. 바로 이때 개국공신 이적李勣의 한 마디가 무측천에게 한 표를 던진다. "이것은 폐하의 집안일이니 다른 사람의 의견을 들으실 필요가 없습니다." 힘을 얻은 무측천은 자신을 따르는 신하들에게 여론을 조장하도록 부추긴다. 허경종은 조정에서 "농사를 짓는 농부도 몇 십 석의 밀을 더 거두게 되면 아내를 바꾸려고 드는데, 하물며 천자의 귀한 몸으로 이게 무슨 대수로운 일이냐!"라고 떠들고 다녔다. 이로써 고종은 무측천을 황후로 책립하기로 결정했다.

2. 꿈에 그리던 여황제에 등극하다

 영휘 5년(654년) 10월 13일, 고종은 황후 왕씨와 숙비 소씨를 폐서인한다는 조서를 내렸다. 19일에는 무측천을 황후로 책봉하고 11월 1일에는 사공司空 이적이 주재하는 황후 책봉식을 거행했는데 31세의 무측천은 황후 예복을 입고 숙의문肅義門에 올랐다. 이적과 우지녕于志寧 등은 옥새끈을 바치고 백관을 인솔하여 인사를 올렸는데 이것이 백관이 황후에게 배알하는 선례가 되었다.

무측천이 황후가 된 지 얼마 되지 않아 고종 이치는 풍병을 앓아 조정의 모든 일에 싫증을 냈다. 무측천은 바로 이때 조정을 장악하면서 황위를 향한 길로 한 발짝 들어서게 된다.

당시 무측천에게 불만을 품은 조정의 원로대신들이 적지 않았다. 그 중에서 장손무기의 반대가 특히 심했다. 현경顯慶 4년(659년) 봄, 무측천은 허경종을 시켜 붕당朋黨사건을 조작해 장손무기를 연루시킨다. 고종은 어쩔 수 없이 장손무기를 검주黔州(지금의 사천성 팽수)로 유배보냈고, 장손무기는 얼마 뒤 허경종의 압력으로 자살한다. 이 사건에 연루된 재상 우지녕은 파면되고, 유석劉奭과 한애韓瑗는 피살되었으며, 내제來濟는 신강 일대로 좌천되었다. 장손·한·유·우씨 가족들 몇 십 명도 처형되거나 유배 또는 좌천을 당했다.

무측천을 반대하던 장손무기 집단은 철저히 무너졌다. 반대로 무측천에게 충성을 바친 이의부李義府와 허경종 등은 재상으로 승진했다. 고종은 무측천의 이러한 행태에 대해 불만을 품어 재상 상관의上官儀와 무측천 폐위에 대해 몰래 모의했다. 무측천은 이 소식을 듣고 고종을 달래는 한편 압력을 가해 고종은 어쩔 수 없이 상관의의 제안이라 고백했다. 무측천은 즉시 허경종을 시켜 상관의와 옛 태자 이충李忠이 반역을 꾀한다고 모함해 상관의와 그의 아들 상관정지上官庭芝를 처형했다. 그리고 가산을 몰수하고 젖먹이 상관완아上官婉兒(상관정지의 딸)와 그 모친은 궁중 노비로 삼았다. 상관완아는 총명하고 재주가 뛰어나 훗날 무측천의 심복이 된다.

이때부터 고종은 더욱 정사를 멀리하게 되고 무측천이 고종을 도와 정치에 참여한다. 결국 '천하의 대권이 모두 중궁中宮에 있고 천자는 오로지 팔짱만 끼고 아무 일도 하지 않는' 상황이 연출되었다. 조정 안팎에서는 황제와 황후를 '이성二聖'이라 일컬었다.

황위에 오르기 위한 무측천의 노력

그러나 무측천은 이것으로 만족하지 못하고 황위에 오르는 준비에 박차를 가한다. 우선 『성씨록姓氏錄』의 수정작업을 지시해 무씨를 가장 높은 등급에 올려놓았다. 태종 시기에 편찬된 『씨족지』에는 무씨가 들어있지 않아 자신이 미천한 신분으로 취급당했기 때문에 이것을 바꾸려는 의도였다. 이어 고종이 태산에서 하늘에 제를 올릴 때 그녀는 황후의 신분으로 황제 다음으로 선단禪壇을 주재하여 아헌亞獻을 올리는 영광을 누린다. 이로써 무측천은 자신의 지위와 명망을 더한층 높이게 되었다. 동시에 편찬의 명분으로 모집한 문인학사들을 북문, 즉 현무문을 통해 궁중에 들어와 조정에 참여하게 했다. 그래서 이들은 '북문학사'라 불렸다. 그녀는 이들을 이용해 재상의 권력을 견제하려 했다. 상원上元 원년(674년), 무측천은 '천후天后'라는 칭호를 받고 '12가지 사항'을 건의했는데 모두 정치강령의 성격을 지니고 있었으며 황제 조서의 형식으로 시행되었다.

그러나 황후와 황제 사이에는 또한 '태자'라는 넘을 수 없는 벽이 있었다. 무측천은 고종과의 사이에 이홍李弘, 이현李賢, 이현李顯(또는 이철), 이단李旦(또는 이륜)의 네 아들을 두었다. 무측천은 우선 자신이 낳지 않은 태자 이충을 폐위하고, 첫째 아들 이홍을 태자에 앉히도록 고종을 부추긴다. 그러나 이홍이 다루기 쉽지 않게 되자 독살한다.

이어 차남 이현을 태자로 앉혔는데 이현이 학식과 재능이 뛰어나 명망이 높아지자 고종은 그에게 능력 있는 재상집단을 특별히 붙여준다. 대권을 잃을까 두려워한 무측천은 구실을 만들어 이현을 폐서인하고, 파주巴州에 유배 보낸 뒤 사람을 보내 살해한다.

자신이 낳은 두 태자를 잇따라 폐위하고 셋째 아들 이현을 황태자에 앉힌다. 그가 태자로 있던 시기인 홍도弘道 원년(683년)에 고종이 56세로 세상을 뜨면서 태자를 즉위시키라는 유언을 남겼다. 이현은 즉위하여 호를 중종中宗이라 하고, 무측천을 황태후로 존대하였으며 배염裴炎을 재상에 임명했다. 한번은 중종이 배염 앞에서 자기의 장인 위현정韋玄貞을 재상으로 추천하자 배염이 반대하고 나섰다. 중종은 이에 "내가 천하를 전부 위현정에게 준다 해도 큰일 날 것이 없다."라고 말했다. 이 말이 무측천의 귀에 들어가자 중종은 황제가 된 지 두 달 남짓 만에 쫓겨나 노릉왕廬陵王으로 강등되었다. 중종을 폐위한 무측천은 넷째 아들 이단을 황위에 앉혔는데 그가 바로 예종睿宗이다. 무측천은 예종을 정사에 참여시키지 않고 자신이 조정을 장악하고서 왕조를 바꾸기 위한 준비에 착수한다. 그녀는 동도 낙양을 신도神都로 이름을 바꾸어 등극 이후의 수도로 삼으려 했고, 무씨 집안의 5대 선조를 추존하여 당나라의 백관 명칭으로 이름을 붙였다.

무주혁명(武周革命)

바로 이때, 무측천에 의해 유주柳州에 좌천되었던 유주사마柳州司馬 서경업徐敬業 등이 공개적으로 무측천을 반대하는 기치를 내걸었다. 그들은 10만의 군사를 모으고 낙빈왕駱賓王이 '무측천을 토벌하는 격문'을 작성해 천하에 무측천 토벌의 의지를 알렸다. 그러나 서경업

등의 군사작전에 착오가 생겨 군사를 일으킨 지 40일이 못 되어 정부군에게 진압되었다. 반란을 평정하는 사이에 재상 배염은 무측천에게 예종에게 권력을 넘기라고 요구했지만, 무측천은 그를 처형하고 재상집단의 대폭적인 재구성에 간여한다. 또한 심혈을 기울여 하늘의 계시를 받았다는 신비스러운 분위기를 조장하여 자신이 황위에 오르기 위한 여론을 조성했다.

조카 무승사武承嗣는 옹주雍州 사람 강동태康同泰를 시켜 "성모가 인간 세상에 내려와 제왕의 업을 영원히 이을 것이다."라는 글자가 새겨져 있는 흰 돌을 바치게 했다. 강동태는 이 돌을 낙수洛水에서 얻었다고 거짓말을 했는데 물론 무승사가 지시한 일이었다. 무측천은 이 돌을 '보도寶圖'라 이름 짓고 직접 낙수에서 제사를 지내겠다고 기뻐하며 말했다. 두려움에 떨고 있던 예종도 이 기회에 무측천의 환심을 사기 위해 신하들과 함께 '성모신황聖母神皇'이라는 존호를 바치고 국가의 최고 권력을 상징하는 신황 옥새를 제작했다.

'신황'이라는 칭호는 무측천이 정식으로 황제에 오르기까지의 시간이 얼마 남지 않았음을 의미한다. 이당李唐 종실은 강산의 성씨가 바뀌는 것을 가만히 앉아서 볼 수 없었다. 수공垂拱 4년(688년), 고조의 11번째 아들 한왕韓王 이원가李元嘉가 '중종을 다시 맞이한다'는 명분으로 먼저 군대를 일으키자 다른 일부 이당 종친들도 속속 가담했다. 무측천은 침착하고 결단력 있게 군사를 배치하고 반항을 진압해 나갔다.

두 번의 무장반란이 진압되자 무측천의 황위를 향한 길은 활짝 열리게 되었다. 영창永昌 원년(689년) 정월 초하루 날, 설회의薛懷義가 건설한 만상신궁萬象神宮(명당)에서 성대한 제사가 거행되었다. 무측천은 당당하게 초헌初獻을 올렸고 황제와 황태자는 단지 조용히 뒤를 따라 아헌亞獻과 종헌終獻을 바쳤다. 이러한 중요한 의식에서 무측천이 '초헌'을 올린 일은 세상 사람들에게 강산의 주인이 누구인지를 명확히 알려준 셈이다.

물론, 정식으로 즉위하기 전에 '권진勸進-신하가 제위에 오르도록 권하는 행위'의 연극을 꾸며야했다. 그래서 어사 부유예傅游藝는 관중의 백성 900명을 거느리고 와서 당唐의 국호를 주周로 교체할 것을 상주했고, 문무백관·스님·도사 등 6만 여 명도 상소를 올려 당을 주로 교체하는 것에 대해 지지를 표명했다. 각지에서는 왕조 교체의 여러 가지 상서로운 조짐을 보고했다. 예종도 급히 자신에게 무씨 성을 하사해 달라고 간청하여 무씨가 단독으로 군주임을 인정했다.

천수天授 원년(690년) 중양절(9월9일), 67세의 무측천은 천문루天門樓에 올라 대주왕조大周王朝가 정식으로 성립되었음을 선포했다. 이로써 무측천은 꿈에도 바라던 진정한 '여황제'가 되었다. 그녀는 '신성황제神聖皇帝'라 자칭하고 11월을 한해의 시작으로 정했으며 깃발을 붉은 색으로 바꾸고 '천수天授'로 개원하여 하늘로부터 황제의 자리를 수여받았음을 천하에 알렸다. 이로부터 무주武周왕조는 이당왕조를 15년 동안 대체했다. 역사에서 주가 당을 대체한 사건을 '무주혁명武周革命'이라 한다.

3. 황권 강화를 위한 혹리정치의 시행

태종의 재인이었던 무측천은 일찍이 강하고 독한 성격을 드러냈다. 당시 궁중에는 사자총獅子驄이라는 말이 있었는데 매우 난폭하여 누구도 감히 타거나 길들이지 못했다. 무측천은 태종에게 "세 가지 물건만 주시면 제가 이 말을 길들일 수 있사옵니다."라고 말했다. 태종이 무엇이 필요한지를 묻자 무측천은 "쇠채찍 하나, 쇠망치 하나, 비수 한 자루가 필요하옵니다. 말이 말을 듣지 않으면 쇠채찍으로 때리고, 그래도 말을 듣지 않으면 쇠망치로 치겠습니다. 그래도 소용이 없으면 비수로 이놈의 목을 자르겠습니다."라고 말했다.

무측천이 살던 시기에는 황후가 되는 일은 쉽지 않지만 그래도 가능성은 있었다. 그러나 여자의 몸으로 황제가 되는 것은 거의 불가능했을 뿐만 아니라 봉건예교에서도 허용하지 않았다. 여자라는 제약 조건이 가로막았기 때문이다. 무측천은 물론 이 점을 분명히 알고 있었다. 그리하여 황위를 다투는 과정과 황위에 오른 뒤의 일정한 기간 남성 황제들보다 더 잔혹한 통치수단을 사용하지 않을 수 없었다. 바로 그녀가 예전에 말했던 '말을 다루는 3가지 방법' 처럼 신하들을 다뤘던 것이다.

신고제도의 시행과 혹리의 임용

무측천은 황후의 자리를 빼앗기 위해 악독한 수단으로 왕황후와 소숙비를 후궁에서 내쫓고 후원에 유폐했다. 어두컴컴한 작은 방에 음식을 전달하는 작은 구멍 하나만 내주고 그 누구와도 접촉하지 못하게 했다. 한번은 우연한 기회에 고종 이치가 그들의 비참한 상황을 보게 되었는데 동정심이 생겨 방법을 강구해 두 사람을 풀어주겠다고 약속했다. 그러나 이치의 이 말이 무측천의 귀에 들어간 순간 무측천은 즉시 두 사람을 각각 곤장 100대씩 치고 심지어 이들의 손발을 잘라 술독에 넣어 죽였다. 소숙비는 죽기 전에 무측천을 욕하면서 내세에 자신은 고양이로, 무측천은 쥐로 다시 태어나게 해 자신이 무측천의 목을 물어 죽이겠다고 악담을 퍼부으며 죽었다고 전해진다. 무측천은 이 때문에 궁중에서 고양이를 기르지 못하게 했다는 말도 있다.

무측천이 정식으로 황제 자리에 오르기 전후하여 조정 안팎에는 잠재적인 반대세력이 매우 많았는데 무측천에게는 근심거리였다. 이때 시어사侍御史 어승엽魚承曄의 아들 어보가魚保家가 좋은 계책을 내놓았다. 그는 궁중에 동궤銅匭, 즉 고발함을 설치하여 전국의 신고서를 접수하도록 건의했다. 무측천은 건의를 받아들여 4개의 동궤를 만들어 청색·홍색·백색·흑색을 칠하도록 지시했다. 청궤는 동쪽에 설치해 은혜를 입은 사연을 넣고, 홍궤는 남쪽에 두어 건의를 받고, 백궤는 서쪽에 놓아 억울한 사정을 받아들이고, 흑궤는 북쪽에 설치해 심오한 진리를 알리게 했다. 그리고 정간대부正諫大夫를 지궤사知匭使로, 시어사를 이궤사理匭使로 정해 전국의 신고문서를 처리하게 했다. 이 조치는 겉으로는 언론을 개방하고 민의를 헤아리기 위한 것처럼 보이지만-또 다소 그런 역할을 한 것도 사실이지만-주된 의도는 반대세력을 색출하여 제거하려는 목적에 있었다.

무측천은 신고자의 편리를 제공하기 위해 각 주현에 수도에 와서 신고하려는 자에게는 말을 제공하고 5품 관리의 대우를 해주도록 지시했다. 신고자는 신분을 가리지 않고 모두 접견하며, 신고의 내용이 사실이면 상을 주고 사실이 아니더라도 추궁하지 않았다. 순식간에 전국에서 신고자들이 몰려들었고 상경하여 동궤에 신고서를 넣는 자가 끊이지 않았다. 무측천에게 반대세력의 제거를 위한 많은 단서를 제공하는 역할을 했다.

신고제를 시행하는 동안 무측천은 또한 혹리酷吏들을 물색했다. 중종이 그 명단을 열거한 적이 있는데 모두 27명으로 대부분 망나니 출신으로서 잔인하고 남을 모함하는 일을 주로 했다. 그 중에서 가장 정도가 지나친 자들로는 색원례索元禮, 주흥周興, 내준신來俊臣을 꼽을 수 있다. 내준신과 다른 혹리는 밀고전문서『나직경羅織經』을 편찬하여 혹리를 배양하는 교재로 삼았다. 무측천은 이들을 임용해 자신의 앞잡이와 사형집행인으로 활용했다.

혹리들은 피의자를 심문할 때 창의적인 혹형을 많이 고안해냈다. 예를 들자면 밧줄을 범인의 허리에 매고 틀에 고정한 다음 범인으로 하여금 앞으로 나아가게 했는데 나갈 때마다 허리에 맨 밧줄이 점점 조이게 되어 나중에는 위장까지 끊어버리게 된다. 이것을 '여구발궐驢駒拔橛(당나귀와 말이 말뚝을 뽑다)' 이라 했다. 범인이 죄를 인정하지 않을 때에는 범인의 손발을 묶고 땅에서 돌게 했는데 이를 '봉황쇄시鳳凰晒翅(봉황이 날개를 말리다)' 라 했다. 범인을 깨진 벽돌과 기와 위에 무릎 꿇게 하고 두 팔은 무거운 물건을 들게 했는데 무게 때문에 기와와 벽돌이 뼈를 파고 들어갔다. 이것을 '선인헌과仙人獻果(신선이 과실을 바치다)' 라 했다. 아주 높은 곳에서 나무토막 하나를 늘어뜨리고 그 위에 범인이 밧줄로 허리에 묶고 서있게 했다. 그리고 천천히 뒤로 당겼는데 높은 곳을 두려워하지 않는 사람도 공포 때문에 미칠 지경이 되었다. 이것을 '옥녀등제玉女登梯(옥녀가 사다리를 오르다)' 라 했다. 범인을 거꾸로 매달고 머리에 큰 돌을 매다는데 범인의 얼굴과 목은 바로 부어올라 얼마 안 되어 귓구멍과 콧구멍에서 피가 흐르기 시작하고 아무리 건강한 사람이라도 곧바로 숨이 끊어졌다. 이것을 '독자현차犢子懸車(송아지가 차를 매달다)' 라 했다. 이 밖에 '10대가10大枷' 가 있는데 정백맥定百脈 · 천불득喘不得 · 돌지후突地吼 · 착즉승着即承 · 실혼백失魂魄 · 실동반實同反 · 반시실反是失 · 사저수死猪愁 · 구즉사求即死 · 구파가求破家로 나뉘었다. 이러한 혹형은 범인이 듣기만 해도 식은땀을 흘리며 벌벌 떨면서 지레 겁을 먹고 거짓으로 자백할 정도였다.

4. 인재들이 넘쳐나고 사회와 경제는 번영을 구가하다

이러한 신고제와 혹리의 임용은 주로 무측천과 맞서는 이당李唐 종실과 원로대신들을 겨냥한 것이다. 수공垂拱 4년(688년), 이당 종실이 반란에 실패하여 고조 이연과 태종 이세민의 아들·손자·딸·사위 등 10여 명이 좌천, 유배, 피살되었다. 태종의 열 번째 아들 패주자사貝州刺史 이신李愼은 월왕越王 이정李貞과 친분이 두텁다는 이유로 두 사람과 자손들이 처형되었다.

영창永昌 원년(689년), 연주별가連州別駕 파양공鄱陽公 이인李諲(고조의 손자)은 여릉廬陵에 가서 중종 이현을 맞이하려는 계획을 비밀리에 세웠지만, 누설되어 이인과 태종의 손자 이위李煒 등 12명이 처형되었다. 이인의 장인 천궁상서天宮尙書 등현정鄧玄挺은 알면서 신고하지 않았다는 죄목으로 처형당했다. 재초載初 원년(690년), 무승사는 혹리 주흥을 시켜 반역죄를 조작해 고종의 넷째 아들 이소절李素節을 포함한 아홉 아들을 죽였는데, 고종의 셋째 아들은 이 소식을 듣고 자살했고 아들 7명은 피살되었다. 이해에 고조의 21남 밀왕密王 이원효李元曉의 장남 이영李穎 등 21명을 죽이고 그 친족 수백 가구를 살해했다. 이로써 이당 종실은 거의 몰살당했다고 볼 수 있다. 무측천은 바로 이해(690년) 순조롭게 황제의 자리에 오른다.

이당 종실을 살육하는 동시에 또한 원로대신들을 감시하고 주살했다. 조익趙翼의 『22사찰기22史札記』에 의하면, 무측천 즉위 무렵에 주살당한 대신으로는 배염裴炎·유휘지劉褘之·등현정·염온고閻溫古 등 수십 명에 이른다. 주살된 대장군은 정무정程務挺·이광의李光誼 등 몇십 명이며, 서료庶僚(일반관리)는 주사무周思茂·학상현郝象賢·설의薛顗

등 수백 명에 달한다. 이 가운데는 무고한 자도 매우 많았다. 그 예로, 만국준 등의 혹리들은 영남嶺南・검남劍南・검중黔中・안남安南 등지에 가서 유배된 자들을 심문했다. 만국준은 영남 유배자 300여 명, 유광업은 900여 명, 왕덕수는 700여 명을, 기타 혹리들도 적어도 500명을 처형했다. 이로 인해 수백 명의 백성들에게 화가 미쳤다.

물론 무측천은 단순한 폭군만은 아니었다. 밀고한 사람에 대한 포상, 혹리의 이용, 이당 종실과 원로대신들의 제거는 무측천 자신의 즉위와 황위를 공고히 하기 위해서였다. 제위에 오르고 체제가 안정되자 더 이상 혹리를 이용한 정치에 열을 올리지 않았다. 그리하여 그녀는 주흥과 내준신 등 혹리를 임용하는 한편, 적인걸狄仁杰・서유공徐有功・두경검杜景儉・이일지李日知 등 공평타당하게 법을 집행하는 훌륭한 관리들을 임용해 정국의 균형을 꾀했다. 긴장된 정국을 완화하기 위해 무측천은 혹리들로 하여금 서로 싸우고 제거하도록 유도해 마땅한 처벌을 받게 했다. 널리 전해지고 있는 '청군입옹請君入甕'의 이야기가 바로 그 예다. 주흥은 '반역죄'를 조작하는 일로 악명이 높았는데 도리어 자신이 '반역죄'로 고발을 당한다. 무측천은 또 다른 혹리 내준신에게 이 안건의 심리를 은밀하게 맡겼다. 내준신은 명령을 받고 주흥을 연회에 초청해 술을 마시다가 주흥에게 "제게 한 가지 사건이 있는데 범인이 죄를 인정하려 하지 않습니다. 좋은 방법이 없을까요?"라고 물었다. 자신이 반역죄로 고발당한 사실을 모른 주흥은 "뭐 어려운 것이 있겠소? 큰 항아리에 불을 피우고 범인을 항아리 속에 넣으면 반드시 그 죄를 인정할 것일세."라고 별생각 없이 대답했다. 내준신은 바로 사람을 시켜 항아리를 들고 오게 하고 불을 붙였다. 그리고 주흥에게 "누가 형님을 반역죄로 신고했으니 이 항아리에 들어가 주십시오."라고 공손히 말했다. 주흥은 얼굴이 하얗게 질려 머리를 숙이고 죄를 인정했다. 그는 유배 도중 원수에게 피살되었다. 색원례는 혹리생활로 집안을 일으킨 인물로 몇천 명이 그의 손에 죽었다. 무측천은 백성의 원한을 풀어주기 위해 그를 살해했다. 혹리 내준신은 무씨 왕들이 반역을 꾀한다고 무고했다가 도리어 처형당했다. 내준신의 원수들은 몰려나와 그의 가죽을 벗기고 살을 도려내고 눈을 빼내고 배를 갈라 심장을 꺼내 짓밟아 버렸다. 무측천은 이 사실을 듣고 조서를 내려 내준신의 갖가지 죄상을 낱낱이 열거하며 친족까지 몰살했다. 이때부터 혹리를 다시는 채용하지 않았고 정국은 점차 안정되어 갔다.

성공적인 과거제도의 시행

무측천은 정치의 근본은 인재 기용에 있다는 사실을 잘 알고 있었다. 그녀의 집정기에는 인재가 많이 필요했기 때문에 많은 인재들을 선발하고 기용했다.

서경업이 군대를 일으켜 무측천을 토벌할 때, 초당4걸初唐四杰 중 한 사람이었던 낙빈왕이 '무조(무측천) 토벌 격문'을 기초했다. 낙빈왕은 벼슬길이 순탄하지 못해 우울한 나날을 보냈기 때문에 문장이 뛰어났지만 대부분 비분에 찬 글이었다. 문장력이 뛰어난데다 공격성이 가득한 이 격문을 본 무측천은 아무런 화도 내지 않고 오히려 쓴 사람이 누구인지를 물었다. 낙빈왕이 작성했다는 말을 듣고 "이런 인재가 반역자들과 합류했다는 사실은 인재를 알아보지 못하는 재상의 실수입니다."라고 단호하게 말했다. 그녀는 천하에 아직 낙빈왕과 같은 많은 인재들이 묻혀 있지만 발견되지 못하고 기용되지 못하고 있다는 사실에 착안해 이듬해에 조서를 내려 군신과 백성이 스스로 자신을 관리로 추천할 수 있게 허용했다. 봉건시대에서 보기 드문 조처라 할 수 있다.

무측천이 황제가 되던 해, 즉 천수天授 원년(690년), 그녀는 직접 낙성전洛城殿에서 과거를 보게 된 1차 합격생들을 대상으로 처음으로 '전시殿試' 17)제도를 창설했다. 또 과거시험에서 '호명糊名' 제도를 최초로 시행했는데 평가하는 시험관이 응시자의 이름을 모르게 하여 부정행위를 근절했다. '남선南選' 개설의 목적은 영남嶺南 외진 지역의 인재들이 묻혀버리는 것을 방지하기 위해서였다. 나중에는 과거에 '무거武擧'를 개설해 무예가 뛰어난 인재들을 선발했다. 동시에 그녀는 존무사存撫使 10명을 여러 도에 보내 현지의 인재를 추천하게 하고 직접 접견했다. 이 사람들 모두에게 시범적으로 관직을 주었는데 이를 '시관試官'이라 한다. 요즘의 '인턴'과 비슷한 것으로 인재양성을 위한 제도였다.

널리 인재를 구한 무측천은 특히 과거를 통해 인재 선발 경로를 넓혔기 때문에 그녀가 집권한 50여 년 사이에 과거제도는 크게 발전하고 완비되었다. 통계에 따르면, 이 시기에 진사進士는 무려 1,000명 이상을 선발했는데 한해 평균 20여 명으로 정관 시기보다 배 이상 많아 과거제도의 기초를 닦은 단계라고 평가된다.

당시 조정에는 인재가 넘쳐났고 특히 서족 지주 출신의 지식인들이 벼슬길로 들어섰다. 무측천은 수많은 인재들 중에서 치국에 재능이 있는 유능한 신하들을 대거 선발했다. 이소덕李昭德 · 위원충魏元忠 · 두경검杜景儉 · 적인걸狄仁杰 · 요숭姚崇 · 송경宋璟 · 장간지張柬之 등을 꼽을 수 있는데 모두 유명한 재상들이다. 그리고 곽원진郭元振 · 누사덕婁師德 · 당휴경唐休景 · 이한통李漢通 등은 모두 이름난 장군들이다. 송나라의 사마광司馬光도 "측천태후는 비록 봉록과 벼슬을 남용해 인

---

17) 과거 중 최고의 시험으로 궁전의 대전에서 거행하며 황제가 직접 주재한다

심을 사곤 했지만, 능력이 없는 자는 파면하거나 심지어 주살했다. 그녀는 상과 벌을 잘 운용해 천하를 잘 다스렸는데, 명령이 한 사람에게서 나오지만 정확하고 판단을 잘하였기에 당시 많은 영웅들과 현명한 인재들이 다투어 그녀의 부름을 받으려 했다."라고 인정하지 않을 수 없었다.

사회와 경제의 안정과 번영

당시 경제와 사회를 발전시키고 안정시킨 각종 제도, 예를 들면 균전제·조용조제·부병제 등은 무측천 집권기에도 계속 유지되었다. 남아있는 돈황 투르판 호적 중에서 무측천 통치시기에 해당하는 자료를 살펴보면, 여전히 '응수전應受田' '이수전已受田' '미수전未受田' 및 '구분전口分田' '영업전永業田' 등의 단어들이 보이는데 이러한 제도가 계속 시행되었음을 설명해준다.

무측천은 전대의 통치자와 마찬가지로 경제발전을 위해 농업생산을 가장 중시했다. 그녀는 '12가지 제안'에서 '농업과 양잠업을 장려하고 세금과 부역을 가볍게 해야 한다'는 것을 제1조로 놓았고, 고종이 전국에 시행령을 내렸다. 그녀는 '논밭과 황무지 개간을 통한 식량의 여유'와 '혹정에 따른 호구의 감소' 여부를 지방관리 실적평가의 주요한 기준으로 삼았다. 또 자신이 조직한 '북문학사'들을 동원해 농서『조인본업兆人本業』을 편찬하고 전국에 반포하여 농업생산을 지도했다. 그녀의 집권 시기에 지금의 섬서·하북·하남·산동·호남·사천·절강·강소·감숙·청해·내몽고 등지에 크고 작은 수리시설이 많이 건설되었다. 가장 큰 시설은 몇 개의 성을 통과할 정도여서 밭 9만 여 무에 물을 댈 수 있었다.

연구자료와 통계수치를 보면, 이 시기의 농업생산량은 증가했고 비축량이 많았으며 인구도 증가세를 보였다. 1971년에 중국 고고학자들이 낙양에서 당나라의 함가창含嘉倉을 발굴했다. 창고에는 290개의 굴이 있는데 굴마다 식량 50만 근을 저장할 수 있어 모두 식량 580만3,400석의 저장이 가능했다. 식량을 기록한 벽돌을 살펴보면, 연대를 추정할 수 있는 것은 천수天授 · 장수長壽 · 만세통천萬世通天 · 성역聖曆 등인데 모두 무측천의 집권기다.

　문헌에 의하면, 장안 4년(704년)에 대신 양제철楊齊哲은 "신도神都(낙양)에는 여러 해 동안 비축하여 식량이 충분하고 회해淮海에는 밤낮을 가리지 않고 운송배들이 드나든다."라고 말한 기록이 있다. 비교해보면 빈말이 아님을 알 수 있다. 그리고 이 시기의 인구도 고종 말년의 380만 호에서 중종 즉위 시기의 615만호, 3,714만 명으로 늘어 해마다 증가한 사실을 알 수 있다. 이 역시 사회 안정과 경제 번영을 반영하는 하나의 중요한 지표다.

　주변 소수민족과의 관계도 원만하게 처리되었다. 만세통천 2년(697년), 무측천은 돌궐에 한 번에 식량 4만 곡斛, 비단 5만 단段, 농기구 3,000개, 철기 4만 근을 주어 민족관계 역사에서 미담으로 남아있다. 무측천은 국경 지역의 수비를 강화하기 위해 서북 변경에 행정기구를 설치하고 대량의 둔전을 실시했으며 주둔군을 파견했다. 장수 원년(692년), 무위도행군武威道行軍 총관總管 왕효걸王孝杰 등을 시켜 토번의 침공을 물리쳐 고종 시기에 잃은 안서安西 4진을 되찾았다. 장안 2년(702년)에는 또 북정도호부를 설치하고 곤릉崑陵과 몽지蒙池 두 도호를 통솔하게 하여 안서대도호부와 함께 천산 남·북을 관할하게 했다. 이로써 무측천의 통치 기간에 국경 지역의 안정과 국가의 통일을 유지할 수 있었다.

5. 이당 왕조로의 복귀

　　　　　　　　　태어나서 궁에 들어가고 황후가 된 다음 황제가 되기까지 무측천의 일생은 언제나 신비로운 색채가 따라다녔다. 그녀는 봉건시대에 사람들을 유혹할 수 있는 장치들을 잘 이용해 유리한 여론을 조성했다. 여기에는 불교도 포함돼 있어 불교는 그녀와 그녀의 추종자들의 장려로 갈수록 번성했다. 의식에 속하는 이런 종류는 물질적인 뒷받침이 있어야 한다. 무측천은 불심을 표명하기 위해 흥태궁興泰宮을 짓는 등 많은 토목공사를 일으켜 백성에게 큰 부담을 안겨주었다. 또한 남총男寵 설회의에게 명당明堂과 천당天堂의 건설을 지시해 매일 인부 수만 명을 동원하고, 강남과 영남 일대의 나무를 베어 사용했는데 그 비용이 억만금에 이르러 국고가 거의 탕진되었다. 그 뒤 무측천에게 다른 남총이 생기고 설회의 자신은 냉대를 받자 웅장하고 호화로운 명당에 불을 질러 피해와 물자 손해가 매우 심각했다.

　　무측천은 일찍이 태종에게 외면을 당했지만 고종의 총애를 받고 또 황후가 된 뒤에는 성적인 쾌락을 누렸다. 그러나 얼마 되지 않아 고종이 병을 앓았고 그녀가 50세 되던 해에 세상을 떠났다. 외로움을 견디기 어려웠던 무측천은 기쁨을 줄 수 있는 누군가가 필요했다. 이때 천금공주千金公主가 설회의를 발견했다. 설회의는 본명이 풍소보馮小寶인데 낙양의 거리를 떠돌던 방랑자로 약을 팔며 생계를 유지했다. 그는 강호를 떠돌아다녀 건장한 신체를 가지고 있었고 거친 듯하지만 준수한 외모의 소유자였다.

　　천금공주는 우연한 기회에 이 건장한 남자를 발견하고 자기 옆에 두고 시험해 본 뒤 오랫동안 과부로 지낸 무측천에게 바쳤다. 풍소보는 잠자리 기술이 뛰어나 무측천의 두터운 총애를 받게 된다. 그가 자유롭게 궁중에 드나들게 하기 위해 낙양 백마사白馬寺를 다시 단장하고 풍소보를 그 사찰의 주지승으로 앉혔다. 풍소보는 이름을 회의로 고치고 설씨 성을 하사받았다. 설회의는 무측천의 총애에 힘입어 정3품 좌무위대장군左武衛大將軍으로 승진했고 양국공梁國公에 봉해졌다. 그는 무측천을 도와 돌궐 원정과 황위 즉위 과정에서 공을 세웠다. 설회의는 나중에 반역죄로 고발당해 무측천에 의해 비밀리에 처형된다.

이 때 무측천은 이미 70여 세에 이르렀지만 여전히 정력이 왕성해 즐거움을 안겨줄 남자가 필요했다. 그녀의 딸 태평공주가 어머니 마음을 헤아려 장창종張昌宗이란 사람을 추천했다. 장창종은 당시 20살 밖에 되지 않았지만 잠자리 기술이 좋고 음감이 뛰어나 무측천은 매우 만족했고 며칠이 지나 그를 은청광록대부銀青光祿大夫로 봉했다. 보름 뒤 장창종은 자신의 형 장역지張易之를 추천해 궁으로 불러들였다. 장역지의 잠자리 기술은 더욱 뛰어났기에 무측천은 곧바로 그를 사위소경司衛小卿(종4품상당)에 임명했다.

무측천의 무한한 총애를 받은 장씨 형제는 하루아침에 권세가 되었다. 후궁에서 마음대로 했을 뿐만 아니라 조정 일에도 간섭했다. 당시 조정의 실권자들인 무승사·무삼사武三思·무의종武懿宗·종초객宗楚客·종진경宗晉卿 등은 두 사람에게 아첨하느라 바빴고 심지어 시종이나 된 듯이 서로 말고삐를 잡아 주려고 다투었다. 남총을 거느린 무측천을 본보기 삼아 태평공주와 천금공주 및 상관완아 등 후궁의 여관들도 공개적 혹은 비공개적으로 따라했다. 또한 자신의 편의를 위해 규정을 어기고 궁 밖에 사치스러운 집을 마련하고 제멋대로 행동했다. 궁전 안과 밖에서는 일시에 사치풍조가 성행했다.

5왕정변으로 황제의 자리에서 물러나다

　무측천은 주나라로 당나라를 대체하자마자 무씨 자제들을 재상과 장군으로 기용했고 공이 있는 신하에게도 무씨 성을 하사했다. 또한 무씨 성을 가진 사람들의 세금을 면제해 주고, 무씨 선조를 추봉하고 시호를 짓고 사당을 세웠다. 자신이 죽은 뒤 황위를 무씨 자손에게 넘기기 위한 조처였다. 일부 기회주의자들은 연명으로 무승사를 황태자로 봉하라고 상소했다. 장수 2년(693년) 설날에 거행된 제사에서 무측천이 초헌을 올리고 무승사와 무삼사에게 아헌과 종헌을 올리게 했다. 진정한 황태자 이단李旦은 한쪽 옆에 초라하게 서 있기만 했다.

　이러한 모든 일은 당연히 이당왕조에 충성하는 원로중신들의 반감과 불만을 불러일으켰다. 적인걸과 이소덕 등 견식이 있는 재상들은 교묘하게 "조카와 아들 중에 누가 더 가깝습니까? 폐하께서 만약 아들에게 황위를 넘겨주시면 자손들이 올리는 제사를 받으실 수 있습니다. 그러나 만약 조카에게 넘겨주신다면 여태까지 조카가 황제가 되어 고모를 위해 사당을 짓고 제사를 지낸다는 소리는 들어본 적이 없습니다."라고 무측천에게 충고했다.

　하루는 74세의 무측천이 적인걸에게 "어저께 꿈에 나는 큰 앵무새 한 마리의 두 날개가 끊어져 있는 것을 보았다. 자네가 보건대 이건 무슨 징조인가?"라고 물었다. 적인걸은 기회를 놓치지 않고 "앵무새는 무武이므로 폐하를 가리킵니다. 두 날개는 폐하의 두 아들을 말합니다. 폐하께서 만약 두 아들을 기용한다면 두 날개는 다시 회복되는 것이 아니겠습니까."라고 대답했다. 이 때 재상 길욱吉頊도 무측천의 총애를 받고 있는 장역지와 장창종 형제에게 "당신들이 권력을 쥐고 제멋대로 하여 군신들의 미움을 사고 있다. 자신을 보전하려면 유일한 선택은 태자를 정하는 일에 참여하는 것이다. 침상에서 황제에게 노릉왕(즉 이현)을 황태자로 복위하라고 권해야만 화를 면할 수 있다."라고 귀띔했다. 두 사람은 놀라기도 하고 두려워서 길욱의 말대로 여러 번 침상에서 이현을 태자로 복위하라고 무측천을 부추겼다.

무측천은 많은 고민 끝에 결단을 내리고 사람을 보내 노릉왕 이현을 비밀리에 낙양으로 데려왔다. 당시의 황태자 이단(이현의 동생, 즉 예종)은 상황을 판단해 퇴위를 요청했고 이현이 태자에 책봉되었다. 무승사는 눈앞에서 태자의 자리가 다른 사람한테 넘어가자 우울해하다가 죽었다. 무측천은 자신이 죽은 뒤 무씨와 태자 사이에서 일어날 정권 쟁탈전을 방지하기 위해 태자 이현과 상왕相王 이단 그리고 태평공주와 무씨 자제들을 모아 놓고 명당에서 맹세하게 하고 철권鐵券에 새겨 사관史館에 보관했다. 그들에게 화목을 맹세하게 하여 조정의 긴장된 분위기를 완화시켰다. 이 때문에 무측천은 만년을 비교적 안정되게 보냈고, 죽은 뒤에도 영예를 얻을 수 있었다.

장안 4년(704년) 말, 무측천은 병으로 침대에 누워 있으면서 몇 달 동안 재상을 만나지 않았다. 옆에는 오직 장역지와 장창종 형제만이 시중을 들었다. 조정 대신들은 황태자 문제에 변화가 생길까 전전긍긍했다. 이듬해 정월, 즉 신용神龍 원년(705년) 정월에 재상 장간지張柬之・최현위崔玄暐・좌우림장군左羽林將軍 환언범桓彦范・우우림장군右羽林將軍 경휘敬暉・우대중승右臺中丞 원서기袁恕己 등은 비밀리에 모의를 하고 정변을 일으켰다. 우우림대장군 이다조李多祚가 군사를 거느리고 현무문을 공략하고 무측천이 누워있는 영선궁迎仙宮으로 향했다. 장역지 형제는 반항도 못하고 피살되었고 장씨 집단에 속하는 기타 중요한 사람들도 살해되었다. 병석에 누워있던 무측천은 어좌에서 내려와 태자 이현에게 양위했다.

　정변 다음날에는 무측천의 명의로 조서를 내려 황태자 이현이 국사를 관장한다고 반포했다. 네 번째 날에는 황태자 이현이 정식으로 즉위했는데 계속 중종이라 하여 이당왕조는 다시 재건되었다. 주나라를 폐하고 당나라를 재건하는데 공이 있는 장간지 등 5인이 왕에 봉해졌는데 역사에서 이날을 '5왕정변'이라 한다.

　'5왕정변' 발생 1년이 채 안 되는 신용 원년(705년) 11월 2일, 82세의 무측천은 상양궁上陽宮의 선거전仙居殿에서 처량하게 죽었다. 임종 전에 제호帝號를 취소하고 측천대성황후則天大聖皇后라 부를 것, 건릉(고종의 능묘)에 합장할 것, 왕황후와 소숙비 두 가문 및 저수량·한애韓瑗·유석柳奭의 가족들을 사면할 것 등을 유언으로 남겼다. 무측천은 하야하기 전에 이미 혹리에 의해 무고되었던 많은 사람들을 사면했다. 이 유언은 반세기 동안 최고 권력을 행사한 위세 당당한 여황제가 최후에는 정통 봉건의 길을 선택했음을 말해준다. 그리하여 그녀는 전무후무한 봉건사회의 유일한 여황제가 되었다.

6. 무측천에 대한 엇갈린 평가

　　　　　　　　　　신용 2년(706년) 정월, 무측천의 시신은 중종 이현의 호송 아래 낙양에서 장안으로 운구되어 고종의 건릉에 합장되었다. 그녀는 임종 전에 아들에게 비석을 세우되 글은 남기지 말라고 부탁했다. 이 때문에 '무자비無字碑'에 대한 수많은 추측이 나오게 된 것이다. 290년 동안 이어지는 당나라 역사에서 50여 년 동안 최고 권력을 행사한 여황제에 대한 사람들의 평가는 각기 다르다. 봉건시대 정통 사가들의 그녀에 대한 평가를 살펴보면 비판이 많고 칭찬이 적었으며 심지어 오로지 비판만 있기까지 했다. 무측천 재위기의 일부 정치적 업적조차도 아마 이러한 이유로 기록에서 빠져 있는 듯싶다. 오늘날 우리는 봉건시대의 관점을 벗어나 무측천에 대해 새롭게 분석하고 인식할 수 있다.

무측천이 황제가 될 수 있는가? 이 문제는 주요 쟁점이자 기타 논쟁을 해결하는 전제다. 봉건주의 입장에서 보면 무측천은 황제가 될 수 없다. 봉건시대의 황위는 적장자가 계승하기 때문에 여성은 아예 접근이 불가능한 자리다. 아무리 능력 있는 여성이라 해도 최고의 자리에 올라봐야 황후이거나 혹은 실권을 장악한, 황제 호칭이 없는 막후 결정권자 정도다. 무측천 전에는 여후呂后, 뒤로는 자희태후(慈禧太后)가 있었는데 그녀들도 모두 뛰어난 여성들이었지만 단지 권력을 장악한 이름뿐인 '황제'였지 정식으로 황위에 오른 적은 없다.

그러나 무측천은 이와 달리 15년 동안 정식으로 무주황제武周皇帝로 군림했다. 이 사실만으로도 역대 봉건사학자들과 정치가들의 맹렬한 공격을 받을 만하다. 그러나 만약 우리가 봉건적인 관점 밖에서 문제를 바라보면, 무측천이 황제가 될 수 있는지 여부에 대한 답은 긍정적이다. 중요한 점은 본인이 재능을 구비했는가 하는 것이지 간단히 남존여비의 전통 관념으로 긍정하거나 부정해서는 안 된다. 루쉰魯迅(노신)은 "무측천이 황제가 되는데 누가 감히 '남존여비'라 할 수 있겠는가!"라고 말한 적이 있다. 무측천이 황제의 자리에 오른 것은 정말로 용기 있는 일이었고, 그녀 자신은 여성들에게 용기를 주는 존재가 되었다.

무측천에 대한 객관적인 평가

혹리를 임용하고 무고한 사람들을 함부로 죽인 일은 사실이다. 이것은 언제라도, 그 누구라 해도 동정받을 여지가 없고 무측천 또한 예외가 아니다. 무측천의 이러한 행동이 잔인한 본성에서 나온 것임을 부정하기 어렵지만 동시에 그렇게 하지 않을 수 없었던 상황에 놓여 있었던 것도 사실이다. 이것이 바로 남존여비 사상이 지배했던 봉건시대에 '여성 군주가 천하를 다스리는' 어려움이었다. 하지만 무측천이 혹리를 임용하는 동시에 적인걸과 같은 훌륭한 관리들을 많이 임용해 정국의 균형을 유지한 사실을 인정해야 한다. 정국이 공고해지자 그녀는 혹리들을 더 이상 임용하지 않았고 다시는 혹정을 펴지 못하게 했다.

더욱 의미 있는 사실은 무측천이 혹리를 임용하여 그렇게 많은 사람들을(무고한 사람들도 많았다) 죽였지만 그녀의 통치기반이 흔들리지 않았다는 점이다. 무측천이 죽인 사람들은 주로 그녀와 적대적 관계에 있던 이당 종실과 관농사족關隴士族이어서 사족세력을 억제하고 서족庶族세력을 키우는 역할을 했기 때문이다. 결국 통치의 기반에서 '하나를 잃고 하나를 얻은 격'이기 때문에 통치 기초의 안정을 유지할 수 있었다.

무씨 친족과 소인들을 중용한 것 역시 사실이다. 이것은 무측천이 개인 목표를 추구할 때의 '실용주의'와 무관하지 않다. 그러나 그녀는 역사상 어느 황제보다도 인재를 중용한 황제였다. 그녀는 재위 시기 여러 경로를 통해 여러 유형의 수많은 인재를 선발했다. 뒷날 현종을 도와 '개원성세開元盛世'를 이룩한 중요한 인물들은 대부분 무측천 시기에 선발되어 길러진 인재들이다.

무측천은 황제가 된 뒤 일부 독특한 문자들을 만들었다. 예를 들면 산山, 수水, 토土를 합하여 지地의 뜻인 '峚'자, 일一과 생生을 합하여 사람을 뜻하는 '㞷'자, 일一과 충忠을 합하여 충忠의 뜻을 나타내는 '恵'자, 수많은 세월을 뜻하는 글자 '疀'자 등 많은 새로운 글자들을 만들었다. 자신의 이름을 새로운 글자를 만들어 조曌자로 바꾸었는데 해日와 달月이 하늘空에 걸려있다는 뜻이다. 그녀는 중앙관제를 여러 번 변경했고 기구 이름도 자주 바꿨는데 마치 '조자법造字法'처럼 독특했다. 물론 이렇게 해서는 안 되지만 새로움을 추구하는 그녀의 강한 의지를 반영하고 있다. 문자와 관제의 변경은 사실상 후인들이 역사를 구분하는 데 편리를 제공했다.

음란한 사생활은 사서에 명확히 기재되어 있긴 하지만 너무 따져서는 안 된다. 봉건시대에 남성 제왕들은 첩이 몇백 또는 몇천, 심지어 만 명이 넘어도 사람들은 잘못된 일이라 생각하지 않았다. 여성 황제가 몇몇 남총을 두었다 해도 지나치게 지적해서는 안 된다. 남조시대의 유송劉宋왕조 효무제孝武帝의 딸 산음공주山陰公主가 황제인 동생에

무측천이 묻힌 건릉(乾陵)

게 "폐하는 후원에 많은 후궁들을 두고 있지만 저는 오직 남편 하나 밖에 없으니 좀 불공평하지 않습니까?"라고 불평했다. 황제는 즉시 그녀에게 남자첩 몇십 명을 하사했다. 이 예를 드는 이유는 남자는 여첩을 거느리고 여자는 남첩을 두라고 권장하는 것이 아니라 남녀평등의 현대 기준으로 보면 지나치게 지적해서는 안 된다는 말이다. 청나라 사학가 조익趙翼은 비교적 공정하게 이 문제를 평가하고 있다. 그는 "(남성)황제는 천하를 소유하고 비빈妃嬪이 몇백, 몇천에 이르렀지만, 태후(무측천)는 황제가 되었어도 총애하는 남첩이 몇 명에 불과했다. 정말 그렇게 비판할 일이 아니다."라고 평했다.

현대 사학가 우한吳晗 선생의 무측천에 대한 평가는 다음과 같다. "당나라 역사에서 태종은 기초를 닦았고 그 다음이 무측천의 시대이며 뒤를 이은 것이 개원성세다. 무측천이 집권한 전후 50년 사이에 생산량은 증가했고 토지가 개발되었으며 인구가 증가하고 영토를 넓히고 문화가 발전했다. 더불어 많은 나라들과 광범위한 경제와 문화 교류를 진행했다. 또한 개원시대의 정치가는 모두 무측천 시대에 길러진 인재라는 사실에 주목해야 한다. 무측천 시대의 장기간의 발전을 다지는 작업이 없었다면 개원성세 또한 실현될 수 없었다고 말할 수 있다."

이것이 비교적 공정한 평가다.

전성기를 향한 질주

― 당 현종과 '개원성세(開元盛世)'

'개원성세'라고 하면 사람들은 보통 풍류황제 이융기(李隆基)를 떠올린다. '개원성세'가 그의 집권시기에 나타났고 그의 노력으로 실현되었음을 부정할 수 없다. 그러나 만족한 자는 쉽게 교만해지고 여색을 탐하는 자는 탐닉에 빠지게 된다. 총명하고 다재다능했던 이융기의 일생은 꾀꼬리가 노래 부르고 제비가 춤추는 형국과 피비린내가 진동하고 피바람이 몰아치는 상황의 이중성으로 표현된다. 출발은 좋았으나 유종의 미를 거두지 못한 전형으로 꼽히는 제왕이다.

무측천 사후 궁중에서는 여러 번의 변고가 있었고 결국 이융기李隆基가 즉위하니 바로 현종玄宗이다. 이 비범한 천자는 현명하고 능력 있는 자들을 임용하고 경제를 발전시켰으며 잃어버린 국토를 되찾았다. 또 전대의 기반을 토대로 수나라 말기의 전란 이후 100년 동안 지속되는 봉건사회를 최고의 전성기로 이끌었다. 그러나 안타깝게도 집권 후기에 가면 자기만족에 도취해 많은 과오를 범하게 되는데 끝내는 '안사의 난安史之亂'이 일어난다. 이때부터 당은 성세에서 쇠락의 길을 걷게 되고 그 본인도 처량한 '태상황太上皇' 신세가 되어 죽음을 맞이한다.

1. 유혈사건을 통해 황제의 자리에 오르다

무측천 수공 원년(685년)에 이융기는 유명무실한 예종睿宗의 집에서 태어났다. 그가 세상에 나와 처음 본 것은 이당李唐 강산이 아니라 무주武周의 천하였다. 예종 이단李旦의 셋째 아들인 그는 어려서부터 총명하고 과감했으며 포부가 컸다. 그는 자신을 늘 조조曹操에 비유하면서 큰일을 할 인물임을 암시했다.

그가 7살 때 조당에 가서 제사의식에 참가했는데 당시 득세하고 있던 금오장군金吾將軍 무의종武懿宗이 그의 수행원을 큰소리로 꾸짖었다. 이융기는 이것이 자신에 대한 경멸의 표현이라 생각하고 노발대발하며 무의종에게 "이것은 우리 집의 조당인데 당신과 무슨 상관이 있는가? 당신이 감히 내 수행원을 괴롭힌단 말인가!"라고 꾸짖었다. 그의 할머니 무측천이 이 일을 알고 나서 이융기에 대한 생각이 달라졌다. 다음해에 이융기는 임치군왕臨淄郡王에 책봉되었다.

무측천이 죽은 뒤 중종中宗 이현李顯은 어리석고 유약했기 때문에 대권은 그의 아내 위후韋后와 딸 안락공주安樂公主의 손에 들어가게 되었다. 중종 복위에 공을 세운 장간지 등 공신들은 대부분 좌천되거나 쫓겨났고, 무삼사 등 무씨 세력이 다시 득세했다. 태자 이중준李重俊은 우우림대장군 이다조李多祚의 도움을 받아 1,000여 명이 되는 기병을 이끌고 정변을 일으켰다. 그는 무삼사와 무숭훈武崇訓 등 무씨 일당을 제거했다. 이어 위후와 안락공주를 죽이려 했으나 도리어 피살되었다. 위후는 이번의 정변을 겪고 나서 더욱 잔인해졌다. 그녀는 중종에게 당시의 상왕 이단(이융기의 아버지, 중종 이현의 동생)과 태평공주(이현의 여동생)가 태자 이중준의 정변에 참여했다고 무고하고 중종에게 그들의 처형을 강요했다. 중종이 놀라서 마음을 정하지 못하고 있을 때 이부상서 겸 어사중승 초지충肖至忠이 "폐하께서 동생과 여동생도 용서하지 못하십니까?"라고 일깨워줬다. 이리하여 이단과 태평공주는 죽음을 면하게 되었다.

위후와 안락공주는 모두 보통 인물이 아니었다. 위후는 무측천을 본 떠 여황제가 되려했고, 안락공주는 '황태녀皇太女'가 되려고 했다. 태자 이중준이 정변을 일으켰으나 실패하여 피살되자 위후는 더욱 오만방자해졌다. 그녀는 종형제 위온韋溫에게 대권을 맡기고, 안락공주의 매관매직을 부추겼으며, 대대적으로 사찰과 도관을 건설했다. 경룡景龍 4년(710년), 위후와 안락공주는 중종이 가장 좋아하는 떡에 독약을 넣어 중종을 독살한다. 위후는 16세인 온왕溫王 이중무李重茂를 즉위하게 하고 자신은 태후의 신분으로 조정을 장악했다. 그리고 상왕 이단과 그의 아들 이융기 및 태평공주를 제거한 뒤 정식으로 여황제가 되려고 했다. 이때 이융기는 고모 태평공주와 손을 잡고 우림군 1만 명을 거느리고 갑자기 황궁으로 들어가 위후와 그 일당을 일망타진했다. 태평공주가 전면에 나서게 되면서 이단 예종睿宗도 제위를 회복했으며 이융기도 공을 세워 태자가 되었다.

태자파와 공주파의 대립

예종 역시 유약하고 무능한 황제였다. 예종의 동생으로 반란에서 공을 세운 태평공주는 모후 무측천의 강한 성격을 그대로 닮은 인물이었다. 어려서부터 남달리 총명했던 이융기는 문무를 겸비했으며 또한 정식 황태자였다. 두 사람은 연합 초기부터 대립하기 시작했기에 당시 사람들은 이들을 '태자파太子派'와 '공주파公主派'로 불렀다. 이융기의 태자파에는 요숭姚崇과 송경宋璟 등이 있었고, 태평공주의 공주파에는 두회정竇懷貞 · 초지충 · 잠희岑羲 · 최식崔湜 등이 있었다. 두 세력은 역량이 비슷했기 때문에 서로 양보하지 않았다. 예종 이단은 그 중간에 끼어 난처한 입장이었다.

그는 이융기의 '태자파'를 먼저 중용한 다음 태평공주의 '공주파'를 기용했다. 그러나 나중에는 형평을 이루기 어려워지자 아예 황위를 이융기에게 넘겨주려 했다. 그러자 황제자리에 욕심을 두었던 태평공주는 이를 극력 반대했다. 그녀는 예종에게 "혜성이 하늘에 나타나면 천하는 바뀌는 법인데 황태자가 지금 황제가 되려합니다!"라고 모함했다. 이 말은 사실 예종이 이융기에게 경계심을 품게하기 위해 한 것이지만 오히려 예종으로 하여금 최후의 결단을 내리게 했다. 그는 양위로 재난을 비껴가고자 했다.

선천先天 원년(712년) 8월, 예종 이단은 황위를 태자 이융기에게 선양했다. 그러나 태평공주의 의견에 따라 3품 이상 관리의 임용 및 해직과 국가대사는 여전히 '태상황' 이단이 직접 처리하고 이융기는 중요한 실권을 장악하지 못하게 했다.

이융기가 황제가 된 이후에도 태평공주는 여전히 최고 권력자의 꿈을 버리지 못했다. 그녀는 궁중에서 자신의 세력을 키워 나갔다. 당시 재상 7명 중에서 4명은 그녀의 심복이었고, 문무백관도 대부분 그녀의 편이었다. 물론 이융기도 승부를 위한 준비 작업에 몰두했다. 선천 2년(713년) 7월 3일, 이융기는 태평공주와 재상 두회정이 우림군을 거느리고 이튿날 정변을 일으키려 한다는 사실을 알고 먼저 손을 썼다. 그는 구목廐牧의 병사를 거느리고 태평공주와 그 일당 몇십 명을 죽이고 태평공주를 따른 관리들도 모두 쫓아냈다. 이로써 여러 번의 궁정 유혈사건을 거쳐 마침내 이융기가 최고 권력을 잡게 된다.

2. 뛰어난 인재들이 이룩한 개원성세

무측천은 집권하면서 널리 인심을 얻기 위해 관리를 대거 선발했다. 중종의 복위와 때맞춰 조정을 장악한 위후와 안락공주는 법을 무시하고 더욱 많은 사람들을 관리로 뽑았다. 안락공주는 중종의 묵칙墨勅(황제가 직접 쓴 조서)을 이용해 뇌물을 받고 관직을 팔았다. 그녀는 먼저 조서를 준비하고 황제에게 애교를 부려 승인을 받았다. 다음에 어인御印을 찍고 봉한 뒤 중서성에 보냈는데 당시 사람들은 이를 '묵칙사봉墨勅斜封'이라 했고 이 방법을 통해 관리가 된 사람을 '사봉관斜封官'이라 불렀다.

30만 전을 내면 묵칙을 살 수 있었고, 3만 전을 내면 스님이 될 수 있는 도첩度牒(관방 문서)을 살 수 있었다. 안락공주뿐만 아니라 장녕공주長寧公主와 상관완아 등도 이런 방법을 이용해 관직을 팔았다. 해마다 적게는 수천 명, 많으면 1만여 명이 사봉관이 되었다. 이 때문에 관리의 구성이 복잡해져 때로는 정의가 불의를 이기지 못했다.

엄격한 심사제도를 시행하고 상벌을 분명히 하다

현종은 즉위하자 이런 상황을 바로잡기 위해 과감히 기구를 간소화하고 불필요한 관리는 해직했다. 한번에 지방관리, 시험감독관, 검교관 등 수천 명을 감원한 적도 있었다. 이에 그치지 않고 함부로 승진시키지 않았으며 반드시 능력에 따라 임무를 맡기고 법을 따를 것을 선포했다.

태종 재위 시 황제와 재상이 의사議事회의를 할 때 간관과 사관을 참여시켜 잘못된 점이 있으면 바로잡고 좋고 나쁜 것을 가리지 않고 기록하게 했다. 그러나 무측천이 집권할 때는 재상 허경종과 이의부가 조정의 일을 공개하지 못하게 금했으며 간관과 사관이 의사회의에 참석하는 제도를 없앴다. 그래서 간관은 황제와 재상이 결정한 정책의 내막을 알 수가 없어 제때에 정확한 의견을 제시할 수 없었다. 사관도 재상의 말만 듣게 되어 객관적으로 황제의 활동을 기록할 수 없었다. 개원 5년(717년), 현종은 정관 연간의 제도를 부활시켜 간관과 사관이 황제와 재상의 의사회의에 참가하라고 명하여 이들이 조정의 모든 의견을 경청하게 했다.

현종은 백성과 직접적으로 연결되어 있는 현령의 선발에 대해 특별한 관심을 보였다. 그는 "군과 현은 국가 행정의 근본이고 군현 장관의 선발은 가장 중요한 인선이다. 나는 이 방면의 인재 선발에 관심을 가지고 능력에 따라 임용하며, 조금도 소홀함이 없도록 하겠다."라고 천명했다. 그는 때때로 현령의 시험 문제를 직접 출제하기도 했다. 응시자가 치국안민의 도리를 알고 있는지를 점검하기 위해서였다. 시험성적이 우수한 자들은 즉시 임무를 주고 좋지 않으면 파면했다. 개원 4년(716년)에 그가 출제한 현령 시험에서 45명이 불합격하자 즉시 이들을 해직했다. 현령이 취임하기 전에 현종은 그들을 접견하고 기밀 관리법을 가르쳐 주었다.

관리의 수준을 높이기 위해 현종은 엄격한 심사제도를 시행했다. 개원 연간에는 매년 10월 각 도의 안찰사가 각지의 풍속을 순찰하고 지방관의 치적을 5등급으로 나눠 등급을 매긴 다음 이부에 보고하여 심사하게 하는 제도인 〈정칙이치조整飭吏治詔〉를 반포했다. 상위 등급은 '최最', 하위 등급은 '전殿', 중간의 3등급은 차례대로 '우열' '안최按最' '전내殿來'라 하여 이에 따라 관리의 승직과 강등을 결정했다. 동시에 수도의 관리 중에서 재능과 학식이 있는 자들을 지방의 도독 또는 자사로 임명했고, 지방 관리 중에서 우수한 자사는 수도의 관리로 승진시켰다. 개원 16년(728년), 현종은 직접 정신廷臣(조정의 관리)을 선발해 자사로 임명했다. 이처럼 엄격한 심사와 교류제도를 통해 관리의 실적을 개선시켜 나갔다.

심사 제도를 엄격히 하는 동시에 상벌을 명확히 했다. 현종은 공이 있으면 반드시 상을 주어야만 재능이 있고 덕행이 있는 사람들을 격려할 수 있으며, 죄가 있으면 반드시 추궁해야만 재능이 없고 악한 자들을 효과적으로 벌할 수 있다고 생각했다. 개원 연간 그는 관리들의 치적을 정리하면서 이 원칙으로 일관했다.

현명한 재상들의 출현

동주자사同州刺史 강사도姜師度는 농업을 중시하여 재직 기간에 농민들을 동원해 많은 수리시설을 건설하고 밭의 관개 면적을 확대했다. 이 사실을 알게 된 현종은 매우 흡족해하면서 〈포강사도조褒姜師度詔〉를 반포하여 비단 300필을 하사하고 강사도를 금자광록대부金紫光祿大夫에 봉했다. 반대로 비단 5,000필을 불법으로 수탈한 자사 배경선裴景先은 현종의 명으로 사형된다. 또한 전 태자태부太子太傅 초숭肖崇은 중관中官 우선동牛仙童에게 뇌물을 준 죄로 청주자사靑州刺史로 좌천되었다.

치적 정리에 있어 무능한 사람의 해직과 함께 현명한 인재의 기용이 매우 중요하다. 현종은 이 사실을 잘 알고 있었다. 그는 집권 초기 현명한 인재의 선발과 재상의 임용에 각별한 주의를 기울였다. 그리하여 개원 연간에는 뛰어난 재상들이 넘쳐났다. 요숭姚崇은 어려운 문제들을 잘 처리했고 임기응변에 뛰어나 '구시재상救時宰相'으로 불렸다.

사서에는 다음과 같은 기록이 있다. 요숭이 노회신盧懷愼과 함께 재상으로 있을 때 한번은 요숭이 10일 동안 휴가를 갔다. 돌아와 보니 일이 산더미처럼 쌓여 있었는데 노회신이 제대로 결정을 내리지 못해서였다. 요숭이 짧은 시간에 산적한 안건을 모두 처리하자 사람들은 감탄을 금치 못했다. 어느 해 산동에 메뚜기떼 재해가 발생하자 지방관이 상소를 올려 이 사실을 알리기만 하고 스스로 대처할 생각을 하지 않았다. 단지 "메뚜기떼는 자연재해인데 어찌 인력으로 대처할 수 있겠습니까? 조정에서 덕정을 베푸시면 재해는 자연적으로 사라질 것으로 사료됩니다."라고 썼을 뿐이다. 요숭은 즉시 "당신의 말대로라면 지방관이 덕정을 베풀었다면 메뚜기떼가 덮치지 않았을 것이오. 당신의 지방에서 재해가 발생한 이유는 장관인 당신이 덕이 없기 때문이 아닌가?"라고 회신을 보냈다. 지방관은 아무런 대꾸도 못하고 명령에 따라 메뚜기를 잡았다.

요숭 이후로는 송경宋璟이 있다. 그는 법에 따라 정사를 살피고 인재 선발에 능해 역사에서 요숭과 묶어 '요송姚宋'이라 할 정도로 현명한 재상의 대명사로 불린다. 장구령張九齡과 한휴韓休도 과감하게 간언을 올려 많은 중요한 문제에서 현종을 바른길로 이끈 인물들이다. 장가정張嘉貞은 관리를 잘 다스렸고, 장설張說은 문장을 잘 지었고, 이원덕李元德과 두섬상杜暹尙은 근검절약으로 유명했다. 모두 재능과 덕을 겸비하고 서로 보완하면서 국정을 잘 이끌었다. '개원성세'의 출현은 이 시기 조정에 현명한 재상들이 넘쳐난 것과 직접적인 관련이 있다. 개원성세는 '개원의 치開元之治'라고도 한다.

3. 현종의 치적

현종이 즉위하기 전, 정부의 착취와 권세가들의 겸병으로 균전 농민의 부담이 점점 커짐에 따라 '천하의 호구가 절반이 달아나는' 상황이 벌어졌다. 현종은 국가의 재정 위기를 타개하고 계급모순을 완화하기 위해 관리들이 불법을 저지르는 지방의 권세가들을 처벌하는 조치에 대해 적극적으로 지지했다.

이원굉李元紘이 경조윤京兆尹으로 있을 때 권문세가들이 정백거鄭白渠에 저수지를 만들어 농민들이 농지에 물을 대는 것을 방해했다. 이원굉은 이를 전부 허물어 관개를 원활하게 하여 현지 백성들의 칭송을 받았다. 설왕薛王 이업李業의 외삼촌 왕선동王仙童은 백성을 못살게 굴고 땅을 강탈했다. 현종이 요숭의 건의를 받아들여 법에 따라 왕선동을 처벌하자 왕공귀족들은 사사로운 정에 얽매이지 않는 현종의 모습을 보고 불법행위를 자제했다.

현종은 개원 9년(722년)부터 개원 13년(725년)까지 4년 동안 전국적인 규모로 토지와 호구조사를 했다. 목적은 권문세족들이 강탈한 장부 이외의 땅을 국유지로 몰수하고, 그들이 숨긴 개인 소유의 호구를 찾아 납세자로 만들기 위해서였다. 그는 우문융宇文融을 전국 복전권농사覆田勸農使로 임명하고 아래에 10도 권농사와 권농판관을 두어, 이들에게 전국 각지에 내려가 '숨겨진 토지'와 권세가들이 감춘 '객호客戶'를 조사하게 했다. 균전 농민이 세금 등을 피해 달아나 귀족의 소작농으로 전락한 사람을 객호라 한다. 적발된 토지는 전부 몰수해 균전제에 입각해 토지가 없는 농민에게 나누어 주었다. 호적에서 빠진 백성은 모두 현장에서 호적에 등록했다. 4년간의 노력을 거쳐 88만호가 늘어나고 대량의 토지를 찾아내 국가 재정수입이 수백만금 증가했다.

측천무가 재위하던 무주武周와 중종 시기에는 주로 조정의 주도로 불교 세력이 급속히 커졌다. 당시 전국 각 주에 대운사大云寺를 세웠는데 사원의 승려들은 토지를 겸병하고 탈세했다. 사람들은 "천하의 재산을 10으로 치면 불교가 7, 8을 차지한다."라고 말할 정도였다. 사찰이 끊임없이 세워졌고 수백억에 달하는 세금이 탕진되었다. 또 많은 사람들이 출가하면서 세금을 감면받는 자가 수십만에 이르렀다. 국가의 지출은 배가 증가했지만 수입은 절반으로 감소했다. 현종은 즉위하면서 이 문제의 심각성을 깊이 인식했다.

농업 · 경제 · 문화 · 과학기술의 탁월한 성과

개원 2년(714년), 승려의 수를 줄이라는 현종의 조서에 따라 1만여 명이 환속했다. 이어 새롭게 사찰을 짓고 불상을 만들고 불경을 베끼는 일寫經(사경)을 금지하고, 귀족 관리들에게 승려와의 왕래를 금지시켜 불교 세력의 급속한 확대를 억제했다. 동시에 절약을 강조한 그는 금은제품 · 수놓은 비단 등 사치품을 소각했고, 황후와 비妃 이하 여성들은 주옥과 수놓은 비단옷을 입지 못하게 했다. 또 주옥채굴을 금하고 비단에 수를 놓지 못하게 했다. 많은 궁녀들을 집으로 돌려보냈다. 무측천이 만든 천추天樞와 위후가 세운 천대天臺를 없애 사치를 일삼는 폐정과는 단절한다는 의도를 천하에 알렸다.

일련의 조치와 노력을 통해 개원과 천보天寶 연간에 당나라의 경제와 사회는 전례 없는 발전과 번영을 이룩한다. 동시대의 문인 원결元結의 말을 빌리면 이 시기 농민들은 열심히 농사를 지었고, 연이은 풍작의 풍경이 전국을 뒤덮었다고 한다. 당의 정치가 두우杜佑는 당시 곡물 한 말의 값이 많아야 10, 20문(文)이고 적게는 몇 문에 불과하다고 기록했다. '시성詩聖' 두보杜甫는 "예전의 개원성세를 기억해보면 작은 읍에도 수만 가구가 살았다. 쌀은 하얗고 기름이 흐르고, 창고는 항상 가득 차 있었다. 구주의 도로에는 도적이 없어 먼 길을 떠나는 데 길일을 택할 필요가 없었다. 길에는 비단을 가득 실은 수레들이 이어졌고, 남자는 경작하고 여자는 누에를 쳤다."라고 회고했다.

 농업의 발전은 공상업의 번영을 이끌었다. 당시 수도 장안의 번성에서 그 모습을 찾아볼 수 있다. 사서에 따르면, 장안성의 동·서 시장은 점포가 즐비하고 도로는 사통팔달이었으며 매일 점심에 북을 30번 치면 점포가 문을 열고 장을 보는 사람들이 구름처럼 모여들었다. 시장에는 온갖 물품이 넘치고 외국 상인들의 왕래가 끊이지 않았다. 당시 페르시아와 아랍에서 온 사절과 상인이 수만 명에 이르렀고, 장안성 안의 대명궁大明宮 인덕전麟德殿은 바로 외국에서 온 손님들을 전문적으로 접대하는 장소였다.

 경제발전을 기반으로 문화와 과학기술도 발전했다. 남북조 시대의 제도를 기록한 책이 거의 모두 사라졌는데 당나라 초에 일부를 수집·정리하는 작업이 진행되었지만 성과가 크지 않았다. 현종은 이 사업을 매우 중요하게 생각했다. 그는 소문관昭文館 학사 마회소馬懷素를 수도서사修圖書使로 임명하고 대신 저원량儲元量과 함께 정리와 편찬 인력을 조직하게 했다.

당 현종 서체

현종은 또 장안과 낙양에 '집서원集書院'을 짓고 전국의 저명한 학자들을 불러 책을 쓰게 하고 여러 가지 우대 조건을 제공했다. 송나라의 구양수歐陽修는 "한나라 이래 사관들은 항상 전대의 6예藝, 9종種, 7략略의 방법에 따라 도서를 분류했다. 당나라부터는 경經, 사史, 자子, 집集으로 분류했다. 장서의 수는 개원 연간이 가장 많았다. 장서는 모두 5만3,915권에 달했고, 당나라 학자들은 또 2만8,662권을 편찬했다. 참으로 전례 없는 일이었다."라고 개원 시기 활발했던 출판활동을 평가했다.

현종은 도서편찬 외에 예술과 과학기술 사업을 중시했다. 본인 역시 음악가이고 희극인이었으며 시인이었다. 『신·구당서新·舊唐書』의 〈음악지音樂志〉와 〈예악지禮樂志〉 중에는 그가 후궁인 비빈들과 화음을 맞춘 기록이 많이 보인다. 또한 악공 300명과 궁녀 수백 명을 선발하여 이원梨園에서 악곡을 가르쳤다. 이들은 '황가리원제자皇家梨園弟子'라 불렸다. 후대에 극단을 '이원'이라 하고, 배우들을 '이원제자'라 한 까닭은 바로 여기에서 유래된 것이다.

현종은 예술과 과학기술 분야에서도 많은 인재를 등용하고 그들에게 재능을 발휘할 환경을 조성해 주었다. 대시인 이백李白 역시 현종 시기에 한림공봉翰林供奉으로 있으면서 특별대우를 받았다. 유명한 천문학자 장수張遂는 무삼사의 협조 요청을 거절하고 스님이 되어 숭산崇山에 은거했다. 현종은 즉위하고 나서 그를 장안으로 불러들여 천문학 고문으로 임명했다. 그는 현종이 자신에게 제공한 여건을 십분 활용하여 연구에 힘써 마침내 유명한 『대연력大衍曆』을 만들었고 자오선 측량법을 지도해 역사에 탁월한 발자취를 남긴다.

군제의 개혁과 국토의 수복

현종이 즉위할 때 직면한 변방의 위기는 매우 심각했다. 일찍이 무주 만세통천萬歲通天 원년(696년)에 거란 노예주 이진충李盡忠은 민족갈등을 부추겨 반란을 선동했다. 그는 영주營州를 공략하고 이어 영주도독부가 관할하는 연창連昌 등 12성을 함락했다. 무측천은 왕효걸을 보내 반격했지만 크게 패하여 왕효걸은 전사하고 군대는 전멸했다. 그 뒤 거란 귀족들은 공략한 지역의 지리적 이점을 이용해 자주 당 영토를 침범하고 여러 민족의 백성을 학살했다.

장안 3년(703년), 서쪽의 돌궐 귀족 오질륵烏質勒은 안서 4진의 하나인 쇄엽진碎葉鎭을 공략하고 북정北庭 서부의 일부 지역을 점령했다. 그 결과로 안서의 길이 끊기고 실크로드가 차단되었다. 북방 지역에서는 홍도弘道 원년(683년) 돌궐 귀족들의 위주蔚州·정주定州 침략의 여파로 장성 이북의 많은 영토를 잃게 된 당나라는 수공垂拱 원년(685년)에 안북도호부安北都護府를 임시로 옮겼다. 이 기구는 개원開元 초까지 이곳에 위치한다. 다시 말해 현종이 즉위 할 때는 서쪽의 쇄엽과 정주, 북쪽의 운주云州 이북, 동북의 요서 12주가 모두 돌궐과 거란족의 점령 아래에 있었다. 용우隴右와 하북의 백성은 약탈과 학살로 시달리고 있었기 때문에 당나라의 북방은 매우 불안정했다. 또한 이러한 정세는 통일유지에도 상당한 위협이 되었다.

이러한 심각한 국면에 직면한 현종은 즉위하자마자 내정을 안정시키고 경제발전에 힘쓰면서 전쟁준비에 착수했다.

우선, 군제를 개편했다. 현종 즉위 이전에는 균전제를 바탕으로 한 부병제를 줄곧 시행해 왔다. 고종과 무측천 이래 토지겸병 등 여러 이유로 균전제는 점차 유명무실해졌다. 토지겸병과 과중한 조세부담

등으로 농민들은 끊임없이 도주했기 때문에 병사의 공급이 쉽지 않아 부병들도 대부분 제때에 당번을 서지 않았고 훈련도 제대로 이루어지지 못했다. 부병은 원래 조조租調가 면제되어야 하지만 그대로 부담해야 했고, 스스로 병기를 지참해야 했기에 부담이 매우 컸다. 그래서 개원 초기가 되면 부병은 도망치고 군부는 유명무실해져 숙직을 서는 당번의 부족이 매우 심각한 상황이었다.

이런 상황을 고려해 개원 11년(723년), 재상 장설張說은 고용병으로 대체할 것을 건의했다. 건의를 받아들인 현종은 관내關內에서 12만 명의 군사를 모집해 숙위를 충당하라고 지시했다(관내는 산해관 이남, 만리장성 안쪽 지역을 말한다). '장종숙위長從宿衛' 또는 '장정건아長征健兒'라 불린 이들은 당 건국 이래 시행해온 부병숙위제도를 대체한다. 이 같은 중대한 개혁은 10여 년의 시범적인 시행을 거치면서 효율성이 입증돼 개원 25년(737년) 전국으로 확대되어 실시된다. 이때부터 전국의 장정들은 다시는 돌아가면서 변방을 지키는 고생을 하지 않게 되었으며, 왕래 길에서 발생하는 낭비와 에너지 소모를 줄일 수 있었다. 모병제는 시행 초기에는 실업자들을 구제하여 취업난 해결에 도움이 됐고, 거주 지역에서 훈련을 강화해 군대의 질과 전투력을 향상시키는 데 기여했다.

다음으로 군대를 정비했다. 현종은 〈연병조練兵詔〉를 반포해 서북 군진의 군사를 확충하고 훈련을 강화했으며 또한 다른 일로 병사를 동원해서는 안 된다고 규정했다. 현종은 훈련의 질을 높이기 위해 병부시랑 배최裴漼와 태상경太常卿 강교姜皎를 보내 조서 내용의 집행 상황을 살피고 구체적인 문제를 처리했다.

동시에 군마와 군량의 공급 문제를 해결했다. 현종이 즉위 할 때 군마는 24만 마리만 남아 있는 상황이었다. 군마의 안정적인 공급을 위해 현종은 태복경太僕卿 왕모중王毛仲을 내외휴구사內外休廐使로 임명해 그에게 전문적으로 말을 기르고 관리하는 일을 맡겼다. 개원 23년(725년)에 이르러 군마는 43만 마리로 배 가까이 늘어났고, 소와 양도 증가했다. 현종은 이때 서북의 만리 변방전선과 황하 이북의 일부 지역에 방대한 둔전을 설치하라고 명했다. 통계에 의하면, 개원 연간에 전국의 둔전은 총 1,141개, 면적은 500여 만 무로 전시의 군량을 위한 안정적인 공급원 역할을 했다.

적극적으로 전쟁준비를 하는 과정에서 현종은 전략을 세우고 상황에 따라 출격하여 잃은 영토를 하나씩 되찾았다. 개원 5년(717년)까지 적의 수중에 떨어진 지 17년이나 되는 영주營州 등 13주를 모두 수복했다. 송경례宋慶禮를 영주도독으로 임명하고, 영주방어선을 다시 구축한 뒤 120개 지역에 둔전을 두었다. 이때 장성 이북의 발야고拔也古 · 동라同羅 · 회흘回紇 등지에서는 할거 포기를 선언하고 당나라와 손을 잡았다. 당나라는 다시 안북도호부를 부활하고 장성 이북을 통일했다.

이어 성가신 서역문제 해결에 주력한다. 개원 27년(739년) 적서절도사磧西節度使 개가盖加를 보내 돌기시突騎施(돌궐부락의 한 갈래)를 치고 칸인 토화선吐火仙을 생포했다. 쇄엽을 수복하고 함락된 지 37년 만에 쇄엽진을 되찾았다. 다음으로, 토번과 소발률小勃律(지금의 캐시미르 이북)을 격파하여 '비단길'을 다시 개통했다. 개원 첫해에 서역의 소발률칸이 당나라에 투항하자 당정부는 그곳에 수원군綏遠軍을 배치했다. 천보 6년(747년), 소발률왕이 토번왕녀를 왕비로 맞이하고 토번에 종속되면서 당나라와 적대관계로 바뀌었다. 현종은 안서부도호安西副都護 고선지高仙芝를 보내 토번을 격파하고 소발률과 공주를 생포했다. 이 전쟁에서 승리하자 불림佛菻(로마)과 대식大食(아랍) 등 72개의 나라에서 두려움에 떨었다. 당나라는 비단길을 재차 개통하여 국가의 안전을 수호함과 동시에 동서 경제와 문화의 교류를 촉진했다.

4. 총명했던 천자의 비참한 말로

현종 전기에 출현한 '개원성세'는 당나라 이전의 역사에서는 전례 없는 태평성대였기에 사람들은 매우 도취되었다. 현종 또한 도취되고 말았다. 그는 만족감에 젖어 더 이상 걱정할 일이 없다고 생각했다. 결국 그는 과거의 위대한 봉건통치자처럼 잠재되어 있던 단점들을 하나둘씩 드러내기 시작했다.

현종은 이때부터 현명한 인재 등용을 소홀히 하고 직언을 받아들이려 하지 않았다. 개원 24년(736년) 10월, 그는 낙양에서 장안으로 돌아가려 했는데 천자가 한번 나서면 '땅이 움직이고 산이 흔들리는' 법이다. 재상 장구령과 배요경裵耀卿은 추수가 아직 끝나지 않아 길에서 백성을 힘들게 할 수 있으니 일정을 바꾸자고 건의했다. 그러나 이임보李林甫는 두 사람이 나간 때를 틈타 현종에게 "낙양과 장안은 폐하의 동·서궁이니 왕래하는 때가 길일입니다. 택일할 필요가 없습니다. 농민들의 추수를 방해하면 그들의 조세를 면제해주면 됩니다."라고 비위를 맞췄다. 현종은 흡족해 하면서 그 말을 따랐다. 이임보는 비위를 잘 맞추어 현종의 총애를 받았고, 정직한 재상 장구령 등은 도리어 관계가 멀어져 결국은 재상직에서 쫓겨난다.

언론을 통제하기 위해 이임보는 공개적으로 간관에게 "그대들은 의장마儀仗馬를 본적이 있는가? 그 말의 먹이는 3품관리의 대우에 해당하나 한번만 소리를 잘못내면 내쫓기게 되어 후회막급일 것이다."

라고 협박했다. 뜻인즉 조정에 대한 의견을 적당히 제출해야지 만약 그렇지 못하면 의장마처럼 파직당하게 된다는 것이다. 한번은 상소를 올린 사람이 있었는데 실제로 다음날 강등되어 외지로 쫓겨나자 이를 본 간관들은 다시는 건의를 올리지 못했다.

천보 6년(747년), 현종은 전국 각지에 시험을 치르고 인재를 추천하라고 지시했는데 이임보는 한 사람도 선정하지 않았다. 그리고 현종에게 "시험을 본 자들의 재능은 모두 평범하니 지금 천하에는 숨어 있는 인재가 없음을 말하는 것입니다."라고 보고했다. 현종은 이런 간신을 깊이 총애하여 결국에는 국정 전부를 그에게 맡기려 했다. 그래서 심복인 환관 고력사高力士에게 의견을 물었더니 고력사가 찬성하지 않자 현종은 불쾌해했다.

경국지색 양귀비

양귀비

개원 24년(736년), 총애하던 무혜비武惠妃가 죽자 현종은 매일매일을 우울에 잠겨 세월을 보냈다. 그러던 중 자신의 아들 수왕壽王 이모李瑁의 비 양옥환楊玉環이 절세미인이란 말을 듣고 환관에게 그녀를 궁중에 초청하여 술시중을 들게 하라고 지시했다. 양옥환이 바로 현종과 당을 멸망의 길로 인도한 양귀비다. 그는 양옥환을 보고 첫눈에 반해 보물을 얻은 듯 애지중지했다. 양옥환은 현종을 화나게 만들어 궁에서 몇 차례 쫓겨났지만, 다시 현종의 부름을 받고 돌아올 때마다 더욱 총애를 받았다. 백거이는 「장한가長恨歌」에서 "총애로 연회에 바쁘니 한가할 틈이 없어, 봄에는 봄놀이에 밤에는 밤잠자리에, 후궁에 미인이 3천이나 되지만, 3천 명에 내릴 총애를 한 몸에 받았네."18)라고 양옥환에 대한 현종의 총애를 묘사했다.

　남방에서 태어난 양옥환은 열대과일의 일종인 여지荔枝를 좋아했다. 여지는 보존이 쉽지 않아 3, 4일 지나면 맛과 색이 변했다. 현종은 양옥환에게 신선한 여지를 먹이기 위해 영남에서 장안으로 통하는 수천 리 조공길을 개통하라고 명했다. 길에 역을 설치하여 빠른 말을 공급하고 쉼없이 달려 양귀비에게 신선한 여지를 바치게 했다. 부인이 고우면 처갓집 말뚝을 보고 절을 한다는 속담이 있듯이 현종은 양옥환의 세 명의 언니를 자신의 곁에 두었는데 각각 한국부인韓國夫人, 괵국부인虢國夫人, 진국부인秦國夫人으로 봉했다. 양귀비에게는 육촌오빠 3명이 있었는데 양섬楊銛은 4품 고관에 임명되었고, 양기楊錡는 공주를 맞이하여 부마가 되었다. 양국충楊國忠은 재상의 자리에까지 올랐는데 40여 가지 직무를 겸임하여 권세가 대단했다. 양국충, 이임보, 안록산安祿山의 삼자 사이의 복잡다단한 갈등은 안사의 난을 초래한 중요한 원인 중의 하나다.

　궁중에는 양귀비가 있고 옆에는 소인배들이 득실거림에 따라 현종은 점점 더 나태해져 정사에 관심을 두지 않았다. 생활은 더욱 사치스러워지고 백성의 고통은 커졌다. 폭우로 큰물이 지면서 수해가 나던 해에 현종은 그 피해 상황을 전혀 몰랐다. 이때 양국충은 사람을

---

18) 承歡侍宴無閑暇, 春從春游夜專夜. 后官佳麗三千人, 三千寵愛在一身.
　　(승환시연무한가, 춘종춘유야전야, 후궁가려삼천인, 삼천총애재일신.)

시켜 알이 큰 곡식 이삭을 현종에게 보이며 비가 많이 내리기는 했지만 작황은 좋다고 거짓말을 했다. 현종은 이 말을 믿었다. 부풍태수扶風太守 방관房琯이 재해 상황을 알리며 구제를 요청하자 현종은 크게 화를 내며 방관을 사법기관에 넘기고 처벌을 지시했다.

무모한 정벌전이 부른 참상

만약 정사만 게을리 했다면 피해는 크지 않았겠지만 만년의 현종은 남에게 과시하기 위해 공을 세우는 데 열을 올렸다. 특히 대외관계에서 여러 차례 무력을 동원해 정의를 벗어난 전쟁을 벌였다. 개원 25년(737년), 그는 하서절도사河西節度使 최희일崔希逸을 시켜 청해에서 토번을 습격함으로써 당나라와 토번의 우호관계가 철저히 단절된다.

천보 첫해 현종은 하서河西·용우隴右·삭방朔方·하동河東의 4진 절도사 왕사종王嗣宗에게 먼저 토번의 석보성石堡城(지금의 청해 서녕 서남쪽) 공격을 지시했으나 왕사종은 명령을 따르지 않았다. 현종은 왕사종을 파면했고 후임 용우절도사 가서한哥舒翰이 석보성을 함락시켰다. 그러나 토번군의 피해는 몇백 명에 불과했던 데 반해 당나라 군대는 수만 명의 손실을 보았다. 또한 천보 10년부터 13년(751~754년) 사이에 현종은 정의롭지 못한 남조南詔정벌전을 일으켰다. 전사하거나 기후 차이로 인한 풍토병으로 죽은 당나라 병사가 20여 만 명에 달했다. 백거이白居易는 「신풍절비옹新豊折臂翁」에서 "천보 연간에 대대적인 징병이 있어 집에 장정이 3명 있으면 1명을 뽑아갔다." "마을에는 울음소리가 그치지 않았고 아들은 부모와, 남편은 아내와 이별하여 남방인을 정벌하러 갔지만 수만 명 중 하나도 돌아오지 않았다."라는 시구로 당시 남조정벌 전쟁이 백성들에게 안겨준 재난을 묘사했다. 이 시기 동북의 안녹산安祿山은 군사 6만 명으로 거란을 공격했지만 절반 이상이 돌아오지 못했고, 고선지高仙芝는 아랍을 침공했지만 5만의 군사가 전멸을 당했다.

더욱 심각한 문제는 균전제와 부병제가 점차 문란해져 모병제로 대체한 일이다. 부병제도에서는 전국의 군사배치가 '중앙에 집중하고 외곽을 가볍게 하는' 전략을 취했다. 즉 60% 이상의 부병이 수도 주위인 관중과 그 부근에 집중되어 중앙에서 직접적으로 통제하는 군사역량이 절대적인 우세를 차지했다. 그러나 모병제의 실시 이후에는 이러한 구도가 깨졌다. 현종은 영토 확장을 위해 대부분의 군사역량을 변방에 배치했다. 또 병사를 거느리는 절도사를 대부분 소수민족으로 구성하고 오랫동안 바꾸지 않아 거꾸로 '중앙이 가볍고 외곽에 집중 배치' 되는, 즉 '하부구조가 강한' 구도로 바뀌었다. 이로 인한 필연적인 추세는 변방의 장군들이 군권을 가지고 반란을 일으켜 할거세력을 형성하게 되는 것이다. 결국 여러 모순이 드러나 천보 14년(755년)에 '안사의 난安史之亂'이 발발한다.

'안사의 난'이 일어나자 현종은 황급히 도망쳤다. 황제의 피란행렬이 지금의 섬서성 홍평興平 마외역馬嵬驛에 이르렀을 때, 장군 진현례陳玄禮는 군사들의 원성을 이유로 양국충을 죽인 다음 현종에게 압박을 가해 양귀비를 목매어 죽게 한다. 태자 이형李亨은 서쪽으로 가는 도중 백성들의 만류로 영하 영무靈武로 북상해 신하들에 의해 황제로 옹립되고(숙종肅宗) 현종은 태상황으로 모셔진다.

곽자의郭子儀 등 중신들의 노력으로 치덕至德 2년(758년) 말에 이르러 당나라 군대는 장안과 낙양을 수복했으며 현종도 성도에서 장안으로 돌아온다. 현종은 다시금 마외역을 지나면서 감정이 북받쳤다.

"천하의 정세가 변해 황제 돌아오는 길에, 마외에 오니 발길을 뗄

수가 없구나. 마외 언덕아래 진흙 속에 고운 얼굴(양귀비)은 없고 죽은 자리만 남았네. 황제와 신하는 서로 보며 눈물로 옷깃을 적시네. 동쪽 도성문을 향해 말에 길을 맡기고 간다."19) (백거이의 「장한가」)

장안에 돌아온 현종은 성남의 흥경궁興慶宮에서 지냈다. 숙종은 워낙 현종에 대해 의심을 품고 있었고 또 간신 이보국李輔國이 이간질하여 현종에게 냉담하고 무례했다. 숙종의 묵인 아래 이보국은 먼저 흥경궁의 말 300마리 중에서 290마리를 가져가고 10마리만 남겨 두었다. 그리고 감시하기 편리하도록 현종을 핍박해 태극궁太極宮으로 옮기게 했다. 몇십 년 동안 현종의 곁을 따른 환관 고력사高力士를 무주巫州(지금의 호남성 검양현)에 유배했다. 현종은 이러한 환경에서 더욱더 외로움과 처량함을 느끼고 매일 우울증에 빠져 식사도 못할 지경이 되었다. 상원上元 3년(762년) 4월 5일, 현종은 77세의 나이로 장안의 태극궁 신용전神龍殿에서 숨을 거두었다. 후인은 시에서 그의 만년을 "남쪽(흥경궁)에서는 처량하고, 서쪽(태극궁)에서는 삭막했으며, 옅은 구름과 가을 나무가 궁벽을 덮었다. 원래 훌륭했던 천자는 태상황이 되려 하지 않았다."라고 읊었다.

---

19) 天旋日轉回龍馭, 到此躊躇不能去. 馬嵬坡下泥土中, 不見玉顔空死處. 君臣相顧盡沾衣, 東望都門信馬歸. (천선일전회용어, 도차주저불능거, 마외파하니토중, 불견옥안공사처, 군신상고진점의, 동망도문신마귀.)

20) 어양(漁陽) - 지금의 하북성 계현(薊縣) 일대. 안녹산이 반란을 일으킨 곳

지축을 흔든 어양[20]의 북소리

— '안사의 난(安史之亂)'과 당나라의 내리막 길

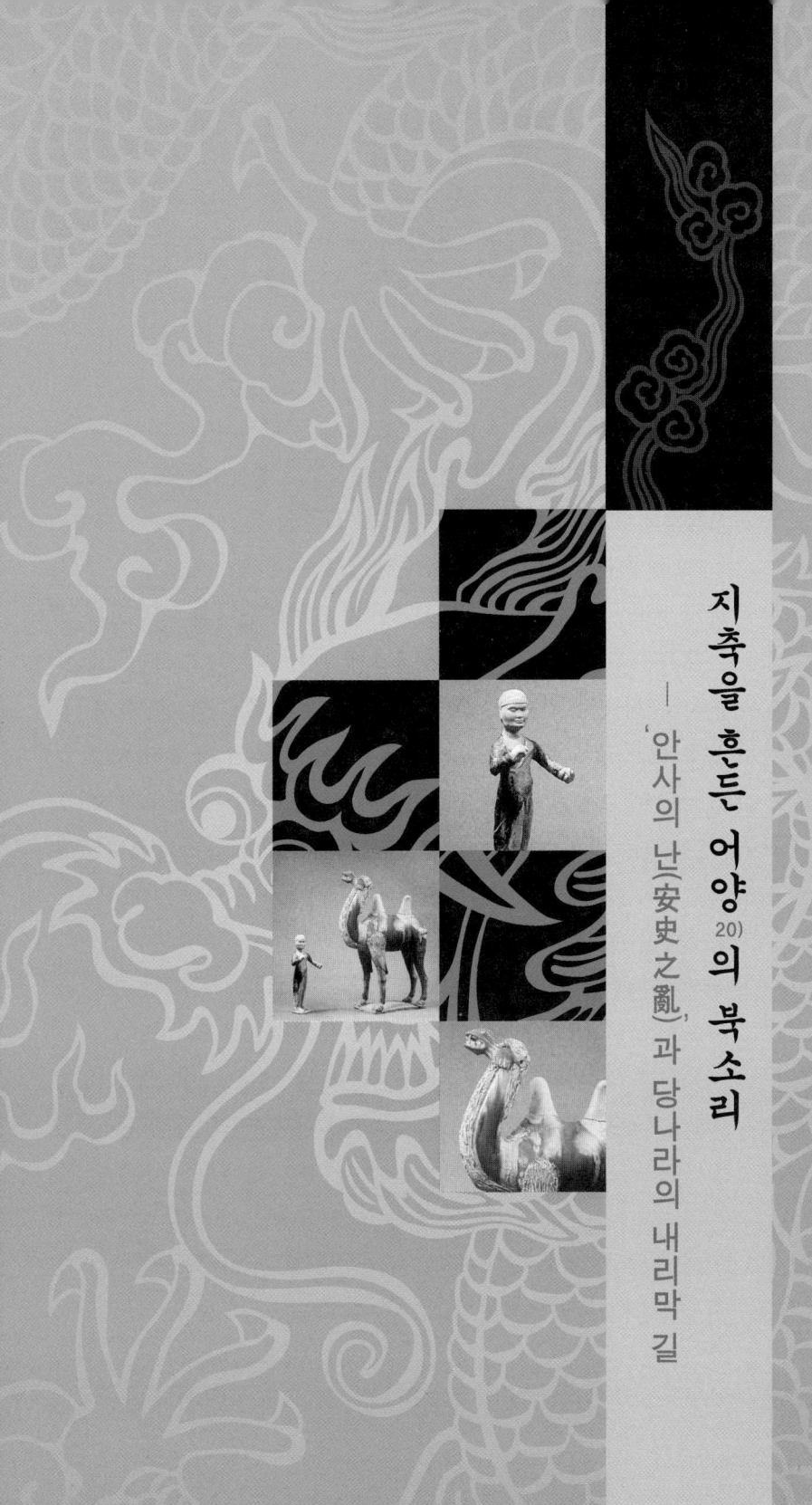

봉건국가의 통일과 안정은 여러 요소에 의해 결정된다. 그 중에서 가장 직결되는 요인은 중앙집권의 정도와 군사배치 상황이다. 만약 최고 통치자가 이런 중대한 문제를 조금이라도 소홀히 하고 제도를 마음대로 변경한다면, 엄청난 재난과 혼란을 초래하게 된다. 천보 연간의 '안사의 난'이 바로 이를 증명하는 교훈이다.

현종 통치 후기에 이르러 사회의 여러 가지 갈등이 점점 고조되었고, 결국 천보 연간에 '안사의 난^{安史之亂}'이 폭발한다. 안사의 난은 사회에 크나큰 부정적인 영향을 미쳤고, 중앙집권의 통일왕조를 점차 유명무실한 존재로 전락시켰으며, 당나라가 성세에서 쇠망의 길로 들어서는 전환점이 되었다.

1. 현종 말기의 혼란상

　　　　　　　　개원 말기에 사치를 일삼고 정사에 소홀하던 현종은 천보 연간에 이르면 그 상태가 더욱 심각해진다. 즉위 초기에는 법을 어기는 권세가들을 엄히 다스리고 토지겸병을 억제하는 국책을 시행했지만, 이때는 더 이상 그런 어진 군주의 모습을 찾아보기 어려웠다. 균전제가 점차 문란해지고 토지를 잃은 많은 자작농들은 다시 유랑민이 되거나 또는 대지주의 개인소유, 즉 객호客戶로 전락했다. 이들은 봉건지주와 봉건국가로부터 이중압박에 시달린다. 통치계급의 부패와 사치스런 생활 및 해마다 일으킨 대외 전쟁은 국가 재정위기의 원인이 되었다.

국가가 수입보다 지출이 많은 상황을 해결하기 위해 조세를 조정하자 백성의 부담은 더욱 무거워졌다. 그래도 모자랄 경우에는 세리稅吏를 파견해 강제로 거두어들이게 했다. 지방 관리들은 이 기회를 틈타 횡령을 자행하는 바람에 백성들의 고통은 이루 헤아릴 수 없었다. 감당하기 어려운 부담 때문에 백성들이 줄줄이 도망치자 관가에서는 '탄도攤逃' 법을 시행했다. 즉 달아난 사람의 조세를 아직 도주하지 않은 이웃에게 떠넘겼는데 이 때문에 남아있는 사람들도 도주하지 않을 수 없었다. 천보 시기 호구색역사戶口色役使를 맡은 왕홍王鉷은 착취의 앞잡이로 악명이 높았다. 예컨대 변방을 지키다가 죽었지만 변방 장군이 호적에서 없애는 신고를 하지 않은 사람의 세금까지 거둬들였다.

조세 이외에 병역과 부역의 부담도 매우 커졌다. 두보杜甫는 「병거행兵車行」에서 "수레는 덜커덩덜커덩 말은 히잉히잉, 남자는 활을 허리에 차고 부모, 아내와 이별하는데 먼지가 함양교咸陽橋를 가렸다." "15세에 출정하였는데, 40이 되었지만 아직도 군영에 있다. 출정 때는 젊었으나 고향으로 돌아갈 때는 흰 머리가 되었어도 아직도 변방을 지켜야 했다." "떠난 사람은 돌아오지 않고, 백골은 누구도 거두지 않았다. 새로운 귀신들의 울음소리가 옛 귀신의 곡성을 에워싸고, 하늘엔 추적추적 비 소리만 들릴 뿐이다."라 하여 개원과 천보 연간에 무력의 남용으로 백성이 겪어야 했던 고통을 생생하게 묘사했다. 한쪽은 방탕하고 사치를 일삼아 돈을 물 쓰듯이 하지만 다른 한쪽에서는 굶주림과 추위로 고통 받고 가족은 뿔뿔이 흩어졌다. "부자 집은 고기가 썩어나지만 길에는 얼어 죽은 백골뿐이다."란 시구는 바로 당시 사회에 대한 적나라한 묘사다.

통치계급 내부와 민족 간 갈등의 심화

　통치계급 내부의 갈등도 복잡하게 뒤얽혀 알력이 심했다. 현종이 옳고 그름을 가리지 못해 예전의 요숭·송경·장설·장구령과 같은 현명하고 정직한 신하들은 이미 조정에서 설 자리가 없었다. 이임보를 대표로 하는 간신의 무리가 재상 자리를 차지했다. 또 현종의 신임을 받던 고력사를 대표로 하는 환관 세력이 득세하기 시작해 조정에서 중요한 위치를 차지하게 된다. 양귀비 때문에 갑자기 성장한 양국충을 대표로 하는 외척집단의 권세는 더욱 강력해졌다. 이당李唐 종실의 자제들 또한 명실상부한 후계자 집단으로서 권력투쟁에서 우세를 점하고 있었다. 이러한 세력들이 지위와 이익을 목표로 서로 아귀다툼을 하기에 바빠 통치자들은 국가 대사와 백성의 일은 뒷전이었다. 정치에는 먹구름이 끼고 조정은 나날이 혼란스러워졌다.
　민족갈등도 점차 심각해졌다. 개원 말기와 천보 연간에 현종은 끊임없이 서·서남·북·동북에서 전쟁을 일으켜 토번을 공격하고 남조南詔(지금의 운남성 일대에 티베트와 미얀마족이 세운 왕국)를 정벌했으며 거란으로 진격하고 아랍을 침공했다. 정도를 벗어난 이러한 전쟁은 백성과 변방의 소수민족 및 해외 백성에게 심각한 타격을 주었다. 특히 북부변경 지역의 민족 모순이 갈수록 심각해졌다. 수나라부터 당나라까지 많은 돌궐인들이 유주幽州 이북으로 이주했고, 요서에는 해奚

와 거란인들이 많았는데 그들은 모두 자기 민족의 풍속을 유지하고 있었다. 무주武周 만세통천 원년(696년)에 영주도독營州都督 조문홰趙文翽는 현지 소수민족을 학대하고, 흉년이 들어도 구제정책을 펴지 않았으며, 그들의 추장을 노예처럼 부렸다. 그러자 거란 송모도독松謨都督 이진충李盡忠과 손만영孫萬榮이 반란을 일으켜 조문홰를 살해하고 영주 등 12주를 점령했다. 현종 개원 연간 이 지역을 되찾고 한동안 갈등이 완화되었지만 오래지 않아 금이 생기기 시작했다. 특히 안녹산이 이 일대를 경영하면서 소수민족에 대해 기만과 강경책으로 일관했기 때문에 민족갈등은 매우 첨예한 상태였다.

반란을 부르는 군사배치

가장 핵심적인 문제는 군사전략상 이 시기에 '중앙을 가볍게 하고 외곽에 집중 하는' 구도가 형성되었다는 사실이다. 개원 이전에 '부병제'를 시행할 때의 군사배치는 '중앙에 집중하고 외곽을 가볍게' 하는 구도였다. 개원 연간에 모병제가 시행되자 군인은 하나의 직업이 되었다. 이로 인해 전투력이 높아졌지만 다른 한편으로는 장군과 병사 사이에 사적인 예속관계가 형성되기 쉬웠다. 특히 현종은 국경 개척에 미련을 버리지 못해 수도 주위의 군대를 줄이고 변방의 병력을 확충했다. 통계에 의하면, 천보 연간 변방의 병력은 대략 49만 명이고 당나라 중앙에서 직접 통제한 '확기彍騎(직업병사)'는 8만여 명밖에 되지 않아 '중앙을 가볍게 하고 외곽에 집중 하는' 구도가 이미 형성되어 있었다.

이런 구도의 형성에 따라 변방 번장蕃將들의 세력이 강화되었다. 이 구도를 만든 주범은 바로 이임보였다. 당나라 초기 변방의 장군은 모두 충직하고 온후한 명신들로 구성되었고 연임이 금지되었다. 아울러 여러 지역을 통괄하지 못하게 했으며 공을 많이 세운 장군은 조정으로 불러들여 재상에 임명했다. 이정李靖·이적李勣·유인궤劉仁軌·누사덕婁師德 등이 이에 해당하는 인물들이다. 개원 전기의 설눌薛訥·곽원진郭元振·장가정張嘉貞·왕준王晙·장설張說·소호蕭嵩 등도 변방의 장군에서 재상이 된 사례다. 번장 중에서도 아사나사이阿史那社爾나 계필하력契苾何力 등과 같은 소수민족 장수들에게는 비록 충성심이 있고 용맹이 뛰어나도 대장군 직책을 주지 않았다. 그들이 원정에 나설 때 조정에서 다른 대신을 최고통수로 파견하여 통제했다. 아사나사이가 고창을 토벌할 때 후군집이 총사령관으로, 계필하력이 고구려를 정벌할 때엔 이적이 최고통수가 되었다. 소수민족 장수를 신임하지 못해서가 아니라 국가가 위험을 미연에 방지하고 군벌의 할거를 막기 위한 조치의 일환이었다.

개원 후기에 이임보는 재상이 되자 현종에게 '호인胡人(이민족)'을 변방의 최고사령관으로 임명하자고 제안했다. 용감한 호인은 중원과는 복잡한 관계에 얽혀있지 않고 한문을 몰라 한족 장수보다 믿음직하다는 이유에서였다. 그러나 그의 속셈은 변방 장수가 재상직에 오르는 길을 막아 자신의 재상 자리를 보전하려는 것이었다. 이에 더해 호인은 문화수준이 높지 않아 재상이 될 수 없다는 사실을 십분 활용하기 위해서였다. 당나라에는 원래 소수민족 장수를 중용하는 전통이 있지만 호인 장수를 원수로 삼는 사례는 드물었다.

이임보가 이런 제안을 하기 얼마 전, 하서 등 4진의 절도사 왕승사王承嗣가 태자를 옹립하려 한다는 이유로 고발되자, 현종은 사건의 진상을 알아보지도 않은 채 왕승사를 처형해 버렸다. 절도사가 왕공 대신들과 결탁하면 매우 위험해진다고 여긴 현종은 이임보의 제안을 듣자마자 바로 그 말을 따랐다. 그리고 안녹산, 안사순安思順, 가서한哥舒翰, 고선지高仙芝 등을 잇달아 대장군으로 임명했다. 천보 6년(747년)에 이르러 변방의 절도사는 대부분 호인 장수가 맡았고, 오랫동안 같은 지역을 관할했다. 더욱이 몇 개의 진을 통괄했기에 세력이 커지면서 통제가 어려웠다. 때가 되면 반란이 일어나는 것은 시간문제였다.

2. 당나라 내리막길의 전환점 – 안사의 난

'안사의 난'의 핵심 지도자는 안녹산과 사사명史思明이었다. 안녹산은 유성柳城(지금의 요녕성 조양) 사람이다. 그는 본래 강康씨로 이름이 알락산軋犖山이었는데 어머니가 돌궐인 안연언安延偃에게 개가하면서 안녹산으로 고쳤다. 그는 6개국 소수민족 언어를 구사했고 외모가 거칠고 소박했지만 매우 총명했다고 전해진다. 젊었을 때 군대에서 하급 군관으로 있다가 용맹하고 싸움에 능해 점차 고위 장수로 승진했다. 천보 원년에는 평로절도사平盧節度使가 되었고 천보 10년(751년)에는 평로·범양·하동의 3진을 통솔했다.

안녹산은 철저한 위장으로 현종과 양귀비의 신임을 얻었다. 그는 처음 조정에 들어갔을 때 바보로 가장하고 태자를 봐도 엎드려 절하지 않았는데 현종 옆에 있던 사람이 엎드리라고 하자 "태자는 뭐 하는 관리입니까?"라고 물었다. 현종은 "내가 죽으면 황위를 이 사람한테 넘긴다."라고 대답하자 안녹산은 놀라는 척하며 엎드려 절을 올렸다.

호인이 낙타를 끄는 형상의 도용

그는 몸무게가 300여 근이 나가는 뚱보였지만 궁중에서 춤을 출 땐 거의 날아다녀 현종과 양귀비가 매우 좋아했다. 현종은 그의 배를 보며 "그대의 이렇게 큰 배 속에는 무엇이 들었는고?" 라고 묻자 그는 "다른 건 없고 오로지 하나의 진정한 마음만 있습니다." 라고 아첨하자 현종은 매우 기뻐했다. 현종은 그와 양귀비 형제가 형제자매 관계를 맺기를 원했지만 그는 한사코 양귀비를 양어머니로 모시려 했다. 전하는 바에 의하면, 그와 양귀비는 미심쩍은 관계였으나 현종은 조금도 의심하지 않고 오히려 더욱 신임했다고 한다.

안녹산의 야심

안녹산은 조정의 지대한 신임을 등에 업고 범양에서 실력을 키워나갔다. 그는 뜻을 이루지 못한 한족 문인 엄경嚴慶과 고상高尙을 모사로 삼고, 투항하거나 포로가 된 소수민족 병사들과는 그들의 언어로 대화하며 자기편으로 끌어들였다. 그는 또한 8,000명의 장사를 선발해 주력으로 삼았다.

천보 9년(754년), 소수민족의 인심을 얻고 심복을 심어놓기 위한 방책으로 안녹산은 해奚·거란·구성九姓·동라同羅 등 민족에서 500명을 선발해 장군으로 삼고, 2,000여 명을 뽑아 중랑장으로 임용했다. 다음해(755년)에는 호인 장군 32명으로 한족 장군을 대체해 그가 통솔하는 군대 장수의 성이 모두 호胡씨가 되었다. 그는 열심히 식량을 비축하고 군마를 사육해 군사의 수와 실력이 당나라 중앙군을 훨씬 능가했다.

안녹산의 정도를 벗어난 여러 가지 행위를 조정 내부의 모든 사람이 간과한 것은 아니었다. 일찍이 재상 장구령과 태자 이형 등은 현종에게 안녹산이 반역을 꾀할 수 있다고 일깨워 준 적이 있다. 그러나 현종은 이를 믿지 않았고 오히려 병사와 말을 보충하는 요구를 포함한 안녹산의 모든 청을 들어주었다. 당시 이임보·양국충·고력사와 같은 조정의 일부 권신들과 안녹산은 각자의 속셈이 있어 서로를 이용하면서 한편으로 서로의 앞날을 대비하고 있었다.

안녹산은 이러한 모순의 틈을 십분 활용하여 시간을 벌어 반란 준비를 끝냈다. 더욱이 양국충이 자신의 예언이 정확했다는 사실을 입증하기 위해 반란을 일으키게끔 압박을 가했다. 결국 이는 안녹산으로 하여금 결단을 내리고 반란을 일으키는 명분을 제공했다.

천보 14년(755년) 11월 9일, 안녹산은 범양範陽에서 군대를 일으켰다. 양국충을 토벌한다는 기치를 내걸고 15만의 병사를 이끌고 당당하게 남진한다. 드디어 안사의 난이 폭발한 것이다.

3. 안사의 난의 3단계 과정

'안사의 난'은 8년 동안 지속됐는데 대체로 3단계로 나뉘며 당나라 3대 황제가 온 힘을 다해 가까스로 평정했다.

1단계는 군대를 일으키고 장안과 낙양을 점령하기까지의 약 반년이 넘는 기간이다. 안녹산의 반란 소식이 장안에 알려지자 현종은 처음에는 헛소문인줄 알았다. 그러나 사실임이 밝혀지자 현종을 비롯한 문무대신들 모두가 대경실색했다. 그러나 양국충만은 이미 예견했다고 떠들어대며 반란군 내부에 반드시 내란이 일어나 열흘이 안 되어 안녹산이 부하에게 피살될 거라고 단언했다. 현종과 문무백관은 크게 놀란 중에도 요행을 바랐지만 안녹산은 예상과는 달리 단숨에 성을 함락하고 한 달도 되지 않아 영창靈昌(지금의 하남성 활현 서남)에서 황하를 건넜다.

현종도 황급히 군사를 움직였다. 안서절도사 봉상청封常清은 명을 받아 낙양에서 군사를 모아 저항했고, 장안에서 5만의 군사를 모은 고선지는 섬주陝州를 지켰다. 삭방절도사로 임명된 곽자의는 황하 이남을 수비했다. 얼마 되지 않아 봉상청과 고선지는 모두 패하고 동도 낙양이 함락되었으며 두 장군은 동관潼關에서 철수했다. 현종은 환관 변령성邊令誠의 중상모략에 넘어가 두 장군을 처형하고, 가서한을 병마부원수로 삼아 동관을 지키게 했다.

이때 반란군의 후방에서 평원平原(지금의 산동성 덕현)태수 안진경顔眞卿과 상산常山태수 안고경顔杲卿이 군사를 일으켰는데 하북의 17군이 이에 호응해 다시 당나라에 투항했다. 안녹산은 하북에 여섯 개 군만이 남게 되자 어쩔 수 없이 동관 공격을 중단했다. 하남 남양태수 노령魯靈 · 수양睢陽태수 허원許遠 · 진원령眞源令 장순張巡 등도 군사를 일으켜 맞서 반란군의 남하를 막았다.

황제 자리를 탐내던 안녹산은 천보 15년(756년) 정월 낙양에서 스스로 대연황제大燕皇帝라 칭하고 성무聖武로 개원했다. 이후 당나라 군이 하북에서 반격하여 승리하자 안녹산과 사사명은 주력을 오랜 근거지인 하남에서 범양에 이르는 퇴각로에 배치했다. 양군이 동관에서 대치하고 가서한이 동관을 지키고 있을 때, 현종은 양국충의 말을 듣고 가서한을 압박해 섬군陝郡을 공격하라고 지시했다. 가서한은 하는 수 없이 출병했지만 반란군의 매복에 걸려 군대가 전멸하고 본인도 포로가 되었다. 이 해 6월 8일, 반란군은 동관을 점령하고 장안을 향해 진격했다. 현종은 양국충과 양귀비 등을 데리고 황급히 도주했고 서경 장안은 함락되었다. 안녹산과 사사명은 반란을 일으킨 지 불과 반년 만에 당나라의 두 수도인 장안과 낙양을 함락했고 이로써 일차적인 목표를 달성한 셈이었다.

안사의 난 제2단계

2단계는 숙종의 즉위 때부터 곽자의가 두 수도를 수복하는 약 1년여의 기간이다. 태자 이형은 현종을 따라 도주하는 길에 백성의 만류로 영하 영무로 북상했다. 수행하던 대신들이 이형을 옹립하여 천보 15년(756년) 7월에 황제에 추대하니 바로 숙종이다. 이때 곽자의는 정예병 5만을 거느리고 영무에 도착했고, 숙종의 가까운 친구이자 '포의재상布衣宰相'이라 불리던 이필李泌이 요청을 받고 영무에 와서 그를 보좌했다. 숙종은 이필의 제의를 받아들여 장남 이숙李俶을 천하병마원수로 임명하고 회흘回紇로부터 군사를 빌리고 연합해 안사의 반란군을 상대로 역공을 퍼부었다. 이 무렵 안녹산의 내부에는 갈등이 빚어져 지덕至德 2년(757년) 정월, 안녹산은 아들인 안경서安慶緖에게 피살되고, 사사명은 안경서에게 불복하는 등 반란군 내부가 시끄러웠다.

장순과 허원 및 남제운南霽雲 등 당나라 장군들은 매우 어려운 상황에서 식량이 떨어지자 쥐를 먹고 쥐가 떨어지자 죽은 사람을 먹으며 수양睢陽을 10개월 동안 사수했다. 성이 함락되자 그들은 용감하게 정의를 위해 죽었다. 그들이 1만의 병력으로 안사의 20만 반란군의 남하를 저지하고 당군의 물자보급로를 확보한 덕에 곽자의 등 당군이 반격을 위한 준비를 마칠 수 있었다. 지덕 2년(757년) 9월, 곽자의 등 장군들은 충분한 준비를 거쳐 단숨에 장안을 수복했다. 10월에는 승리의 기세를 몰아 동도 낙양까지 수복했다. 이해 12월 숙종은 장안의 궁으로 돌아오고 반란군 장군 사사명은 투항하여 귀의왕歸義王, 범양절도사에 임명되었다. 두 수도의 수복을 계기로 당나라 군대는 단계적으로 중대한 승리를 거두게 된다. 그러나 사사명은 숙종이 자신을 죽이려 한다는 계획을 눈치채고 이듬해 다시 반란을 일으킨다.

안사의 난 제3단계

3단계는 절도사 9명이 안녹산의 아들 안경서 토벌에 나서고 사조의史朝義가 패해 죽을 때까지 대략 6년이다. 지덕 2년(757년) 9월, 장안을 되찾은 숙종은 곽자의 등 아홉 절도사[21]에게 안경서를 토벌하라고 명하고, 환관 어조은魚朝恩을 관군용사觀軍容使로 임명해 절도사들을 감독하게 했다. 이때 안경서는 업성鄴城(지금의 하남 안양)에서 자리를 양보한다는 대가를 내걸고 당에 귀순했다가 다시 반란을 일으킨 사사명에게 원조를 청했다. 그러나 어조은의 잘못된 판단과 지휘 때문에 당나라 군대는 실패하고 아홉 절도사는 하북의 전장에서 퇴출되었다. 사사명은 안경서를 죽이고 자신의 아들 사조의史朝義에게 업성을 지키게 하고, 자신은 범양으로 가서 대연황제가 되었다.

---

[21] 삭방 곽자의, 회서 노령, 홍평 이환, 활주 허숙익, 진서 · 북정 이사업, 정채 계광종, 하남 최광원, 하동 이광필, 관내 왕사예

이 무렵 당나라군과 사사명군은 교전 중에 있었다. 상원上元 2년 (761년) 3월, 사조의는 아버지 사사명을 죽이고 스스로 대연황제를 차지했다. 보응寶應 원년(762년), 숙종이 죽고 대종代宗 이예李豫가 즉위했다. 이해 10월, 대종은 옹왕雍王 이적李適을 병마대원수로 임명하고, 복고회은僕固懷恩 및 곽영인郭英人 등과 회동한 뒤 회흘군대와 연합하여 총반격에 나섰다. 이듬해, 즉 광덕光德 원년(763년) 정월에 범양 반란군의 장군 이회선李懷仙이 투항하자 사조의는 북상하여 거란에 의지하려 했다. 그러나 이회선에게 추격을 당하는 등 궁지에 몰리자 숲에서 목을 매었다. 8년에 거친 안사의 난은 이로써 끝을 맺는다.

4. 안사의 난으로 인한 민생파탄과 번진 할거

비록 '안사의 난' 자체는 끝났지만 당왕조와 중국 봉건사회에 미친 파급력은 결코 식지 않았다.

'안사의 난'은 전국, 특히 북방경제를 무참히 파괴했다. 반란군은 군기가 문란해 성을 함락하면 방화·살인·약탈을 자행했다. 회흘군이 당나라를 도와 반란을 평정할 때 숙종은 "성을 함락하면 토지와 백성은 당나라에 귀속하고 재물과 자녀는 당신들의 것이다."라고 약속했다. 그들은 낙양으로 들어가서 살인과 약탈을 일삼아 죽은 사람이 수만에 이르렀으며 불길이 며칠이 되어도 사그라지지 않았다.

당군도 예외가 아니어서 특히 정예군대인 삭방 및 신책군은 낙양·정주·변주·여주 등지를 점령할 때 이곳이 모두 반란군의 소재지인 줄로 착각해 3개월 동안 마구 노략질하여, 모든 가옥이 비게 되었으며 백성들은 종이로 옷을 만들어 입을 정도였다. 건원乾元 원년(758년), 아홉 절도사가 업성 공격에 실패하고 돌아오는 길에 약탈을 자행했지만 현지의 관리들은 막을 길이 없었다.

장기간의 전란은 중국에서 경제·문화가 가장 발달했던 황하 유역을 피폐하고 황량한 지역으로 만들었다. 통계에 의하면, 안사의 난 전인 천보 14년(755년)에 전국의 호구는 891만4,700호에 인구 5천291만9,300명이었지만 반란 이후에는 193만3,100호에 인구는 699만386명으로 급감하게 되었다. 비록 이 통계가 정확하다고 할 수 없지만 손실 정도가 어느 정도였는지를 가늠할 수 있다.

시성 두보는 「무가별無家別」에서 "난리 뒤에 적막하니, 마을은 쑥대밭이 되었네. 백여 호가 되던 마을은 난세에 각지로 흩어져 산자는 소식이 끊기고 죽은 이는 흙먼지가 되었네. 천한 나는 패전하여 돌아와 옛 길을 찾았으나 오랜만에 걷는 길목은 해는 파리하여 처량함만 감돈다. 여우와 너구리만이 나를 보고 털을 세워 으르렁대네. 이웃은 어디로 가고 늙은 과부만 한두명 남아있네."22)라고 그 처참한 정경을 묘사했다. 가장 심각하게 파괴된 곳은 경제가 발달한 황하 유역의 네 지역으로 낙양을 중심으로 하는 변주汴州와 정주鄭州, 하북, 장안 주위 및 변하汴河 유역이었다.

『구당서舊唐書·곽자의전郭子儀傳』은 다음과 같이 기록했다. "동주(즉 낙양)는 장기간 반란군이 장악하고 있어 궁이 대부분 불타고 백관이 사무를 보던 건물은 몽땅 사라져 서까래조차도 찾아볼 수 없다. 수도 주위에는 가구수가 1,000호도 남지 않았다. 거리에는 가시덤

---

22) 寂寞天寶后, 園廬但蒿藜, 我里百余家, 世亂各東西, 存者無消息, 死者爲塵泥. 賤者因陣敗, 歸來尋舊蹊. 久行見空巷, 日瘦氣慘凄. 但對狐與狸, 竪毛怒我啼, 四隣何所有, 一二老寡妻.
(적막천보후, 원려단고려, 아리백여가, 세란각동서, 존자무소식, 사자위진니, 천자인진패, 귀래심구혜, 구행견공항, 일수기참처, 단대호여리, 수모서아제, 사린하소유, 일이노과처.)

불뿐이었고 승냥이와 이리의 울음소리가 들렸다. 그 동쪽으로 천리가 되는 지역 내에도 인가는 찾아보기 어렵고 황량함만이 감돌았다. 장안 주위도 마을은 쥐 죽은 듯이 조용하고 백에 한 가구도 남지 않았다. 파괴가 심각하여 물가는 치솟아 쌀 한 말의 값이 적게는 1,000전, 많게는 7,000전이 되었는데 개원 시기에 비해 300배가 폭등했고 비단 값도 4,000전 이상이 되어 개원 시기보다 20배 이상 올랐다. 그래서 많은 백성이 굶주림에 허덕이고 유랑민이 되었다."

중앙 세력의 약화와 경제·정치 중심지의 이동

'안사의 난' 이후 번진들의 할거는 대종代宗이 원칙도 없이 마음대로 관용을 베풀어 나쁜 자들이 나쁜 짓을 하도록 조장한 결과였다. 광덕廣德 원년(763년), 사조의가 패배하여 자결하자 대부분의 부하들이 투항했다. 원래 당나라군은 이런 상황에서 잔여 반란군을 철저히 소탕해야 했다. 그러나 당시 당나라군의 통수를 맡은 복고회은은 반란군이 완전히 없어지면 자신은 더 이상 조정에 중용되지 못할 거라 생각했다. 그래서 설숭과 이보신 등 안사의 옛 부하들이 하북의 여러 진을 계속해서 관할하도록 중앙에 요청했다. 대종은 오로지 눈앞의 평안을 바라고 전쟁이 일찍 끝날 수도 있다는 생각에 이 건의에 동의하고 말았다.

이렇게 되어 하삭河朔 지역은 여전히 안사의 부하들이 관할하게 되었다. 또한 안사의 난 때 신설한 중원 일대의 절도사들도 조정의 방치로(이들을 이용해 변방의 절도사를 견제하려는 의도도 있었다) 점차 그 세력이 조정의 통제력을 넘어섰다. 변방의 옛 번진도 당연히 세력을 확장했다. 이러한 번진 장수들은 비록 번진의 신하라 칭했지만 실제로는 왕과도 같았다. 그래서 정치·군사·경제에서 실권을 장악하고 그 지위도 점차 부자나 형제가 세습했다. 혹은 부하의 추대로 스스로 '유후留后'라 칭하고 당왕조에 승인하도록 압력을 행사했다. 실제로는 각자 독립적인 봉건 군벌왕국이 된 것이다. 번진들은 이해관계에 따라 서로 결탁하거나 전쟁을 일으켰다. 중앙정부는 이에 대해 속수무책이었기 때문에 당나라 황제는 춘추 시기의 이름뿐인 주 천자周天子와 비슷했다.

위에서 말한 두 가지 상황 때문에 안사의 난 이후 중앙왕조의 지방에 대한 통제와 변방에 대한 방어 능력이 크게 떨어졌다. 지방에 대한 통제 능력의 약화는 번진의 할거로 이어졌다. 이는 중앙왕조의 지시가 이행되는 곳이 점점 줄어들었다는 사실을 의미한다. 변방에 대한 방어 능력의 약화는 안사의 난 도중과 그 후에 분명히 나타났다. 천보 14년(755년) 이후, 변방군의 주력이 중원에 와서 반란을 평정하게 되면서 변방에 남은 사람은 대부분 노쇠한 자들뿐이었기에 주변의 소수민족이 이 기회를 틈타 변방을 점령한다.

지덕 원년(756년) 12월, 토번은 위융威戎과 신위군神威軍을 공격하여 석보石堡·백곡百谷·조과雕窠 등의 성을 점령했다. 보응 원년(762년)에는 또한 진秦·위渭·조洮·임臨 등의 주를 점령하고, 다음해에는 대진관大震關(지금의 섬서성 용현 서쪽)에 침입하여 난蘭·확廓·하河·선鄯·민岷·성成 등의 주를 함락했으며, 후에는 아예 장안을 점령하고 약탈을 자행했다.

덕종德宗 정원貞元 6년(790년), 안서와 북정도호부도 토번에 의해 점령되었다. 남쪽에서는 지덕 원년(756년)에 남조南詔가 청계관淸溪關(지금의 사천성 건위현 부근)을 함락하고, 대력大曆 14년(779년)에는 남조와 토번의 연합군이 무주茂州(지금의 사천성 무현)로 진격하여 관구灌口(지금의 사천성 관현)에 도달했다. 문종文宗 시기에 이르러 남조는 심지어 성도成都를 침략하고 진귀한 물건을 약탈하고 많은 포로들을 끌고 갔다.

　북방경제가 심각하게 파괴되고 사회가 극도로 불안한 상황에서 일부 백성이 남쪽으로 이주했다. 이동한 곳으로는 장강 중하류 지역이 가장 많았고 다음은 한수漢水 유역이었다. 이주한 사람들 중에는 지주와 관료도 있었지만 대부분은 난을 피해 이주한 평범한 백성이었다. 백성들의 남방이주는 동진東晉 남조南朝 이래의 인구이동으로 중국 경제·문화의 중심, 심지어 정치의 중심지가 모두 남방으로 이동하는 결과를 가져왔다. 이는 당나라뿐만 아니라 중국 봉건사회에서 매우 중대한 전환점이 되었다.

우담화(優曇花)처럼 나타났다 곧바로 사라진 혁신운동

— '이왕팔사마(二王八司馬)'와 '영정혁신(永貞革新)'

조정의 혁신은 역대로 매우 어려운 일이었다. 국가가 성세에서 쇠퇴로 내리막길의 추세에 놓였을 때 더더욱 어렵고 또한 신중해야만 한다. 단지 열정을 가진 소수 몇 사람의 노력에 의지해 단기간 내에 상황을 바꾸려 든다면 실패를 자초하기 쉽다. '영정혁신(永貞革新)'이 그 중의 하나다.

'안사의 난'의 여파로 당왕조에는 각종 폐단이 속출했다. 순종順宗 이송李誦은 즉위하자 왕숙문王叔文과 왕비王伾 등 혁신파를 임용해 개혁을 시도했다. 개혁의 시작은 엄격하고 신속하게 진행됐지만 바로 실패하여 마치 우담화優曇花가 잠깐 나타났다가 바로 사라진 것과 같았다(전설에 따르면 우담화는 3,000년에 한 번 꽃을 핀다고 한다). 역사에서는 이 개혁을 '영정혁신永貞革新' 또는 '이왕팔사마二王八司馬' 사건이라 한다.

1. 순종의 즉위로 개혁의 서막이 열리다

'안사의 난' 이후 즉위한 덕종은 원래 무능한 군주는 아니었지만, 성격이 급하고 의심이 많았다. 더구나 고집불통으로 남의 의견을 듣지 않았고 경거망동했다.

그는 환관 두문창竇文場과 확선명霍仙鳴을 중용하고 그들에게 신책군의 지휘권을 줌으로써 조정에서 그들과 필적할 만한 상대가 없었다. 그는 또한 백성들의 수탈에 골몰하여 재산을 긁어모았는데 수탈명목도 가지가지여서 사농공상들의 원성이 자자했다.

개혁의 핵심인물

덕종의 태자 이송李誦은 동궁에 20여 년 있으면서 늘 조정의 일에 관심을 가져 백성의 고통을 비교적 잘 알고 있었다. 태자를 보좌하던 왕숙문과 왕비 등도 조정 혁신의 포부를 품고 있었다. 왕숙문은 바둑을 잘 두어 한림원의 기대조棋待詔이자 시독으로 태자를 모셨다(기대조는 태자의 바둑담당 비서격에 해당). 왕비는 서법으로 유명해 일종의 서예담당 비서격인 서법대조書法待詔였다. 두 사람은 늘 태자에게 민간의 정황을 전해주면서 함께 국가대사를 토론했다. 한번은 태자와 두 대조待詔가 한담을 나누다 당시의 '궁시宮市'에 대한 폐정을 이야기하게 되었다. 궁시는 대궐에서 쓰이는 물품을 조달하는 기구를 말한다.

말문이 열리자 그들은 모두 거침없이 말하고 매우 분개했다. 태자도 크게 동조해 "그대들이 거론한 사안은 모두 긴박하오. 나도 황제에게 건의를 올려 이런 일들을 근절하려 했소."라고 충동적으로 말했다. 태자의 이러한 행동을 본 많은 사람들이 태자의 현명함을 칭송했지만 유독 왕숙문은 아무말도 하지 않았다. 태자는 이를 느끼고 다른 사람들이 떠나자 그를 불렀다. "선생님께서만 아무말도 하지 않으시던데 제게 뭔가 알려주려고 그런 것이 아닙니까?"라고 태자가 묻자, 왕숙문은 "저는 태자의 신임을 얻고 있는데 어찌 감히 생각을 모두 말하지 않겠습니까? 전하께서 한 번 생각해 보십시오. 태자는 응당 무엇을 가장 중히 여겨야 합니까?"라고 대답했다.

태자는 알아듣지 못하고 "무슨 뜻입니까?"라고 물었다. 왕숙문은 "태자라 함은 마땅히 부황의 일상생활과 건강상태에만 관심을 두어야지 이 이외의 일을 경솔히 언급해서는 안 됩니다. 황제께서는 재위 기간이 매우 긴 것이 사실입니다. 만약 황제께서 태자가 인심을 얻으려 한다고 의심을 하시면 전하께서는 어떻게 해결하려 하십니까?"라고 당부했다. 태자는 이 말을 듣고 놀라서 온몸에 식은땀이 흘렀다. 태자는 눈앞에 있는 이 충직한 사부님에게 너무 감격한 나머지 그를 더욱 신임하게 되었다.

태자의 신임과 지지를 받은 왕숙문은 자신의 특수한 신분과 지위를 이용해 의기가 투합하고 뜻을 같이하는 인사들과 연락을 취하며 앞으로의 개혁을 위한 준비 작업에 나섰다. 아울러 태자에게는 앞으로 임용해야 할 재상감과 장군감을 늘 추천했다. 왕숙문과 깊은 관계를 맺고 있던 사람들은 주로 한림학사 위집의韋執誼·육순陸淳·여온呂溫·이경검李景儉·한엽韓曄·한태韓泰·진간陳諫·유종원柳宗元·유우석劉禹錫·능준凌準·정이程異 등 조정의 인사였다. 나중에는 태자비 우소용牛昭容(태자가 즉위하고 황후가 된다)과 환관 이충언李忠言과 밀접한 관계가 된다. 개혁의 의지를 지닌 인물들은 늘 함께 정사를 토론하고 서로를 격려했다. 핵심인물은 당연히 '이왕二王(왕숙문과 왕비)'이었고 왕숙문의 비중이 더 컸다.

파란만장하게 보위에 오른 순종

덕종 정원貞元 20년(804년) 9월, 태자 이송이 중풍에 걸려 말을 못하게 되자 즉위하기가 어려워졌다. 일찍이 태자가 병에 걸리기 전 덕종은 '독충사건'으로 태자를 의심해 태자를 바꿀 생각을 했다. 당시 재상 이필李泌의 적극적인 간언으로 덕종이 마음을 돌리게 된다. 태자는 중풍에 걸린 상태여서 정원 21년(805년) 설날 조정 축하 의식에 참석할 수 없었는데, 덕종은 이때 이미 나이가 많고 몸이 허약해 태자가 오지 못하자 눈물을 흘렸다. 덕종은 얼마 뒤 병으로 몸져누웠고 조정에 나올 수 없었다. 20여 일 동안 두 궁(황궁과 동궁)은 모두 소식이 없어 조정에서는 매우 불안해했다.

이러한 미묘한 정국이 펼쳐지는 가운데 후계자 문제를 둘러싸고 각축이 벌어졌다. 환관 구문진俱文珍과 설영진薛盈珍 등을 대표로 하는 무리는 덕종이 이미 죽은 상황에서 이 사실을 비밀로 하고 서왕舒王 이의李誼를 옹립하려 했다. 당시 전중승殿中丞을 맡고 있던 왕비王伾는 태자 이송을 지지하는 환관 이충언을 통해 이 밀모를 알게 되자 즉각 왕숙문에게 알렸다. 왕숙문은 급히 한림학사 능준·어사 유종원·유우석 등과 상의하여 중신들의 지지를 얻어 이송 옹립을 추진했다. 덕종 서거 3일째 되던 날 저녁, 한림학사 정인鄭絪·위차공衛次公·능준·이정李程·장률張聿·왕애王涯 등은 덕종의 영구가 놓인 태극전에 들어가 이치를 따지며 강력한 논쟁을 벌여 환관 구문진과 설영진의 음모를 좌절시켰다. 다음날 공개적으로 덕종의 장사를 지내기로 결정하고, 태자 이송을 보위에 오르도록 했다. 구문진 등은 비록 겉으로는 말을 하지 않았지만 속으로 태자가 말을 할 수 없고 움직일 수 없으니 어떻게 즉위하는지 보려 했다.

그러나 태자 이송의 기력은 범상치 않았다. 왕비가 동궁에 와서 황제가 이미 사망했고 지금 궁중 안팎으로 모두 불안해 하고 있으니 태자가 여러 대신들을 만나 민심을 안정시키는 것이 시급하다고 전했다. 이 말을 들은 이송은 벌떡 일어나더니 급히 옷을 갈아입고 시중의 부축으로 한걸음 한걸음씩 밖으로 나가 가마에 앉아 구선문九仙門을 나섰다. 태자가 먼 곳에서 나타나자 사람들은 일제히 환호성을 질렀고 민심은 안정을 되찾았다. 다음날 태자는 상복을 입고 선정전宣政殿에서 문무백관을 접견하고 덕종의 유서를 선포했다. 정원 21년(805년) 정월 26일, 태자 이송은 태극전에서 즉위했고 이가 바로 순종順宗이다. 이로써 개혁의 서막이 열리게 되었다.

2. '이왕(二王)' 집단의 중용과 영정혁신

정원 21년(805년) 정월에 즉위한 순종은 비록 몸이 극도로 허약했지만 초심初心을 버리지 않고 혁신을 굳건히 지지했다. 그는 왕숙문의 추천을 받아들여 2월 11일에 '이왕二王' 집단 출신의 위집의韋執誼를 재상에 임명했다. 10여 일이 지나 왕숙문을 한림학사로, 왕비를 한림대조翰林待詔로 임명했다. 위집의·유종원·유우석·여온·육질陸質·이경검·한엽·한태·진간·능준·정이 등 관리들의 지지를 받으며 '이왕'을 핵심으로 하는 개혁집단은 일련의 개혁조치를 신속히 실행에 옮긴다.

영정혁신의 8가지 개혁조치

그들은 우선 경조윤京兆尹 이실李實부터 제거한다. 이실은 종실로서 도왕道王에 봉해진 인물이다. 그는 과거에 산남절도사山南節度使 이고李皐의 재판관으로 있을 때 군대의 식량과 돈을 횡령한 전력이 있었다. 이 일로 하마터면 분노한 군인들에 의해 피살될 뻔 했는데 재빨리 도망쳐 겨우 살았다. 경조윤이 되어서도 탐욕스러운 그의 천성은 변함이 없었다. 정원 20년(804년) 관중에는 큰 가뭄이 들어 작황이 형편없었다. 덕종이 경조 일대의 상황을 물어보자 그는 "올해는 가물기는 했지만 작황은 매우 좋아 흉년이 아닙니다."라고 둘러댔다. 그는 덕종의 은총을 바라고 계속 백성을 수탈해 공물을 바쳤다. 감찰어사 한유韓愈는 이를 참을 수 없어 진언했다가 결국 강등되었다.

우인優人 성보단成輔端은 단지 가요 몇 마디를 지었다가 '국정을 비방했다'는 죄목으로 이실에 의해 처형되었다. 이듬해 초, 덕종은 수도 지역의 미납된 세금을 면제하라고 명했지만 이실이 어명을 어기고 거두어들여 농민들은 부득이하게 땅을 팔아 세금을 냈다. 더욱이 세금을 재촉하던 중 10여명이 그의 손에서 목숨을 잃었다. 영정永貞 원년(805년) 2월 11일, 순종은 조서를 내려 경조윤 이실을 통주장사通州長史로 좌천시켰다. 조서가 내려지자 성안에는 백성의 환호성이 울려 퍼졌고 많은 백성이 돌멩이를 들고 길에서 이실을 기다렸다. 이실은 하는 수 없이 서원西苑으로 야반도주했다가 월영문月營門으로 나와 달아났다.

이어 '궁시'를 중지했다. 일찍이 덕종 때 환관들은 늘 황궁에서 물품을 거둔다는 명목으로 시장에서 백성들로부터 약탈을 자행했는데 이를 '궁시'라 한다. 말로는 '시장 가격대로 산다'고 하지만 실제로는 터무니없이 가격을 후려치거나 아예 강제로 빼앗기도 했다. 그래서 백성들은 그들을 보면 강도를 만난 것처럼 무서워했다. 백거이가 지은 「매탄옹賣炭翁」이란 시를 보자. "말을 타고 오는 저 두 사람은 누구인가? 황색 옷의 사자와 흰 삼베옷을 입은 어린이. 문서를 손에 들고 칙명을 외치며 수레를 돌려 소를 몰아 북쪽으로 향한다. 수레 한 대의 석탄이 천여 근이지만 궁의 사자가 끌고 가는데 어찌하리오."23) 이 시구는 바로 '궁시'에 대한 진실한 묘사다. 이러한 폐정을 없애니 자연히 백성, 특히 상인들의 인심을 사게 되었다.

다음으로 '오방소아五坊小兒'을 없앴다. 오방이라 함은 조방雕坊·골방鶻坊·요방鷂坊·응방鷹坊·구방狗坊을 말한다. '소아'는 이러한 오방에서 잡일을 하는 심부름꾼을 일컫는다. 장안 안팎에서 도처에 그물을 치고 참새를 잡던 오방소아들은 어떤 때는 그물을 우물에 덮어놓고 물을 긷지 못하게 횡포를 부렸는데 사람들이 돈을 주어야 물을 긷게 했다. 그들은 식당에서 밥을 먹고도 돈을 내지 않고 때로는 한 바구니의 뱀을 남겨놓고 주인으로 하여금 잘 사육하라고 이르면서 이것은 참새를 잡아 황제에게 바치는 데 쓰이는 뱀이라 말했다. 주인이 놀라서 오히려 보상하고 사죄를 하면 그때 뱀을 가져갔다. 또한 약탈 행위도 일삼아 백성은 그들을 보면 마치 역병을 만난 것처럼 두려워 떨었다. 이것을 없애자 당연히 백성들의 지지를 받았다.

'월진月進'과 '일진日進'도 없앴다. 당시 일부 지역의 절도사들, 특히 소금과 철을 관리하는 관리들은 덕종황제에게 잘 보이려고 늘 재물을 바쳤다. 매달 한 번 씩 재물을 바치는 것을 '월진', 매일 바치는 것을 '일진'이라 했다. 점차 지방의 주자사州刺史와 막료들도 앞다투어 따라해 백성을 괴롭히고 원성을 샀다. 순종은 태자 시절부터 이러한 상황을 극도로 혐오했기 때문에 황제가 되자마자 이러한 폐단을 근절했던 것이다.

---

23) 翩翩兩騎來是誰？ 黃衣使者白衫兒. 手持文書口稱敕 回車叱牛牽向北. 一車炭, 千余斤, 宮使驅將惜不得 (편편양기래시수, 황의사자백삼아, 수지문서구칭칙, 회차질우견향북, 일거탄, 천여근, 궁사구장석부득.)

궁녀와 교방敎坊24)가기歌妓(노래를 잘 부르는 기생)를 석방했다. 당나라의 궁중에는 언제나 2, 3천 명의 궁녀가 있었고 가기도 매우 많았다. 궁인들 중에는 궁중에 들어와 백발이 될 때까지 한 번도 황제를 보지 못하는 여인들이 많았다. 백거이는 「상양백발인上陽白髮人」에서 "상양궁 궁녀여, 상양궁 궁녀여, 홍안은 이미 주름지고 머리는 백발이 다 되었네. 녹색 옷을 입은 사자가 궁문을 지키니, 상양궁에 갇혀 청춘을 다 보냈네."25)라고 읊어 궁에서 청춘을 흘려보낸 궁녀들의 가련한 모습을 묘사했다. '영정혁신'을 펴면서 궁녀와 가기 900명을 내보내 구선문에서 가족들이 맞이하도록 허가했는데 식구들이 한자리에 모이자 만세로 환호했다.

왕숙문 등은 이러한 폐정의 근절과 동시에 실권 영역의 고질병에 대해서도 대수술을 시도했다.

가장 먼저 재정권을 통제했다. 재정은 덕종 이래로 중대한 문제였다. 덕종은 살아있는 동안 이를 해결하려 했지만 결국 실패했다. 왕숙문은 태자 이송을 보좌하는 동안 냉정하게 18년을 지켜보면서, 재정은 다른 문제를 해결하기 위한 전제조건이고 정치를 진흥하는 관건이라는 사실을 깊이 인식했다. 그러나 이 분야의 합당한 인재가 없어 손을 쓸 수 없었다.

유우석 등과 토론한 뒤 당시 재정 분야의 명신 두우杜佑를 '도지병염철사度支幷鹽鐵使'로 임명하고 왕숙문 자신이 보좌하면 비교적 일처리가 합당할 것이라고 생각했다. 유우석은 과거 두우의 부하로 있으면서 높은 평가를 받았기에 두우가 정사正使가 되면 꼭 유우석에게 문서를 책임지게 할 것이라고 판단했기 때문이다. 특히 두우는 당시 재

---

24) 당대 이후 궁중에 설치하여 음악 · 무용 · 배우 따위를 관장하던 곳
25) 上陽人, 上陽人, 紅顏暗老白髮新, 綠衣使者守宮門, 一閉上陽多少春!
(상양인, 상양인, 홍안암로백발신, 녹의사자수궁문, 일폐상양다소춘!)

보輔 겸 덕종산릉사德宗山陵使로 있었기에 정사가 되어도 실제업무 처리를 하지 않을 것이어서 왕숙문 부사가 실질적인 정사가 되는 것이나 마찬가지였다. 영정 원년(805년) 3월 17일, 두우를 '도지병염철사', 왕숙문을 부사로 임명한다는 조서가 반포되었다. 두우가 유우석에게 문서 관리를 맡기고 자신은 실질적인 업무에 참여하지 않을 것이라는 왕숙문의 예상은 그대로 들어맞았다.

이어 환관의 군권박탈로 눈을 돌렸다. 영정 원년(805년) 5월, 왕숙문 등은 주도면밀한 계획을 세우고 우금오대장군右金吾大將軍 범희조范希朝를 좌우신책경서제진행영병마절도사左右神策京西諸鎭行營兵馬節度使로 임명한다. 범희조는 명신이자 노장으로 이 직무에 적합한 인물이었다. 그래서 그의 임명에 대해 환관 우두머리의 경계심을 피할 수 있었다. 왕숙문은 신책군에 대한 통제권을 확보하기 위해 도지낭중度支郎中 한태韓泰를 좌우신책군행군사마左右神策軍行軍司馬로 임명해 범희조를 보좌하게 했다. 그러나 한태는 이미 확실한 '이왕' 집단의 일원이어서 그가 임명되자, 신책군의 실권을 장악하고 있던 대환관 구문진과 유광기劉光琦는 즉시 경계심을 품기 시작했고 이것이 '이왕'의 권력 찬탈을 위한 포석임을 간파했다. 그리하여 신책군에게 범희조와 한태의 명령을 따르지 말 것을 비밀리에 명령했다. 범희조와 한태가 봉천에 온 뒤에도 오랫동안 와서 보고하는 사람이 없어 이 계획은 수포로 돌아가고 말았다.

아울러 번진 제어책도 마련했다. 영정 원년(805년) 4월, 검남서천절도사劍南西川節度使 위고韋皐는 심복 유벽劉辟을 경사京師에 보내 왕숙문을 위협하고 달래 검남 3천(검남 서천과 동천 및 산남 서도를 합해 삼천이라 함)의 완전한 점유를 요구하며 자신의 기반을 넓히려 했다. 분노한 왕숙문은 유벽을 질책하고 위고의 무리한 요구를 단호하게 거절했다. 유벽이 온 다음날, 왕숙문은 재상 위집의에게 유벽의 처형을 요청하는 편지를 보냈다. 그는 이것으로 본보기를 보여주고 번진의 세력이 커지는 것을 막으려했지만, 재상 위집의는 신중하게 고려한 끝에 결국 그의 뜻을 따르지 않았다. 그리하여 이 계획도 물거품이 되었다.

훗날의 사학자들은 이러한 개혁조치가 모두 영정 원년에 공포한 것이라 하여 '영정혁신' 이라 이름 지었다.

3. 혁신 반대파의 반격

왕숙문이 어려움을 딛고 개혁을 진행하고 있을 때 전중시어사殿中侍御史 두군竇群은 왕숙문을 만나 "지난해 이실이 어명을 어긴 일로 사람들이 놀랐을 때 당신은 어디에 있었습니까? 당신은 단지 길가에서 우물쭈물하는 강남의 말단 관리였을 뿐입니다. 지금 당신은 당시의 이실과 비슷한 상황에 처해 있습니다. 어째서 오늘날 길가에 당시의 당신과 같은 사람이 있지 않을까를 생각하시지 않는 것입니까?"라고 개혁조치의 신중한 이행을 건의했다.

두군이 왕숙문에게 이 말을 할 때 왕숙문은 아랑곳하지 않았지만 혁신파가 직면한 가혹한 현실은 이미 무시할 수 없는 상황이었다.

'영정혁신' 가운데 많은 조치, 특히 재정과 군권 및 번진개혁 조치와 의도는 중앙 조정에서 지방 절도사에 이르기까지 많은 사람들의 불안과 분노를 불러일으켰다. 그들의 이익과 지위를 위협하는 조치였기 때문이다. 개혁 초기에 조정의 일부 원로중신과 황제 곁에서 실권을 장악하고 있는 환관 및 번진 장수들은 불안한 마음으로 지켜보

앉지만, 이제는 공개적으로 불만과 분노를 표시했고 연합하여 혁신파에게 반격을 가하기 시작했다.

개혁의 실패와 '이왕팔사마' 사건

반격의 첫 걸음은 이순李純을 태자로 세우는 것이었다. 이순은 순종 이송의 아들이고 당시 광릉왕廣陵王이었다. 환관들은 장남인 이순을 끌어들여 '이왕' 개혁을 지지하는 순종황제를 이순으로 대체하려 했다. 순종이 즉위한 지 얼마 되지 않아 왕숙문이 계속해서 혁신 조치를 반포할 때, 한림학사 정인鄭絪과 위차공 등은 순종의 건강이 좋지 않고 이순이 장남인 이유를 들어 일찍이 이순을 태자로 세워야 한다고 건의했었다. 그러나 왕숙문은 아직 이순의 정치적인 입장을 파악하지 못해서인지 '현명한 사람을 세우고 적장자를 세우지 않는다'는 이유로 거절했다.

그 뒤 환관 구문진과 설문진 및 유광기 등은 원래 서왕 이의를 태자로 세우려 했지만, 당시의 형세가 그들에게 매우 불리하자 정인, 위차공 등과 적극적으로 연계하고 합의하여 순종의 침실에 뛰어들었다. 순종의 시중을 들던 우소용과 이충언 등은 막아내지 못하고 정인은 옷소매에서 이미 준비해두었던 종이를 꺼내 순종에게 보였다. 종이에는 '입적이장立嫡以長(장자를 세운다)'이란 네 글자가 적혀 있었다. 순종은 이미 중풍으로 기억력이 전혀 없어 종이를 한참동안 물끄러미 쳐다보다가 갑자기 머리를 끄덕였다. 구문진 등이 이 모습을 보고 함께 머리를 바닥에 조아리고 '만세'를 외쳤다. 즉시 조서를 기초하여 정식으로 이순을 황태자에 책봉했다. 왕숙문은 정인이 선포한 태자 책봉 조서를 들었을 때 혁신이 실패할 것임을 예감했다.

곧 왕숙문의 한림학사 직무 해제가 뒤를 따랐다. 이순이 태자에 책봉되자 재상 위집의는 박식한 학자 육질을 태자시독太子侍讀으로 임명했다. 위집의와 육질은 모두 '이왕' 집단의 일원으로 위집의가 육질을 임명한 데는 수시로 태자의 동향을 파악해 미래 천자의 동정과 지지를 얻으려는 포석이 깔려 있었다. 또한 그 자신은 물러나고자 하는 의도도 있었다. 육질은 왕숙문의 확고한 지지자였지만 처세에 능한 정치가가 아니었다. 그가 태자 앞에서 몇 마디 하다가 즉시 태자에 의해 서시낭했다. 태자는 "폐하께서는 선생을 나에게 경서를 가르치라고 보냈는데 왜 다른 얘기를 합니까? 다시는 말하지 마세요."라고 일축했다.

육질은 입을 다문 채 물러나서 돌아와 왕숙문에게 알렸다. 왕숙문은 더욱더 불안해졌다. 과연 며칠이 지난 어느 날, 왕숙문이 평상시처럼 한림원에 왔을 때 그를 맞이한 것은 한 장의 조서였다. 왕숙문을 한림학사 직위에서 해임하고 호부시랑戶部侍郞으로 임명한다는 내용이었다. 왕숙문은 이 조서의 심각성과 함께 이것이 구문진 일당의 조작이라는 사실을 알고 있었다. 그는 연이어 상소를 올려 이충언과 우소용 등 순종과 가까운 사람들을 통해 상황을 되돌리고자 했다. 심지어 직접 궁에 들어갔으나 실질적인 재상과 같은 한림학사 자리를 끝내 되찾지 못했다. 그리하여 늘 "출사하여 승리하지 못하고 이 몸이 먼저 죽는구나. 영웅의 얼굴에 눈물뿐이네."라는 비분의 시구를 읊곤 했다.

세 번째는 순종에게 압력을 가해 퇴위하게 하고 태자 이순을 즉위시키는 순서였다. 한림학사 직무를 박탈당한 왕숙문은 얼마 뒤 모친상으로 부득이하게 직무에서 떠나게 되었다. 이즈음 위집의는 이미 완전히 변절해 태자파가 되어 있었다. 왕비·유종원·유우석·한태

등은 한편으로는 궁중의 이충언 일파를 통해 병석에 있는 순종의 위세를 등에 업고 세력을 지탱하려 했고, 다른 한편으로는 재보 두우의 힘을 이용해 일부 조정 신하들의 지지를 얻으려 했다. 왕비는 이 계획의 주요 책임을 맡고 많은 노력을 했지만 아무런 성과를 얻지 못했다.

그는 거대한 정치적 압력으로 정신이 점차 붕괴되어 이때부터 문을 나서지 않았다. 당시 구문진 등은 자신들의 세력은 밖으로는 번진의 성원, 안으로는 조정 관리들의 지지를 얻고 있으며 또 신책군을 장악하고 있는 반면, '이왕' 집단은 세력이 약하고 태자의 태도 역시 분명해 시기가 성숙했다고 판단하고 결단을 내렸다. 그들은 7월 중순 순종을 모시는 이충언과 우소용을 사라지게 했다. 7월 하순에는 한림학사들에게 "황제는 태자로 하여금 잠시 군국대사를 처리하라고 명하셨다. 여러 학사들은 즉각 조서를 작성하라."고 선포했다. 7월 28일에 조서가 내려졌다.

이튿날, 태자는 백관들을 접견하고 재상과 상의한 뒤 이를 천하에 알리고 군국대사를 처리하기 시작했다. 8월 4일에는 내궁에서 황제의 '양위조서'가 나왔다. 다음날 이미 '태상황'이 된 순종은 불과 7개월밖에 되지 않는 황제의 보좌와 정식으로 고별하고 사람들의 부축을 받아 수레를 타고 홍경궁으로 거처를 옮겼다. 그날 또한 '태상황'의 조서를 내려 8월 9일에 태자가 즉위하게 하고 '영정永貞'의 개원과 대사면을 명했다. 8월 9일, 태자 이순이 정식으로 황제의 자리에 오르니 바로 '헌종憲宗'이다. '이왕' 집단의 개혁을 지지하던 순종은 정치무대에서 '퇴위'했다.

순종의 퇴위와 헌종의 즉위는 '영정혁신'이 완전히 종결되었음을 의미한다. 혁신파 인물의 운명도 이로 인해 방향이 정해졌다.

헌종이 즉위하기 전인 8월 6일, 이미 왕비는 개주사마開州司馬로, 왕숙문은 유주사마渝州司戶로 좌천됐다. 개주와 유주는 경성에서 각각 1,460리와 2,748리 떨어진 먼 지역에 위치해 있다. 얼마 되지 않아 왕비는 개주에서 죽었고 왕숙문은 이듬해 처형당했다.

영정永貞 원년(805년) 9월 13일, 헌종은 신책군사마 한태를 무주자사撫州刺史로, 사봉랑중司封郎中 한엽을 지주자사池州刺史로, 예부원외랑 유종원을 태주자사邵州刺史로, 둔전원외랑屯田員外郎 유우석을 연주자사連州刺史로 좌천시켰다. 같은 해 11월 7일, 위집의도 재상에서 애주사마崖州刺史로 좌천되었다. 6일 뒤 13일에는 조정에서 '이왕' 집단에 대한 처벌이 너무 가볍다고 여겨 다시 한태를 건주사마虔州司馬로, 한엽를 요주사마饒州司馬로, 유종원을 영주사마永州司馬로, 유우석을 낭주사마朗州司馬로, 하중소윤河中少尹 진간을 대주사마臺州司馬로, 화주자사和州刺使 능준을 연주사마連州司馬로, 악주사마岳州司馬 정이를 침주사마郴州司馬로 강등했다. 위집의까지 합해 '이왕' 집단의 여덟 명의 주요 인물들은 모두 '사마'로 강등되었다. 그리하여 역사에서 이를 '이왕팔사마' 사건이라 한다.

4. 영정혁신의 실패 요인

개혁의 속도가 개혁을 실패로 이끌다

우선 개혁집단이 의지한 순종은 힘을 가진 지지자인 반면 주요한 불리 요소이기도 하다. 봉건시대의 정치혁신은 모두 위로부터 아래로의 운동이었다. 최고통치자의 지지가 없으면 정치혁신은 불가능했다. 순종 본인은 개혁의 의지가 매우 강했다. 그는 중풍에 걸려서도 '이왕' 집단의 개혁 조치를 변함없이 지지했다. 이는 혁신파에게는 매우 유리한 조건이었다. 그래서 순종이 황제가 된 뒤 각종 개혁 조치가 순조롭게 반포되었다.

그러나 이러한 유리한 조건이 반대로 매우 불리한 요소가 되기도 했다. 그것은 바로 순종의 건강 상태였다. 중풍에 걸린 그는 많은 경우 말을 잘 할 수 없었기 때문에 '이왕'이 충분히 이용할 수 있었지만 반대파 또한 이 사실을 충분히 이용할 수 있었다. 개혁 과정에서 나타난 풍파는 이 점을 분명히 설명해준다. 왕숙문은 이를 이용해 여러 가지 개혁조서를 내리고 중요 관직을 위임했지만, 개혁의 반대파 구문진 등도 이를 이용해 태자를 옹립하고 왕숙문의 직위를 해임했다.

심각한 병을 앓고 있던 순종은 언제라도 세상을 떠날 수 있었는데 이는 '이왕' 집단에게는 가장 든든한 후원자를 잃을 위험을 안고 있다는 사실을 의미했다. 그래서 이 개혁은 시작부터 매우 큰 모험성과 시간적 제한을 내포하고 있었다. 그 뒤의 사실도 이 점을 증명한다. 순종이 세상을 뜨자 혁신운동도 연기처럼 사라지고 말았다. '상앙변법商鞅變法'과 봉건시대 일부 변법운동도 거의 모두가 이와 비슷한데 다만 차이가 있다면 시간의 길고 짧음일 뿐이다.

다음으로, 개혁의 속도가 너무 빠르고 '폐단을 없애려는 마음이 너무 조급'했다. '영정혁신'의 주요내용은 모두 정확하면서 진보적이었다. 그러나 개혁의 속도가 분명히 너무 빨랐다. 반년도 되지 않는 사이에 조야의 많은 분야, 특히 환관전권과 번진할거와 같은 오랫동안 존재해온 고질병에 관련된 일련의 혁신조치를 연이어 반포했다. 개혁의 의도가 너무 일찍 드러났고 그 조치 또한 주도면밀하지 못했다. 그 예로, 검남절도사 위고가 심복 유벽을 보내 왕숙문에게 3진을 요구했을 때 왕숙문이 위협과 회유를 뿌리치고 정치가로서 확고한 의지와 고상한 품격을 보여준 점은 매우 긍정적인 것이다. 그러나 그는 그렇게 쉽게 분노를 드러내며 다음날에 바로 재상 위집의에게 유벽의 처형을 요청하지 말았어야 했다. 위집의는 이렇게 경솔하게 행동하면 좋지 않은 결과를 초래할 수 있다고 경고했다. 그러나 왕숙문은 화를 내면서 위집의에게 처음의 약속을 잊었다고 질책하여 위집의를 매우 난처하게 만들었다. 위집의는 여전히 인내심을 갖고 "난 당연히 약속을 잊지 않을 것이오. 내가 지금 신중하게 일을 처리하는 것은 다른 뜻이 있어서가 아니라 당신의 일을 성사시키기 위해서요."라고 왕숙문에게 자중을 당부했다. 이는 성의가 담긴 말이라 할 수 있지만 왕숙문은 듣지 않았다.

이렇게 공개적으로 떠들자 검남절도사 위고와 기타 번진 수령들은 앞다투어 상소를 올려 왕숙문을 반대하고 환관들과 연합하게 되었다. 이것이 '영정혁신'을 실패로 이끈 중요한 원인 중의 하나다. 또 두우를 도지염철사로 임명할 때 곧바로 왕숙문을 부사로, 범희조를 신책군 수령으로 임명할 때도 바로 한태를 부사로 임명하여 반대파의 경각심을 불러일으켰다. 그리하여 여러 세력들이 신속히 손을 잡고 혁신파와 그 혁신조치에 공동으로 대응해 혁신운동을 위기에 빠뜨린다.

배타성과 지도자들의 인격적 결함으로 혁신이 실패하다

다음으로 '이왕' 집단은 더욱 많은 인사들을 끌어들이지 못했고 내부에서도 분열이 생겼다. '이왕팔사마'는 모두 당시의 정치 엘리트였고 개인의 역량도 결코 약하지 않았다. 그러나 단지 이들 10여 명이 거대한 사회혁신운동을 진행하기에는 역부족이었다. 왕비가 과거시험을 주관할 때 문전성시를 이루었는데 매일 몇십 명을 채용해 역량을 확대하는 것처럼 보였다. 그러나 그의 말에 의하면 채용한 사람은 '대부분 평소에 왕래하던 쓸 만한 사람들'이라고 했다. '쓸 만하다'는 것은 좋지만 '평소 왕래하던 사람'이라는 점은 옹졸한 면을 보여준다. 왕숙문은 이를 개의치 않았고 도리어 "생각이 다른 자는 절대 쓰면 안 됩니다. 이 원칙은 반드시 지켜야합니다!"라고 강조했다.

이로 인해 개혁진영이 '동심'을 갖고 있었지만 '동화'는 되지 못했다. 게다가 많은 사람들의 미움을 사게 되었는데 그 중에는 개혁을 반대하지 않는 사람들도 많았다. 왕숙문을 일깨워 준 전중시어사 두군도 바로 그런 사람이다. 아쉽게도 왕숙문은 이 작은 인물의 직언을 흘려들었고, 좁은 시야에 갇혀 더 많은 사람들과 하나가 되지 못했다. 점점 우월감을 과시하여 조야의 많은 관리들이 그들을 한 무리의 전횡을 일삼는 사당私黨으로 보게 되었다.

실제로도 왕숙문과 위집의 사이에 갈등이 점차 커지고 있었다. 유벽사건으로 견해차가 생기고 난 뒤 '양사악羊士諤사건'으로 모순이 심화되었다. 양사악은 원래 진사 출신이고 '이왕' 집단의 여온과도 좋은 관계를 유지했지만 두군과 성격이 비슷해 자기를 내세우기 좋아했다. 선흡절도부宣歙節度府 순관巡官이었던 그는 영정 원년(805년) 5월 수도에 출장 왔다가 왕숙문이 많은 사람들의 비판을 받고 있다는 말을 듣고 떠오르는 생각이 있어 대중 앞에서 공개적으로 왕숙문을 비판했다. 왕숙문은 이 사실에 매우 분개하여 하찮은 하급 관리까지 이렇게 날뛰면 자신이 위엄을 세울 수 없다고 판단하고 한 사람을 처형해 여러 사람에게 본보기를 보이려했다.

그는 재상 위집의에게 양사악의 참수를 명하는 조서를 내려달라고 부탁했다. 위집의가 동의하지 않자 왕숙문은 또 대리사大理寺에서 매를 쳐서 죽일 것을 요구했으나 위집의는 이것 또한 반대했다. 분노가 폭발한 왕숙문은 여러 사람 앞에서 위집의가 배은망덕하다고 욕을 퍼붓는 바람에 소문이 파다하게 퍼져 모든 사람들이 이 사실을 알게 되었다. 이로 인해 혁신파의 체면이 땅에 떨어졌고 혁신파 내부의 갈등을 조정에 폭로하게 된 셈이다. 그래서 청나라의 왕부지王夫之는 왕숙문을 "도량이 좁고 경솔하다."라고 비판했다. 혁신파 지도자로서의 치명적인 결함을 지적한 말이다.

마지막으로 '이왕'의 신분과 출신도 그리 유리한 요소가 아니었다. 왕숙문과 왕비는 모두 남방 사람이다. 왕숙문은 비록 백성의 고통에 대해 많은 관심과 정치개혁의 이상을 품고 장안으로 왔지만 공을 세워 이름을 널리 떨칠 능력이 없었고 선비라고 할 수 없었다. 또한 진사시험은 치른 적도 없었고 오로지 바둑을 잘 두어 태자를 모시는 행운을 얻었다. 왕비는 남방에서 장안에 왔을 때 여전히 사투리를 썼고 키가 작고 생김새가 평범해 사람들은 그를 보면 출신이 비천하다는 것을 대뜸 알 수 있었다. 그는 많은 조정의 인사들에게 무시를 당했지만 단지 글을 잘 쓴다는 이유로 궁에서 대조待詔를 맡게 된 것이다.

봉건사회의 조정에서 출신이 비천하고 과거시험을 거치지 않았다는 점은 매우 불리하게 작용할 수 있다. 물론 왕숙문도

이동하는 금룡(金龍)

이에 대해 매우 잘 알고 있었다. 그래서 장안에 오자마자 그는 부진符 秦시기의 명신 왕맹王猛의 후예라고 자칭하며 자신의 신분을 높이기 위해 노력했다. 그러나 대부분은 이 말을 믿지 않고 일제히 요행으로 승진한 소인이라 여겼다. 이왕개혁 과정에서 환관 독재의 근절이 목표의 하나였음에도 불구하고 자신은 환관 이충언을 통해 조정 안팎과 소통했던 처사는 모순이고 우스운 일이 아닐 수 없다. 개혁조치의 공포를 위해 준비할 때, 함께 할 수 있는 일을 일부러 비밀리에 진행하고 별거 아닌 일을 위험하게 만들어 사람들을 불안하게 했다. 특히 개혁이 진퇴양난의 상황에 빠졌을 때 왕숙문의 어머니가 세상을 떠났다. 당시 관례로는 모친상을 당하면 관직을 버리고 3년간 묘를 지켜야 하는데 만약 숨기고 알리지 않으면 처벌을 받았다. 그러나 왕숙문은 이 문제를 잘 처리하지 못했다.

어머니가 분명히 돌아가셨음에도 불구하고 직접 한림원에 가서 여러 사람들에게 술을 권하면서 어머니가 중병에 걸렸다고 거짓말을 했다. 그리고는 "제가 며칠간의 휴가를 신청할 것입니다. 만약 이 사이에 저를 비방하는 자가 있으면 여러분이 도와주시기 바랍니다."라고 도움을 청했다. 그 자리에 있던 구문진은 "대인께서는 나라를 위해 몸과 마음을 바친다고 자칭하시면서 남의 비방을 상관할 필요가 있습니까?"라고 대들었다. 이때 왕숙문의 식솔 두 명이 옆에서 "어머니께서 돌아가셨는데 여기서 술을 마실 정신이 있습니까!"라고 소곤거렸는데 구문진이 이 말을 들었다.

다음날, 왕숙문은 여러 환관들을 한림원에 초청해 술자리에서 "똑똑히 들으십시오. 황제(순종)께서는 이미 건강을 회복하시고 지금은 예전처럼 황궁 정원에서 말을 타고 토끼를 사냥하고 계십니다. 만약 감히 딴마음을 품으신 분이 계시다면 허리를 자르겠소!"라고 협박했다. 이러한 강온 양면책과 공갈협박의 수단은 그다지 훌륭한 방법이 못될 뿐만 아니라 오히려 다른 사람의 인격을 무시하는 처사로 조정의 인사들은 점점 그를 멀리했다. 고립무원의 처지에 놓이게 된 그는 결과적으로 실패의 길로 들어설 수밖에 없었던 것이다.

'영정혁신'은 우담화가 잠깐 나타났다가 사라지는 것처럼 실패했다. 이 혁신운동이 실패한 원인 중 가장 중요한 원인은 통치자들이 당왕조가 이미 번성에서 쇠망의 길로 가고 있다는 사실을 인정하려 들지 않았다는 것이다. 또한 사회와 조정은 아직 이러한 변화의 추세를 역전시킬 역량이 없었다. 이것은 거울로 삼을 만한 역사의 교훈이 아닐 수 없다.

문하생과 관리의 끊임없는 파벌 싸움

― 공허하게 오래 지속된 '우이당쟁(牛李黨爭)',

붕당 간의 싸움은 봉건시대 정치에서 흔히 나타난다. 그러나 당나라 '우이당쟁(牛李黨爭)'처럼 오래 지속되고 화가 크게 미친 경우는 드물다. 봉건제왕은 한편으로는 신하들의 결당을 엄격히 금지하면서도 다른 한편으로는 그들 사이에 파벌 투쟁이 일어나 다스리는 데 편리하기를 바랐다. 이는 제왕들이 신하들을 제어하고자 했던 바람이자 왕조정치가 암흑과 쇠망의 길을 걷게 되는 원인 중 하나다. 당나라의 '우이당쟁'에서 이 사실을 분명하게 엿볼 수 있다.

당나라 후기 정치사에서 '우이당쟁牛李黨爭'은 오래 지속되었고 부정적인 영향이 매우 큰 사건이었다. '우이당쟁'은 얽히고설킨 인간관계로 인해 일어났기 때문에 이에 대한 관점과 평가는 일치하지 않는다. 그러나 이 사건이 당나라 후기의 치란흥쇠와 밀접하게 연관돼 있어 줄곧 관심과 연구의 주안점이 되어 왔다.

1. 당나라 후기 정치사의 큰 사건 '우이당쟁'

'우이당쟁'이란 통상적인 해석으로 말하면 우승유牛僧儒·이종민李宗閔을 우두머리로 한 측과 이덕유李德裕를 우두머리로 한 다른 측의 갈등과 투쟁이다. '우당'에서 이종민의 역할이 더 크기 때문에 일부 사람들은 '우이당쟁'

을 '이이당쟁二李黨爭'이라고도 부른다. 주로 이종민과 이덕유 두 파벌 사이의 싸움이었다.

헌종 원화元和 3년(808년), 조정은 '현량방정능언직간과賢良方正能言直諫科' 시험을 거행했다. 당시 과거시험은 '상과常科'와 '제과制科'로 나뉜다. '상과'는 또 '세거歲擧'라고 부르기도 하는데, 매년 정기적으로 거행하며 예부에서 시험을 주관하여 '예부시禮部試'라고 한다. 상과는 모두 6과로 나뉘는데 '진사과進士科'가 으뜸으로 꼽히고 벼슬길의 중요한 경로였다. '제거制擧'라고도 불리는 '제과'는 황제가 임명한 책사관策士官이 주관했다. 과목이 정해져 있지 않고 크게는 국가 시정방침에서 작게는 조정과 민간의 일을 묻는 책문策問(계책을 묻는 문제)이 출제되었다. 응시자는 책문에 답하는 형식으로 답을 작성하고 황제가 보고 다시 조정에서 참고했다. '제거' 시험 때 황제가 늘 직접 참석했기에 '전시殿試' 또는 '정시廷試'로 불리기도 했다. '제과'는 '상과'보다 정치와의 연관성이 더욱 밀접해 응시자는 대책을 통해 정치상황에 대한 생각을 표명할 수 있었다. 황제와 주임시험관은 응시자에게 정치에 대한 의견을 서술하게 함으로써 민간의 상황을 살피고 인재를 발굴했다. 특히 '현량방정능언직간과'는 직언을 표명하는 특색을 갖고 있었다.

'현량방정능언직간과'에는 이런 특성이 있어 당시 이 시험에 참가하는 응시자들은 답하는 글에 '절시의, 관정사切時宜, 觀政事(시의에 딱 들어맞게 정사를 관찰한다)' '지병위언指病危言(위험을 무릅쓰고 폐단을 지적한다)' 등의 문구를 써서 파문을 일으킴으로써 황제와 주임시험관의 주목과 칭찬을 받으려 했다. 이 때문에 때로는 시시비비로 번지고 심지어 자신에게 정치적인 위험을 안겨주기도 했다.

우이당쟁의 화근

　원화 3년의 이 시험이 문제를 일으켰다. 당시 과거시험 응시자 가운데 이종민과 우승유, 두 사람은 책문에서 조정의 번진평정 전쟁에 대해 다른 관점을 내놓았고, 황보식黃甫湜은 환관의 전권에 대해 크게 비판했다. 주임시험관은 양우릉楊于陵과 위관지韋貫之, 두 사람이었다. 이 시험에서 우승유와 이종민이 '장원급제' 했다. 시험 평가자 중에서 가장 높은 자리에 있던 재상 이길보는 유명한 주전파로 이 사실을 용납할 수 없었다.

　그는 헌종 앞에서 우와 이, 두 사람의 말은 이치에 닿지 않고 악의가 담겨 있으며 주임시험관인 양과 위, 두 사람도 책임이 있다고 자신의 의견을 열심히 피력했다. 헌종 역시 주전파여서 자연스럽게 이길보를 지지하게 되었고 결국 조서를 내려 양우릉을 영남절도사로, 위관지는 과주절도사果州節度使로 좌천시켰다. 우승유와 이종민, 두 사람도 당연히 중용되지 못했다. 재상 이길보가 바로 나중에 이당李党의 우두머리가 된 이덕유의 아버지다. 우이당쟁의 화근이 이미 이번 과거시험에서 움트고 있었다.

　목종穆宗 장경長慶 원년(821년), 이종민과 우승유 및 이길보의 아들 이덕유는 모두 조정의 관리가 되어 있었다. 이종민은 중서사인中書舍人으로서 이 직책은 재상직에 상응했다. 이해 3월, 매년 시행되는 과거시험 '상과'가 시작되었다. 주임시험관은 예부시랑禮部侍郞 전휘錢徽와 우보궐右補闕(간관) 양여사楊汝士였다. 시험 전 한림학사翰林學士 이신李紳과 서천절도사西川節度使 단문창段文昌은 주임시험관에게 쪽지를 보내 자신의 친척들을 잘 봐달라고 부탁했다. 그러나 합격자 명단에는 이신과 단문창이 추천한 사람이 없었다.

합격된 사람들은 대다수가 고관의 자녀들로 그중에는 시험을 주관한 양여사의 동생, 중서사인 이종민의 사위, 전 재상 배도裴度의 아들이 있었다. 단문창은 화를 삭일 수 없어 목종에게 다음과 같이 상소했다. '전휘 등 시험을 주관한 사람들이 사사로운 정으로 불법 행위를 저질렀습니다. 합격된 진사들은 모두 재능이 없는 고관 자녀들로서 뒷거래를 하고 암암리에 부탁을 하여 합격된 것일 뿐입니다.'

목종은 한림학사 이덕유와 이신에게 의견을 물었고, 두 사람은 단문창을 지지했다. 그러자 목종은 백거이 등에게 재시험의 주관을 맡겼다. 재시험의 결과 이전의 시험에서 합격한 사람은 모두 낙방했다. 목종은 이에 대한 책임을 묻지 않을 수 없어 중서사인 이종민을 검주劍州(지금의 사천성 검각재동 지역)자사로, 전휘는 강주江州(지금의 강서성 구강 일대)자사로 좌천시켰다. 이때부터 이덕유와 이종민, 두 사람은 각자 붕당으로 분열되면서 붕당 투쟁의 서막이 올랐다.

2. 대외문제에 대한 '이당' 과 '우당' 의 논쟁

두 차례의 과거시험 문제로 비롯된 붕당 간의 싸움은 그칠 줄 몰랐다. 조정과 민생民生의 수많은 문제를 둘러싸고 두 당파는 장기간에 걸쳐 격렬한 싸움을 벌였다. 특히 중요한 문제의 경우에는 심각한 정치적 이견이 존재할 수밖에 없었다.

당나라 후기 중앙왕조와 번진세력은 알력이 끊일 날이 없었다. 번진의 발호에 대처하는 문제를 놓고 우와 이, 양측은 여러 차례 논쟁과 의견충돌을 빚었다. 대체로 우승유를 대표로 하는 '우당牛黨' 과 인사들은 대다수가 신중론을 주장하며 스스로 양보해 분쟁을 없앨지 언정 쉽사리 무력을 동원해 다스리려 하지 않았다. 반면 이길보와 이덕유를 대표로 하는 '이당李黨' 진영의 인사들은 단호히 토벌전에 나서 번진을 평정하고 중앙의 권위를 다시 떨치자고 주장했다. 예를 들면, 헌종 원화元和 첫해 검남서천절도사 유벽劉辟이 반란을 일으키고 진해절도사 이기李錡가 왕명을 거역한 상황이 발생하자 이길보는 무력 토벌을 강력히 주장했다.

회서절도사 오원제吳元濟를 대처할 때도 이길보는 바로 없애야 한다는 주장을 내세웠다. 정식으로 무력 충돌이 일어나기 전에 이길보가 병사했지만 그가 주전론자라는 사실은 조정과 민간에서 다 알고 있었다. 무종武宗 시기에 이길보의 아들 이덕유가 정사를 맡았을 때도 그 역시 강경한 태도를 갖고 할거세력인 유진劉稹을 공격해 5개 주와 30개 현을 되찾았다. 이와 반대로 '우당'파 인사들은 이길보가 무력을 동원해 공을 세울 생각만 한다고 비난했다. 실제 상황은 고려하지 않고 백성의 부담과 생존에 관심을 두지 않는다는 내용이었다.

원화 12년(817년) '이당李党'의 재상 배도가 회서반란 토벌을 위해 전력을 다해 준비하고 있을 때 '우당'의 이봉길과 영호초 등은 암암리에 방해하고 혹은 공개적으로 반대했다. 문종文宗 태화太和 5년(831년), 유주幽州 양지성楊志誠이 사령관 이재의李載義를 쫓아냈다. 황제가 이유를 묻자 재상 우승유는 "범양은 안사의 난 이후부터 우리 조정의 소유가 아닙니다. 목종 재위 시 유총을 평정하는 데만 조정은 군비로 80여 관을 소모했지만 아무런 이득도 얻지 못했습니다. 지금 양지성이 이재의의 권력을 빼앗았지만 이재의가 절도사로 있을 때와 비슷한 상황이니 조정은 간섭할 필요가 없으십니다. 그의 합법성을 인정하고 그를 이용해 거란에 대항할 수 있으니 대규모 군대를 동원하여 토벌할 필요가 있겠습니까?"라고 대답했다.

국경수비 및 안정문제에 대해서도 심각한 이견이 존재했다. 대표적 사례가 '유주사건維州事件'이다. 유주(지금의 문천 서북)는 토번과 인접한 지방으로 수나라 때 강족羌族이 점령했다. 당 고조 무덕 7년(624년)에는 강족이 당나라에 예속되어 있었고, 이 지역에 강유성姜維城이 있어 '유주'라 이름 지었다. 유주는 숙종 건원 2년(759년), 토번에 의해 함락되었다. 덕종 시기에는 위고가 여러 차례 출병해 공격했지만 모두 성공하지 못했다.

문종文宗 대화大和 5년(831년) 9월, 토번吐蕃의 유주부사維州副使 실달모悉怛謀가 투항한 뒤 여러 장수들을 거느리고 성도로 왔다. 이덕유는 우장검虞藏儉을 유주자사로 임명하고 유주성을 점령하라고 지시했다. 이어 그는 문종에게 "강족 3,000여 명을 해산시키고 13개의 다리를 태워버려 적의 중심지를 교란해 종전의 치욕을 씻으려 합니다."라고 보고했다. 문종은 상서성에서 백관을 소집해 이 문제를 상의하라고 지시했는데 대다수가 이덕유의 의견에 찬성했다.

그러나 우승유는 "토번은 지역이 광활하고 주변이 1만 리나 되는데 작디작은 유주를 잃어버린다 해도 세력에는 별다른 손실이 없을 것으로 생각됩니다. 근래 우리와 토번의 관계가 좋아졌고 쌍방이 전쟁을 중지하기로 약정을 맺었으니 위엄 있는 이웃으로서 신뢰를 지키는 일이 우선입니다. 만약 그쪽에서 질책하면 할 말이 없을 거고 대군을 출동시키면 3일 이내에 함양교까지 쳐들어올 것입니다. 그리되면 서남 지역 수천 리를 잃을 것이니 100개의 유주를 가진들 무슨 소용이 있겠습니까? 신뢰를 지키지 않으면 손해만 있을 뿐 이로운 게 하나도 없습니다. 이는 민간 백성도 아는 도리인데 천자께서는 말할 나위가 있겠습니까!"라고 일축했다. 일리가 있다고 생각한 문종은 이덕유에게 조서를 내려 유주를 토번에게 돌려주고 투항하러 온 실달모와 그 부하들을 토번으로 돌려보내라고 지시했다. 토번은 잔혹하게도 국경에서 이들을 전부 살해했다. 이 때문에 이덕유는 우승유를 뼈에 사무치게 증오하게 되었다.

3. 정치개혁과 불교에 대한 논쟁

'이당'은 정치개혁 문제를 중시해 실질적인 조치를 취한 반면, '우당'은 안전하고 확실한 대책이 상책임을 주장하며 현 상태를 유지하려고 하여 때로는 '복벽'26)을 꾸미기도 했다. 원화 연간 이길보는 당나라가 진나라에서 수나라에 이르는 어떤 왕조보다도 가장 많은 관리를 둔 왕조라 생각하고 성省을 주현州縣으로 병합해 불필요한 관리를 감원하자고 건의했다. 헌종은 이길보의 의견을 받아들여 원화 6년(811년) 1,769명의 중앙관리와 808명의 지방 관리를 감원했다. 무종 회창會昌 연간에도 정권을 잡고 있던 이덕유는 1,000여 명의 불필요한 관리를 정리했다. 그러나 '우당' 쪽의 생각은 달랐다. 이들은 이러한 감원조치가 정국을 혼란스럽게 하고 정국에 불리한 영향을 미치지 않을까 걱정하여 반대 자세를 취했다. 선종宣宗 대중大中 연간, '우당' 쪽 사람 백민중白敏中이 정권을 잡자마자 회창 연간에 축소한 주현관리를 383명 다시 증원했다.

'우당'의 우두머리는 대부분 과거를 통해 관직에 오른 사람들이다. 그래서 그들은 과거제도의 철저한 시행을 중시했고, 과거에서 선발된 인력을 높게 평가했다. '이당'의 우두머리 이덕유는 진사 출

---

26) 復辟 - 퇴위했던 황제가 다시 제위에 오르는 것

신이 아니라 조상의 덕에 힘입어 관직에 오른 인물이다. 이덕유는 재능이 없는 인물은 아니었지만 과거제도를 그다지 중시하지 않아 과거제도에서의 불법행위에 대해 불만을 품고 있었다. 어느 날 한 연회에 이와 우, 두 사람이 함께 참석하게 되었는데 고관의 자녀들을 얕잡아보는 성향이 있는 우승유가 이덕유를 보고 "기환지자綺紈之子(비단옷의 자녀)가 어찌 여기 앉아 있는가?"라고 농담을 했다.

이덕유는 나중에 무종에게 "소신은 과거시험 출신이 아니니 진사를 꾸짖을 자격이 없겠지만, 제 선조께서는 천보天寶 연간에 벼슬할 길이 없어 가까스로 응시했는데 의외로 급제하게 되었습니다. 이때부터 겉만 화려하고 실속이 없는 진사 과거제도를 증오하여 집에『문선文選』27) 을 두지 못하게 하셨습니다. 제 의견으로는 조정의 높은 자리는 고관 자녀들이 맡는 것이 좋을 듯합니다."라고 건의했다. 이덕유는 이런 인식 때문에 젊은 시절 과거에 응시하지 않았고, 나중에는 진사 과거제도를 개혁할 것을 주장했다.

처음 재상의 자리에 오른 대화 7년(833년) 이덕유는 진사과에 대한 몇 가지 개혁을 진행했다. 즉 시부詩賦시험을 중지하고 재상이 명단을 보는 것을 금지했다. 그러나 얼마 지나지 않아 이덕유는 이종민의 힘을 등에 업은 이훈李訓과 정주鄭注에 의해 조정에서 밀려났다. 권력을 잡은 이종민이 이덕유의 주장을 실행할 리가 없었다. 이후 다시 재상이 된 이덕유는 신속히 진사과 시험에 대해 개혁을 진행했다.

그 주요 내용은 두 가지다. 하나는 진사에 합격한 사람은 주임시험관을 '좌주座主(과거 시험관)' 라 부르지 못하며 합격한 사람은 주임시험관을 한번만 만날 수 있게 했다. 이후 다시 만나면 안 되고 시험관 집에서 연회를 해서는 안 된다. 과거제도에서 '좌주' 와 '문생門生(합격

---

27) 당시 진사 과거시험 때 반드시 읽어야 하는 책

자')이 스승과 제자의 관계처럼 각별히 친해지는 폐단을 없애려는 의도였다. 다른 하나는 '곡강대회曲江大會'를 금지한 것이다. 곡강대회란 진사 합격자들이 시험이 끝나고 나서 곡강호曲江胡에 모여 연회를 벌이는 것을 말한다. 이 연회에는 고관들이 참석했는데, 사위감을 고르러 오는 사람도 있었다. 황제가 곡강 강변의 자운루紫雲樓에 와서 진사들과 사귀기도 했는데 이 풍속은 점점 유행하게 되었다. 이덕유가 '곡강대회'를 중지한 주요 목적은 동창들이 모여 무리를 짓는 폐단을 제재하기 위해서였다. '우당'에서는 이러한 조치가 이덕유 자신이 진사 출신이 아니기 때문에 진사나 합격자에게 타격을 입히기 위한 처사라 생각해 반대했다.

사사건건 반대 입장에 섰던 이당과 우당

불교에 대한 입장에서도 양측은 일치하지 않았다. 당나라 후기 불교세력은 매우 빠르게 확장되어 이미 통치의 위험요인이 될 정도였다. 무종 회창 연간, 이덕유가 주관하는 억불 투쟁이 시작되었다. 조정은 회창 2년(842)에서 회창 5년(845년)까지 여러 방면에서 불교세력의 확장을 제재하는 조서를 반포했다. 그것으로도 모자라 무력을 동원해 불상을 파괴하고 강제로 전국의 승려와 비구니들을 환속시키고 사원을 없앴으며 그 재산을 몰수했다.

당시의 통계에 따르면 전국에서 파괴된 절이 4,600여 개, 환속한 승려와 비구니가 무려 26여 만 명에 이른다. 4만여 개의 초제난야招提蘭若(사원의 별칭)를 허물고 밭 수천만 경을 회수하고 15만 명의 노비를 국세부과 대상으로 전환했다. 무종 즉위 초기 전국의 호구는 211만5,000 호에서 회창 말기에는 495만5,000호로 증가해 5년 사이에 두 배 이상 증가했다. 새로이 증가한 280만 호는 거의 대부분 사원에서 해방시킨 것이다.

무종의 지지를 받은 이덕유가 조직적으로 진행한 폐불운동을 '우당'에서는 결코 찬성하지 않았으며 오히려 국가 이미지를 해친다고 생각했다. 선종宣宗이 즉위한 대중大中 원년(847년), '우당' 인사가 집권하자 불교에 대한 금지사항이 차츰 폐지되었다. 덩달아 승려와 비구니가 누리던 각종 우대 정책의 부활로 불교가 다시 성행하게 된다.

중요한 문제뿐만 아니라 그다지 중요하지 않은 문제에 있어서도 쌍방은 음모를 꾸며 상대의 흠을 들추려했다. 문종 재위 때인 개성開成 2년(837년) 5월, 조정은 회남에서 재직하고 있던 우승유 대신 이덕유를 회남淮南절도사에 임명했다. 규정에 의하면, 새로 부임하는 관리는 전임의 장부 점검과 실사를 진행하고 나서 조정에 보고해 즉시 인계받은 것과 앞으로 받을 것에 대한 근거자료로 삼았다. 그러나 이러한 업무처리 방식은 일반적으로 성문화되지 않았기 때문에, 새 관리의 부임과 함께 갑작스러운 재난의 발생에 따라 재정상의 곤란이 생기는 돌발 상황에 대비해, 새로 온 관리는 전임자의 장부에 기재된 내용에서 절반을 줄여 보고했다. 즉, 전임자가 넘겨준 장부에 돈과 비단을 합해 100만이라고 적혀 있다면 새로 온 관리는 50만으로 조정에 보고하고 나머지 차액은 "숫자와 창고의 실제 양이 맞지 않다." "인수인계할 때 공무로 가불했다." 등의 이유를 들어 받지 않았다.

이덕유가 자신의 후임으로 임명되었다는 명을 받은 우승유는 그와 직접 마주치기를 꺼려해 사무를 부사 장로張鷺에게 맡기고 먼저 사직하고 장안으로 갔다. 이덕유는 회남에 도착하자 관례에 따라 조정에 "장부에는 양주부 창고에 80만이 있다고 기록되었지만 40만만 받았습니다. 그 나머지는 부사 장로가 모두 써버렸습니다."라고 보고를 올렸다. 그가 이렇게 한 이유는 아마도 우승유에 대한 불만과 악의가 내포되어 있었을 것이다. 이때 동도유수로 전임된 우승유도 가만있을 수 없어 자신의 결백을 주장하는 상소를 올렸고, 같은 당의 다른 사람들도 이덕유의 터무니없는 상주를 탄핵했다. 황제는 할 수 없이 다시 실사를 진행하라고 조서를 내렸고, 그 결과로 나온 숫자는 한 치의 차이도 없는 80만이었다. 결국 이덕유는 궁지에 몰려 난처한 상황에서 반성문을 황제에게 올려 처분을 청할 수밖에 없었다.

4. 개인의 이해관계로 얽히고설킨 당파싸움

만약 단순히 정치적인 견해만 달랐다면 이상한 일이라고 할 수 없다. 문제는 정견이 다른 배후에 막연한 개인의 원한이 얽히고설켜 종파개념과 선입견이 저마다 머릿속에 뿌리 깊이 박힌 데 있었다. 물론 지금까지 어느 쪽이 군자이고 소인이냐에 대해서는 명확한 판단을 내리기 어렵지만, 쌍방은 물과 기름처럼 절대로 섞이지 못했다는 것은 분명한 사실이다.

이해관계에 따른 문파 간 분쟁을 잘 설명해주는 한 가지 일화가 있다. 원화元和 시기 최우보의 조카 최군崔群이 중서사인 임지에서 1년간 지공거知貢擧(과거를 주관하는 장관)로 있다가 해임되어 산림에 은거하고 있었다. 어느 날 부인이 그에게 "우리들의 자손들을 위해 장전庄田(장원에 딸린 논과 밭)을 두어야 하지 않겠습니까?"라고 물었다. 최군은 웃으면서 "나는 곳곳에 30개의 장전을 갖고 있는데 부인이 근심할 필요가 뭐가 있겠소?"라고 대답하자 부인은 망연자실한 표정으로 "어찌하여 제가 이 재산에 대해 들은 적이 없습니까?"라고 말했다.

최군은 의기양양하여 "내가 전해에 지공거를 하면서 30명을 합격시켰는데 그것이 다 좋은 땅이 아니겠소?"라고 말했다.

좋은 땅을 문생에 비유한 것은 이런 이해관계를 분명히 설명해주고 있다. 이종민과 우승유 등 '우당'의 구성원은 대부분 '좌주座主(과거시험관)'와 '문생門生(과거급제자)'의 이해관계로 연결돼 있었기 때문에 당연히 같이 복을 누리고 어려움을 함께해야 했다. '우당'의 핵심인물 이봉길에게는 막료 '8관16자八關十六子' 자가 있었는데 모두 문생 관리였다고 한다. '이당'의 이덕유는 그렇게 많은 문생은 없었지만 대대로 관리의 집안이어서 고관이 있는 것은 당연한 일이었다. 그리하여 당시 조정에는 "문생과 고관은 우씨가 아니면 이씨다."라는 말이 나돌았다. 이덕유 자신도 조정에서 적어도 전체 관리의 3분의 1 정도가 당파에 말려들었다고 인정했다.

상대파의 제거가 당파싸움의 최대 목적

조정의 대소 관리의 다수가 우씨가 아니면 이씨 일파이니, '좋은 땅'의 이익이 있다면 정치적 분쟁 중에 서로 밀어내려하고 어울리지 않는 것은 당연한 일이다. 장경長慶 원년(821년)의 과거시험 부정행위사건이 발생한 이후 이덕유의 '이당'이 승리하고, '우당'의 이종민은 조정에서 밀려나 검주자사로 좌천되었다. 이것은 이들의 첫 대결로 그 결과 이씨파가 득세하고 우씨파는 권력에서 밀려났다.

목종穆宗이 재위하던 장경 3년(823년), '우당'의 주요 인물인 이봉길이 정권을 잡았다. 당시 조건으로는 우승유와 이덕유, 둘 다 재상의 가능성이 있었다. 그러나 이봉길은 우승유를 재상으로 추천하고,

이덕유에게는 절서관찰사浙西觀察使를 맡겨 조정에서 쫓아냈다. 8년이란 세월이 지나갔지만 조정에서는 어떤 움직임도 없었다. 결국 이덕유는 평생 원한을 안고 살았다. 그러나 마침내 이씨가 득세하고 우씨가 권력에서 밀려나는 세월이 왔다.

무종이 황제에 등극하면서 드디어 이덕유가 권력을 잡았다. 당시 우승유는 산남동도절도사를 맡고 있었고, 이덕유는 당연히 복수의 화살을 당기려 들었다. 회창會昌 원년(841년) 8월, 양주襄州에 수재가 발생하자 이덕유는 이 지역의 재해를 우승유의 책임으로 돌려 그를 해직하고 유명무실한 직책인 태자의 사부로 전임시켰다. 동시에 그는 구실을 만들어 '우당'의 우두머리 이종민을 태자의 빈객으로 전임시키고, 다시 1년 뒤 이종민을 호주湖州자사로 강등했다. 이덕유의 복수는 여기서 그치지 않았다.

회창 4년(844년) 10월, 반역자 소의진昭義鎭의 토벌에 성공한 이덕유는 이 기회를 이용해 우승유와 이종민 등이 소의진과 결탁했다고 폭로했다. 대노한 무종은 우승유를 즉시 태자소부로, 이종민을 장주漳州자사로 좌천시켰다. 며칠 뒤, 다시 우승유를 정주汀州장사長史(자사의 부사)로 강등시키고, 이종민을 봉주封州로 유배 보냈다. 60일도 안 되는 사이에 '우당'의 두 우두머리가 3번이나 강등을 당한 사건은 당나라 역사에서 찾아보기 힘들다. 이덕유는 '우당'에게 숨 쉴 틈도 주지 않았다. 다시 이씨가 득세하고 우씨가 밀려난 것이다.

선종宣宗 대중大中 원년(847년), 이번에는 '우당'의 핵심인물 백민중이 정권을 잡았다. 사람을 시켜 이덕유를 모함하는 데 성공한 그는 이듬해 정월 이덕유를 조주潮州사마로 강등하고, 9월에는 바다 건너 해남도海南島의 애주사호崖州司戶로 임명해 본토에서 아예 쫓아냈다. 2년 뒤 이덕유는 애주에서 죽었다. '이당'의 설원상薛元賞은 충주忠州자사로 강등되고, 설원귀薛元龜는 애주사호로 좌천되었다. '이당' 중 이미 죽은 이신李紳 조차도 생전에 역임했던 3번의 관직이 박탈되었다. '이당' 과 가깝게 지내던 중서사인 최하崔嘏는 단주자사로, '이당' 의 지지자 이회李回·석웅石雄·정아鄭亞 등도 동시에 강등되었다.

반면, 백민중이 집권한 뒤에는 '이당' 에 의해 강등되었던 '우당' 인사들이 구제되거나 대우가 개선되고 혹은 복직되었다. 회창 6년(846년) 8월, 순주사마循州司馬로 좌천되었던 우승유가 형주장사衡州長史로 승직되고, 이듬해에는 동도東都 낙양으로 전임하여 태자소사太子少師에 임명되었다. 아울러 이종민의 유배처분을 철회하고 임시직으로 침주郴州(지금의 호남 영흥)사마에 임명했지만 부임 전 봉주에서 죽고 말았다. 대중 원년(847년) '이당' 에 의해 쫓겨난 조주장사가 이부상서가 되고, 해를 넘기자 같은 당의 이각李珏이 호부상서로 승직했다. 우씨가 일어나면 이씨가 수그러들고, 이씨가 죽어야 우씨가 살아났다.

여기에서 서술한 내용은 단지 두 당 간 당파싸움에서 몇 번의 비교적 큰 사건에 불과하다. 작은 규모의 분쟁은 수시로 일어났다. 한쪽이 권력을 잡기만하면 다른 쪽을 두들겨 패기에 바빴다. 그래서 헌종·목종·경종·문종·무종·선종의 수십 년 동안 두 당은 수없이 집권과 하야를 반복해 사람들은 정확한 이유도 모른 채 혼란스러워 했고 무엇이 옳고 그른지 판단을 내릴 수 없었다. 권력 이동 때마다 권력을 잡은 집단의 우두머리를 따라 자파의 많은 사람들이 고위관직에 오름과 동시에 상대편 집단의 많은 고관들은 우두머리와 함께 밀려나야 했다.

5. 우이당쟁 발생의 근본적인 원인

당나라 말기에 발생한 '우이당쟁'의 내막은 아직도 정확하게 밝혀지지 않았다. 일반적으로 사람들은 조정 관리들의 당파싸움이라고 정의를 내린다. 그러나 당파싸움이라면 봉건시대에 이미 존재했다. 한나라의 '당고지화党錮之禍'가 바로 그 예라 할 수 있다. 당고지화는 후한의 환제·영제 재위 때 환관과 학자들 간 권력투쟁을 말한다. 즉 환관들이 정권을 장악해 국사를 독차지하자 진번陳蕃·이응李膺 등 학자와 태학생들이 이들을 탄핵했으나, 도리어 환관들이 반격에 나서 이들의 평생 벼슬길을 막아 버렸다.

사람들의 가장 큰 관심은 '우이당쟁'의 진정한 원인에 있다. 어째서 이 싸움은 이렇게 격렬하면서 오래 지속될 수밖에 없었던 것일까?

'우이당쟁'은 두 번의 과거시험에서 비롯됐기 때문에 오랫동안 사람들은 두 당파의 출신과 신분에 중점을 두고 당쟁의 원인을 찾았다. 일반적인 해석은 '우당' 사람들은 대부분 과거 진사과 출신이고 중소지주의 이익을 대표하며, '이당' 사람들은 대부분 관리 집안 출신이고 사족지주의 이익을 대표한다고 말한다. 당쟁의 쟁점은 과거제도, 특히 진사과에 초점이 맞춰진 문제라고 간주하고 이견의 근본 원인을 바로 두 당 구성원들이 서로 다른 계층의 출신이라는 점에서 찾았다.

그러나 근대 중국과 외국학자들의 고증분석을 통해 내린 결론은 이와 사뭇 다르다. 일본의 현대역사학자 도나미 마모루礪波護(여파호)는 '우이당쟁'의 세부내용과 요지를 조사한 끝에 당쟁 시기의 주축인물 63명에 대해 당파를 분류했다. 그중 '우당'은 41명, '이당'은 22명이고 몇몇은 어느 당파에 속했는지 정확히 판단할 수 없다. 그의 연구에 따르면, '우당'의 41명 중 명문출신이 20명으로 49%를 차지한다. 그 가운데 진사와 제과制科에 모두 합격한 사람은 7명, 진사과만 합격한 사람은 12명이며, 부정합격으로 관리에서 제명된 자는 1명이다. 명문 출신이 아닌 사람 5명 중에서 진사와 제과에 모두 합격한 사람은 2명, 진사만 합격한 이는 2명, 서리(하급관리) 출신은 1명이다. 또 출신이 불분명한 사람 16명 중 진사와 제과에 모두 합격한 사람은 3명, 진사만 합격한 이는 7명, 벼슬길에 오른 방식이 불분명한 사람이 6명이다.

'이당'파 22명 중 명문의 자손은 12명으로 진사와 제과에 모두 합격한 사람은 4명, 진사만 합격한 이는 5명, 부정합격으로 해직된 사람은 2명, 제과만 합격한 사람은 1명이다. 명문 출신이 아닌 사람은 7명인데, 이 가운데 진사에 합격한 사람은 4명, 무인 출신은 1명, 벼슬길에 오른 방식이 불분명한 이는 2명이다. 출신이 불분명한 사람은 3명인데 모두 진사에 합격했다.

이러한 분석은 두 당파에서 과거에 급제한 사람과 관리집안 후손의 수가 대등하게 구성되어 있어, 어느 쪽이 과거제도를 지지하여 평민이익을 대표하고 어느 쪽이 과거제도를 반대하여 사족이익을 대표했는지 판단하기 어렵다는 사실을 보여준다. 특히 당나라 문헌이 부족한 상황에서 우리는 분석대상 인물 63명 하나하나에 대한 배경을 단정할 수 없기 때문에 그의 본적과 직계가족의 재산 상황 및 가족의 지위와 혼인관계도 확실히 알기 어렵다. 과거에 급제한 사람이 반드시 미천한 가문의 출신이고 부정합격한 사람이 반드시 명문 출신이라고는 단정할 수 없다. 단지 당파싸움은 통치계급 내부의 투쟁이었다고 말할 수밖에 없다.

황제가 당쟁을 이용해 권력을 공고히 하다

 실제로 당나라 후기 장기간 지속된 '우이당쟁'은 최고통치자인 황제와 직접적인 관련이 있다. 객관적으로 말하면, 신하가 무리를 지어 사리사욕을 꾀하는 행위는 역대 황제들이 가장 먼저 금하는 사안이고 언제나 가장 엄격한 제재 규정을 두었다. 그러나 만약 대립관계에 있는 인물들이 무리를 이룬다면? 이때는 반드시 제재를 가하는 것은 아니다. 물론 황제는 혼란스러워 골치 아프고 견제하게 되지만 반대로 이득을 보는 측면도 있기 때문이다.

 붕당이 나타나기 시작한 헌종 시기에 헌종은 조정에 몇 개의 파가 있는지에 상관없이 자신과 뜻을 같이 하는 쪽을 키웠다. 원화 후기, 회채淮蔡전쟁 승리 여부가 헌종의 번진藩鎭에 대한 강경정책의 성패를 가르는 관건이었다. 이때 배도와 이봉길, 두 사람의 싸움도 고조에 달했다. 번진 평정에 동의한 헌종은 회채를 소탕해 평정하려면 배도에 의지해야 한다고 생각했다. 그래서 배도를 전선에 파견하는 동시에 배도의 요청을 받아들여 전쟁을 반대하는 이봉길과 영호초令狐楚를 파직했다. 회채가 평정되고 하북 삼진이 예속되자, 헌종은 황보박皇甫鎛을 기용하려 했으나 배도의 강력한 반대에 부닥쳤다. 이때 헌종의 마음은 이미 국력을 키우는 쪽으로 기울었다. 배도의 고집이 가장 큰 장애가 되자 헌종은 배도를 "당의 의견을 너무 고집한다."라고 나무라고 영호초를 다시 불러들이고, 한유韓愈가 쓴 '회서를 평정한 기념비平淮西碑(평해서비)'를 세워 배도의 중용으로 불만을 품은 사람들을 위로했다. 이것이 황제가 붕당의 균형을 유지하는 가운데 자신의 이익을 위해 이용하는 하나의 실례다.

 재위기간이 매우 짧고 나이도 어린 경종敬宗은 이 점을 잘 이용했다. 보력寶歷 원년(825년) 이봉길이 재상으로 있을 때, 경종은 이봉길의 실적이 없자 배도를 다시 재상에 앉히려 했다. 그러나 곧바로 해임과 임명을 지시하지 않고 조용히 사람을 산남동도에 있는 배도에게 보내 "황제께서 조서를 내려 조정에 돌아오는 시간을 정했으니 그 시간에 맞추어서 행동하면 될 것이다."라고 전했다. 배도는 황제의 의도를 알아차리고 즉시 조정으로 돌아가기를 청하는 조서를 올렸다. 크게 놀란 이봉길은 급한 나머지 날조한 참언을 민간에 퍼뜨려 배도를 모함했지만 결국은 자신이 낭패를 보았다. 경종은 침착하게 상황을 바꾸어 놓았다.

문종文宗은 이러한 줄다리기에 더 많은 노력을 했다. 그가 막 황제가 되었을 때 환관들의 횡포가 매우 심각해 통치에도 위협이 되었다. 그는 이 문제의 해결을 위해 서로 충돌을 빚어온 양당을 포기하고 송신석宋申錫에게 의지했다. 송신석이 실패하자 문종은 다시 이종민과 우승유에게 희망을 걸었지만 이들도 그를 실망시켰다. 마침내 그는 이덕유라는 패를 쓰기 시작하고 이덕유가 과감하게 이종민과 우승유의 우당牛黨을 제거하는 것에 찬성했다. 이렇게 2, 3년마다 한 번씩 당파를 바꾸다 보니 두 당파의 갈등의 골은 더욱 깊어질 뿐이었다.

환관이 당파싸움을 이용해 세력을 키우다

황제 이외에 궁중의 환관들도 당쟁을 이용했다. 당나라 후기 환관들의 권세는 점점 강력해져 그 내부에서도 파벌이 조성되었다. 조정 관리와 환관들은 본래 물과 불 같아서 당시 '남아南衙(조정 관리들의 거주 지역)'와 '북사北司(환관들의 거주 지역)'가 대치한다는 말도 있었다. 그러나 환관들이 유리한 위치에 있었기 때문에 조정 관리들은 그들과 교류할 수밖에 없었다.

　당시 우·이 양당 조정 관리들의 환관에 대한 태도는 대체적으로 세 가지로 분류할 수 있다. 첫째는 환관들과 밀접한 관계를 유지한 경우다. 그 예로, 이종민은 문종 때 환관의 도움으로 재상이 되었고, 우승유를 승진시켜 정적 이덕유를 조정에서 밀어냈다. 둘째는 환관들과 야합하지는 않지만 감히 정면으로 맞서거나 싸우지 못한 관계다. 우승유가 바로 그 유형에 속하는 인물이다. 경종 시기 환관 왕수징王守澄이 권력을 독점하자, 우승유는 더 이상 제지할 엄두를 내지 못하고 지방관직을 자청해 화를 피하고 안녕을 도모했다. 송신석이 환관을 없애려다 사전에 누설되어 좌천되자 우승유는 남몰래 문종 앞에서 변명을 늘어놓으며 자신은 환관에게 아부하지 않는다는 입장을 밝혔다. 셋째는 환관들에게 대항한 경우다. 예컨대 영호초와 이고李固 등이 여기에 속한다.

　그러나 환관들도 조정 관리의 갈등을 충분히 이용해 자기들의 권력과 지위를 확대하고 공고히 했다. 우이당쟁이 격렬해지자 조정 관리들의 모든 관심은 정적과의 싸움에 집중되는 바람에 환관의 전권에 대해서는 신경 쓸 겨를이 없었다. 대환관 왕수징의 권세가 오랫동안 수그러들 줄 몰랐던 원인도 이와 밀접한 관련이 있다. 그래서 일부에서는 조정 관리와 환관의 관계를 반친28) 관계로 묘사한다. 조정 관리들이 시끄러울수록 환관들의 지위는 더욱 안정되고, 관리 사회가 안정되기 시작하면 환관들 내부는 들끓는다. 반세기 동안 조정의 당쟁은 환관들의 안정과 발전을 위해 좋은 시기와 기회를 제공했다. 환관들은 자기 발전을 위한 시간을 마련하고 기회를 만들기 위해 어떻게 해야 조정 관리들의 싸움을 그치지 않게 할 수 있는지 알고 있었

---

28) 反襯 - 문예나 회화에서 반대면을 묘사해 정면을 표현하는 기법

다. 이것이 우이당쟁이 오랜 기간 지속된 중요한 요소였다는 사실을 부정할 수 없다.

  문종은 우이당쟁의 심각성을 보고 "하북에 가서 도적을 물리치는 일은 쉽지만 붕당을 없애기는 참으로 어렵구나!"라고 탄식했다. 문제는 그가 전후의 황제와 마찬가지로 이렇게 탄식하면서도 한편으로는 붕당분쟁을 포함한 여러 세력의 갈등 속에서 자신의 황권을 튼튼히 했다는 데 있다. 그러나 결과는 오히려 자신의 바람과는 정반대로 나타났다. 국가역량은 붕당 분쟁에서 소모되고 생명은 환관들의 손에서 좌지우지되었다. 국토는 번진이 할거하는 가운데 분열되고 왕조는 이러한 갈등 속에서 멸망하고 말았다.

황권 위에 기생한 악성종양

— 환관의 전권과 '감로의 변(甘露之變)'

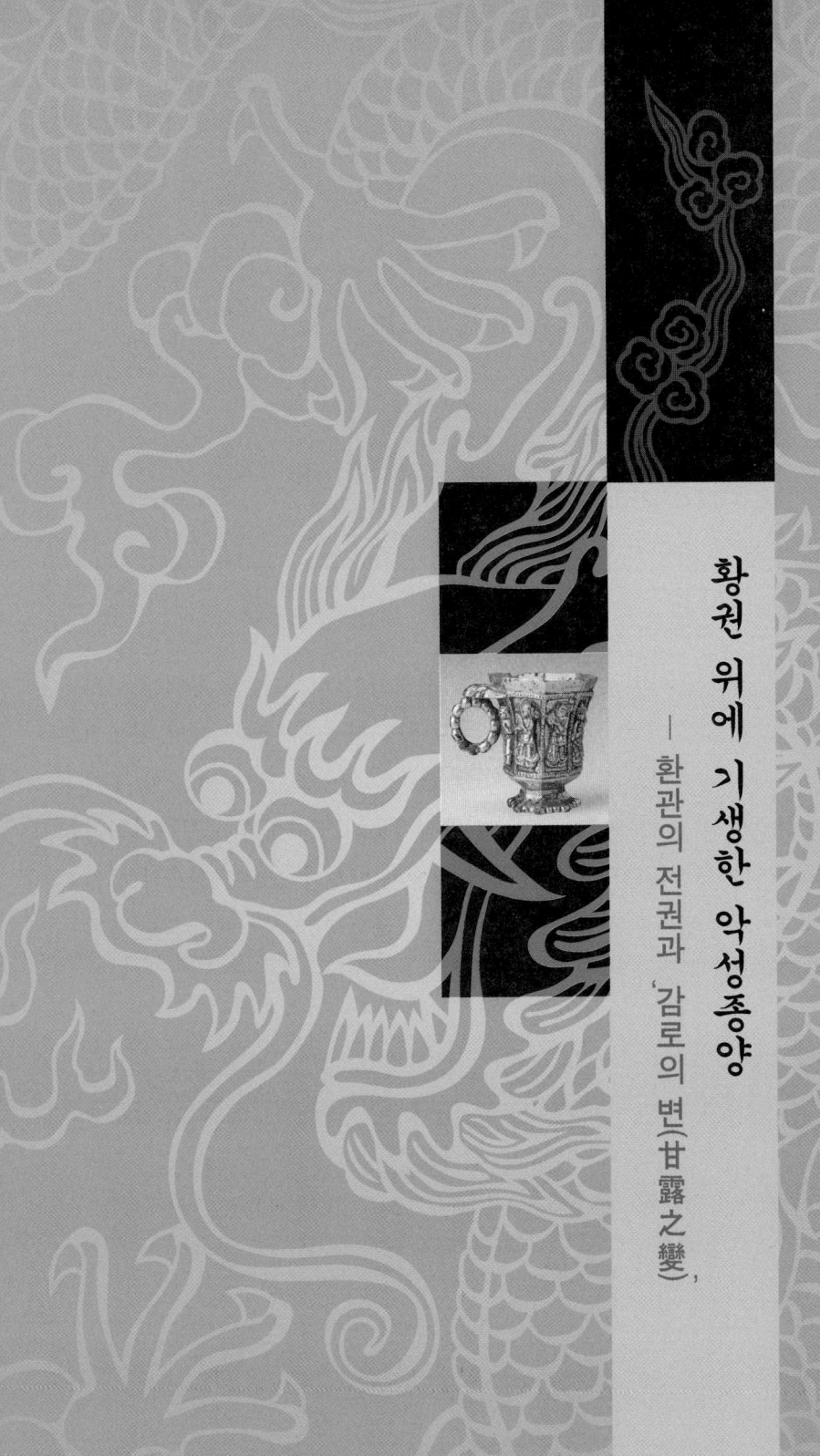

황제가 턱으로 지시할 수 있는 노예이기도 하고 반대로 황제 면전에서 턱으로 지시 할 수 있는 존재이기도 하다. 또 황제가 헌신짝 버리 듯이 버릴 수 있는 물건이나 다름없지만 도리어 황제의 폐위와 생사를 결정할 수 있는 존재가 되기도 했다. 이것이 무엇일까? 바로 환관이다. 당나라 중앙집권의 군주전제가 전대미문의 수준에 도달하자 환관의 전횡도 이와 마찬가지였다. 환관의 전횡은 군주전제제도에서 뿌리 뽑을 수 없었던 고질병이었음을 명확히 보여주고 있다.

우이당쟁과 함께 당나라 후기 환관의 세력은 나날이 강해졌다. 조정의 기강을 다시 세우려는 의지를 지닌 문종은 황제에게조차 위협적인 존재인 이 악성종양을 제거하려 했지만 철저히 실패한다. 이후 권력을 독점하게 된 환관은 오히려 황제를 제멋대로 주물렀고 당왕조를 멸망의 길로 이끈다.

1. 당쟁을 이용한 환관세력의 급부상

　　　　　　　　　　　　환관은 중국 봉건전제제도의 필연적인 산물로 당나라에만 존재한 것은 아니다. 일찍이 진한秦漢 시기, 특히 동한東漢 말기 환관세력은 전례 없이 강력해졌다. 그러나 위진남북조魏晉南北朝시대에 접어들어 강권정치의 발전에 따라 권문세족 영수와 황족이 공동으로 정권을 잡으면서 조정의 세력이 커진 대신 환관의 세력은 축소되었다. 이에 따라 환관사회는 직무의 축소와 함께 급속히 쇠퇴했고, 환관들은 정치무대에서 보조역할에 머물렀다. 삼국시대 촉蜀의 황호黃皓, 북위北魏시대의 종애宗愛와 유등劉騰 등 환관들이 일시 득세한 적이 있지만, 전체적으로 보자면 환관의 세력이 수그러드는 시기였다.

수·당隋唐 시기에 이르러 중앙집권의 통일 봉건왕조가 재건되고 발전함에 따라 환관세력도 다시 부상하기 시작했다. 당나라의 환관세력은 대체로 4단계의 발전 과정을 거친다.

환관세력의 4단계 발전 과정

태종에서 예종 재위 때까지는 환관세력이 다시 대두하기 시작하는 단계다. 태종은 전대에 환관이 정치에 간섭하던 역사적 교훈을 거울 삼아 환관들을 엄격히 제재했다. 환관은 단지 '대문을 지키거나 마당 청소를 하고 음식을 만드는' 존재일 뿐이었다. 태종 정관貞觀 연간부터 고종 영순永淳 연간까지 70년 사이에, 환관에게 권력을 준 적이 없었고 조금이라도 법도에서 벗어나면 엄벌에 처했다. 고종 이후 조정 내에서 황족, 외척, 황후와 후궁, 대신과 금군장수들은 서로 속고 속이는 분위기가 팽배했기에 내부 갈등은 극에 달했다.

무측천이 집권하면서 환관들이 권력을 잡기 시작했고 이들은 조정의 공신재상들을 견제했다. 중종이 복위하면서 정권을 장악한 위후韋后는 내조內朝의 권력 확대를 겨냥해 환관의 세력을 키우고 환관에게 작위를 주었다. 그 수가 3,000여 명에 달해 7품 이상을 받은 지방관리 1,000명을 훨씬 넘어섰다. 심지어 중종은 환관들을 보내 군대를 감독하게 하여 당나라에서 환관이 군대를 거느리는 길을 열어 주었다. 동시에 각 파의 궁중 정치세력들은 황제의 동향을 정탐하고, 정보를 얻기 위해 앞다투어 환관에게 아첨하고 그들과 손을 잡았다. 당시 이융기李隆基는 큰어머니인 위후의 세력을 제거하기 위해 환관 고력사高力士를 이용하기도 했다. 이는 환관세력이 다시 고개를 들기 시작했고, 무시할 수 없는 정치세력으로 대두했음을 의미한다.

현종 이융기로부터 숙종과 대종 3대에 걸친 시기는 환관세력이 빠르게 부상하는 단계다. 현종은 통치집단 내부의 치열한 권력 다툼의 소용돌이 속에서 권좌에 오른 황제다. 그는 궁정 내외대신과 장수, 그리고 외척 간의 결탁을 막기 위해 조정의 세력을 약화시키고 환관의 권력을 강화하는 정책을 채택한다. 그래서 자신의 심복 환관을 기용해 정치에 참여시키고 군대를 거느리게 했다. 개원開元 초기, 그는 환관 양사욱楊思勖에게 안남安南의 난 토벌을 명했고, 그가 공을 세우자 보국輔國대장군에 임명했다.

환관세력의 전성기

천보天寶 연간, 태평성대에 스스로 도취한 나머지 자만에 빠진 현종은 양귀비를 얻은 뒤에는 "봄밤의 짧음을 한탄하며 해가 높이 뜬 뒤에야 천자가 일어나니 그때부터 조정에 늦게 되었다."는 한탄이 나올 정도로 정사를 멀리하기 시작했다.

현종은 여색에 빠져 심복 환관 고력사에게 정사를 전적으로 맡긴다. 전국에서 올라온 서신·문건·상소를 귀찮아한 그는 고력사가 읽고 발췌한 내용만 훑어보았다. 심지어 고력사에게 일반 정사는 보고할 필요 없이 스스로 결정하고 처리할 수 있는 권력을 쥐어주었다.

당연히 고력사의 권세는 조정과 민간에까지 미치게 되었고, 종실의 여러 친왕들은 고력사를 '아옹阿翁(시부모를 비유하는 말)', 황태자 이형李亨은 '이형二兄(둘째 형)'이라 불렀다.

'안사의 난' 와중에서 숙종肅宗 이형은 환관 이보국李輔國의 도움으로 즉위했다. 당연히 황제의 특별한 총애를 받게 된 이보국은 여러 관직을 겸직하고 조정의 중요한 권력을 장악하게 된다. 다섯 번째 아들이라는 의미로 귀족왕공들은 그를 '오랑五郎'이라 높여 불렀다. 대종代宗이 즉위했을 때도 이보국은 황제 옹립의 공이 있다 하여 특별한 은총을 입었고 '상부尙父(아버지처럼 존중하는 존칭)'로 불렸다. 이보국도 뻔뻔스럽게 대종에게 "황제는 궁중에 계시니 바깥일은 제가 처리하겠습니다."라고 큰소리쳤다. 조정의 대권은 이미 그의 손아귀에 있었다. 그러나 대종은 다른 환관 정원진程元振을 이용해 제멋대로 권력을 휘두르던 이보국을 제거해 버렸다.

대종은 아예 황실 방위군대인 금군의 지휘권까지 정원진에게 넘겨 결국 정원진의 권세는 이보국을 넘어섰다. 정원진이 파직되고 후임으로 대환관 어조은魚朝恩이 권세를 떨치기 시작한다. 일찍이 대종은 그를 '천하관군용선위처치사天下觀軍容宣慰處置使'로 임명하여, 안사의 난을 토벌하는 당나라 대군의 실질적인 원수로 삼았다. 대종은 이에 더해 어조은에게 중앙 수비부대인 '신책군神策軍'의 지휘를 맡겼다. 이로 인해 권세가 한층 더 높아져 자신의 공만 믿고 사사로이 감옥을 설치하는가 하면 대신들을 모함하고 심지어 군사를 이끌고 황제를 협박해 수도를 옮기게 한다. 결국 어조은도 처형당한다. 이 시기에 환관세력이 아주 급속히 발전하였음을 알 수 있다. 고력사로부터 이보국, 정원진, 어조은에 이르기까지 권세가 점점 더 하늘을 찔렀다. 환관의 세력이 점차로 커져 권력을 독점하게 되면 황제는 불만을 품고 조정의 관리세력을 이용해 그들을 견제하고 제거했다.

덕종德宗과 순종順宗 시기는 환관이 군대를 감독하고 금군을 주관하는 것이 제도화되는 단계다. 어조은 이후 황제는 환관이 군대와 재상을 감독하는 두 가지 권력을 회수했기 때문에 환관은 더 이상 금군을 지휘할 수 없었다. 그러나 덕종德宗 시기 '경원병변涇原兵變'이 일어났을 때, 환관 두문창竇文場과 확선명霍仙鳴이 환관과 친왕들을 거느리고 황제를 호위한 공이 있어 금군 통령統領에 기용되었다. 또한 덕종 재위 때인 정원貞元 12년(796년)에는 좌우신책군 호군중위護軍中尉로 임명되어 금군을 통수 지휘했다. 이후 신책군에 특별히 호군중위 두 명, 중호군 두 명을 두었는데 모두 환관이 맡았다. 이때부터 환관의 금군 지휘는 관례가 되었다.

환관의 군권 장악이 제도화되자, 그 세력이 조정을 좌지우지하고 문무백관을 제어하는 지경까지 이르게 되었다. 순종 시기 '이왕二王' 개혁 당시 범희조范希朝와 한태韓泰를 보내 경서京西 여러 진의 군대 및 신책군을 통솔하게 하여 환관의 군권을 박탈하려 했다. 그러나 범희조가 봉천奉天에 가서 군권을 인수받으려 했지만 여러 장수들은 이미 금군중위로부터 병권을 내주지 말라는 명을 받은 터라 누구도 범희조를 상대하지 않았다. 하는 수 없이 범희조는 목적을 이루지 못하고 조정으로 돌아가야 했다. 조정 관리가 환관의 군사권을 빼앗는 시도를 근절하기 위해 환관들은 아예 '영정내선永貞內禪'을 연출하여 개혁을 지지하는 순종을 퇴위시키고, 왕숙문王叔文과 왕비王伾 등 개혁파 관리들을 파면하고 추방했다.

헌종부터 소종昭宗 말기까지는 환관 전권의 전성기였다. '영정개혁'이 실패하고 나서 환관세력은 바야흐로 전성기를 구가한다. 거의 모든 환관들이 조정의 일에 간여했으며, 당시 통치행위의 주요 영역까지 광범위하게 침투해 들어갔다.

　조정의 갖가지 사사司使 직무를 맡은 많은 환관들은 궁중의 모든 기밀을 장악하는 한편 왕명의 출납부터 관리 선발과 감시에 이르기까지 무소불위의 영향력을 행사했다. 급기야는 원래 봉건 사대부들의 영역인 서원과 국자감까지 장악했다. 그것으로 모자라 사절로 나서고, 조서를 전하는 행위는 이즈음에 와서는 예삿일이 되었다. 가장 심각한 문제는 문무의 대권이 모두 환관의 수중에 있었기 때문에 황제도 환관의 노리개와 배후에서 조종당하는 꼭두각시로 전락한 것이다.

　헌종 이후, 경종이 태자의 신분으로 즉위한 이외에 나머지 황제는 어느 누구도 환관이 폐위하지 않은 사람이 없을 정도였다. 황제는 자리를 보존하기 위해 환관세력과 결탁하고 그들의 전횡을 눈감아 줄 수밖에 없었다. 환관 양복공楊復恭은 소종昭宗을 옹립한 공으로 '정책국로定策國老'라 자칭하고, 소종을 '부심문생負心門生(은혜를 저버린 제자)'이라 욕했지만 소종은 감히 대항하지 못했다.

　환관들의 전횡은 '감로의 변甘露之變'으로 이어졌다.

2. 감로의 변

　　　　　827년 문종 이앙李昂이 즉위했다. 그는 환관 왕수징의 옹립으로 제위에 올랐다. 그전에 헌종과 목종은 모두 환관의 손에 죽었다. 그의 전임, 이복형제 경종 이담李湛도 환관 유극명劉克明에게 살해당했다. 왕수징이 이앙을 옹립한 이유는 당시 상황이 급변하고 유극명과 승부를 가리는 때여서 다른 방도가 없었기 때문이다.

　문종이 얼떨결에 황제 보좌에 오르게 된 때가 겨우 17세의 나이였다. 그러나 그는 결코 경험이 부족한 소년이 아니었다. 문종은 어려서부터 총명하고 박학다식했으며, 강왕江王시절에는 항상 책을 손에서 놓지 않았다. 특히 당나라 사관 오긍吳兢이 편찬한 『정관정요貞觀政要』를 즐겨보면서 태종을 존경해 마지않았다. 황제라는 중대한 임무가 자신에게 내려지자 그는 큰일을 하고자 했다. 즉위 3일째 되던 날, 그는 여러 가지 개혁이 포함된 조령을 반포했다. 내용은 궁녀 3,000명을 집으로 돌려보내고 불필요한 관리 1,200명을 감원하며, 오방五坊(황제가 사냥할 때의 개와 매를 기르는 곳)의 매와 개를 풀어주고, 지방에서 예물을 바치는 구습을 폐지하는 것 등이 포함되었다. 재상 배도는 이러한 개혁조치를 듣고 조정에서 나오면서 감동한 나머지 눈물을 뚝뚝 흘리며 "태평이 드디어 오겠구나! 드디어 오겠구나!"라고 외쳤다.

실제로 이는 아주 작은 시험적인 조치였으며 작은 첫걸음을 내디딘 것에 불과했다. 조정을 개혁하려는 문종의 의도는 환관의 전권을 타파하는 것이었다. 그는 헌종과 목종 및 경종의 비참한 말로를 귀로 듣고 눈으로 보았기에, 아버지와 형제를 위해 치욕을 씻고 황권의 기강을 다시 세우겠다는 생각을 한시도 잊은 적이 없었다.

당시 왕수징은 문종이 주도한 이런 작은 움직임에 대해 크게 주목하지 않았다. 새 천자가 새 조령을 반포하는 것은 지극히 정상적인 일이었기 때문이다. 그는 자신이 옹립의 공이 있다고 교만해져 제멋대로 행동하고 문종을 안중에도 두지 않았다. 그러니 재상 배도·위처후韋處厚·두역직竇易直 등에게는 더 말할 나위도 없었다. 왕수징은 그들이 하려는 일마다 사사건건 반대했고, 문종에게 태도를 표명하라고 압박을 가해 항상 문종을 난처하게 만들었다.

송신석의 환관 주살 실패

문종은 조정 대신들 가운데서 구원의 손길을 찾으려 했다. 그러나 그 당시 이덕유의 이당李黨과 우승유와 이종민의 우당牛黨 간에는 권력다툼이 심하게 벌어지고 있어서 이들 세력에 의지하기는 어려웠다. 그는 1년 동안 살펴 마침내 붕당싸움에 참여하지 않은 송신석宋申錫을 선택했다. 송신석의 충성심을 확인한 문종은 조서를 내려 송신석에게 '상서우승尙書右丞'이라는 직함을 주고 얼마 지나지 않아 '동평장사同平章事'를 추가해 재상에 앉힌다. 대화大和 5년(831년) 원단을 전후해 문종은 송신석과 여러 번 상의한 끝에 비상수단을 동원해 모든 환관을 주살하려 했다.

금군을 장악하지 않고 외진의 지원도 없는 상황에서 군정대권을 쥐고 있는 왕수징을 상대로 행동을 취하자면 반드시 중앙의 행정장관 경조윤京兆尹의 절대적인 지지가 필요했다. 송신석은 여러 차례 고려한 끝에 이부시랑吏部侍郎 왕번王璠을 선택하고, 그가 경조윤의 인계를 받아 함께 행동하려고 했다. 일단 말로 응낙한 왕번은 반나절 동안 고민한 다음 위험이 너무 크다고 생각해 정주鄭注를 찾아가 이 기밀을 알려주었다.

정주는 왕수징의 심복으로 즉시 이 정보를 왕수징에게 누설했다. 왕수징은 당연히 앉아서 죽음을 기다릴 수 없었기에 선수를 쳐 제압하기로 결정했다. 그는 즉시 측근에게 송신석이 장왕漳王 이주李湊를 옹립하려 한다는 모함이 담긴 상소를 올리라고 지시했다. 이어 직접 문종을 찾아가 이 모함을 사실인 것처럼 입증했다.

왕수징의 보고를 듣고 난 문종은 의심이 들었고 마음속으로 어떻게 된 일인지 알 것 같았다. 그는 겉으로 신중함을 나타내기 위해 왕수징에게 계속 잘 살피게 했다. 왕수징은 즉시 도당을 소집하고 송신석의 온 가족을 살해하기 위해 병사를 보낼 준비를 했다. 비룡구사飛龍廐使 마현량馬玄亮은 비록 환관이지만 정직한 편이었다. 그는 왕수징에게 "송신석의 죄명은 아직 명확하지 않으니 그의 모든 가족을 죽이면 대중의 분노를 사지 않겠습니까? 만약 수도에서 난리가 나면 우리가 어떻게 대처하겠습니까? 먼저 몇 명의 재상을 불러 의논한 뒤 다시 행동을 취해야 합니다."라고 조언했다.

일리가 있다고 생각한 왕수징은 몇 명의 재상을 불러들였다. 중서성의 동문에 이르렀을 때 우승유 등이 줄줄이 들어서는데 송신석만 저지당했다. 송신석이 이유를 묻자 "조서를 받았을 때 당신의 이름은 없었소."라고 말했다. 상황이 변한 것을 눈치 챈 송신석은 공손히 물러났다.

장왕을 옹립하려 한다는 송신석의 모반문제에 대해 재상들은 황제 앞에서 여러 차례 토의했다. 모두 영문을 알지 못했고 누구도 송신석을 대변하여 해명하지 않았다. 조정 관리들은 사사로운 견해차로 붕당 싸움에만 골몰하고 조정 전체를 위한 대세에는 관심이 없다고 생각한 문종은 그들에게 불만을 품게 되었고 몹시 실망했다. 왕수징은 이 점을 이용해 장왕부의 사람을 체포한 뒤 고문을 가해 억지로 죄를 인정하게 하고, 반역죄로 장왕과 송신석을 주살하려 준비했다.

소식이 전해지자 간의대부諫議大夫 왕질王質과 급사중給事中 이고언李固言 등은 궁전 앞에 무릎을 꿇고 이 안건과 관련된 모든 사람을 외정으로 넘기고 다시 조사할 것을 간곡히 주장했다. 마현량도 머리를 조아리고 눈물을 흘리며 "백성을 죽이려 할 때도 신중해야 하거늘 하물며 재상은 더 신중해야 하지 않겠습니까?"라고 호소했다. 문종은 이 기회를 이용해 다시 재상들을 소집해 상의했다. 이때 우승유가 나서서 "재상은 대신 중에서 가장 높은 직위를 가진 사람인데 송신석이 이미 재상인 이상 또 무슨 야심이 있겠습니까? 제가 보기엔 그가 폐하를 반대할 리가 없습니다."라고 잘라 말했다. 왕수징에게 비밀을 누설한 정주는 재심에서 사태의 변화가 생길까 두려워한 나머지 왕수징에게 사형을 면하고 관대한 처분을 문종에게 건의하라고 제안했다. 문종도 원하던 바였기 때문에 장왕을 소현공巢懸公, 송신석을 개주사마開州司馬로 좌천시켰다. 송신석은 개주에서 병으로 죽었다.

감로의 변의 전주곡

송신석사건 이후 왕수징은 더욱 조야를 주무르며 대신들의 임명과 해임 및 생사를 좌지우지했다. 당연히 대다수 조정 관리들의 반대와 환관내부의 질시를 불러일으켰다. 문종은 더욱 분노를 가라앉힐 수 없었다. 송신석사건 직후 지방 관직인 빈녕행군사마邠寧行軍司馬로 임명된 정주가 대화 7년(833년) 풍질風疾(신경의 이상으로 생기는 병의 총칭)을 앓는 문종을 간호한 공으로 중용되었다.

그는 황제의 심복이 된 이훈에게 환관 구사량仇士良을 신책군중위로 발탁하여 왕수징의 권력을 분산시키자고 건의했다. 이훈이 문종에게 보고하자 문종도 실행 가능하다고 생각해 구사량을 신책군 좌군중위로, 왕수징을 우군중위로 임명했다. 원래부터 왕수징과 갈등 관계에 있던 구사량은 대신 이훈, 서원여舒元輿 등과 공모해 왕수징 집단을 제거하는 계획을 제안했다.

그들은 우선 헌종의 사망 원인에 대한 추궁으로부터 왕수징 제거 계획을 시작하기로 했다. 당시 궁궐 안팎에는 모두 왕수징과 진홍지陳弘志가 공모해 헌종을 시해한 것이라고 생각했다. 만약 사망 원인을 구사량이 증명하면 더욱 확실할 것이라 생각하고 조정 대신들은 일제히 범인을 추적 조사하자고 주장했다. 이훈은 구사량을 시켜 흥원부(興元府, 지금의 섬서성 한중)에서 감군을 맡고 있는 진홍지를 경성으로 불렀다. 며칠이 지나 진홍지가 경성으로 오는 도중 살해되었다는 소식이 흥원부에서 전해졌다. 때맞춰 문종은 왕수징을 좌우신책군 관군용사로 임명했다. 표면상으로는 높은 정치적인 직함을 주는 것처럼 보이지만 실제로는 그를 수도에서 떠나게 해 내정에서의 권력을 약화시키려는 의도가 깔려 있다. 왕수징이 수도를 떠나기 전날 밤, 조정 관리와 환관들은 연회를 베푸는 자리에서 독주로 왕수징을 독살하고 그가 급병으로 사망했다고 발표했다. 이 사건을 전후로 왕천언王踐言과 위원소韋元素를 유배보내고, 송약헌宋若憲을 처형했으며, 양수겸梁守謙과 양승화楊承和 등 환관들을 주살했다. 왕수징을 우두머리로 하는 환관세력이 거의 제거된 것이다.

이 모두는 '감로의 변'의 전주곡인 셈이다.

실패한 반격 '감로의 변'

왕수징이 살해된 뒤 문종은 이훈과 서원여 및 왕애王涯 등을 재상에 임명했다. 이훈과 서원여는 밀담을 나누고 환관 전부를 제거하는 계획을 세웠다. 이훈과 서원여는 안에서, 정주(당시 풍상군절도사 재임)는 밖에서 서로 호응하여 행동하기로 했다고 전해진다. 왕수징이 '급병으로 죽은 뒤' 문종이 그에게 '양주대도독揚州大都督'이란 직함을 추증하고 이해 11월 하순 성 밖의 산수滻水에 장사 지내기로 했다. 환관 제거파는 그때 정주로 하여금 왕수징과의 옛정을 구실로 병사들을 거느리고 장례를 호위하게 하면 의심을 사지 않을 것이라고 판단했다. 그래서 문종이 내신 모두에게 영구를 모시고 가라고 명하면, 이훈이 성문을 닫고 정주가 성 밖에서 모든 환관들을 주살한다는 계획을 세운 것이다. 거사날짜는 11월 27일로 정해졌다.

그러나 대략 15, 16일 전후해 이훈은 정주가 500명의 병사를 거느리고 경성으로 오고 있고, 수도 내외에 누군가 이 사실을 이미 알고 있어 이 소식이 환관에게 전해질 수 있다는 기밀을 보고 받게 된다. 이훈은 급히 대리경大理卿 곽행여郭行余(이미 빈녕군절도사로 임명되었음)와 호부상서 왕번王璠(이미 하동절도사로 임명되었음) 및 한약韓約, 나립언羅立言, 이효본李孝本 등과 상의하여 일정을 앞당겨 행동하기로 했다. 어떤 방식이 좋을지를 상의하던 중 이훈은 하늘에서 내리는 '감로甘露'의 상서로움을 이용하기로 했다.

대화 9년(835년) 11월 21일, 문종은 대명궁 자진전紫辰殿에서 정무를 보았다. 백관들이 줄지어 들어와 품계에 따라 서 있었다. 금오대장군 한약은 이때 급히 "좌금오정 뒤쪽의 석류나무에 감로가 나타났는데 하늘에서 상서로운 징조가 내려온 것입니다. 폐하의 현명함이 하늘을 감동시키지 않았다면 감로도 볼 수 없을 것입니다."라고 상주하며 문종에게 머리를 조아렸다. 재상 이훈과 서원여도 백관을 거느리고 축하하며 황제가 직접 가서 감상하기를 청했다.

문종은 쾌히 승낙하고 용차에 올라 자진문을 나서서 함원전含元殿으로 갔다. 그는 이훈에게 먼저 가보라고 했고 이훈이 한참 만에 돌아와서 "감로는 이미 잘 보이지 않습니다. 크게 알릴 필요가 없습니다."라고 말했다. 문종은 "이런 일도 있을 수 있는가?"라고 하면서 환관 구사량과 어홍지에게 환관들을 데리고 가서 알아보라고 지시했다. 이훈은 구사량과 어홍지가 나가자 즉시 곽행여와 왕번 등을 소집해 어명을 받들게 했다. 왕번은 너무 놀라서 온몸을 떨며 감히 가지 못하고, 곽행여만이 명을 받고 모집한 호위병 수백 명과 함께 무기를 지니고 단양문 밖에서 기다렸다. 이훈은 호위병들을 소집해 즉시 환관 살해계획을 지시했다.

구사량 등이 금오정에 들어서는데 마침 한약을 만나게 되었다. 그의 얼굴에 긴장한 기색이 역력한 것을 보고 의아해하며 "장군은 왜 이리 긴장하십니까?"라고 물었다. 말이 끝나기도 전에 갑자기 금오정에 바람이 일어 장막이 들추어지는 바람에 그 안에 무장한 병사들이 숨어 있는 것을 발견했다. 구사량과 어홍지는 이를 보고 급히 문종에게 달려가 "궁에 난리가 일어날 것 같으니 폐하께서는 빨리 돌아가셔야 합니다."라고 알렸다. 이훈은 구사량이 함원전 방향으로 달려가는 것을 보고 금오위사를 급히 불러 "빨리 함원전으로 가서 폐하를 보호해야 한다. 들어가는 사람에게는 100관씩을 상으로 준다."라고 명령했다. 금오위사들이 함원전에 도착했을 때 구사량은 한발 앞서 환관들에게 문종을 모시고 궁전 뒷문으로 빠져 나가라고 지시했다.

이 상황을 본 이훈이 가마를 막고 문종에게 "일이 다 끝나지 않았으니 폐하께서는 잠시 멈춰 주십시오."라고 말하자 구사량은 노기등등하여 "너희들은 궁중에 무장을 배치하고 모반하려는 것인가?"라고 소리를 질렀다. 자초지종을 알고 있는 문종은 "반역은 안 된다."라고 짐짓 고함을 쳤다. 구사량이 문종은 아예 거들떠보지도 않고 이훈을 때리려 했지만 오히려 이훈에게 밀려 넘어졌다. 이훈이 칼을 꺼내 구사량을 죽이려 했지만 환관들에 의해 저지당했다. 구사량이 급히 도망치자 이훈은 끝까지 쫓아갔다. 이때 나립언과 이효본이 각자 사병을 거느리고 나타나 10여 명의 환관을 죽였다. 구사량은 환관들을 시켜 밖에서 저항하게 하고 자신은 문종을 데리고 선정문으로 들어갔다. 이훈이 도착했을 때는 선정문은 이미 닫힌 뒤였다.

환관들을 모두 없애려는 계획이 실패로 돌아간 것을 알게 된 이훈은 급히 부하의 녹색 옷으로 바꿔 입고 분장하여 궁을 나갔다. 곽행여와 나립언, 그리고 왕번도 각자 피신할 곳을 찾았다.

선정문 안의 구사량은 분을 감추지 못하고 흉악스럽게 문종에게 "당신이 저지른 잘한 일이군!"이라고 소리쳤다. 그는 500명의 금군을 데리고 급히 달려온 신책군 좌우부사 유태륜劉泰倫과 위중경魏仲卿에게 "모두 죽여라!"라고 명령을 내렸다. 이로써 사변이 일어난 지 한 시간도 안 되어 환관이 지휘하는 금군이 북·동·서 세 곳으로부터 대명궁 남부에 있는 조정 관리의 집무실을 향해 반격을 가했다. 재상 중에서 내막을 알고 있던 서원여는 조용히 관복을 바꿔 입고 홀로 궁 밖으로 빠져나갔다. 하지만 왕애 등은 내막을 몰라 물으러 온 조정 관리들에게 "무슨 연고인지 모르니 각자 헤어집시다."라고 말했다.

관리들이 궁 밖으로 나가려 할 때 궁의 모든 문이 닫혀 있었다. 왕애 등 몇명만 겨우 빠져나오고 미처 나오지 못한 600여 명은 모두 금군에게 살해되었다. 도처에 시체가 널리고 피가 낭자했다. 궁내 집무실의 인감, 도서, 장막, 용기 등은 깡그리 약탈당했다. 신책군 기병 1,000여 명은 나누어 성 밖으로 추격에 나섰고, 일부는 성 전체를 샅샅이 뒤졌다. 거리의 건달들은 금군으로 위장하여 소란을 피우고 사람을 죽이고 약탈하여 장안성에는 일대 혼란이 빚어졌다.

다음 날 아침 살아남은 백관들이 조회를 하기 위해 들어왔다. 궁궐 안팎은 경비가 삼엄했고 금군의 무장한 모습은 마치 큰 전쟁을 앞둔 군대와 같았다. 문무백관들은 숨을 죽이고 천천히 걸어 나갔다. 백관들이 선정문 정전에 들어서자 문종은 한 명의 재상도 보이지 않는 것을 보고 환관에게 "재상 왕애 등은 왜 조회에 나오지 않았는가?"라고 이유를 물었다. 그러자 구사량은 "왕애 등이 모반을 꾀하였기에 체포하여 감옥에 처넣었습니다!"라고 하면서 '모반'의 고소장과 '증거'를 바쳤다. 문종은 아무런 힘이 없었다. 그래서 영호초와 정담鄭覃을 대리재상으로 임명하고 그들에게 조령을 기안시켜 이훈의 죄상을 공개했다. 이때 밖으로 도망간 이훈은 봉상鳳翔의 길에서 지방군에게 잡혀 장안성으로 압송되었다. 그는 환관들의 가혹한 형벌과 모욕을 피하기 위해 압송자에게 자신의 머리를 잘라 경성에 가지고 가서 보상을 받으라고 했다.

23일 오후, 구사량은 300여 명의 금군에게 이훈의 머리를 받쳐 들게 하고, 체포된 서원여·왕애·곽행여·나립언·이효본 등을 끌고 돌아다니며 망신을 주게 했다. 이어 독류나무 아래에 끌고 가서 전부 참수하고, 이들의 친척도 촌수에 관계 없이 모두 주살했다.

거사의 날 문종을 도우러 가던 정주는 실패 소식을 듣고 봉상鳳翔으로 돌아갔지만 감군 장중청張仲淸에게 유인돼 죽음을 당한다. 며칠 뒤 다른 '중범'인 한약도 처형되었다.

이것이 바로 '감로의 변'이다. 일부에서는 '실패한 반격'이라고도 부른다.

이 사건 이후 문종은 정신적으로 완전히 붕괴되었다. 그는 철저히 구사량의 노리개로 전락했다. 어느 날 마음이 허전하고 무료하던 문종이 시종에게 "오늘의 한림원 당직은 누구인가?"라고 물었다. 중서서인 겸 한림학사 주지周墀라는 대답을 듣고 그를 불렀다. 문종은 술 석 잔을 내리고 천천히 물었다. "당신이 보기에 나는 어떤 군주인가?" 주지는 이 말을 듣고 급히 내려와 앉아 공손히 대답하기를 "저는 미천한 신하서 큰 도리를 잘 알지 못합니다. 그러나 백관들은 모두 폐하께서는 요堯임금의 위대함, 순舜임금의 현명함, 상탕商湯임금의 인자함, 하우夏虞임금의 검소함을 갖추셨다고 말합니다." 문종은 냉담하게 웃으며 "자네는 나를 옹호하기 위해 그렇게 말하지만 솔직히 내가 어찌 감히 요·순·우·탕에 비길 수 있겠는가! 주난왕周赧王, 한헌제漢獻帝와 비교하면 어떠한가?"라고 되물었다. 이는 청천벽력과도 같은 말이었다! 주난왕과 한헌제는 모두 무능한 망국의 군주였다. 문종의 질문이 이러하였으니 그의 고통이 오죽했으랴! 이 말에 주지는 목이 메여 말을 잇지 못했다. 문종은 그가 다시 말을 하지 않으니 스스로 "나는 주난왕, 한헌제보다도 못하구나! 주난왕과 한헌제는 제후에게 통제를 받았지만 나는 노비한테 통제를 받으니 그들보다 훨씬 못하다!"라고 한탄했다.

문종은 이 말을 한 뒤 다시는 조회에 나가지 않았다. 한 달 뒤인 개성開成 5년(840년) 정월 초나흘에 태화전에서 세상을 떠났는데 겨우 32세의 나이였다.

3. 환관의 득세가 당나라에 미친 영향

'감로의 변'은 실패한 반격이었다. 반격의 실패는 곧 환관세력이 이미 제거할 수 없는 정도에 이르렀음을 의미한다. 반격이 실패하고 나서 환관세력은 급속히 커져갔다. 당나라 환관의 폐해는 진秦·한漢 시기보다 더욱 심각했다.

환관은 권력을 휘두르고 정치에 참여하면서 공이 크고 업적이 많은 대신들을 원수 같이 미워하고 질투해 반드시 모함하여 황제의 총애를 잃고 조정에서 물러나게 했다. 숙종과 대종 시기 대장군 이광필李光弼이 '안사의 난'을 평정하는 과정에서 큰 공을 세우자, 환관 정원

진정元振은 황제 앞에서 이광필을 모함해 총애를 잃게 했다. '안사의 난' 진압의 주요 인물이었던 곽자의郭子儀는 신중하고 말을 많이 하는 사람이 아니었지만 역시 환관의 중상모략을 피해가지 못했고, 심지어 조상의 무덤까지 파헤쳐지는 화를 당했다.

숙종 때 형부상서 안진경顔眞卿은 강직하고 아첨하지 않았다. 그가 백관을 거느리고 서내西內로 거처를 옮긴 태상황 현종에게 문안을 드리러 간 일이 환관 이보국의 심기를 건드렸다. 이보국은 조서를 내려 안진경을 궁벽한 봉주장사蓬州長史로 쫓아냈다. 재상 이린李麟은 원칙을 지키고 영합하지 않았지만 역시 환관의 미움을 사게 되어 얼마 지나지 않아 재상직에서 쫓겨났다. 상황이 이렇다 보니 조정 관리는 몸을 사리고, 현명한 사람들은 발붙일 수 없게 되어 조정에는 아첨하고 간사한 자들이 넘쳐나게 되었다.

옹립과 폐위가 환관의 손에서 좌우되다

장군과 재상들뿐만 아니라 제왕이라도 해도 환관의 세력이 일정한 정도를 넘어서게 되면 그들 손에서 놀아날 수밖에 없다. 환관들은 황제를 위협해 명을 내리게 하거나 혹은 마음대로 황제를 폐위하고 옹립했다. 목종穆宗에서 당나라가 멸망하기까지 황제 8명 가운데 7명은 환관이 옹립했으며 즉위하자마 즉시 폐위당한 황제도 있다. 헌종 때 태자 이녕李寧이 죽자 환관 토돌승최吐突承璀는 이운李惲을 태자로 책봉하려 했다. 그러나 이운의 어머니가 출신이 미천했기 때문에 이초李俏를 책봉했다. 헌종이 죽자 환관 진홍지陳弘志는 토돌승최와 이초를 살해하고 이운을 옹립해 제위에 앉혔다. 이가 바로 목종穆宗이다. 목종은 뒤에 중풍으로 죽었다.

목종 이후의 경종敬宗은 놀기를 좋아하는 황제였다. 하루는 밤에 사냥하고 돌아와 환관 유극명, 전무성田務成, 허문단許文端 등과 술을 마시면서 즐기다 취해 화장실을 갔다. 갑자기 궁의 불이 꺼지자 유극명 등은 이 틈을 이용해 경종을 시해한다. 소좌명蘇佐明 등은 조정의 명이라 사칭하고 강왕絳王을 옹립하려고 했으나, 왕수징과 양수겸梁守謙 등은 금군을 거느리고 강왕을 주살하고 또 다른 강왕江王을 즉위시켰는데 바로 문종文宗이다. 문종이 재위할 때 이성미李成美가 황태자였지만 문종이 죽자 구사량과 어홍지는 조서를 사칭해 이성미를 폐위하고 문종의 동생 이염李炎을 황태제黃太弟로 책봉하고 무종武宗으로 즉위시켰다.

무종이 죽자 환관 마원지馬元贊는 무종의 삼촌 이이李怡를 황태숙黃太叔으로 삼고 선종宣宗으로 옹립했다. 선종이 큰 병을 앓고 있을 때 환관 왕종실王宗實 등은 조서를 사칭해 운왕鄆王을 태자로 책봉하고 의종懿宗으로 즉위시켰다. 의종이 병석에 눕자 환관 유행심劉行深과 한문약韓文約 등은 또 보왕普王을 황태자로 봉하고 희종僖宗으로 옹립했다. 희종 이후 환관 양복공楊復恭은 군대를 거느리고 수왕壽王을 황태제皇太弟로 옹립하고 소종昭宗으로 즉위시켰다.

매번 폐위와 옹립은 피의 대가 내지 조서를 사칭한 간계로 진행되어 누구도 예측할 수 없었기에 한동안 중앙은 권력의 진공 상태에 놓이기도 했다. 중앙정권은 아무런 권위도 없어 이로 인해 사회혼란이 야기되었다.

정권을 잡고 정사에 간섭하는 동시에 환관들은 뇌물을 받고 법을 어겼으며 백성에게 해를 끼쳤다. 환관이 사절로 조서를 선포하러 가는 곳마다 현지 관리들은 접대가 소홀할까 우려해 뇌물을 바쳤는데 그 액수가 혀를 내두를 정도였다. 대환관의 행차에 따라나선 일부 하급 환관들은 대환관의 세력을 등에 업고 사람을 업신여기고 먹고 마시며 기생과 놀아나고 도박을 즐기는 등 온갖 악행을 저지르고 다녔다. 지방관이 조금이라도 접대를 소홀히 하면 주먹으로 때리고 발로 차는 등 거리낌이 전혀 없었다. 일부 무능한 관리들은 이 기회를 이용해 환관에게 뇌물을 바쳐 승진하려고 기를 썼다. 환관 왕수징이 조정을 좌지우지하자 공부상서 정권鄭權은 수입이 좋은 관직을 얻기 위해 왕수징에게 수많은 뇌물을 바쳐 결국 영남嶺南절도사에 임명되었다. 환관 양복광楊復光은 수백 냥의 황금을 뇌물로 바친 단안모段顔謨를 형남荊南절도사로 파견했다. 이 때문에 관리들은 더욱 부패했고 중앙정권의 위신은 땅에 떨어질 수밖에 없었다.

환관의 군권 장악이 당을 멸망으로 이끌다

환관의 조직이 방대해지고 권력의 영역이 확장됨에 따라 내부의 분열과 갈등도 더욱 심각해졌다. 현종 때 대환관 고력사와 이보국을 대표로 하는 두 집단의 싸움, 숙종 시기 이보국·정원진 대 단항준段恒俊·주휘광朱輝光의 충돌, 헌종 때 왕수징·양수겸 대 토돌승최의 싸움, 경종 시기 유극명·소좌명·전무징田務澄 등이 왕수징 집단의 권력을 뺏고 군주를 죽인 사변, 문종 때 구사량이 왕수징을 반대하여 꾸민 비밀모의, 희종 시기 전령자田令孜와 양복공의 세 겨룸 등이 줄을 이었다. 이러한 대규모 내부 갈등 및 권력쟁탈전 이외에 환관들 사이의 이권다툼으로 발생한 분규와 알력은 부지기수였다. 환관집단 내부의 갈등과 투쟁은 조정 관리들의 붕당 싸움과 맞물려 복잡한 관계를 형성했다. 서로 결탁하고 이용하거나 또는 서로 배척하고 비방을 일삼았다. 그리하여 사회는 암담하고 천하는 생기를 잃어갔다.

특히 환관들이 군대를 감독하고 장악하게 된 뒤 더욱 심각한 화근의 싹이 자랐다. 군사를 통솔하는 환관 대부분은 지휘에 능력이 없어 지휘 방침은 전혀 없었고, 교만하고 독단적이어서 법을 어기기가 일쑤였다. 또한 탐욕스럽기 그지없었으며, 현명하고 능력있는 자를 시기 질투하고, 충성스럽고 선량한 사람들을 핍박했다. 환관이 군대를 감독·통솔하는 관례는 당왕조 후기 지휘방식의 형식적인 통일을 유지했다는 데 의미를 둘 수 있지만, 이로 인해 오히려 중앙과 지방, 황제와 장군 사이의 갈등이 더욱 고조되었다.

환관의 군권 장악은 이당李唐왕조 후기의 장기 분열과 할거를 조장했고, 중앙왕조가 전쟁의 화근을 뿌리 뽑는 데 장애요인으로 작용했다. 주온朱溫이 궁중 환관을 모두 주살하고 천하에 명령을 내려 여러 도의 감군을 처단하고 나서야 환관의 군권 장악이 종식된다. 그러나 환관세력의 전멸과 더불어 형식상의 통일은 종말을 고하고 역사 무대에서 완전히 퇴장한다.

4. 당나라 환관 집권을 야기한 근본 원인

어찌하여 당나라 환관의 전횡과 그 피해는 그렇게 심했던 것일까?

근본적으로 따져보면, 이는 중앙집권 봉건전제제도의 필연적인 현상이다. 권력이 완전히 집중된 봉건전제제도에서 황제는 최고의 권력과 지위를 누리지만, 혼자서는 이 방대한 관료기구와 시간이 흐를수록 번잡해지는 업무를 관리하기 힘들다. 조정의 문신과 무관들에게 의지하자니 불안하고, 종실 외척에게 의지하자니 늘 문제가 발생했다. 따져보면 궁중의 환관들만이 가장 통제하기 쉽고 가장 마음이 놓이는 존재였다. 예로부터 강력한 신하가 권력을 찬탈해 황제가 되고, 종실이 권력을 빼앗고, 외척이 국정을 맡아보는 사례는 있었어도 환관이 황제가 된 적은 없었기 때문이다. 환관은 생리상의 결함 때문에 '구오지존九五至尊(제왕의 존귀한 몸)'이 될 수 없었고, 만약 야심이 있다 해도 천하의 분노를 살까 주저했다.

비록 환관에게 여러 가지 불안정성이 있지만 그것이 황권에 위협이 되지는 않았다. 사람들은 환관이 권력을 제멋대로 휘두르면 심각한 피해가 뒤따른다는 사실을 역사적 경험을 통해 알고 있고, 황제 역시 명백하게 이 사실을 인식하고 있음에도 불구하고 여전히 환관들이 총애와 신임을 받는 근본 원인이 바로 여기에 있는 것이다. 이런 의미에서 봉건전제제도가 존재하는 한, 환관 집권의 피해를 피해 갈 수 없으며 오직 정도의 차이만 있을 뿐이다. 이것은 당나라를 포함한 역대 봉건왕조 모두가 겪어야 했던 문제였다.

환관 득세의 원인

당나라 중기 이후 외척세력의 쇠퇴는 환관세력이 커질 수 있었던 하나의 중요한 원인으로 작용했다. 황제는 일반적으로 외조外朝를 견제하기 위해 내정內廷을 이용했다. 내정 중에서 환관을 이용하지 않으면 외척과 훈구세력에 의지해야 했다. 황제 어머니 친족의 외척은 대부분 관료사대부 출신으로, 그들은 외조의 재상직을 맡아 국정을 보좌하고 궁중 업무에 간섭하며 황후와 손을 잡고 강력한 내정세력을 형성할 수 있었다.

외척세력이 강해지면 환관세력은 필연적으로 분할된다. 현종 천보

天寶시기 이전의 중앙 기밀은 모두 황후와 외척들이 장악하고 있었다. 무측천이 '북문학사北門學士'를 등용해 내정세력을 확대한 전략에는 무씨 외척의 역량을 발전시키려는 의도가 깔려 있다. 위씨가 권력을 손에 넣었을 때도 위씨 형제와 조카들은 금군을 통솔하고 주요 관직을 독점했다. 이 시기에 환관세력이 대두했지만 그 세력은 황후파에 비해 많이 뒤졌다. '안사의 난' 시기에 양楊씨 일당을 주살하고 나서야 외척세력이 완전히 제거되었다. 그 뒤 제왕은 내정에서 환관에게 의지할 수밖에 없었고, 환관세력은 이것을 기회로 발전하기 시작했다.

외척세력의 쇠퇴는 환관세력의 입장에서는 발전의 기회였다. 또한 당나라 종실 내부의 알력과 권력다툼은 환관들이 더욱 중용되는 계기를 마련했다. 이당李唐왕족은 호한胡漢의 명문 출신이며 고조 이연의 어머니 독고獨孤씨, 태종 이세민의 어머니 흘두릉紇豆陵씨, 고종 이치李治의 어머니 장손長孫씨 등은 모두 한화된 호인胡人(오랑캐)이다. 이 당왕조의 기둥인 옛 북주北周 귀족 군사집단도 대부분 선비탁발鮮卑拓跋씨 출신이다. 그래서 당나라 궁궐에는 이민족의 풍격과 풍습이 농후하게 남아 있었다. 그 예로, 왕위 계승문제에서 '여러 아들 중에서 용감하고 힘이 센 자가 후계자가 된다'는 원칙은 호인 풍습의 영향을 많이 받았다. 당나라 중기 이전의 왕위 계승을 살펴보면, 태종의 아홉 번째 아들 이치가 외삼촌 장손무기長孫無忌에 의지해 제위에 오른 것을 제외하고, 나머지 태종·중종·예종·현종 등은 모두 적장자가 아니고 무력을 빌려 즉위했다. 특히 중종 후기에는 궁중정변이 자주 일어났다.

환관은 황제에게 접근할 수 있고, 오고 갈 때 인도하며, 궁문을 열고 닫고, 호위를 수행하기 때문에 여러 정변에서 각 세력이 끌어들이고 싶어하는 존재였다. 그들은 환관을 이용해 뒤에서 일을 꾸미고 제왕의 뜻을 살펴보곤 했다. 정변 중에 큰 공을 세운 환관은 새 황제의 총애를 받게 된다. 당나라 중기의 고력사·정원진·이보국 등이 바로 그 예다.

조정 관리들이 환관에게 의탁하고 특히 붕당싸움 때 자기편으로 끌어들이는 행위 때문에 환관의 세력은 날로 발전하게 된다. 즉 무주武周시기 관농關隴귀족집단을 무너뜨리기 위해 공신들을 대대적으로 처형하는 한편으로 새로운 사람들을 대거 등용했다. 이렇게 등용된 새 귀족들은 자신들의 권력을 튼튼히 하고 직위를 올리기 위해, 자신에 대해 황제 옆에서 늘 좋은 말을 해줄 수 있는 환관에게 의지하려고 했다. 동시에 환관들도 이들과 결탁해 정치기반을 확대하고자 했다.

현종 때 재상 이임보와 양국충, 장군 안록산과 고선지高仙芝 등도 환관에게 영합하여 권력을 잡았다. 특히 이임보는 뇌물로 환관을 매수하고 환관을 통해 궁중의 동정과 황제의 뜻을 살핀 다음, 황제의 뜻에 따라 일을 행하여 은총을 받고 재상 직위를 보전했다. 이임보는 환관을 통해 자신의 재상 직위를 공고히 했고, 환관은 이임보에 의지해 뜻이 다른 자들을 숙청하고 세력을 발전시켰다.

당나라 중기 이후에는 이러한 현상이 더욱 뚜렷해진다. 원재元載는 이보국에게 의지해 재상자리를 얻었고, 황보박皇甫鎛은 토돌승최와 결탁해 재상 권력을 장악했다. 특히 붕당 싸움이 한창일 때, 각 파벌은 암암리에 환관과 결탁해 권력과 지위를 얻고 자신의 정치세력을 확대했다. 이봉길은 환관에 의지해 조정에 들어가 재상이 되었는데 재상이 되고 나서는 대환관 왕수징과 결탁해 반대세력을 배척했다. 정적 이덕유의 재상 승직을 막기 위해 환관의 지지를 받아 우승유를 추천해 재상으로 올려놓았다. 이덕유는 재상 자리를 빼앗기 위해 감군 양흠의楊欽義와 결탁해 양씨의 추천으로 목적을 달성했다. 환관과의 뒷거래를 통해 재상이 된 사람은 당연히 환관 세력의 발전을 위해 여러 가지 편의와 지원을 제공해야 했다. 원래는 대립적인 두 세력이 때로는 서로를 이용해 각자의 이익을 도모한 것이다.

황제의 부패와 환관 전권의 인과관계

제왕의 부패와 정치적 우매함은 환관 전권의 피해와 서로 인과관계에 있다. 당나라 중기 이전의 정치는 비교적 바르고 깨끗했으며, 환관에 대한 제재가 엄격하여 환관들은 정치에 참여할 수 있는 기회가 매우 적었다. 당나라 중기 이후 황제들은 개국 시기의 황제들과는 달리 전력을 다해 나라를 다스리는 활기를 점점 잃어갔으며, 향락을 추구하고 일시적인 안일을 탐하고 여색과 오락에 빠져들었다. 목종은 사치스럽고 놀기 좋아하고 가무와 여색에 빠져 있었으며, 헌종은 만년에 장생불사를 추구해 단약을 만들어 먹었고, 희종은 하루 종일 닭싸움에 빠져 도박을 했다.

어려서부터 환관들의 시중을 받으며 성장한 다른 황제들도 정권을 잡은 뒤에도 측근의 내시들이 제멋대로 행동해도 내버려두고 중임을 맡겼다. 제왕들 중에는 하루 종일 궁중에 틀어박혀 환관에게 향락을 제공하라고 요구하는 이도 있었다. 환관도 황제가 주색에 빠져 정사를 관리할 틈이 없도록 옆에서 열심히 부채질하

춤추는 기녀 장식의 팔각 금술잔

고 자신은 권력을 마음껏 휘둘렀다.

　6명의 황제를 모신 구사량은 20여 년 동안 국정을 마음대로 주물렀다. 황제는 제멋대로 권력을 행사하는 구사량에게 불만을 품었지만 그를 제거할 생각은 없었다. 역사에서는 구사량에 대해 "유술자시, 은례부쇠有術自恃 恩禮不衰 기술이 있어 끊이지 않는 은혜를 입었다."라고 서술하고 있다. 여기서 '術'은 무슨 의미일까? 구사량이 퇴직하여 고향으로 돌아갈 때 동료들에게 조금도 숨김없이 '술'을 전수했다.

　'술'이라 함은 "황제를 조금도 한가하게 하지 말아야 한다. 황제가 한가하면 책을 볼 것이고, 유학에 조예가 깊은 신하들을 만나 그들의 의견을 받아들일 것이며, 지혜롭고 생각이 깊어질 것이다. 이렇게 되면 우리들에 대한 은총이 약해지니 권력도 작아질 수밖에 없다. 너희들은 앞으로 온갖 수단을 동원해 재산을 모으고 사냥용 매와 훌륭한 말을 길러 매일 황제가 가무·여색·개사육·승마에 빠져있게 해야 한다. 이리하면 그는 반드시 유학자들을 배척하고 정사에 관심이 없게 될 것이다. 모든 일은 우리의 뜻을 따를 것이니 우리의 권력이 어디를 가겠는가?"

　구사량의 이 말은 당나라 환관 전권의 비결과 경험을 총망라하고 있다. 황제의 부패와 정치적 우매함은 환관세력의 팽창으로 이어졌다. 특히 환관의 선동은 황제의 부패를 부추기고 정치적인 우매함을 가속화했다. 이것이 바로 이들 사이의 인과관계다.

병농(兵農) 일치와 분리
― 균전제와 부병제로부터 양세법과 모병제까지

'성당기상(盛唐氣象)'의 구축기반은 국가의 안정과 경제의 번영이었다. 경제의 발전과 국가의 안정은 당나라 전기에 시행한 균전제 및 부병제와 매우 관련이 깊다. 균전제와 부병제가 무너져갈 즈음 당왕조는 번영에서 쇠망의 길로 들어서기 시작한다. 이를 대체한 양세법과 모병제 역시 시대의 변화 추세에 발맞춰 만들어진 제도였지만 폐단이 적지 않았다. 제도 자체의 결함 때문이기도 했고 왕조 쇠망의 추세와도 연관이 있다.

균전제均田制와 부병제府兵制는 수나라와 당나라 전기에 시행된 중요한 제도다. 두 제도의 기원과 발전 및 변화는 당시 사회의 안정, 혼란, 흥망과 서로 영향을 주고받으며 밀접한 관계에 놓여있다.

1. 균전제와 부병제의 기원

북위北魏왕조의 탁발씨拓跋氏 부족은 중국 북부에서 나라를 세우기 전에는 사회·경제가 아직 씨족공동체 단계에 머물러 있었다. 그들이 오랜 전란을 거쳐 나라를 세웠을 때, 중국 북부는 이미 황폐해진 상태여서 넓은 땅에 사람은 적은 지역으로 변해 있었다. 주인 없는 광활한 황무지는 새로운 통치자와 토호들이 차지하고, 백성은 지주 권력가에 의탁하는 상황이 매우 심각했다. 그래서 토지와 세금을 부담할 호구 분쟁이 발생하곤 했다.

북위왕조는 건립 이후 이러한 상황을 타개하기 위해 '토지를 나눠 주고 정착시키는 법'과 '식구 수에 따라 토지를 분배하는 법'을 시행했다. 앞의 내용은 다음과 같다. '각 부족의 목축민들을 원래의 주인에게서 분리하여 다른 지역으로 옮기게 하고 거주지에 따라 다시 편성한다. 정부는 그들에게 토지를 나눠 주어 정착해 경작하게 하고 가축을 기르게 한다.' 이들은 국가와 땅으로 연결된 관계로 호적대장상의 평민이 되었다.

식구 수에 따라 토지를 분배하는 제도는 다음과 같다. '정복 지역의 주민들 중에서 극히 일부의 포로만 황제가 귀족과 대신 및 장령들에게 하사하고, 나머지는 '신민新民(새 주민)'으로 인정해 탁발부락을 따라 내지로 이주시킨다. 정부에서 '신민'에게 소와 농기구를 나눠 주고 식구 수에 따라 토지를 분배한다. 그들에게 할당된 범위의 땅을 경작하게 하고 우두머리를 두어 관할한다.' 이러한 제도를 통해 탁발씨 정권도 점차 봉건화하기 시작했지만, 그 한편으로는 여전히 씨족부락의 특징이 농후하게 남아있음을 알 수 있다.

두 제도가 시행된 이후 기층조직을 소위 '종주독호제宗主督護制'라 불렀다. 이 제도는 탁발선비족에 대해서는 여전히 족장이 동족들을 거느리고 내지에 정착해 농업생산에 종사하며 족장을 '종주', 동족들을 '종자宗子'라 하여 종자는 직접 국가의 세금을 부담하지 않고 종주에게 납세하도록 규정했다. 북방 한족에 대해서는 16국 시기에 형성된 '오벽塢壁'을 기초로 해 권문세족 중에서 연장자에게 통치를 위임했다.

'종주독호제'는 반半 씨족 반半 봉건의 조직으로 두 가지 뚜렷한 폐단을 가지고 있었다. 하나는 지방의 권세가 세력이 중앙정부와 대항할 정도로 강력해졌다. 또 하나는 대량의 인구가 종주의 비호 아래 있으면서 세금과 부역을 회피했기 때문에 정부가 직접 통제하는 인구와 거둬들여야 하는 세금을 빼앗긴 셈이다.

개혁의지가 강했던 위 문제魏文帝 탁발굉拓跋宏은 대신 이안세李安世의 건의를 받아들여 태화太和 9년(485년) 10월에 균전령을 반포했다. 균전령의 대체적인 내용은 다음과 같다.

모든 15세 이상의 남녀는 정부에서 주는 토지, 즉 '수전受田'을 가질 수 있다. '수전'은 '노전露田'과 '상전桑田' 둘로 나뉘는데 노전은 남자 한 명당 40무, 여자 한 명당 20무를 나누어 준다. 나이가 들어 노동을 못하거나 죽으면 정부가 토지를 다시 분배할 수 있도록 돌려주어야 한다. 상전은 남자에게 20무씩을 주어 뽕나무·느릅나무·대추나무 등을 심게 하며, 뽕나무를 심지 않는 지역은 마전麻田을 남자 10무, 여자 5무씩 준다. 상전과 마전은 세습이 가능해서 정부에 다시 돌려줄 필요가 없다. 노비도 일반 백성과 마찬가지로 토지를 분배받는다. 밭갈이용 소도 토지를 분배받는데 호戶마다 4마리로 제한한다. 상전이 부족한 자는 살 수 있고 한도를 넘은 자는 팔 수 있으나 분배받는 양보다 초과하거나 모자라서는 안 된다.

균전과 상응해 조세도 규정했다. 1인 1무에 매년 비단 1필(삼베 생산지는 옷감 1필), 조 2석(15세 이상이며 미혼자는 4명당 한 쌍의 부부가 부담하는 것과 같다. 노비 8명은 미혼자 4명과 같다. 밭갈이용 소 20마리는 노비 8명의 부담과 같다)을 낸다. 80세 이상 노인의 경우, 자식 중에서 아들 한명은 부역에 참가하지 않아도 된다. 독거·연로·질병·가난으로 생계 능력이 없는 자는 기층조직에서 부양을 책임진다.

효문제는 균전제와 조조租調제가 제대로 시행되도록 균전제를 반포한 이듬해 대신 이충李沖의 건의를 받아들여 한족 전통의 지방 기층조직을 '종주독호'로 대체한다. 구체적인 내용은 다음과 같다. '다섯 집을 하나의 인鄰으로 하고 5린을 1리里로, 5리를 1당黨으로 하며 인에는 인장, 이에는 이장, 당에는 당장을 두고 이를 합해 '3장'이라 한다. 3장은 주로 호구를 조사하고 세금을 징수하며 부역과 병역을 독촉하는 일을 맡았다.

균전제와 부병제의 연계

534년 북위 내부에는 분열이 생겨 서위西魏와 동위東魏로 갈라진다. 서위의 조정대권은 우문태宇文泰가 장악했다. 선비족을 근간으로 하는 우문태의 군사조직은 부족병제의 특징이 강하다. 그러나 당시 정세에 발맞추어 관농關籠 권세가들의 자제를 입대시키고 부유한 장정들을 징발해 군사통치를 위한 기반을 다졌다. 우문태는 잔혹한 통일전쟁에서 안정적인 위치를 확보하려면 반드시 탄탄한 경제와 군사력이 있어야 한다는 사실을 잘 알고 있었다. 대통大統 16년(550년), 그는 군제를 개혁하여 '부병제'를 실시했다. 그 기본내용은 다음과 같다.

8개의 선비족 부락의 규모에 따라 8명의 주국대장군柱國大將軍을 둔다. 과거의 '8부대부8部大夫' 혹은 '8부수8部帥'에 해당한다. 우문태가 하나의 주국대장군을 맡고 '도독중외제군사都督中外諸軍事'의 명의로 전군을 통솔한다. 다른 하나는 서위西魏 왕족 원흔元欣이 맡지만 실권은 없다. 우문태와 원흔元欣을 제외한 나머지 6명의 주국대장군은 각각 두 명의 대장군을 관할하고 각 대장군은 또 두 개의 개부開府를 거느린다. 1개 개부는 1개 군대로 구성되며 병력은 약 2,000명이다. 모두 24개의 개부는 약 5만 명의 군사로 구성된다. 6명의 주국 대장군은 소속 부하에 대해서는 자체적으로 감독하고 통솔할 수 있으며, 병사의 무기와 식량은 주국대장군이 제공한다.

북주北周가 서위를 대체한 뒤 573년 무제武帝 우문옹宇文邕은 하사관을 시관侍官으로 개칭하고 모든 사병을 황제의 직속에 배치했다. 부병은 황제의 금위군이 되어 더 이상 '자체적으로 감독하고 통솔하는' 일은 없어졌다. 이와 함께 군부를 설치한 모든 주와 군에서는 그 부병을 균전호에서 징발하되 빈곤한 호를 우대하라고 규정했다. 병사 본인은 조세와 부역을 면제받고 그들의 가정은 3년 동안 조세와 부역을 부담할 필요가 없다. 부병과 균전은 이런 방식으로 연계되었다.

사서에 따르면, 북위北魏가 균전제를 처음으로 시행했고 동위東魏와 북제北齊, 서위西魏와 북주北周에도 균전제가 있었으나 내용이 약간 변형됐다.

2. 균전제와 부병제의 정비

수나라 통치자는 북주왕조로부터 직접 정권을 인수했기 때문에 균전제를 그대로 유지한다. 고증에 따르면, 대략 수 문제文帝 개황開皇 2년(582년)에 반포한 '신령新令'에 '전령田令'이 있었다. 그 뒤 개황開皇 5년(585년)과 12년(592년), 대업大業 5년(609년)에도 일련의 구체적인 조치와 방법을 반포하고 실시했다. '전령'의 조문을 보면 대체로 전대의 균전 규정을 계속 유지했고 약간 삭제한 정도다. 그 이후 구체적인 조치와 방법은 주로 호적을 정리하고 과세기준을 확정하는 것 등이었다.

수말당초隋末唐初의 장기적인 전란으로 황하 이북의 광대한 지역과 강회江淮는 크게 황폐해졌고, 당나라 초의 인구도 수나라 전성기의 3분의 1정도로 급감했다. 당나라 통치자는 하루속히 생산량을 늘리고 계급갈등을 완화하기 위해 전령을 여러 차례 반포하고 균전제를 추진했다. 지금 남아있는 무덕武德 7년(624년)과 개원開元 25년(737년)에 반포된 균전령의 인용문을 보면, 주요 내용이 호적정리에서 출발해 인구가 일정하지 않은 상황에 근거해 토지를 분배하고 이것을 바탕으로 조용조租庸調를 위주로 하는 과세제도를 시행했다.

당나라 초기의 균전제와 조용조제

우선 호적제도를 정비했다. 당나라 초 백성을 4살 이하는 '황黃', 4살 이상은 '소小', 16세는 '중中'(나중에 18세로 올림), 21세는 '정丁'(나중에 23세로 올림, 25세로 올린 적도 있음), 60세는 '노老'(나중에 55세로 올린 적도 있음)로 규정한다. 해마다 한 번씩 장부를, 3년마다 한 번씩 호적을 만들었다. 천하의 모든 백성은 4가구가 인鄰, 20가구가 보保, 100가구가 이里, 500가구가 향鄕이 되었다. 보에는 보장, 이에는 이장, 향에는 향장(후에 폐지)을 두었다.

장부와 호적 작성 때 보통 이런 기층조직부터 먼저 조사·등록한 다음 상부에 보고하여 심사를 거쳤으며 마지막에 중앙 호부에서 집계했다. 호구조사와 등록업무 이외에 이들 기층조직의 책임자는 감독, 분쟁해결, 출퇴근 기록, 균전제와 조용조제租庸調制의 구체적인 집행을 맡았다.

다음으로 균전제도를 추진했다.

(1) 토지 면적 기준을 확정했다. 당나라 초에 모든 토지는 5척尺(대

척은 0.29~0.31m, 소척은 0.24m로 보통 대척을 사용)을 1보步, 240보步(즉 길이 240보, 너비 1보)를 무畝, 100무를 경頃이라 했다. 균전을 진행할 때 일률적으로 이 기준으로 계산했다.

(2) 토지 분배 면적을 확정했다. 정남(21세 이상)과 중남(18세 이상)은 1인당 토지 1경(100무)을 주는데 80%는 '구분전口分田', 20%는 '영업전永業田'이었다. 늙은 홀아비와 장애인은 40무를 주고, 과부는 30무(당사자가 호주이면 20무를 추가)를 주었다. 도사와 여도사 및 승려와 비구니는 20 내지 30무를 주었다. 역마는 40무, 전송마는 20무를 분배했다.

(3) 토지 분배의 기간을 확정했다. 매년 10월부터 12월까지 농한기가 분배와 변동 조정기간이다. 다른 시기에는 변동해서는 안 된다.

(4) 밭을 분배하는 순서의 원칙을 확정했다. '구체적으로 조세를 부담하는 자가 우선이고 그렇지 않은 자를 나중에 한다. 가난한 사람이 우선이고 부유한 자가 그 다음이다. 밭이 없는 사람에게 먼저 나눠주고 조금이라도 가지고 있는 사람은 그 다음이다.'

(5) '관향寬鄕' 과 '협향狹鄕' 의 개념을 명확히 했다. 즉 토지를 많이 받는 것을 '관', 적게 받는 것을 '협' 이라 했다. 협향의 토지 크기는 관향의 절반이다. 공상업자에게는 구분전의 절반을 분배하고 협향에서는 분배하지 않았다. 황량한 토지는 일역一易(1년을 심으면 1년은 휴경)자에게는 배로 주고, 관향 삼역三易(1년 심고 3년 휴경)자에게는 배로 주지 않았다.

두 명의 어린이를 그린 그림

(6) 토지의 매매 원칙을 확정했다. '구분전口分田'은 법률로 매매를 금지했다. '영업전永業田'은 특정 상황에서 매매할 수 있다. 즉 가난해 초상을 치르지 못하는 자, 토지를 팔아 집과 점포를 사는 자, 협향에서 관향으로 이사하려는 자, 관리 귀족으로부터 밭을 하사받은 자 등은 매매할 수 있었다. 협향에서 관향으로 이사한 사람은 '구분전'도 팔 수 있지만 이미 판매한 자는 현지에서 다시 분배받지 못했다.

(7) 황제의 인척이나 측근, 관료에게는 몇 가지 특별우대를 했다. 친왕·귀족·관리는 혈연관계나 작위 품급 및 관등에 따라 100경 이하부터 60무 이상의 '영업전永業田'(매매가능)을 주었다. 무공武功이 있는 자는 '훈전勳田'을 수여하고 관작과 훈작을 모두 가지고 있는 자는 가장 높은 작위에 따라 주고 두 가지 모두에 분배하지 않았다. 중앙과 지방의 문무 관리에게는 '직분전職分田'을 많게는 20경, 적게는 2경을 주었다. 또 '공해전公廨田'이 있어 관료기구의 수당으로 사용되었다. '직분전'과 '공해전'의 매매 가능여부에 대해서는 명확한 규정이 없다.

(8) 부병호府兵戶에 대해 특수규정을 두었다. 균전호均田戶가 부병府兵으로 출정해 전사하면 그 자손은 토지를 돌려주지 않아도 된다. 생사를 알 수 없는 자의 경우에는 토지를 돌려주는 기한을 6년 연장한다. 돌려주고 나서 귀환한 자의 경우에는 반드시 우선적으로 다시 분배한다.

균전제 기초에서 부역제도를 확정하고 조용조제를 시행했다. 간단히 말하자면 "땅이 있어야 조租가 있고, 몸(장정)이 있은 뒤 용庸이 있고, 가구가 있어야 조調가 있다." 구체적으로 말하면, 땅을 분배받은 모든 사람은 해마다 조 2석, 쌀이 나는 곳은 벼 3곡斛을 바치고, 영남의 여러 주는 쌀을 바치며, 상호上戶는 1석 2두, 중호中戶는 8두, 하호下戶는 6두를 바치는데 이를 '조租'라 한다.

각각의 호는 해마다 지방에서 나는 견絹 또는 능綾, 명주 등을 각각 2장丈씩, 면직 3냥兩을 바친다. 마麻가 생산되는 곳은 베로 바치되 비단보다 5분의 1을 더 내고, 삼 3근斤을 바치는데 이것을 '조調'라 한다.

장정은 한해에 20일의 부역을 지고 일이 없으면 용庸으로 대신하는데 매일 비단 3척을 내야 한다. 부역을 15일 더 하면 조調의 비단을 면제하고 30일 이상이면 조租와 조調를 모두 면제한다. 정역正役은 1년에 최고 50일을 초과하지 않는다. 자연재해가 발생한 지역과 여러 특수 신분의 자손들은 조용조의 일부 혹은 전부를 면제받고 이에 대해 법령으로 별도 규정했다. 소수민족과 낙후된 지역은 조조를 쌀로 대신하여 징수한다. 이민족 유목지역은 해마다 돈 10문文, 5문을 내거나 일정 수의 양羊으로 대신한다.

이것은 당나라 전기 균전제의 기본내용으로 전대와 비교하면 몇 가지 뚜렷한 특징을 보인다.

(1) 노비에게 토지를 주는 제도를 없앴다. 아마도 노비의 수를 줄여 국가의 납세 대상으로 편성함으로써 재정수입을 늘리려는 목적인 것으로 보인다. (2) 귀족관리의 영업전과 직분전이 북조北朝에 비해 현저히 증가했다. 더욱이 공해전은 당나라 때 새로 생겼는데, 이 시기의 균전제에서 통치계층을 우대하고 토지사유제가 발전했음을 엿볼 수 있다. 그래서 당시 노비들이 토지를 분배받지 못했어도 그들에게 영향이 크지 않았다. (3) 토지를 분배받는 대상의 범위가 북위 때보다 더 넓어졌다. 승려 · 비구니 · 도사 · 여도사 · 공상업자 모두 일정 수량의 토지를 받았다. 이것은 수나라 이후 통치계급이 앞장서서 불교와 도교를 제창하여 두 종교의 세력이 대대적으로 커졌고 사원이 많은 땅을 점유하게 되어 법령에서 부득이하게 이를 기정사실로

인정하지 않을 수 없었던 것이다. 공상업자를 대상으로 한 토지 소유의 허용은 당시 토지가 아직 많이 남아 있었고 상품경제의 발전으로 공상업자의 지위가 높아졌다는 사실을 설명해준다. (4) 토지 매매에 대한 제한이 느슨해졌다. 영업전은 제한 없이 사고 팔 수 있었다. 구분전도 이사할 때 팔 수 있으며, 규모가 거대한 영업전과 훈전도 매매할 수 있었다. 이는 토지사유제가 어느 정도 발전했을 때 나타나는 필연적인 현상이다.

당나라의 부병제

수나라와 당나라 전기에는 균전제를 시행하는 동시에 부병제를 실시했고 제도개혁과 정비를 진행했다.

수나라 초에는 대체로 북주의 부병제가 그대로 지속되었다. 개황 9년(589년) 수나라는 50만 대군으로 남조南朝의 마지막 왕조인 진陳을 멸망시키고 전국 통일의 대업을 달성했다. 개황 10년(590년), 수 문제는 조서를 내려 부병이 거주지가 일정하지 않고 토지가 없는 상황을 개혁했다. 군부에서 부병을 계속 관리했고, 부병은 백성처럼 호적을 신고하고 토지를 분배받았다. 그리하여 부병은 사병이자 균전 농민이 되었다. 이로써 병농일치兵農一致를 완전히 실현하게 되었다.

수말의 동란으로 부병조직이 해체되고 일부 부병은 군벌에 흡수되어 사병이 되었다. 당나라는 건국 뒤 부병제를 부활시켰다. 당 태종 정관 10년(636년), 부병제는 여러 차례의 개편을 거쳐 완성기를 맞았고 8세기 초까지 지속되었다. 부병은 숙위宿衛와 전쟁에서 중요한 역할을 했다.

완성기의 부병제는 조직구조, 분포, 주요 직책, 훈련 등의 항목에서 모두 구체적인 규정을 두었다.

우선 조직구조를 살펴보면, 전국의 부병은 황제가 총감독하고 여러 위衛에서 통솔했다. 부병의 동원은 상서성 병부에서 책임졌다. 절충부折衝府는 전국의 각 현에 소재했지만 지방장관이 관할하지 않고 12위衛에서 감독했고 절충도위折衝都尉도 지방행정에 간섭하지 않았다. 12위라 하는 것은 좌·우위가 무안武安과 무성武成의 50여 부府를, 좌·우무위武衛(응양위라고도 함)가 풍정風亭 등 49부를, 좌·우후위候衛(금오위라고도 함)가 동궤同軌와 보도寶圖 등 50여 부를, 좌·우영군위領軍衛(융위라고도 함)가 만년萬年과 만적萬敵 등 60여 부를, 좌·우둔위屯衛(위위라고도 함)가 의양宜陽 등 50부를, 좌·우효위驍衛(무위라고도 함)가 영고永固 등 49부를 통솔한 것을 말한다.

12위 외에도 태자의 좌·우위솔衛率이 광제廣濟 등 각 5부를, 태자 좌·우사어솔司御率이 교성郊城 등 각 5부를, 태자 좌·우청도솔淸道率이 강읍絳邑 등 각 3부를 통솔했다.

정관 10년, 부의 장관을 절충도위로 이름을 바꾸었기 때문에 군부를 절충부라 했다. 당시 전국의 절충부는 총 657개(12위와 태자 위솔이 통솔하는 부를 포함)였다. 절충부 아래에는 또한 단團, 여旅, 대隊, 화火등의 조직이 있고 각각 상, 중, 하 3등급으로 나누었다. 상등절충부는 보통 6개단 1,200명, 중등절충부는 5개단 1,000명 내외, 하등절충부는 4개단 800명

은주전자
| 술잔을 입에 물고 춤추는 말 장식

내외, 이외에 특등절충부는 5개단 1,500명을 관할했다.

분포 상황을 보면, 명확히 '중앙에 집중하고 외곽을 가볍게' 하는 구도를 특징으로 하고 있다. 완성기 때 부병은 총 657부가 있었는데 그 중에서 수도 부근인 관내·하동·하남 3도에 총수의 80%인 626부가 소재했다. 경조부京兆府에 131부가 있어 전체의 20%를 차지했다. 당시 통치자가 '관중關中의 힘으로 사방을 다스린다'는 기본국책에 충실했음을 알 수 있다. 당시 저명한 정치가 육경여陸敬興는 "이것은 천하도 관중에 맞서지 못하게 하는 것으로, 즉 우세한 병력으로 다스리려는 의도가 분명하다!"라고 평했다. 뜻인 즉, 관중 이외의 천하 병력으로도 관중의 병력을 당해낼 수 없으며 우세한 병력으로 천하를 제어한다는 뜻이 분명하게 담겨있다.

부병의 직책은 주로 두 가지였다. 하나는 돌아가면서 숙직을 서고 지키는 일이다. 즉 정기적으로 수도에 가서 황제와 중앙정부를 호위하는 임무다. 구체적인 방법은, 수도 500리 이내의 부병은 5개 조로 나눠 돌아가면서 1년에 5번을 선다. 500리부터 1,000리 사이는 7번, 1,000리부터 1,500리는 8번을 선다. 숙위기간은 1회에 한 달이고, 이는 실제 복역기간으로 길에서 소모하는 시간을 포함하지 않는다. 다른 한 임무는 전쟁에 참전하고 변경을 지키는 일이다. 즉 지방병 또는 변경방어 병사와 함께 출정하거나 변방을 지켰다.

부병의 훈련과 공급에서는 더욱 분명한 병농일치의 색채가 나타난다. 훈련은 두 가지로 나뉘는데, 평소에는 분산해 훈련하고 겨울에는 집중해 교련과 열병을 하며, 지방자사는 검사와 독촉의 권한이 있다. 부병이 사용하는 말의 보충과 관리는 자사와 절충도위가 공동으로 담당했다. 부병이 숙위하거나 출정하면 자사와 도위가 공동으로 '식권'(부병 자신의 식량과 바꿈)을 발급한다. 부병은 필요한 물자와 식량을 자체적으로 마련했다. 활 하나, 화살 30개와 화살꽂이, 칼, 숫돌, 망치, 송곳, 모자, 방한용 옷 한 벌 및 보리 9말, 쌀 2되를 지참했다.

부병은 현령이 상부에 보고한 호적의 남자 중에서 직접 뽑았다. 선발 기준은 재산·자질·가구의 남자 수 등 3가지였지만 재산을 위주로 보았고 6품 이상의 관리 자제나 지주, 부유한 농민의 선발을 원칙으로 했다. 그러나 급하게 병사가 필요할 때는 빈민도 강제로 징용했다. 당나라는 3년마다 한 번씩 호적을 정리했는데, 이와 상응하여 부병도 3년에 한 번씩 뽑아 결원을 보충했다. 호적은 지방정부에서 관리했기 때문에 지방정부에서 책임지고 부병을 선발했다. 명단을 확정한 뒤에야 군부에 속하게 되어 3년에 한 번 하는 호적정리와 부병 선발 행정이 자연스럽게 일치했다.

3. 당 중기 이후 실시된 양세법과 모병제

일찍이 당나라 이전에도 토지겸병은 줄곧 존재했다. 당나라 전기의 균전제는 겸병을 억제하고 토지의 소유를 고르게 하는 역할을 했다. 그러나 토지사유화와 토지겸병의 여지가 여전히 남아 있었다. 그 예로, 관리가 받을 수 있는 영업전의 수가 매우 많았고 매매가 가능했다. 당나라 초, 9품 이상의 관리는 비교적 적은 편이었다. 그러나 고종 시기에는 이미 1만 3,000명에 달했고 무측천 시기에는 더욱 많았다.

균전제 시행 100년이 지나자 경작이 가능한 대량의 관전官田과 황무지는 영업전의 명의로 분배된 뒤 개인 땅으로 변해 버렸다. 그 바람에 정부가 통제할 수 있는 토지가 점점 줄어들었고, 균전제가 규정한 토지를 돌려줘야 한다는 원칙은 유명무실해졌다. 더욱 주목할 점은 고종과 무측천 이후 봉건경제의 발전에 따라 관료·지주·귀족·상인들은 저마다 미친 듯이 토지겸병에 열을 올렸다는 사실이다. 재상 이임보는 수도 주변의 수많은 양질의 땅을 소유했다. 이부상서 왕종원王從愿은 수백 경頃을 차지했고, 태평공주의 전원은 수도의 교외 주위에 넓게 자리 잡고 있었다. 대상 추풍치鄒風熾는 전국 곳곳에 점포·밭·주택을 보유했다.

토지 사유화와 겸병이 심해지자 균전제 아래 존재하던 많은 자작농은 빈농으로 전락했다. 또는 도망가서 유랑민이 되거나 혹은 대지주에게 의탁함으로써 호적제도가 매우 문란해졌다. 당시 사람들은 이 상황을 "장정이 죽으면 옛 이름이 아니다. 밭이 바뀌면 예전의 가격이 아니다. 빈부의 오르내림도 등급에 따르지 않는다."라고 한탄했다. 즉, 사람이 죽으면 이미 원래 호적상의 인명이 아니고, 토지가 다른 사람에게 넘어가면 이미 원래 등기부에 기록된 주인의 정원이 아니며, 빈자에서 부자로 또는 부자에서 빈자가 되면 이미 원래 정해진 호구등급戶等(호등)이 아니라는 뜻이다. 특히 '안사의 난' 이후 사회는 심각하게 피폐해져 호적은 무의미해졌고, 균전제와 조용조제 역시 이미 유명무실해졌다.

양세법의 허와 실

균전제와 조용조제의 점진적인 붕괴와 때맞춰 당왕조의 세금제도 또한 끊임없이 변화를 거치고 있었다. 대종代宗 시기 청묘전青苗錢이라는 새로운 세금을 거두기 시작했다. 당나라 초의 '의창세義倉稅'도 세월이 흐르면서 하나의 정식 세금이 되었고, 세액도 최초의 한 무畝

당 2되에서 1말로 급증했으며 여름과 가을, 두 번으로 나누어 징수했다. 원래 호구등급에 따라 징수하던 호세戶稅도 대종 시기에 이르러 세액이 증가하고 징수 범위도 확대되었다. 이러한 모든 세제는 조용조제 이외의 세금이었고 중요하지 않았지만, 균전제와 조용조제의 붕괴시기에 나타나기 시작했으며 정부의 세금 중에서 그 비중이 갑자기 높아진 종류들이다. 더욱이 정식 폐지하지 않은 조용조와 기타 잡세를 합하면 국가의 과세제도는 문란하기 짝이 없었다. 세제의 개혁은 이미 피할 수 없는 추세였다.

덕종 건중建中 원년(780년), 재상 양염楊炎은 종전의 세금제도를 기초로 하여 '양세법兩稅法'을 제정했다. 주요내용은, (1) 중앙정부는 재정지출에 근거해 과세 총액을 정하고, 지방은 중앙에서 분배한 세액에 따라 현지에서 징수한다. (2) 토착호(본적지 거주자)와 객호客戶(귀족의 소작농으로 전락한 농민)는 모두 현재 거주하고 있는 주현의 호적에 편입하고 장정수와 재산에 근거하여 호등을 정한다. (3) 조용조와 일체 잡역 잡세를 폐지하고 한 종류의 세금만 징수하며 여름과 가을로 나누어 두 번 징수한다. 여름 세금은 6월, 가을 세금은 11월까지 납부하도록 하여 '양세'라 한다. (4) 양세는 호등에 따라 돈을 납부하고 토지면적에 따라 쌀과 조를 납부하며, 전무세田畝稅는 대력大曆 14년(779년)의 경작지를 기준으로 하여 균등하게 징수한다. (5) 고정주소가 없는 상인에 대해서는 살고 있는 주현에서 수입에 의거하여 30분의 1을 세금으로 징수한다.

'양세법'의 주요 특징은 네 가지 정도로 분류할 수 있다. 첫째는 간편함이다. 즉, 여러 가지 세금을 하나로 합쳐 징수하기 편리하게 만들었다. 둘째는 주로 재산의 정도를 과세 기준으로 삼았다. 과세의 부담 범위를 확대하여 세금과 부역이 가난한 농민에게 집중되는 상황을 다소 개선했다. 셋째는 징수할 때 물건 대신 돈으로 받는 방법도 병행했다. 그러나 시간이 가면서 돈이 비싸고 물건이 싸서 납세자의 부담이 가중되는 폐해가 발생한다. 이에 따라 목종 때 재상 배자는 다시 환산 기준을 정했지만 이 문제를 근본적으로 해결하지 못했다. 넷째, 이때부터 토지겸병은 아무런 제한을 받지 않았다. '양세법' 시행 30년 동안 '힘 있는 자가 겸병한 토지가 백성들이 갖고 있던 토지의 3분의 1을 넘었다.' 전국 각지에서는 '부유한 자가 수만 무를 겸병하고 빈곤한 자는 발 디딜 곳조차 없는' 현상이 일반화되었다.

모병제의 시행이 가져온 결과

균전제가 파괴되는 과정에서 이 제도를 토대로 실시되던 부병제도 점차 무너져갔다. 고종과 무측천 시기에 오랫동안 전쟁이 없자 부병이 윤번으로 숙위하는 임무도 제대로 이행되지 못했고 도주하는 부병도 많아졌다. 현종 개원 연간에는 더욱 심각해져 당시 수도에서 황제를 호위하는 병사의 수도 모자라는 상황이었다. 이때 재상 장설張說은 전국에서 병사를 모집해 이들을 '확기彍騎'라 이름 짓고, 1만 명을 한 위衛로 구성하고 12위를 만들자고 건의했다. 이는 주로 금군이다. 천보 연간에 이르러 각 절충부에는 단지 병사의 정원만 정해져 있고 숙위하는 자도 대부분 임시 모집한 사람들이어서, '안사의 난' 때 효과적인 방어나 반격이 불가능했던 것이다. '안사의 난' 이후 병사의 충원은 주로 모병을 통해 이루어졌고 다른 방법으로 보충하기도 했다.

모병제의 가장 큰 특징은 병농의 분리다. 이는 병사의 출신성분이 주로 토호土戶(토착농민이나 재산이 있는 사람)에서 객호客戶(재산이 없는 사람)로 바뀌었으며, 군인이 하나의 전문 직업이 되었다는 사실을 의미한다. 다음으로, 강제적 성격의 의무병을 모집을 통한 고용병으로 대체함으로써 정기적인 파견 대신 장기간 변방수비가 가능해졌다. 세 번째, 원래 변방의 병사는 각지에서 뽑았지만 모병제의 시행으로 현지와 인근 지역 사람들로 충당하게 되었다. 네 번째, 병사와 가족이 떨어져 지내던 상황이 가족이 종군하는 방식으로 바뀌었다. 다섯 번째, 진鎭의 병사는 주현에서 뽑아 보내던 것을 절도사가 모집하게 되어 절도사가 군사적 측면에서 큰 역할을 하게 된다. 이 시기 이전에는 진鎭의 병사가 각지의 재산 있는 자들로 구성되어 반란을 일으키려 해도 마음대로 하기 어려웠다. 가족이 후방에 남아 있어 후환이 두려웠기 때문이다. 또 병사를 정기적으로 파견했기 때문에 '병사가 장수를 모르고 장수가 병사를 잘 알지 못해' 변방 장수가 반란을 일으키려 해도 뒷받침이 되지 않았다. 그러나 이때는 이미 상황이 변하고 더욱이 여타 조건이 뒷받침되었기 때문에 변방 장수가 병사를 거느리고 반란을 일으킬 가능성이 커졌다. 이것이 아마도 당나라 후기 번진藩鎭할거 국면이 오랫동안 지속될 수밖에 없었던 중요한 이유 중 하나로 추측된다. 여섯 번째, 병사의 장비는 원래 지방정부에서 제공하거나 병사 자신이 준비하던 것을 모두 조정에서 부담했다. 조정은 병사와 그 가족의 생계비까지 부담하게 되어 군사 지출이 크게 늘어 재정상의 곤란을 겪게 된다.

　균전제가 무너지고 나서 당나라의 군제가 부병제에서 모병제로 변한 것은 대략적인 윤곽일 뿐이다. 일반적으로 이 과정을 순번으로 파견하던 의무병(부병, 병모)을 모집으로 선발한 고용병(직업군인, 금군, 진군)으로 대체했다고 말한다. 그러나 사실상 당나라 군제의 변천 상황은 이보다 훨씬 더 복잡했다. 역사적 사실을 살펴보면, 모병이 진병鎭兵으로 대체된 이후에도 강제 모집은 계속 존재했다. 출토된 자료에 따르면, 부병의 윤번 숙위를 장종숙위長從宿衛(금군)로 대체한 뒤에도 부병은 변경에 여전히 남아 있었다. 남아南衙의 여러 위병衛兵과 북아北衙의 금군에도 여러 가지 복잡한 사정이 있었다. 금군 명칭의 변화, 통령의 인선문제, 궁정정변에서의 역할 등은 매우 복잡하다. 번진군의 상황 및 번진군대와 조정군대 사이의 강약 관계는 누가 이기고 지는가와 누가 살고 죽는가를 직접적으로 결정했다. 그러나 한 가지 틀림없는 사실은 당나라 중엽 이후 금군이 가장 큰 화근이 되었다는 점이다.

오랫동안 번진의 군대를 평정할 수 없었던 이유는 금군의 지휘관을 환관에게 맡긴 까닭에 번진을 평정하는 과정에서 그들이 효과적으로 지휘를 수행하지 못했기 때문이다. 황제의 본래 의도는 환관에게 군권을 쥐어줌으로써 군권을 단단히 통제하려는 목적이었지만, 오히려 군권을 손에 쥔 환관에 의해 황제 자신이 완전히 통제되었다. 이 화근을 없애려 했을 때는 현명한 황제나 재상이라도 손쓸 방법이 전혀 없었다. 마지막에 주전충朱全忠의 힘을 빌려 환관을 일제히 제거했지만 당왕조도 함께 멸망하고 말았다.

4. 수 · 당 제도의 득과 실

균전제와 부병제는 수나라와 당나라 전기에는 여전히 시행되었고 긍정적인 효과를 거두었다.

수나라는 개황 2년(582년) 전령의 반포에서부터 대업 5년(609년)

다시 균전을 반포할 때까지 여러 번의 조치를 시행하면서 이 제도를 완성해 나갔다. 개황 2년부터 개황 5년까지는 관리에게 영업전을 주고, 개황 5년(585년)에는 유민들의 토지 문제를 해결했다. 개황 10년(590년)에는 수십 만 대군의 토지 문제 해결로 부병과 균전을 결합해 병농일치를 실현한다. 개황 12년(592년)에는 주로 백성에게 토지를 주었는데 수나라 건국 이래 규모가 가장 큰 균전의 실시였다. 비록 관향과 협향이 균형을 이루지 못하고 토지를 받는 자의 대부분이 규정된 면적만큼 받지 못하기도 했지만, 결국 전국적인 범위에서 실태 조사를 다시 실시해 분배했다. 협향의 백성을 관향에 이주시킨 것도 여기에 포함된다.

대업 5년(609년), 수 양제는 재차 균전조서를 반포했다. 조서의 구체적인 내용은 알 수 없으나 대체로 부녀자, 노비, 부곡(사병)의 토지수여 규정을 폐지했고 내용에도 일부 수정을 가했다. 당나라 전기의 균전제와 조용조제의 시행은 사서의 기록 이외에 돈황과 토번에서 출토된 당시 문헌에서도 명확한 증거를 찾아볼 수 있다. 물론 다른 제도와 마찬가지로 균전제는 시기와 지역 및 상황 등에 따라 정도의 차이가 존재한다. 당시에도 여전히 법적 장부에 등록되지 않은 불법 토지가 존재했고, 토지매매와 겸병의 수준도 점점 심해졌다. 그 와중에 농민들의 도주로 균전제는 규정대로 시행될 수 없는 상황에 이르렀다.

그럼에도 불구하고 균전제가 수나라와 당나라 전기의 사회발전에 긍정적인 역할을 했음은 분명하다. 당시 농업경제와 사회의 번영은 균전제 실시로 인한 인구의 증가, 경작지 개간, 식량 생산량의 증가와 식량 가격의 하락으로 증명된다. 실제로 수·당이전 전국의 호구가 가장 많을 때가 서한西漢 평제平帝 원시元始 2년(서기 2년)으로 총 1

천223만3,000호에 5천959만5,000명의 인구가 있었다. 그 뒤로는 이 인구를 초과하지 못했고 위진남북조 시대에는 인구의 감소폭이 더욱 심했다.

그러다가 수·당시기에 이르러 호구수가 급증하게 된다. 수나라 대업 5년(609년)에는 890만7,500호에 인구가 4천601만9,900명에 달했고 당 현종 천보 14년(755년)에는 891만4,700호에 5천291만9,300명까지 증가해 서한의 최고 수준에 근접했다. 이 통계는 물론 정확하지 못한 부분도 있긴 하지만 대체적인 발전 추세를 엿볼 수 있다.

개간지 면적도 마찬가지였다. 수·당이전의 개간지는 가장 많을 때가 서한 원시 2년의 8억2천700만 무였는데 그 뒤 계속 줄었고 특히 전란 시기에는 더욱 감소했다. 수·당 시기로 들어서자 다시 급증해 수 문제 개황 9년(589년)에는 19억4천만 무, 당 현종 천보 14년(755년)에는 14억3천만 무가 되어 오히려 서한을 초과했다. 이와 상응해 식량의 비축량이 많아지고 양곡의 가격도 저렴해졌다. 수 문제 말년에는 50, 60년을 사용할 수 있을 정도의 양을 비축했고, 당 현종 개원 13년(725년) 낙양의 쌀 가격은 한 말에 15전, 산동 일대는 5전에 불과했다. 이러한 발전이 봉건 성세를 이룬 기반이 되었다.

균전제를 바탕으로 한 부병제가 당시 사회의 안정과 국가 부담의 경감 및 변방의 안전에 긍정적인 역할을 했음은 의심할 여지가 없다.

균전제와 부병제 이후에 시행된 양세법과 모병제에 대한 사람들의 평가는 각각 달라 때로는 격렬한 논쟁을 불러일으키기도 했다. 찬성하는 사람들은 "양세법과 모병제는 시대에 발맞춘 개혁정책으로 부득이하게 실행할 수밖에 없었던 제도다. 과세를 공평하게 조정하고 정부의 수입을 증대시켰으며 봉건국가 기구의 정상적인 운행을 보장했다."라고 주장한다. 반대하는 사람들은 "양세법이 실질적으로는 더 많은 착취를 가능하게 했고, 양세 이외에 기타 잡세가 있었다. 양세전과 물건으로 대납하는 방법은 빠져나갈 구멍이 커서 오히려 각급 관리들이 중간에서 착취하여 개인욕심을 채우고 백성을 수탈하는 데 편리함을 제공했다."라고 비난을 퍼붓는다.

모병제도는 비록 군대의 전투능력을 높이는 역할을 했지만, 동시에 병사의 공급원이 혼탁해져 군대 전체의 수준이 낮아지는 결과를 초래했다. 더욱 중요한 사실은 장수가 병사를 거느리고 군권을 장악하게 되면서 당나라 후기의 번진할거를 조성하는 직접적인 원인이 된다. 이러한 상이한 평가는 모두 당시의 역사 사실에서 그 예를 찾을 수 있다.

모든 제도의 개혁은 결함을 가지고 있어도 의미가 있다

균전제, 조용조제, 부병제, 양세법, 모병제는 모두 봉건시대의 제도로서 봉건 통치계급이 통치기반을 수호할 목적에서 제정하고 시행한 제도다. 그리하여 지주와 관료 및 귀족에게는 유리하고 일반백성에게는 불리한 면을 가지고 있었다. 그러나 서로 다른 시기, 서로 다른 통치자가 같지 않은 모순에 당면할 때 이런 경향은 더욱 뚜렷해진다. 다시 말하면, 이 시기에는 이 제도가 통치계층에게 더 유리할 수 있고, 저 제도는 그 시기에 상황이 반대로 바뀔 수 있다는 것이다. 시행자의 주관적 의도에서 보면 모두 자신의 통치를 수호하고 공고히 하기 위한 것이다. 그러나 객관적으로는 주관적 의도와 완전히 부합되지 못할 수도 있는데 이것은 여러 원인에 의해 결정되는 것이기 때문에 우리가 짐작하여 단정해서는 안 되는 문제다.

중요한 한 가지는 균전제와 조용조제를 양세법으로 바꾸고 부병제를 모병제로 대체한 까닭은 봉건사회에서 사유화의 발전이 하나의 필연적인 추세였기 때문이라는 점이다. 사유화가 진행되면 반드시 토지의 자유매매가 이루어져야 하고, 상품경제가 발전하면 필연적으로 실물 위주의 과세제도를 화폐 중심으로 바꾸어야만 한다.

통치계급 중 일부는 이런 발전이 통치에 위협을 가할 것이라 예감하여 여러 방법으로 제한 혹은 방해하려 했지만 경제규칙은 필연적으로 이런 제한과 방해를 돌파하고 전진한다. 통치계급 가운데 일부 깨어있는 인사들은 추세에 발맞춰 이미 시대에 뒤떨어진 제도의 개혁에 박차를 가했는데 이점은 진보적이며 긍정적이라 평가된다.

이러한 개혁에서 특히 초기단계에는 구멍이 생기게 마련이고 사회와 경제의 발전에 다소 불리함과 혼란을 야기하기도 하지만 이것은 정상적인 과정일 뿐이다. 모든 경제나 정치 또는 군사 분야의 개혁에는 득과 실이 함께 존재하며 개혁자는 오직 그 정도만을 따지고 유무는 따지지 말아야 한다. 그렇지 않는 한 아무것도 이룰 수 없음은 역사가 잘 말해 준다.

낡은 것을 답습하는 행위와 아무 것도 이룬 것이 없다는 사실은 오히려 사회와 통치계급에게 더욱 큰 위험을 가져다 줄 수 있다. 따라서 양세법과 모병제가 조용조제와 부병제를 대체한 사실은 당왕조의 멸망과 어느 정도 관련이 있긴 하지만, 만약 대체하지 않았다면 조용조제와 부병제를 시행할 수 없었을 뿐만 아니라 당왕조의 멸망도 가속되었을 것이다. 만약 역사가 재현될 수 있다면 아마도 우리는 이런 결과를 보게 될 것이다.

법치행정의 본보기
— 법제의 계승과 발전

법에 입각한 행정은 현대사회에서 한 나라의 건전함과 문명화를 가늠하는 중요한 척도다. 사실 고대사회에서도 법에 의거한 행정의 여부가 한 나라가 건강하고 문명이 발달한 나라가 될 수 있는지를 결정하는 중요한 요소였다. 수·당 봉건사회의 문명의 번영, 특히 '성당기상'을 이룩할 수 있었던 요인으로는 당시 통치자가 법제정을 중시하고 엄격함과 관대함을 적절하게 조화시켰으며 예와 법을 타당하게 처리하고 군신이 앞장서서 법을 지키며 법률의 통일과 안정을 수호한 점을 꼽을 수 있다.

수·당시기의 법제 제정은 중국 고대법제 역사에서 전대를 계승하고 후대를 잇는 중요한 위치에 있다. '중화 법체계'는 세계에서도 유명한 법체계 중 하나로, 당률唐律은 '중화 법체계'의 대표로 인정받고 있다. 이 시기는 입법의 형식뿐만 아니라 법률의 내용 및 사법의 시행 등에 있어서 후세의 본보기가 되고 있다.

1. 가장 완비된 형식을 보여준 수·당 시기의 법률

　　　　　　　　　　　　　　　　　　　　　　적지 않은 입법 활동이 이뤄진 진한秦漢·삼국三國·양진兩晉·남북조南北朝 시기에는 전대의 것을 계승·발전시키고 남북의 법이 융합되어 한 계통으로 이어 내려와 수·당의 법제 제정을 위한 기초를 닦아 놓았다.

수・당의 통치자는 법제정 작업을 매우 중시했다. 그 중에서 율律의 수정을 위주로 하는 대규모 입법 활동이 여러 차례 있었다. 수나라 개황 원년(581년), 문제는 즉위하자마자 대신 고영 등에게 위진 남북조魏晉南北朝 이래의 입법을 참고해 신율新律을 개정하라고 지시했다. 아울러 '시대정신에 발맞출 것'을 강조하고 너그럽고 간결한 원칙을 지키며 전대의 잔혹한 형벌을 없애라고 당부했다. 개황 3년(583년), 문제는 형부의 보고를 심사할 때 조문이 여전히 지나치게 엄격한 사실을 발견하고 소위蘇威, 우홍牛弘 등 대신을 시켜 신율을 수정했는데 이것이 바로 후세에게 모범이 된〈개황률開皇律〉이다.

'개황률'은〈북제율北齊律〉의 격식을 계승하여 '법령이 명확하고 조문이 간단명료한' 특징이 있다. 수 양제가 즉위한 시기에는 법의 집행과정에서 여전히 법제가 통일되어 있지 않고 형벌이 잔혹했기 때문에 관대한 형법을 표방하기 위해 우홍 등에게 법을 다시 개정하도록 했다. 대업 3년(607년)에 반포된 새 법률이 바로〈대업률〉이다. 이 법률은 기본적으로〈북위율北魏律〉을 복구한 것으로 입법 기술 면에서〈개황률〉보다 다소 뒤진다.

당나라의 법률은 기본적으로 수나라의〈개황률〉을 계승하고 있다. 동시에 당시의 실제 상황에 입각해 부단히 개정과 정비를 진행했다. 대규모 입법 활동은 적어도 10여 차례 있었다. 그 중에서 전기의 입법 활동은 율(律)의 수정을 중심으로 하되 기타 법률 형식을 도입했다. 후기에는 황제의 조칙과 형률 휘편(彙編)을 위주로 진행했다.

수와 당의 체계적인 법률 형식

수나라 시기의 법률 형식은 율이 주가 되고 동시에 영令・격格・식

式 등이 있었다. 사서에 기재된 율·영·격·식에 대한 해석이 완전히 일치하는 것은 아니지만 여러 해석을 종합해 보면 대체로 다음과 같이 정의내릴 수 있다.

(1) 율. 율은 죄의 정의와 형량을 정하는 법규다. 그러나 관련된 범위가 매우 넓어 형사 방면에만 국한되지 않았다. 당나라 초 법제의 지도사상 및 당률의 규정을 보면, 율은 4가지 법률 형식에서 가장 안정적이면서 최고의 위치를 차지하고 있다.

(2) 영. 영은 국가의 여러 제도에 관한 법규다. 경제 기초로부터 상부구조까지 모든 분야의 제도를 포함하고 있다. 예를 들면, 균전제와 부역제 등은 모두 영에서 규정했다.

(3) 격. 격은 황제가 국가기관에 부문별로 반포 시행한 것, 인사문제와 업무에 대해 수시로 반포한 칙을 정리한 법규다. 그래서 칙격敕格이라고도 부른다. 예를 들면, 당 태종 정관 11년(637년)에는 무덕 연간 이래의 칙격을 정리해 700조를 남기고 상서성의 여러 사司를 기관장의 이름으로 삼았다. 그 중에서 여러 사의 일상 공무 및 사에서 시행하는 모든 것을 '유사격留司格'이라 했다. 당 고종 영휘永徽 연간에 주현에 특별히 반포해 시행하게 한 것을 '산반격散頒格'이라 했다.

(4) 식. 식은 국가기관의 업무 세칙과 공문 양식을 말하는데 그 목차가 영보다 훨씬 많았다. 국가의 모든 공무는 반드시 영·격·식의 규정을 따라 진행해야 했다. 영·격·식을 어기거나 기타 위법 행위는 모두 '율'의 규정에 따라 처벌했다.

이와 같은 4가지 법률 형식은 당나라 전기의 입법 전체를 구성하는 내용이며, 국가와 사회생활 각 분야의 문제를 처리했고, 봉건법제의 조화와 발전을 보여주는 증거이기도 하다.

율·영·격·식 이외에 황제의 제칙制敕은 당나라 법률에서 특수한 역할과 지위를 가지고 있다. 당률〈단옥斷獄〉편에는 '제칙'으로 죄를 결정하는 것은 '임시적인 처분'이기 때문에 반드시 총괄하여 격으로 확정한 뒤 죄를 정하는 것이 정상적인 근거이며, 그렇지 아니할 경우 형사책임을 져야 한다고 규정되어 있다. 그러나 제칙은 죄를 결정하는 문제를 임시로 처리할 수 있기 때문에 이 원칙의 예외에 속했다. 사실상 모든 문제에 대하여 단독으로 결정할 수 있는 권한이 주어졌던 제칙은 군주전제제도의 필연적인 산물이다. 이런 의미에서 제칙은 비록 법률로 정해지지는 않았지만 법률 효력은 기타 모든 법률보다 우선했다.

또 언급해야 할 한 가지는 당나라 법률 중 〈당6전唐6典〉이다. 개원 10년(722년), 현종은 친히 이전理典ㆍ교전敎典ㆍ예전禮典ㆍ정전政典ㆍ형전刑典ㆍ사전事典 등 6조條를 쓰고 대신에게 『주관周官』을 지도원칙과 모범으로 삼아 법률을 제정하라고 지시했다. 『주관周官』은 『주례周禮』의 원명으로 천관天官(총재), 지관地官(사도), 춘관春官(종백), 하관夏官(사마), 추관秋官(사구), 동관冬官(사공) 등 6관으로 나눠 각각 치治(현종이 '理'라고 쓴 것은 고종 이치의 이름을 피하기 위한 것임), 교敎, 예禮, 정政, 형刑, 사事 등 6개 분야의 정무를 담당한 주나라의 관제를 후인이 편찬한 책이다. 이러한 분류법은 매우 번잡해 이 임무를 맡은 대신은 6년이 넘는 시간을 들여 개원 16년(728년)이 되어서야 완성했다.

현종이 직접 6조를 썼기 때문에 『6전六典』이라 한다. 『당6전唐六典』은 당나라 관제의 규정을 체계적으로 기록한 정서政書다. 주요내용은 국가기구의 설치, 인원 편성 및 직책, 관리의 선발ㆍ임용ㆍ심사ㆍ상벌ㆍ봉록ㆍ퇴직 등에 관한 규정으로 구성되어 있다. 한 고증에 따르면 『당6전』은 당나라 때는 반포된 적이 없으나 실제로 사용되었다고 한다. 반포된 적이 없다는 뜻은 법전이 제정되고 나서 200년 동안 조서를 내려 반포한 적이 없다는 말이다. 사용되었다는 의미는 이 법전이 당나라 초 100여 년의 정치·경제·문화 등 역사의 총결산이며, 법전의 내용이 당나라 중기 이전의 역사에서 많이 보인다는 뜻이다. 또 이 시기를 종합적으로 간략하게 정리한 '역사의 기록'으로서 개원과 천보 이후 긴 시간 동안 당나라 사람들은 이것을 '발간되지 않은 법전'으로 떠받들었다.

2. 당나라 법률의 우수성과 영향력

수·당은 봉건사회가 고도로 발전한 시기다. 이 시기의 법률(율·영·격·식 등 형식의 법률을 포함), 특히 당나라 법률의 주요 내용은 여러 분야에서 봉건통치를 수호하고 통치 기초를 공고히 하며 경제사회의 안정과 발전을 유지하는 내용이었다.

(1) 봉건군주전제 정권을 공고히 한다. 이것은 당률의 가장 중요한 내용이다. 구체적으로 각 분야의 법률조문에서 표현되고 있다. 그중에서 가장 직접적인 내용은 모반하거나 대역을 꾀하는 등 봉건 정권을 위협하는 범죄를 엄격히 진압하는 것이다. 또한 황제 개인의 절대적인 안전과 존엄을 보호하고, 황제가 모든 군국대권을 독점하도록 보장하는 내용이 담겨있다.

(2) 봉건등급 제도를 수호한다. 예를 들면 관리와 귀족은 법에 따라 여러 특권을 누린다. 양민과 천민을 엄격히 구분하고 혼인과 소송 등 문제에서 엄격히 구별한다.

(3) 봉건가정의 질서와 오륜을 수호한다. 어른의 권위를 지켜주고

혼인 관계에서 남편의 우세한 지위를 보장하며 근친상간을 엄격히 다스린다.

(4) 봉건 착취의 경제기초를 수호한다. 균전법과 조용조법을 명확히 규정하고 탈호脫戶, 누락, 스스로 호를 합하거나 사사로이 절에 들어가는 행위를 엄벌에 처해 국가가 충분한 노동력과 납세자를 확보하도록 했다.

(5) 봉건국가 기구의 정상적인 운용을 보장한다. 예컨대 관리는 본분을 반드시 지켜야 하고, 법에 입각해 일을 처리하며, 직무에 충실해야 한다. 또한 반드시 청렴결백하고, 공무를 중히 여기고, 직권을 이용해 사리를 꾀하고 부정한 일을 하거나 뇌물을 받고 법을 어기는 행위를 저지르면 엄벌로 다스린다. 감임주사監臨主司 혹은 감임주수監臨主守와 같은 실권을 가진 관리들은 반드시 예법을 지키고 일의 처리에 있어서는 실사구시에 입각해야 한다. 예법에 어긋나고 남을 기만하고 허위로 날조하는 행위는 엄금한다. 군정 업무를 마음대로 하거나 독직하는 행위를 엄벌한다.

(6) 봉건국가의 안전을 수호하고, 봉건통치를 위협하는 모든 행위를 처벌한다. 여기에는 봉건국가의 안전과 경제이익을 해치지 못하도록 강조하고, 사회의 치안질서를 수호하고, 강도와 절도를 엄격히 다스리고, 싸움·상해·살인을 처벌하고, 방화와 제방을 무너뜨리는 행위를 엄벌에 처해 도시와 시장의 관리질서를 수호하는 내용 등이 포함된다.

이 밖에 당률은 기타 범죄행위가 가능한 모든 분야에 개괄적인 규정을 두어 예법을 어기고 율을 어기는 모든 행위가 법망을 빠져나가지 못하게 했다.

당률의 구체적인 내용을 자세히 연구하면 다음과 같은 몇 가지 특징이 있음을 발견할 수 있다.

우선, '예법을 지키라'라고 강조한다. 당률의 첫 편인 〈명례名例〉에는 "덕과 예는 정교政敎의 근본이고, 형벌은 정교에 사용된다."라고 표명했다. 여기서 덕은 주로 군주가 '너그럽고 어진 마음으로 천하를 다스린다'는 통치행위를 말하는 것으로, '백성을 나라의 근본으로 생각해야 한다'는 점에 유의하라고 강조했다. 예는 봉건 3강5상三綱五常(삼강오륜이라고도 함)으로 백성을 교화하는 것을 말한다. 덕과 예를 형벌과 비교하면 전자는 근본이면서 주가 되고, 후자는 실행에 옮기는 것이며 보조적인 것이다. 그러나 덕은 반드시 예로써 이론적인 지도원칙을 삼고 실천에 옮겨야 한다. 예를 기준으로 하고 법이 보조가 되는 형식, 혹은 예를 법으로 삼고 예와 법을 결합하는 과정은 한나라 때부터 이미 시작되어 위진남북조 시기에는 부단히 발전하고 점점 완비되었다.

당률의 네 가지 특징

당률은 바로 이런 발전과 완비의 전형으로 꼽을 수 있다. 실제로 당률의 기본정신은 봉건 '3강' [29]을 관철하는 것인데 〈명례〉편이나 기타 각 편도 모두 이러하다. 10대 죄악을 매우 엄격히 처벌한 까닭은 봉건 '3강'을 직접적으로 해치는 행위를 벌하기 위한 조치다. 당률 율조에서도 많이 보이는 이유는 원래 예의 내용을 직접 율에 넣었기 때문이다. '8의議' 즉 의친議親·고故·현賢·능能·훈勳·귀貴·근勤·빈賓, '3사赦' 즉 어린이, 노약자, 정신박약자가 죄를 지으면

---

29) 군위신강(君爲臣綱-군주는 신하의 본보기가 되어야 한다), 부위자강(父爲子綱-아버지는 자식의 본보기가 되어야 한다), 부위부강(夫爲婦綱-남편은 부인의 본보기가 되어야 한다).

관대하게 처리한다. '동거상은同居相隱'(동거자가 서로 감추는 것으로 아버지가 아들을 숨기고 아들이 아버지를 숨기는 행위 등을 말함)의 원칙은 원래 봉건 예교의 내용으로 당률에서 법으로 규정되었다.

예의 정신에 입각해 제정한 기타 율문도 곳곳에서 보인다. 예를 들면, 당률은 『소의疏議』의 유가 경전을 인용해 봉건 예교의 '의리義理'를 충분히 서술했다. 『소의』는 법률 조문과 동등한 효력을 가지고 있어 예교가 법률에 광범위하게 스며들게 하고 조문의 운용을 지도하는 역할을 하게 했다. 예와 율이 이처럼 불가분의 관계에 놓여 있었기 때문에 양한兩漢이래 줄곧 이어진 경전을 인용해 판결을 내리는 형식이 완비되었다. 이것은 또한 당나라 봉건법제의 성숙도를 보여준다.

다음으로는 관대하고 간결하며 통일되고 합당했다. 관대의 의미는 입법 내용에서 될 수 있는 한 가벼운 형벌을 내리고, 가능한 한 사람들이 죄를 짓지 않게 하거나 혹은 죄를 지어도 비교적 가벼운 처벌을 받게 하는 것을 말한다. 간결의 뜻은 입법 형식이 간단명료해 백성들이 쉽게 이해하고 사법관리도 충분히 파악할 수 있게 한다는 의미다. 통일의 의미는 법률 조문 원칙이 앞뒤가 일치해 일률적으로 중하면 중하고 약하면 약한 것을 말한다. 법과 영이 일치하지 않으면 전후가 모순되어 관리나 백성 모두 허점을 노릴 수 있기 때문이다. 합당의 뜻은 죄를 내리고 형벌을 정함에 있어서, 특히 형벌을 정하는 규정이 편파

효경(孝經)이 쓰인 석대(石臺)

적이지 않고 타당해야 함을 의미한다. 이것은 당률의 '5형刑 즉 태笞·장杖·도徒·류流·사死'에서 명확하게 실현된다.

다음으로는 법률이 안정성을 유지하고 있다. 당 현종은 "법령은 자주 바뀌면 안 된다. 자주 바뀌면 관리가 기억을 못하고 또한 전후가 모순되어 법을 집행하는 관리가 그 허점을 이용해 사리를 꾀하고 부정행위를 저지를 수 있다."라고 말한 적이 있다. 이 사상은 기본적으로 당나라 전기에 관철되었다. 당나라 초 방현령 등이 제정한 율·영·격·식은 태종 재위기간에 한 번도 바뀌지 않았다.

물론 상황이 발전하고 변하면 시대에 맞지 않는 일부 내용을 개정하는 것은 정상적인 일이다. 그러나 법률의 개정은 엄격한 절차를 거쳐 진행해야 한다. 그렇지 않을 경우, 범죄 행위로 간주하고 처벌해야 한다. 그래서 상서성에서 법률을 심사하고 개정할 때 반드시 7품 이상의 중앙 관리를 소집해 토론과 결의를 통해 황제에게 보고하고 최종 결정하도록 했다.

또한 입법기술도 전례 없이 완비되었다. 한 법전의 입법기술은 당시의 정치·경제·문화의 발전 상황을 상당히 반영하게 된다. 당률은 당나라 초기 봉건통치 질서가 상대적으로 안정되고 경제와 문화가 급격하게 발전하는 상황에서 제정되었다. 당률은 전대 왕조의 입법 사례를 충분히 활용하고 과거의 율학 연구성과를 흡수하여 〈명례〉편에서 요지를 설명하고 그 나머지 11편을 세부항목으로 구성했다. 편의 구성이 질서정연하고 봉건통치에 불리한 다양한 행위, 심지어 가상의 행위까지 모두 포함하여 서술되어 있다. 〈명례〉편의 소의에서 말하듯이 당률은 '조항에서는 빠뜨린 것이 없고 모든 것을 열거하였으나' 율문이 502조밖에 되지 않아 확실히 간략하다. 〈명례〉편은 기타 각 편과 서로 호응하고 문장의 핵심이 분명하며, 한 편에 속한 각 조항, 각 조항에 속한 각 항목은 서로 보충적인 역할을 한다. 전체 조항은 서로 긴밀하게 연결되어 치밀한 구조를 형성하고 있다. 문자는 간결하고 개념이 명확하며 용어가 확실하고 논리가 정연하다. 소의疏議 이론은 깊이와 문자사용 기술 등이 중국 고대법전 중에서 전례 없이 훌륭하다. 후세의 봉건입법은 일부를 바꾸었는데 모두 기대에 미치지 못한다.

당률이 후대와 동아시아 입법에 미친 영향

당률이 역대 봉건법전을 집대성하고 또한 앞서 살펴본 바와 같은 특징이 있었기 때문에 후세의 봉건법제에 매우 큰 영향을 끼쳤고 동아시아 주변국들도 영향을 받았다.

당나라 이후 5대 시기에는 당률의 영향을 많이 받은 〈대량신정격식율령大梁新定格式律令〉이 있었는데 그 권수와 구성은 〈당률〉과 완전히 일치한다. 송나라의 유일한 율인 〈송형통宋刑統〉은 거의 당률의 복사본이라 해도 무방하다. 심지어 원문은 〈당률소의唐律疏議〉를 베꼈는데 단지 각 편의 조문을 약간의 문門으로 나누고, 조문 뒤에 관련이 있는 칙 · 영 · 격 · 식 및 '기청조起請條'를 첨부해 형법을 다소 개혁했을 뿐이다. 원나라도 사법을 적용하는 과정에서 늘 당률을 참고했다. 명나라 홍무洪武 첫해에 제정한 〈명률明律〉은 편篇과 세부조항이 당률과 같았고, 홍무 22년(1389년)에 수정할 때 비로소 30문門으로 고치고 이 · 호 · 예 · 병 · 형 · 공의 6률로 나눴다. 그러나 여전히 〈명례율〉이 최고의 권위를 가졌다. 〈청률淸律〉은 명률의 격식을 채택했지만 내용과 원칙은 기본적으로 당률을 그대로 따랐다.

당률은 동아시아 이웃 나라의 법률에도 지대한 영향을 미쳤다. 일본의 〈대보율령大寶律令〉에는 율문 6권이 있는데, 그 중에서 11편의 명칭과 순서는 〈당률〉과 똑같고 율문 내용도 대부분 비슷하다. 이밖에 베트남과 서역 여러 나라의 고대법전에서도 당률의 흔적을 찾을 수 있다. 따라서 〈로마법〉과 〈나폴레옹법전〉을 서양 노예제와 자본주의 사회에서 세계적인 의의가 있는 법전으로 꼽는다면, 당률은 적어도 동아시아 이웃 나라의 봉건법전에서 하나의 전형이 된 법전이라 할 수 있다. 당나라의 정치 · 경제 · 문화가 동아시아의 여러 나라에 깊은 영향을 미치면서 필연적인 결과로 당률은 그들의 봉건법전에 심원한 영향을 주었다.

3. 수 · 당 사법의 정(正)과 반(反)

사법제도와 법집행의 실제 상황은 법제제정의 중요한 내용이다. 수 · 당의 사법제도는 구체적으로 실시되는 과정에서 좋은 면도, 좋지 못한 점도 있었지만 대체로 건전했다고 말할 수 있다.

수 · 당 시기의 사법기구를 살펴보면, 중앙은 대리사大理寺와 형부刑部를 사법기관으로 하고 어사대御史臺도 사법 활동에 참여했다. 대리사는 최고의 심판기관으로 중앙 백관의 범죄와 수도지역에서 일어나는 징역 이상의 큰 사건을 책임지고 심사 처리했다. 징역이나 유배 판결은 반드시 형부에 보내 재심했으며, 형부에서 이송한 지방의 사형 현안에 대해서는 재심할 수 있는 권리가 있고, 사형 판결은 황제가 비준했다. 형부는 중앙 사법행정기관으로서 대리사 및 주, 현에서 반드시 상부에 보고해야 하는 징역 이상의 사건을 책임지고 재조사했다. 심사 중 의심스러운 사건을 발견하면 작은 것은 원심기관에서 다시 심사하고, 사형사건은 대리사에게 보내 재심했다. 어사대御史臺는 중앙감찰기관으로 사법방면에서 주로 대리사와 형부의 사법심판 활동을 감독하고, 중대 현안이 있을 경우 심판에 참여하거나 혹은 관련 행정소송사건을 처리했다.

당나라의 사법체계

당나라 때는 보통 큰 사건과 현안을 대리사, 형부와 어사대 장관이 회동하여 심사 처리했는데 이를 '삼사추사三司推事'라 했다. 필요하면 황제가 형부에 명하여 중서성과 문하성도 함께 논의하게 함으로써 신중함을 기했다. 작은 사건 혹은 지방에서 발생하고 중앙에 이송하기 힘든 큰 사건은 삼사 중 부장관 혹은 그 부하를 보내 심사했는데, 이를 '소삼사小三司'라 했다.

당나라 지방사법은 주(군), 현의 행정기관에서 겸해 처리했다. 단, 속리가 예전보다 많아졌다. 주에는 법조참군法曹參軍(혹은 사법참군)을 두어 형사사건을, 사호참군司戶參軍을 두어 민사사건을 처리했다. 현에는 사법좌司法佐와 사史 등을 두고 현령과 협조하여 민·형사 사건을 처리했다. 현 이하의 향관, 이정, 방정, 촌정 등에게도 혼인과 토지 관련 민사사건에 대한 중재권과 재판권이 있었다. 만약 불복하는 자가 있으면 현에 상소하여 재심할 수 있었고 형사사건은 직접 현에서 심판했다.

소송제도는 비교적 엄격했다. 당률에서 고소는 반드시 아래로부터 위로 하고, 현과 주로부터 중앙까지 법적 절차를 밟아 상소해야 하며 일반적으로 행정체계를 뛰어넘어 상소하지 못하게 했다. 이를 어기면 처벌을 받았다. 사법기관이 접수해서 처리해야 하는데 그렇지 않았을 경우에도 처벌했다. 심각한 오심사건의 경우에 만약 협박을 받아 정상적으로 제소하지 못하면 황제에게 직접 상소할 수 있게 했는데 상응하는 예방조치도 두었다. 소송의 남용을 방지하고 무고를 엄벌하기 위해 고소는 반드시 시간을 밝히고 사실대로 진술해야 했다. 진술이 명확하지 못하거나 사실에 부합되지 않고 익명으로 신고하면 모두 유죄 처리되었다. 무고한 자는 반좌反坐형30)에 처했다. 반역이나 모반에 대해서는 모든 사람이 반드시 고발하도록 했다. 일부 범죄에 대해서는 상황에 근거하여 일부 제한을 두기도 했다. 어떤 때는 고소했다가 오히려 유죄 판결을 받는 경우도 있었다. 주로 '친지는 서로 숨겨주고' '노비는 주인을 감춰주는' 등 예교의 삼강오륜을 실현하기 위해서였다.

　심판제도도 비교적 엄격했다. 당률에서 사법관은 심문할 때 반드시 먼저 사건을 분명하게 파악하고, 피의자의 진술과 표정을 자세히 관찰하며, 비교·심사·검증을 반복해 상관관계를 이해해야 한다고 규정했다. 만약 사실이 여전히 명확하지 못하고 판단할 수 없어 고문이 필요하면, 반드시 입안해야 하고 또한 관계자들과 함께 고문해야 한다고 정하고 이를 어기면 처벌했다. 죄상과 증거가 이미 명확하면 범인이 공술하지 않아도 사실에 근거해 판결할 수 있었다.

　죄를 판결하고 형벌을 내릴 때에는 무죄를 죄가 있는 것처럼 중재하거나 경범죄를 중죄로 가중처벌하는 것이 금지되었다. 또한 유죄를 무죄로, 중죄를 경범죄로 판결하는 것도 금지되었다. 이를 어길 경우 상응하는 처벌을 받았다. 사법관이 판결할 때는 반드시 율·영·격·식의 조문에 의거하고, 황제가 어떤 사람 혹은 어떤 일에 개

---

30) 거짓으로 남을 벌 받게 한 사람에게 피해자가 받은 벌과 같은 벌을 주던 형벌

별적으로 반포한 칙은 격에 편입되지 않았으면 후에 다시 사용하지 말아야 했다. 만약 마음대로 인용하면 역시 상응하는 책임을 져야 했다. 또 사법관이 개인적 원한이나 친분 때문에 고의로 유죄 또는 무죄 판결을 내리는 행위를 방지하기 위해 상응하는 회피제도를 규정했다.

고문에 대해서도 엄격한 제한을 두었다. 예를 들면, 고문은 3번을 초과할 수 없고 곤장 200대를 넘어서는 안 되며, 200대가 넘어서도 공술하지 않는 자에 대해서는 보석했다. 법에 따라 일정한 특권을 가지고 있는 자에 대해서는 고문을 할 수 없었다. 임산부가 죄를 지어 고문을 해야 할 경우에는 출산 100일이 지난 뒤 다시 진행하며, 이를 어긴 자는 징역과 장형에 처했다.

사건 심사가 끝나고 징역 이상의 형을 받은 자에게는 그 본인과 가족에게 구체적인 죄명을 설명해주고 판결에 대한 의견을 말할 수 있게 했다. 만약 불복하면 재심했다. 사형을 선고한 범인에 대해서는 더욱 신중을 기해 판결은 반드시 황제에게 보고하고 사형을 집행하기 전에 3번 혹은 5번 보고해 황제의 허가를 받아야만 집행할 수 있었다. 임산부는 출산 100일이 지나야 집행이 가능했다.

감옥의 설치와 관리도 비교적 완비되었다. 중앙에는 대리사옥大理寺獄을 설치해 황제의 칙령으로 체포된 관리들을 수감했다. 수도에는 경조부京兆府와 하남옥河南獄이 있어 수도 부근의 범인을 수감했고, 지방에는 각 주와 현에 감옥을 설치해 현지의 범인을 가두었다. 감옥마다 장옥관掌獄官이라는 전문 관리인이 있어 감옥 관리를 책임졌다. 동시에 범인을 어떻게 감금하고 어떤 형구를 쓰는가에 대해 상세하게 규정해 놓았다.

국가의 성쇠와 법치의 상관관계

　사법의 구체적인 시행 측면을 살피면, 수·당 시기에는 진보적인 군주와 신하들이 모두 법에 입각한 행정의 시행에 관심을 기울이고, 법률의 통일과 공정성을 수호했으며, 상벌이 분명하고 사사로움에 얽매이지 않았다. 수 문제 개황 전기가 바로 이러했다. 당 태종은 이것을 나라를 다스리는 하나의 기본원칙으로 삼았고, 특히 법집행은 신중해야 하고 쉽게 결론을 내리지 말아야 한다고 강조했다. 사형은 3번, 5번씩 보고해야 한다는 조항은 바로 그가 제안하고 형률로 제정한 것이다.

　수 문제와 당 태종 및 기타 일부 제왕도 늘 직접 범인의 죄상을 살피고 억울한 자를 발견하면 즉시 누명을 벗겨주었다. 인척이나 측근이 죄를 지어도 법에 따라 처리하고 개인감정으로 공법을 무력화하려 하지 않았다. 군주가 솔선수범하자 이 시기에는 공무를 중히 여기고 법을 잘 지키는 선량한 관리가 많이 출현했다. 특히 고영과 적인걸 등은 '왕자가 법을 어기면 서민과 동등하게 처리한다'는 원칙을 견지하고, 법을 집행함에 있어서 권력에 아부하지 않았으며, 동시에 가혹한 형벌을 남용하지 않도록 유의하고 잘못 처리된 사건을 시정했다. 이러한 모든 조치는 당시의 법제제정과 사회의 안정 및 발전에 긍정적인 역할을 했음은 두말할 나위가 없다. 봉건 성세가 이 시기에 출현한 것도 이러한 노력과 떼어 놓고 생각할 수 없다.

　그러나 이 시기의 일부 군주와 신하들은 여러 이유를 내세워 법을 무시한 탓에 법의 집행이 엄격하지 못한 적도 있었다. 또 상벌이 공정하지 못하고 심지어 제멋대로 법률을 변경하고 혹리 통치를 했다. 수 문제 말년과 수 양제 시기에는 늘 법률을 한쪽에 팽개쳐 두고 마음대로 형벌을 내렸다. 잔혹하면 능력 있는 것으로 인정받고, 법을 지키면 나약한 행위로 무시당했다. 그래서 당시의 법제, 특히 사법제도가 심각하게 무너졌고 이로써 수나라 멸망의 발걸음도 빨라졌다.

당나라 때에도 사법제도를 심각하게 파괴한 적이 있었다. 바로 무측천이 집권할 때가 바로 그러했다. 그녀는 이당李唐 종실의 저항을 방지하기 위해 내준신과 주흥 등 혹리를 임용해 형벌과 사형을 남용했다. 그 결과 통치집단의 안위를 위협하고 백성에게도 재난을 안겨주었다. 당나라 후기에 이르러서는 번진이 할거하고 제멋대로 다스렸는데, 그들은 자기들의 세력권 내에서 살생을 자행했지만 중앙에서 근본적으로 간섭하지 못했다. 환관이 권력을 휘두르고 붕당 싸움이 일어나면서 모함과 법 밖의 처벌은 일상사였다. 이 때문에 당왕조의 쇠망이 더욱 가속화되었다.

4. 수·당 법제의 교훈

법제의 제정은 국가의 안정과 부강을 위한 필수조건이다. 현대사회의 일부 사람들은 봉건사회를 포함한 고대사회에는 법제가 존재하지 않고, 모두 제왕 한 사람의 독단으로 결정되고 흥망성쇠는 오직 제왕의 현명함의 여부에 달려있다고 생각한다. 그러나 사실은 이와 다르다. 몇천 년의 중국역사를 조금만 자세히 연구해보면, 제왕의 현명함의 여부가 물론 중요하지만 봉건법제의 정비도 왕조의 흥망성쇠와 밀접한 관련을 맺고 있음을 알 수 있다.

진秦나라의 발전은 상앙변법商鞅變法 및 법을 율로 바꾸고 법제를 건전히 한 사실에 기인한다. 상앙 개인은 죽었지만 진나라 법은 실패하지 않았다. 한漢나라의 번영기도 법제제정이 잘 이루어진 시기와 일치한다. 이와 반대로 쇠약 내지 쇠망한 왕조, 혹은 왕조가 쇠약한 시기는 법제가 건전하지 못하거나 무너진 사실과 관련이 있다. 법제가 건전하지 못하거나 무너지면 반드시 왕조의 쇠약 혹은 쇠망을 초래한다.

수·당 왕조의 통치자, 특히 건국황제와 진보적인 통치자들은 이 점에 대해 분명하게 인식하고 있었다. 물론 봉건 제왕으로서 그들은 개인이 역사를 결정할 수 있다는 허황된 생각을 믿고 있었다. 그러나 그들은 동시에 백성의 역량을 중시했고, 여러 계급과 계층 간 이익관계를 조화시키는 일이 얼마나 중요한지에 대해서 잘 알고 있었다. 법률은 바로 통치계급의 이데올로기다. 통치계급의 이데올로기로서 법률은 통치계급의 이익과 염원 및 목적을 대표하기 때문에 자연히 통치계급에게 유리했다. 국가의 이데올로기로서도 역시 모든 백성의 이익과 염원을 대표하며, 각종 관계를 조화롭게 하는 권위적인 역량인 것이다. 그래서 수·당 시기의 통치자는 과거의 다른 왕조 통치자보다 더욱 자각적으로 법제제정을 중시하고 강화했다. 이것은 이 시기의 중대한 입법 활동, 법률형식의 전례 없는 완비, 법률 내용과 원칙이 실제 수요에 근접하고 있다는 사실들을 통해 분명하게 드러나고 있다. 이 시기 사회의 전례 없는 번영과 발전 역시 법제제정을 중시하고 강화한 사실과 불가분의 관계에 있다.

관대함과 엄격함을 병행한 전략은 중국 고대에서 하나의 치국원리이며 법제제정에서 지켜야 하는 하나의 기본원칙이다. 소위 관대함이란 공평하게 다스리고 형벌을 가볍게 한다는 의미다. 엄격함이란 철저하게 다스리고 형벌을 무겁게 한다는 의미이다. 관대함과 엄격함을 병행한다는 뜻은 서로 다른 시기, 서로 다른 상황에 근거하여 가벼워야 할 때에는 형을 가볍게 하고 중하게 처벌해야 할 때는 엄중하게 다스려 시의에 맞게 사용하고 상호 보충하는 것을 말한다.

제갈량은 촉나라를 다스릴 때 엄격함을 우선으로 하고 관대함을 차선으로 택했다. 그 이전의 촉나라는 법이 엄격하지 못하고 정치와 명령체계가 문란해 사람들이 형벌을 두려워하지 않아 강한 법으로 다스려야 할 필요성이 있었기 때문이다. 그는 10년간 한명도 사면하지 않으면서 촉나라의 흥성을 이끌었다. 수·당왕조 건국 이전까지의 법은 가혹하고 백성들이 안심하고 살 수 없는 상황이었기 때문에 수와 당은 관대함을 우선으로 해야 했다. 그래서 수나라는 법의 취지와 내용에 있어 모두 너그러운 편이었는데 결과적으로 탁월한 성과를 거두었다.

그러나 수나라 말에 이르러서는 법이 무너지고 잔혹함이 믿기 어려울 정도였다. 그래서 당 고조는 군사를 일으킨 초기에 모든 법을 폐지하고 약법 12조만 남겼다. 당나라 건국 뒤에는 법령을 제정하고 관대한 법인 〈개황률〉을 참고로 해 만든 〈정관율〉〈영휘율〉〈개원율〉을 반포했다. 동시에 사회의 발전 추세에 따라 법을 수정함으로써 나라가 안정되고 생산이 증가했으며 경제와 문화가 번영했다. 당나라 후기에는 전국이 분열되고 각 세력이 할거하면서 지방의 할거세력들이 형벌을 남용하자 결국 민란이 일어나고 사회의 혼란이 극심해졌다.

혼례를 묘사한 그림

법치와 인치를 어떻게 조화시킬 것인가?

예禮와 법法의 관계를 적절하게 조화시킨 내용은 수와 당의 법제에서 보이는 가장 큰 특색이다. 예와 법의 조화는 중국 고대 정치가들이 나라와 집안을 다스릴 때 매우 중시한 사항으로 쉽게 처리되는 문제는 아니었다. 이것은 고대 유가와 법가의 서로 다른 치국이념의 영향과 관련이 있다. 서한西漢 무제武帝 이전에는 법가의 법으로 나라를 다스려야 한다는 이론이 우세를 점했다. 성공한 사례도 있지만 참담한 교훈도 있다. 진秦나라의 흥성과 멸망은 이 두 가지를 동시에 증명한다. 서한 무제가 '백가를 없애고 오로지 유가만 숭상' 하게 되자 유가의 예교는 치국정책에서 주도적 위치를 차지하게 되었다. 이와 상응하여 '춘추결옥春秋決獄(즉 유가 경전으로 죄를 언도하고 형벌을 가하는 것)' 의 방식으로 예와 법이 결합되어 시행되기 시작했다.

위진남북조 시기까지 예와 법은 줄곧 끊임없는 마찰과 충돌을 일으켰지만 그 와중에 점차 통일되어갔다. 수·당 시기, 특히 당나라에 이르러서 이 결합이 완성되었다. 이로 인해 '모든 것은 예를 근본으로 하는' 당률이 출현하게 된 것이다. 소위 '모든 것은 예를 근본으로 한다' 는 말은 모든 예교가 그대로 법률 조문이 되었다는 의미가 아니라, 법률 조문에 예교의 기본원칙과 정신이 스며들어 있다는 의미다. 이러한 결합과 통일은 통치계급이 나라를 다스리고 안정시키는 데 크게 도움이 되었으며 또한 사회의 진보에도 긍정적인 영향을 미쳤다. 물론 일부 해로운 점도 있었음을 부정하기는 어렵다.

당률이 너그러운 것인가 아니면 엄한 것인가 하는 문제가 바로 그것이다. 관대함을 주장하는 사람은 전대에 비해 형벌이 확실히 경감되었다고 말한다. 엄격했다고 주장하는 사람은 단지 예를 어긴 언행일 뿐인데 법을 위반한 언행으로 간주되어 법률의 제재를 받을 필요가 없음에도 불구하고 법률적인 제재를 가했기 때문에 엄격하다고 말한다. 두 가지 설은 모두 일리가 있다. 그러나 둘 모두 문제의 일부분만 보고 전체를 보지 못했을 뿐이다.

종합해 보면, 당률은 확실히 적당한 정도의 관대함과 엄격함을 갖추고 있었지만 여기에는 입장과 평가하는 기준 문제가 있다. 우리는 역사유물주의 관점에서 역사문제를 바라보아야 한다. 당률의 효과를 살펴보면, 이 법이 그 시대에는 관대함과 엄격함을 적당하게 유지했고, 사회의 진보에도 긍정적인 영향을 미쳤음을 알 수 있다. 그렇지 않았다면 후세와 동아시아 인근 국가에 그렇게 심원한 영향을 끼치지는 못했을 것으로 판단된다.

군신이 앞장서서 법을 지킨 행위는 당나라 법제제정이 성공한 하나의 중요한 요소다. 여기서 말하는 군주와 신하는 모든 군주와 신하 혹은 그들의 모든 언행을 가리키는 의미는 아니다. 그러나 전대와 상대적으로 당나라에는 법을 지킨 군주와 신하가 많은 편이다. 봉건사회에서 군주는 가장 높은 존재로서 법률의 제정과 폐지, 신하의 생사는 항상 군주의 한마디에 달려 있었다. 우리는 늘 봉건사회에서 '왕자가 법을 어기면 서민과 같이 처벌한다'는 원칙에는 어떤 사람도 예외가 없는 것 같지만 자세히 살펴보면 여기에는 황제가 포함되어 있지 않다고 말하곤 한다.

황제는 언제나 예외적인 존재로서 입법권과 사법권을 쥐고 있는 최고 통치자다. 이러한 군주전제체제에서 황제 본인의 소질이 어떠하고 그가 법률을 대하는 태도가 어떠한가는 법제제정의 성패와 직접적으로 연관된다. 수·당 시기 법제제정의 많은 성과는 황제가 앞장서서 법을 지키고 집행한 사실과 가장 큰 관련이 있다. 여기에는 신뢰할 만한 많은 사례가 있는데 사서에 기록들이 남아 있다. 법제가 심각하게 무너질 때도 황제 본인이 법을 지키지 않는 행위와 매우 큰 관련이 있다. 이 역시 많은 사례가 있다. 황제 밑에 있는 수많은 신하들의 법률을 대하는 태도 또한 매우 중요하다. 훌륭한 법 집행관들이 있으면 법률의 정확한 시행이 보장되고 때로는 황제의 위법 행위를 저지할 수 있기 때문이다.

개황開皇, 정관貞觀, 개원開元 시기가 바로 황제 본인이 앞장서서 법을 지키고 신하들 역시 대부분 법에 입각해 일을 처리하는 사람들이어서 조정은 깨끗하고 나라는 흥성했던 것이다. 이런 사람들이 없었다면 훌륭한 법이 아무리 많이 있었어도 좋은 성과를 얻을 수 없었을 것이다. 이것은 오랫동안 논쟁이 끊이지 않는 인치와 법치의 관계에 관련된 문제다. 필자는 이 관계에 있어서 시작과 최종 역할을 하는 주체는 사람이지 법이 아니라고 생각한다. 법은 사람이 정하고 사람이 집행하기 때문이다. 사람들이 자발적으로 법을 지키는 것이 습관이 될 때만 법치가 인치보다 우월하다거나 그 반대상황에 대한 결정을 내릴 수 있다. 이는 하나의 과정이기 때문에 한 단락만 떼어 내 논증할 수 없는 문제다.

법률을 통일시키고 안정을 유지한 점도 수·당 법제의 성과다. 그 중에는 물론 실패의 교훈도 있다. 법이 통일되지 않으면 백성이 따르지 않고, 법이 안정되지 못하면 사람이 적응하기 어렵다. 그래서 수 문제와 당 태종 및 일부 깨어있는 군주와 신하들은 항상 이 점을 강조했다. 물론 통일과 안정을 강조하는 것이 결코 조정과 개혁을 하지 말라는 뜻은 아니다. 시대 상황이 변하고 개혁을 요구하면 바꿔야 하지만 반드시 법에 따라 절차를 진행해야 한다. 그렇지 않을 경우 혼란을 야기할 수 있다. 법을 마음대로 바꾸고 원칙에 일관성이 없는 행위는 당대를 포함한 역대 법제제정에서의 금기사항이자 지나쳐서는 안 되는 중요한 문제다.

천하의 영웅을 손에 넣다
— 재능만 있으면 발탁하는 과거제도

정치의 핵심은 우수한 인재를 확보하는 데 있다. 안정과 혼란 및 성쇠도 모두 이것과 관계된다. 어떻게 사람을 얻는가? 즉 어떤 경로와 방법을 통해 사회가 필요로 하는 우수한 인재를 선발하는가는 가장 중요한 문제다. 수·당 시기에 시행한 과거제는 우수한 인재가 벼슬길에 들어서도록 보장한 훌륭한 제도였다. 비록 후대에 와서 과거제의 폐단이 점점 심각해졌지만 인재선발에 있어 구체적인 조치와 방법은 지금까지도 참고할 만한 가치가 있다.

수·당 시기 과거제도의 출현은 중국 고대 인사제도에서 획기적인 변혁이다. 이 시기 과거제의 시행은 뒷날 이 제도가 성행하는 기초를 다졌다. 과거제는 당시 사회발전의 원동력이었지만 동시에 일부 폐단을 드러내기도 했다.

1. 과거제 시행 이전의 인재선발 제도

전설에 가까운 하夏·상商 주周나라 가운데 비교적 믿을 수 있는 시대인 서주西周 때 세경세록제世卿世祿制를 시행했다. 소위 세경세록이란 최고통치자가 혈연관계를 바탕으로 자신의 친속에게 토지를 분봉하고, 중앙과 지방의 각급 권력을 크고 작은 귀족들에게 나누어 장악하게 하는 제도를 말한다. 토지와 신분은 대대로 세습이 가능하고, 임명과 해임은 임의로 할 수 없었다. 세경세록제는 당시의 종법제宗法制 및 분봉제分封制와 서로 일체가 되는 제도다. 주요 특징은 적장자가 왕위를 계승하고 다른 왕자들은 땅을 나누어 받고 제후에 봉해지며, 전체 구조는 피라미드식 권력체계를 형성한다. 이러한 세습제의 출현은 국가가 출현하는 중요한 원인과 상징이며 인류가 야만의 단계에서 문명의 단계로 넘어가는 과정이다. 또한 원시공유제가 사유제로 바뀌는 과정의 필연적인 산물이라는 사실을 인정해야 한다. 그러나 문명의 진보에 원동력 역할을 한 이후에는 점차 내재된 폐단이 드러나면서 오히려 사회문명의 진보를 저해하게 되었다.

춘추전국시대에는 왕실이 힘을 잃고 제후들의 세력이 커지면서, 여러 제후국 사이에서 전쟁이 일어나고 인재 쟁탈전이 격렬해졌으며, 유용한 인재의 선발이 그 어느 때보다 중시되었다. 제후국 중에는 재능이 있는 사람들을 뽑아 육성하고 수시로 기용했는데 이를 '양사養士'라 한다. 제齊나라의 맹상군孟嘗君, 조趙나라의 평원군平原君, 초楚나라의 춘신군春申君, 위魏나라의 신릉군信陵君 등은 수백, 수천의 양사를 보유했다. 제후국 가운데 전공이 있는 사람 중에서 관리를 선발하는 나라도 있었는데 이를 '군공軍功'이라 했다. 당시 진秦나라는 군공의 크고 작음에 따라 관리를 선발했기 때문에 군사력이 매우 강해져 결국 다른 여섯 나라를 정복할 수 있었다. 또한 군주들 중에는 다른 나라의 인재를 등용해 요직을 맡기기도 했는데 이를 '객경客卿'이라 했다. 상앙商鞅은 위衛나라에서 진나라로 온 관리였고 당대에 명성을 날린 소진蘇秦과 장의張儀도 여러 나라의 요직을 번갈아 맡았다. 이 시기에는 여러 가지 인재선발 방식이 있어 '제각기 자신의 재능을 발휘하는' 인재들이 많이 배출되었다. 이를 통해 혈연세습으로 이어지던 관직세습제가 지속될 수 없었음을 알 수 있다.

찰거정벽제와 구품중정제

한漢나라에 이르러서는 점차 찰거정벽제察擧征辟制가 형성되었다. 소위 찰거察擧라는 말은 주, 군 등의 지방관이 자신의 관할구역에서 통치계급이 필요로 하는 인재를 찾아내 '효렴孝廉' '무재이등茂才異等' '현량방정賢良方正' 등 명목으로 중앙정부에 추천하면 일정한 심사를 거쳐 상응하는 관직을 주는 제도를 일컫는다. 정벽征辟은 황제 혹은 지방장관이 직접 선발하는 방식을 말한다. 찰거와 정벽은 먼저 시행된 세경세록제보다 크게 진보한 선발방식이다. 그러나 이 제도는 인재와 관리선발을 구분하지 않고, 선발과 평가도 구분하지 않았으며, 선발과 교육이 분리되어 있고, 관리를 선발하는 전문관리가 없고, 먼저 선발하고 나중에 심사하는 등의 특징이 있어 각급 관리가 찰거와 정벽을 시행하는 과정에서 부정행위를 저지를 수 있는 수많은 허점을 갖고 있었다. 그리하여 동한東漢 말년에 이르러서는 '수재를 뽑아도 글을 모르고, 효렴으로 뽑히고도 아버지와 별거하며, 청렴하다는 자가 혼탁하고, 장군이라는 자가 닭처럼 겁쟁이인' 괴이한 현상이 나타나게 되었다.

조위曹魏시대 위 문제 조비曹丕는 이부상서 진군陳群의 건의를 받아들여 '구품중정제九品中正制'라는 인사제도를 시행했다. 이 제도는 위나라에서 시작되고 진晋나라에서 발전·성숙되었으며 남북조시대 때 쇠퇴했다. 기본내용은 각 주에 대중정大中正을, 군에 소중정을 두고 대소중정은 모두 중앙에서 현지에 파견한 관리가 담당했다. 대소중정은 자신이 관할하는 지역 내의 인물을 9등급, 즉 '구품九品'(상상,

상중, 상하, 중상, 중중, 중하, 하상, 하중, 하하)으로 나누었다. 중앙정부는 중정이 평가한 등급에 따라 관직을 수여했다. 이 제도는 동한 이래 주와 군의 명사들이 여론을 조종하고 찰거와 정벽을 좌지우지하던 상황을 조금이나마 개선하여 재능이 있는 사람들이 관료기구에 들어가게 하는 역할을 했다. 그러나 권문세족의 역량이 커짐에 따라 대소중정관은 모두 그들의 차지가 되었다. 이 때문에 '고위직에는 한문寒門(가난하고 비천한 가문) 출신이 없고 하위직에는 세족勢族이 없는' 폐단이 생겨났다. 재능 있는 한문 출신들은 "귀족의 자제들은 높은 자리를 차지하고 재능이 출중한 자들은 하위직에 머무는구나!"라고 탄식만 할 뿐이었다. '구품중정제'는 그로 인해 완전히 문벌의 세력을 공고히 다지는 도구로 전락했다.

　이러한 몇 가지 인재선발제도는 과거제와는 완전히 달랐다. 그러나 상술한 몇 가지 인사제도를 시행하는 시기에, 심지어 이러한 제도 안에서 과거제도가 태동하고 있었다. 주나라 때 세경세록제를 시행하는 동시에 전대의 '향에서 추천하고, 이里에서 선발하는' 방식이 여전히 존재했다고 전한다. 고대의 법전인 『주례周禮』에 따르면, 향대부鄉大夫는 3년에 한 번씩 '대비大比'를 개최해 향인들의 '덕행과 도예'를 살펴 어질고 재능있는 사람들을 선발해 왕에게 추천했다. 사람들은 이것이 후대 과거제의 '현량방정과賢良方正科'의 원형이라고 말한다. 후대의 진사進士, 공사貢士 등 명칭도 이 시기의 문헌에서 찾아볼 수 있다. 한나라 찰거정벽의 과목인 '명경明經' '명법明法' '수재秀才' '효렴孝廉' '현량방정' 등은 모두 후대 과거제의 과목과 동일하다. 또 '특과特科'란 것이 있었는데 과거의 '제거制擧'와 비슷하다. 조정으로 추천되어 온 사람들도 일정한 시험과 심사를 거쳤는데, 단지 과거만큼 엄격하지 않았을 뿐이다.

2. 과거제의 발전사

수나라 초기와 당나라 초기에는 사회가 완전히 안정되지 못하고 오래된 폐단을 쉽게 없애지 못해 전대의 '구품중정제'를 그대로 시행했다. 수 문제 양견楊堅은 즉위하고 얼마 지나지 않아 '구품중정제'를 시행했다. 양견의 아버지 이름이 양충楊忠이라 같은 글자의 사용을 피하기 위해 '중정中正'을 '주도州都'로 고쳤다. 그러나 이 시기의 권문세가는 이미 갈수록 몰락하고 미천한 가문의 사족세력이 나날이 성장하면서 이 제도는 배척을 받게 된다. 낡은 제도를 고집하던 두 관리는 이 때문에 파면되기도 했다. 수나라 초기와 상황이 비슷한 당나라 초기에는 인재가 매우 부족한 상태였다. 각지의 권세가들을 끌어들이기 위해 '구품중정제'를 부활했으나 단지 임시적인 조치였기 때문에 곧바로 폐지되었다.

수나라의 초기 형태 과거제

봉건경제의 발전에 적응하고 중앙집권을 강화하며 정권의 계급기초를 확대하기 위해 수 문제는 개황 연간에 위진魏晋 이래의 '구품관인九品官人' 제도를 분과分科로 선발하는 방식으로 바꿨다. 사서에 따르면, 개황 3년(583년) 정월에 문제가 어질고 능력있는 사람을 추천할 것을 명했다. 개황 18년(598년) 7월, 5품 이상의 중앙관리 총관總管과 자사刺史 등에게 '지행수근志行修謹'과 '청평간제淸平干濟'로 인재를 선발하라고 조서를 내려 지시했다.

대업 3년(607년) 4월, 수 양제는 문무백관에게 '효제유문孝悌有聞' '덕행돈후德行敦厚' '절의가칭節義可稱' '조이청결操履淸潔' '강의정직強

毅正直' '집헌불요執憲不撓' '학업우민學業優敏' '문재수미文才秀美' '재감장략才堪將略' '여력효장膂力驍壯' 등 10과로 사람을 선발하도록 명했다.

대업 5년(609년) 1월, 여러 군에 '학업과 예능 방면에 재주가 뛰어난 자' '힘이 센 자' '정무를 잘 보는 자' '성격이 정직한 자' 등을 추천하라고 조서를 내렸다. 이러한 방법은 모두 임시적인 선발방식으로 아직 제도화되지 못했지만, 과를 나누어 추천하는 특징은 이미 과거제의 형식을 갖추고 있었다. 대업 연간에 양제는 또 명경과明經科와 진사과進士科의 두 과를 신설했고, 아울러 '시책試策'으로 인재를 선발했다. 이것은 과거제가 이미 탄생했음을 시사한다.

당나라 과거제의 발전단계

수나라에서 창시한 과거제도는 당나라 때 몇 단계의 발전을 거쳐 최종 확정된다.

첫 단계는 고조와 태종 시기로 회복단계다. 당 고조는 무덕 4년(621년) 4월 1일에 칙령을 반포해 여러 주의 학사 및 예전의 명경明經, 수재秀才, 준사俊士, 진사進士들 중에서 치국의 도리를 알면서 향리의 명사인 사람에게 해당 현의 시험을 위탁하고 주에서 심사한 뒤 합격자를 선발해, 매년 10월에 각 주에서 공물을 바칠 때 함께 수도에 오게 했다. 이 조치는 수나라에서 탄생된 과거제를 당왕조에서 회복한 최초의 칙령으로 알려져 있다. 또 이듬해 3월에는 모든 주의 총관, 자사에게 조정에서 등용할 만한 인재를 추천하라는 조서를 내렸다.

당 태종은 '치국의 근본은 사람을 얻는 것이다' 라는 도리를 잘 알고 있었기 때문에 인재의 선발과 등용을 매우 중시했다. 각종 방법을 동원해 널리 인재를 구하는 동시에 특히 과거제를 채택해 인재를 선발했다. 사서에 따르면, 한번은 태종이 궁전의 정문을 나서고 있는데 새로 과거 급제한 진사들이 줄을 지어 나오는 모습을 보고 매우 기뻐하며 "천하의 영웅들이 모두 나의 손에 들어오는구나."라고 감탄을 금치 못했다. 그러나 이 시기의 과거는 단지 사대부들이 관리 자격을 얻는 경로 중 하나에 지나지 않았다. 통계에 의하면, 정관 시기 해마다 등용한 진사는 평균적으로 9명밖에 되지 않았고 명경은 좀 많아서 30, 40명이었다. 이것은 과거제가 아직 회복단계에 있었고 아직까지는 주도적 위치를 차지하지 못했음을 설명한다.

두 번째 단계는 고종과 무측천에서 현종 개원開元과 천보天寶시기까지로 과거제의 발전단계다. 당나라 초, 몇십 년의 발전을 거쳐 봉건경제가 번영하기 시작하자 벼슬길에 들어서려는 크고 작은 지주들과 지식인들이 점점 많아졌다. 이런 상황에서 과거를 통해 선발하는 인재의 수가 예전에 비해 확연히 증가했다. 당 고종 총장總章(668~683년) 이후에는 매년 평균 24명의 진사를 등용했는데 이것은 고종 초기보다 70% 증가한 수치다.

무측천은 집권 이후 인심을 얻고 자신의 통치기반을 튼튼히 하기 위해 과거시험을 매우 중시했다. 상시 선발이 아닌 '제거制擧'를 특별히 중시했다. 그 예로, 수공垂拱 4년부터 대족大足 2년(688~702년)까지 15년 사이에 제과制科시험을 11번이나 거행했다. 재초載初원년(688년)에는 또한 낙성전에서 친히 추천된 인재들에게 책문하여 전시殿試의 선례를 열었다. 장안 2년(702년)에는 무거武擧과목을 신설해 전문적으로 무장을 선발했다.

이 모든 과정은 과거제도를 개선하고 발전시킴으로써 관리선발의 방법으로서 과거의 지위가 향상되는 데 큰 역할을 했다. 통계에 따르면 고위직, 특히 재상은 과거 출신자의 비중이 태종 시기의 3.4%에서 고종 시기에는 25%로 상승했고 무측천 시기에는 50%에 이르렀다. 보통 지주 출신으로서 재상이 된 사람들의 비중도 크게 증가했다. 무측천 시기 명경과 진사 출신의 재상 20명 중에서 지주의 자제와 중하급 관리의 자손이 14명이나 된다.

현종 개원, 천보 시기(713~755년)에 과거로 관리를 선발하는 규모가 크게 확대되어 매년 몇천 명에 이르는 사람이 선발되었다고 전한다. 신룡神龍과 개원 연간에 시부詩賦를 진사과 시험에 넣는다고 규정했다. 중소 지주와 하층 지식인들은 과거를 통해 관리가 되고, 특히 진사과를 통해 높은 관직을 얻는 사람들이 점점 많아졌다.

세 번째 단계는 '안사의 난' 이후부터 당나라 말기까지로, 비록 잠시 정체된 적이 있지만 과거제가 최종 확립되는 시기다. '안사의 난' 전에 관중 대족 우문융宇文融과 청하淸河 대족 최은보崔隱甫가 연합해 출신이 미천한 장설張說과 장구령張九齡을 내쫓은 사건이 일어남으로써 붕당 싸움이 시작된다. '안사의 난' 이후에는 과거 출신자와 비과거 출신자의 투쟁이 더욱 격렬해졌다. 예를 들면, 대종代宗과 덕종德宗 시기 농서隴西 대족 이규李揆가 정권을 잡았을 때 그는 출신이 미천한 원재元載의 임용을 거절했다. 원재가 재상으로 있을 때는 진사 출신의 양염楊炎과 상곤常袞 등을 중용했으며, 이규 일파인 유안劉晏이 정권을 잡자 원재를 죽였고, 양염은 재상의 자리에 오르자 유안을 살해했으며, 범양范陽 대족 노기盧杞가 재상이 되자 다시 양염을 죽였다.

붕당 싸움이 일어나면서 번진할거 세력이 커지고 환관의 전권이 심해져 조정의 상황은 말이 아니었다. 이 시기에 '우이당쟁牛李黨爭'이 일어났다. 진사 출신이 아닌 '이당李黨' 수령 이덕유李德裕는 명문가의 자제들을 중용할 것을 주장하고 과거 출신자들을 배척했다. 그가 정권을 잡았을 때 과거제를 완전히 폐지하지는 않았지만 '기집期集' '참알參謁' '곡강제명曲江題名'과 같은 진사 급제 후의 많은 의식들이 폐지되었다.

그러나 당나라의 과거제는 초기 발전단계에 있었기 때문에 강한 생명력을 갖추고 있었다. 따라서 명문가 출신 관료집단의 반대에 부닥쳐도 결국에는 당나라의 인재선발 방식 중에서 주도적인 지위를 차지하게 된다. 통계에 따르면, 헌종憲宗 이후부터 재상 가운데 진사 출신자의 비율이 절대적 우위를 차지한다. 헌종 시기는 58.6%, 목종穆宗 시기는 57.1%, 경종敬宗 시기는 85.7%, 문종文宗 시기는 75%, 무종武宗 시기는 80%, 선종宣宗 시기는 87%, 의종懿宗 시기는 81%를 차지했다.

3. 수·당 과거제의 변천사

발전과 성행단계에 있던 수·당의 과거제는 기본내용이 자주 변경되었다. 대체로 다음과 같은 몇 가지로 개괄할 수 있다.

과거의 과목과 내용은 주로 상선常選, 제거制擧, 무거武擧의 세 가지가 있다.

상선과 제거의 내용

상선은 상과, 상거라고도 하는데 규정에 의해 해마다 치러진다. 상선의 과목은 수시로 변했는데 합하면 수십 가지나 된다. 그중에서 자주 출제되는 과목은 6가지였다.

(1) 수재秀才. 이 과목은 원래 한나라 찰거察擧의 일종으로 위진남북조를 거쳐 수나라에 이르러 최고의 과목으로 자리 잡았고 당나라 초에도 마찬가지였다. 수재과는 주로 국가경영이나 정책을 시험하는 과목으로 당나라 초에는 여러 차례 폐지하기도 하여 그 지위가 점점 하락하는 추세였다.

(2) 명경明經. 한나라의 찰거에도 이 과목이 있었고, 남조南朝의 국자생에서 시험을 치고 관리가 되는 인사선발제도를 명경이라 했다. 대략 수나라 때부터 과거의 과목으로 채택되었다. 당나라에 이르러 명경은 9경, 5경, 4경, 3경, 2경, 학구學究1경, 3예禮, 3전傳, 사료 등 여러 과목으로 세분되었고 시험 내용은 유가 경전이 중심을 이루었다. 당나라 초에 명경은 정치적 대안과 대책을 시험했지만 그 뒤 그 내용과 방법이 끊임없이 변했다. 당나라는 문풍을 숭상했기 때문에 명경과는 사람들의 주목을 받지 못했다.

(3) 진사進士. 수나라에서 시작되어 당나라에서 발전·완비되었다. 시험 내용과 방법은 자주 변했는데 초기에는 대체로 시책試策에 초점이 맞춰졌다. 나중에는 첩경貼經을 먼저 치르고 이를 통과하면 잡문, 잡문을 통과하면 시책의 순으로 시험을 치렀다. 모두 세 번의 시험을 치게 된다. 간혹 시험을 네 번 보기도 했는데 이럴 경우 잡문, 시론試論, 시책試策, 첩경의 순서로 치렀다. 첫 번째 시험의 잡문을 통과한 자만이 두 번째, 세 번째, 네 번째 시험을 칠 수 있었다. 중종 시기의 신룡神龍과 현종 시기의 개원 연간에 이르러서는 시詩와 부賦도 필수 과목이 되었다. 진사과는 원래 갑과 을, 두 과가 있었는데 무덕武德 이후에는 을과만 남겼다. 당나라 과거제도는 초기에는 명경과 진사

를 보는 사람이 가장 많았는데 나중에는 진사를 치르는 사람이 더 많아졌다. 당시 명경과의 채용률은 10~20%였으며 진사과는 1~2%에 불과했다. 그래서 사람들은 "30세에 명경에 합격하면 늦은 것이고, 50세에 진사에 합격하면 이른 것이다."라고 말했다.

(4) 명법明法. 한나라 찰거제에 이 명칭이 보인다. 수·당 때 여러 차례 변했다. 주로 율령 10문제, 시책 10문제를 출제했다. 모두 맞힌 사람은 갑등, 8개 이상을 맞힌 사람은 을등으로 급제하고 7개 이하면 불합격되었다.

(5) 서書. 서학, 명학, 명자라고도 하는데 소학小學과 문자과文字科에 속한다. 먼저 구술시험을 통과하면 다시 『설문說文』 『자림字林』 등의 내용을 시험했다.

(6) 산算. 산학, 명산이라고도 하며 수학과에 속한다. 주로 『9장九章』 『해도海島』 『손자孫子』 『5조五曹』 『장구건張丘建』 『하후양夏侯陽』 『주비周髀』 『5경五經』 『철술輟術』 『집고緝古』 등 고대 수학 저서의 내용을 시험했다.

제거制擧는 제과, 특과, 특거라고도 한다. 주로 한나라 제조制詔에서 기원한 제도인데 과목이 매우 많았으며 시험 날짜와 항목도 황제가 임의로 결정했다. 일반인과 관리 모두 참가할 수 있었다. 고증에 따르면 당나라 제거과목은 수십 가지나 되는데 크게는 9가지로 나눠 볼 수 있다.

(1) 문사류文詞類. '사탄문율과詞彈文律科' '사표문원과詞標文苑科' 등 15과.
(2) 군무류軍武類. '장수과將帥科' '무족안변과武足安邊科' 등 8과.
(3) 이치류吏治類. '악목과岳牧科' '공황과龔黃科' 등 13과.
(4) 장재류長才類. '절륜과絶倫科' '발췌과拔萃科' 등 8과.

(5)불우류不遇類. '장재광도침적하료과長才廣度沉迹下僚科' '재고위하과才高位下科' 등 10과.

(6)유학류儒學類. '포유소지업과抱儒素之業科' '문유이등과文儒異等科' 등 10과.

(7)현량충직류賢良忠直類. '지열추상과志烈秋霜科' '임난불고순절녕방과臨難不顧殉節寧邦科' 등 8과.

(8)현도류玄道類. '동효현경과洞曉玄經科' '통삼교종지구정미저과通三教宗旨究精微著科' 등 2과.

(9)방기류方伎類. '박아전도과博雅典度科' '6률5음과六律五音科' '창우사기총우수령선부주토눌자과暢于辭氣聰于受領善敷奏吐訥者科' 등 3과.

제과는 항목이 매우 많기는 하지만 시험의 내용은 서로 비슷했다. 보통 현안에 대한 정책을 시험했는데 현종 이후에는 시詩와 부賦도 포함되었다. 제과 혹은 기타 과목에 합격해 관리가 된 뒤에도 다시 제과를 칠 수 있었다. 그러나 당나라 사람들은 제과는 관리가 되는 정도正道가 아니라고 생각했기 때문에 제과 출신자들은 종종 무시를 당했다.

무거武擧는 무측천 장안 2년(702년)에 신설돼 한동안 시행되다가 중단되었다. 무거 시험에는 장타長垛 · 마사馬射 · 보사步射 · 평사平射 · 통사筒射 · 마창馬槍 · 교관翹關 · 부중負重 · 신재身材 등을 시험 보았다. 유명한 장군 곽자의가 바로 무거 출신이다.

시험의 방식과 절차

응시생의 출신과 대상에 따라 과목의 구별 또는 편중이 있었다. 상과常科는 주로 생도生徒와 향공鄕貢출신이 응시했다. 당나라는 중앙과 지방에 모두 학교를 설립했는데 중앙에는 국자감·홍문관·숭문관이 있고 지방에는 주와 현학이 있었다. 각 학교의 학생은 정원 제한이 있었다. 입학연령과 학습연한도 명확하게 규정돼 있었다. 매년 겨울 국자감, 홍문관, 숭문관과 각 주와 현학은 모두 시험을 치러 합격한 학생을 다시 상서성에 보내 시험을 보게 했는데 이를 '생도生徒'라 한다. 비록 학교에서 공부하지 않았지만 학문이 우수한 사람은 주현에 '투첩자거投牒自擧' 할 수 있었다. 즉, 일종의 지원서인 서면으로 시험을 신청하고 합격하면 주에서 상서성에 추천하여 시험에 참가하게 했다. 이런 수험생은 각 주에서 공물을 바칠 때 함께 수도로 보냈기 때문에 '향공鄕貢'이라 불렀다. 제과의 수험생은 급제하여 관리가 될 수 있고 상과에 지원할 수 있었다. 무과의 수험생은 명경과 진사의 향공처럼 각 주에서 선발해 올려 보냈다. 그러나 당나라는 법을 위반한 경험이 있는 자와 공상인의 자식 및 주현의 하급관리는 과거에 참가하지 못하도록 규정했다.

시험 방법으로는 주로 구술·첩경帖經·묵의墨義·책문策問·시부詩賦 등 5가지가 있다. 구술시험의 내용은 상세히 알 수가 없다. 나머지 4가지 방식은 대개 아래와 같다.

(1) 첩경. 명경, 진사, 명법明法, 서書, 산算 등 각 과는 반드시 첩경을 시험보아야 한다. 첩경은 경서의 내용을 뽑아 한 행만 보여주고 나머지는 감추는데 중간에 종이로 세 글자를 가리고 수험생에게 감춘 세 글자를 읽거나 써내게 하는 것이다. 후대의 빈자리 채우기와 비슷하다.

(2) 묵의. 묵의는 대의大義라고도 하는데 경전의 내용에 관한 문답 형식이다. 처음엔 구술시험이었으나 심사하기 힘들어 필기시험으로 바뀌었다. 그래서 묵의라고 한다.

(3) 책문. 난이도가 비교적 높은 시험이다. 형식은 한나라의 현량대책賢良對策에서 기원했는데 오늘날의 문답시험과 비슷하다. 문제는 치국방책과 현안에 관한 것으로 수험생은 질문에 대한 답을 작성한다.

(4) 시부. 당나라 초의 과거시험에서는 책문이 중시되었다. 영륭永隆 2년(681년)에 고공원외랑考功員外郞 유사립劉思立의 건의로 진사과에 잡문 2편을 추가한다. 잡문이란 잠箴·명銘·논論·표表 등을 말하는 것으로 이 때문에 진사과는 문장을 중시하는 방향으로 발전하게 된다. 신룡과 개원 연간에 이르러 진사과는 정식으로 시와 부를 시험 보았고, 천보 연간에는 제거에서도 이 방식을 채택함으로써 과거에서 시와 부로 인재를 선발하는 방법이 상례가 되었다.

시험 절차는 점차 엄격해졌다. 과거를 주관하는 관리의 자격도 비교적 높았다. 상과 시험은 처음에는 이부 고공원외랑이 주관했는데 개원 24년(736년)에 수험생과 시험관 사이에 충돌이 발생하자 사람들은 고공원외랑의 직급(종6품상)이 낮아 전국적인 시험을 주관할 수 없다고 여겼다. 그래서 예부시랑(정4품하)으로 교체해 주관하도록 했다. 나중에는 중서사인中書舍人 혹은 4품 이상의 관리가 맡기도 했다. 제거시험은 황제가 직접 주관했다. 무거시험은 병부에서 책임졌고 성시省試는 보통 장안에서 거행되었다.

각지의 수험생들은 보통 가을에 수도에 가고 성시는 이듬해 봄 '홰나무 꽃이 노랗게 필 때' 개최되었다. 그래서 당시에 "홰나무 꽃이 노래지면 수험생들이 바빠진다."는 말이 유행했다. 시험 날 수험생은 반드시 물·숯·초·식기 등을 준비하고 서리의 부름을 기다렸다가 순서대로 고사장에 입장한다. 고사장은 병사가 지키고 의복을 수색하여 부정행위를 방지했다. 시험은 보통 이름을 가리지 않았다(무측천 시기에는 가린 적이 있다). 시간은 하루로 제한하고 저녁이 되어

서도 답안을 제출하지 않으면 초 3개를 켜서 제한시간을 알렸다. 그래서 "3개의 초가 다 타면 수험생의 마음도 다 타버린다."라는 말이 있었다.

과거의 급제는 곧 가문의 영광

과거 합격을 '급제及第' 라 불렀다. 낙방한 사람은 국자감에서 공부하면서 재시험을 준비할 수 있었다. 사람들이 진사과를 중시했기 때문에 진사가 점차 과거의 대명사가 되었다. 사서에 따르면 당나라 때 매번 진사과에 응시한 사람이 많으면 2,000명, 적어도 1,000명이 넘었는데 급제한 사람은 30~40명에 불과했고 적을 때는 몇 명밖에 되지 않았다.

수험생들은 습관적으로 흰색 삼베 두루마기를 입었기 때문에 급제한 진사들을 '백의경상白衣卿相' '일품백삼一品白衫'이라 불렀다. 과거 합격을 '등용문'이라고 일컬었다. 그러나 상과에 합격해도 즉시 현직에 임명되는 것이 아니고 다시 이부의 시험을 거쳐야 했는데, 이를 '성시省試' 혹은 '석갈시釋褐試(평민의 복장인 갈색옷을 벗고 관복인 자색옷을 입는다는 뜻)'라 했다. 이 시험에 합격해야 관직을 수여받을 수 있었다. 진사 1등은 '장원狀元' 혹은 '장두狀頭'라 하고, 새로 합격한 진사는 서로 '동년同年'이라 불렀으며, 주임시험관은 '좌주座主' '좌사座師'라 하고 합격자는 그의 '문생門生'이 되었다.

진사에 급제하면 일련의 우대를 받았다. 우선은 희소식을 급제자의 집에 전했다. 즉 주사主司는 황색 종이에 합격자 이름을 쓰고 꽃을 달아 사람을 시켜 알렸다. 이것을 '편방첩片旁帖' 혹은 '금화첩자金花帖子'라 불렀다. 이것이 진사의 집에 도착하면 이웃과 친척들은 풍악을 울리며 축하했는데 이를 '희신喜信'이라 한다. 다음은 곡강연유曲江宴遊다. 급제한 진사들은 주사에게 감사드리고 좌주와 문생의 예를 갖춘 뒤 여러 가지 연회를 베푼다. 동년들은 곡강曲江에서 연회를 열었는데 이를 '곡강대회'라 했다. 때때로 황제가 직접 자운루紫雲樓에 와서 수렴으로 참관했으며 공경公卿들도 이를 사윗감 선택의 기회로 삼았다.

새 진사들은 또 장안을 돌면서 가는 곳마다 잔치를 벌였는데 이를 '행화연杏花宴'이라 했다. 연회석상에는 주연主宴·주주主酒·주악主樂·탐화探花·주차主茶 등 좌석이 마련된다. 탐화를 맡은 사람은 반드시 다른 사람보다 앞서 그 곳의 꽃을 꺾어야 하고 못하면 벌을 받았다. 뒷날 전시殿試에서 3등 한 급제자를 '탐화'라 불렀는데 바로 여기에서 유래한 것이다. 그 다음은 자은제명慈恩題名, 즉 그 해에 합격한 진사는 자은사탑(지금의 대안탑)에서 잔치를 베풀고 탑에 이름을 썼는데 이를 '제명석題名席' 혹은 '제명회題名會'라 했다.

이 밖에 '평강지락平康之樂'도 있다. 당시 평강리에는 기생집이 있었다. 급제자들은 여기서 즐기기도 했다. 일단 정식 관리가 되면 기생집 출입이 불편하기 때문에 이 기회를 잡아 한바탕 노는 것이다. 그러나 무엇보다 가장 중요한 점은 가문의 영광이라는 사실이다. 즉 급제하면 그 가족과 친척은 함께 영광을 나누며 조상을 빛내고 가문을 일으켜

대안탑(大雁塔)

'의관호衣冠戶(당나라 호구 분류의 하나)'에 들어가 세금과 부역을 면제받는 등 여러 혜택을 누리기 때문이다.

4. 과거제의 긍정적인 역할과 부정적인 측면

수·당 시기의 과거제는 성행단계에 있었다. 과거제의 실시는 당시 사회에 긍정적인 역할을 했다.

우선, 중앙집권 봉건통치를 한층 강화하는 데 유리했다. 과거제는 9품중정제를 반대하는 입장에서 생겨나, 남북조 이래 미천한 가문 세력의 부상과 평민 지주들의 정치참여를 실현했다. 과거제의 실시는 서족庶族(평민) 지주 및 지식인들에게 관리가 되는 새로운 길을 열어주었고 이로써 봉건통치계급의 기반을 확대했다. 과거제는 인재 선발권을 중앙조정에 집중시켜 많은 우수한 인재들이 조정을 위해 일할 수 있었다. 이로 인해 인재들이 다시는 권문세족 및 기타 할거세력에게 종속되지 않았기 때문에 중앙집권 통치의 강화에 유리했다.

이 밖에 유가 경전을 주요 내용으로 하고 엄격한 절차를 거쳐 인재를 선발하는 과거제에서 급제자는 여러 가지 혜택을 받았다. 이 때문에 많은 지식인들을 통치계급이 요구하는 사상에 부합되는 궤도로 끌어들이고 그들의 사상방향을 조정하여 잠재적인 반항세력을 줄여나갈 수 있었다. 바로 이러한 이유로 당 태종은 그 해에 합격한 진사들이 줄을 지어 궁의 정문을 나서는 것을 보고 "천하의 영웅이 모두 나의 손에 들어왔구나!"라고 기뻐했던 것이다.

다음으로, 사회혁신에 유리했다. 당시 급제자들은 대부분 정치적

시야가 넓고, 두뇌가 명석하며, 낡은 것을 답습하지 않고 비판했다. 또 하층 백성과도 비교적 밀접한 관계를 맺었다. 그들은 관리가 되면, 특히 최고 정책결정자의 범주에 들어가면 대부분 조정의 혁신을 주장하고 백성의 요구를 대표했다. 그 예로, 헌종은 즉위하자마자 정치적 폐단을 개혁하고 나라의 안녕을 유지하기 위해 요숭·송경·장가현·장설·두섬·한휴·장구령 등 과거 출신자들을 재상으로 임명했다. 이들은 현실을 직시하고 직언을 서슴지 않았으며 조정의 기강을 바로 잡아, 개원성세開元盛世의 구축에 크게 공헌했다. 순종 시기의 '영정혁신永貞革新' 과정에서 왕숙문과 왕비 집단 가운데 핵심 인물인 유우석·유종원·위집의·정이 등도 모두 과거 출신자들이다. 헌종은 즉위하면서 번진을 제거하기로 결심했는데 번진제거 정책을 관철한 재상 무원형과 배도 또한 과거 출신이었다. 특히 배도는 무원형이 암살되고 자신도 중상을 입은 상황에서 죽음을 무릅쓰고 번진 평정의 결심을 버리지 않아 끝내는 승리로 이끌었다.

아울러 과거제는 행정 효율과 관리집단의 자질을 높이는 데도 긍정적인 역할을 했다. 급제자들은 대부분 전문 지식을 갖추고 열심히 일하는데다 진취성이 강해 국가기구에 들어가자 새로운 활력소가 되었고 적극적으로 새로운 사업을 추진했다. 명경 출신의 적인걸은 무측천 시기에는 대리승을 맡아 오랫동안 미결로 남아있던 1만7,000여 사건을 한 해에 해결했는데 한 사람도 억울함을 호소하지 않았다. 동자과童子科 출신의 유안劉晏은 도지度支·주전鑄錢·염철등사鹽鐵等使에 이어 전운轉運·상평등사常平等使도 겸직했다. 그는 재임기간에 염전을 전문적으로 운영하고 조운을 개선하여 당왕조 후기의 재정과 경제분야에 공헌한 바가 컸기 때문에 반대파도 이를 인정하지 않을 수 없었다.

동시에 과거제는 학식을 중시했기에 급제자는 모두 문화적 소양이 높아 관리가 되고 나서는 과거 이외의 다른 경로를 통해 관리가 된 사람들의 문화의식을 이끌어 관리사회의 문화적 소양이 전체적으로 높아졌다. 일반적으로 과거를 통해 관리가 되면 이부에서 주관하는 신身(용모)·언言(언변)·서書(글씨)·판判(판단력)의 4가지 시험을 거쳐야 하는데 이 관문을 통과한 합격자들은 무엇보다 덕행의 높고 낮음에 따라 임용 순서가 결정됐다. 만약 2명 이상이 덕행이 비슷하면 재능이 더 우수한 자를 선택하고, 재능이 비슷하면 공적을 보았다. 이렇게 함으로써 관리들의 외적 이미지와 내적 덕성, 재능과 업적이 모두 중시되어 관리사회의 소양과 이미지가 개선되고 나아가 소양이 한 단계 높아졌다.

마지막으로 당나라 과거시험, 특히 사대부들이 매우 중시한 진사과는 반드시 시와 부를 시험과목으로 삼았기 때문에 응시자는 아주 많은 시간과 노력을 시를 읊고 부를 짓는 데 투자했다. 이에 힘입어 시단의 거두들이 많이 나왔고, 후대에도 따라오지 못하는 시 분야의 번영과 발전을 이룩했다. 즉 중국 고대문화에 세계가 찬양하는 한 떨기 진기한 꽃을 보탠 것이다.

과거제의 폐단

과거제는 앞서 열거한 장점에도 불구하고 일부 폐단도 드러나 후세에 좋지 않은 영향을 끼쳤음을 간과할 수 없다.

다시 말해, 제도의 미비점으로 인해 여러 가지 부정행위가 나타났다. 생도와 향공을 수도에 보내는 과정에서 규정이 명확하지 않은 부분도 있었고, 그나마 규정대로 집행하지 않는 경우도 적지 않아 지방의 일부 권세가들이 응시자들을 조종하고 유혹하는 현상이 일어났다. 이에 따라 일부 재능이 있는 사람들이 처음부터 기회를 얻지 못하는 사례도 발생했다. 특히 시험 전에는 수험생이 자신의 실력을 과시할 기회를 허용하는 제도상의 허점을 이용해, 평소 써놓은 문장을 인맥을 통해 예부 혹은 고위관리에게 보내 미리 출세의 길을 닦아 놓는 수험생도 있었다. 이 과정에서 당연히 연줄을 대고 뒷거래를 하고 뇌물을 주고받는 등의 부정행위가 일어났다. 물론 정말 실력이 있지만 공정하지 못한 대우를 받을까 걱정하는 사람들도 있었다. 과거시험 중에는 또한 대리시험이나 남의 답안을 베껴 쓰는 등 부정행위도 없지 않아 공정하게 겨루는 자리를 혼탁하게 만드는 사람들도 있었다.

이 밖에도 채용할 때 '청탁'이라는 것이 있었는데 여러 관계를 통해 주사主司에게 채용을 부탁하는 행위를 말한다. 당나라의 대표적인 대문장가이자 사상가인 한유韓愈도 여러 사람을 위해 청탁을 했다. 이러한 나쁜 기풍의 사례를 보자. 대화 2년(828년)의 진사과에서 채용된 5명은 모두 청탁과 추천 혹은 다른 관계를 통해 사전에 결정된 사람들이었다. 이 중에는 훗날 대문장가로 역사에 전하는 두목杜牧도 포함돼 있는데 그는 이해 진사과에서 5등으로 뽑혔다. 권세가들이 이러한 몇 가지의 핵심적인 고리를 장악하고 있어 원화元和 연간 이후에는 고위관리 자제가 급제하는 비중이 급속히 높아졌다. 따라서 원래 각 계층의 지식인 가운데서 인재를 선발하던 진사과가 거의 고위관리들의 직위세습을 위한 도구로 전락했다.

과거시험 이후 급제자와 주임시험관 사이는 '좌주' '좌사'와 '문생'의 관계를 형성하게 된다. 또 같은 해에 채용된 사람들은 '동창'이라 불렸고 급제한 뒤 문생이 좌주를 배알하고 동창들이 함께 어울려 비정상적인 관계를 형성하기 쉬웠다. 그래서 한두 번의 주임시험관을 맡아 자기 손으로 급제시킨 '문생'을 자신을 부양하는 '양전미옥良田美玉'에 비유하는 사람도 나타났다. 이는 과거시험이 관료들 사이에 붕당 및 붕당 싸움을 조장할 수 있는 문제를 내포하고 있음을 반영한다. 당시 이덕유가 과거시험 이후의 곡강대회를 폐지하자고 한 까닭은 단지 과거 출신에 대한 편견 때문만은 아니었다. 확실히 붕당을 없애고 관리사회를 깨끗이 하자는 좋은 의도도 깔려 있었다. 이 점은 후대의 과거제에서 더욱 심각해져 군주의 전제를 공고히 하는 데 방해요소로 작용했다.

한편, 과거에서 문장·시·부의 중시와 격식의 추구는 문장만 중시하고 정책을 멀리하며, 허식을 중시하고 실무를 경시하는 폐단을 낳았다. 이러한 풍조는 관리사회 내지는 사회 전체에 형식주의 기풍을 조장해 웃지 못할 이야기도 많이 낳았다. 오죽하면 다음과 같은 이야기도 전해진다.

덕종 시기 제거에는 '회재포기, 불구문달懷材抱器, 不求聞達' 과가 있었다. 누군가가 소응현昭應縣(지금의 섬서 임동)에서 한 서생이 급히 장안으로 가는 것을 보고 어째서 그렇게 서두르는지를 물었다. 서생은 "불구문달과(명예나 영달을 구하지 않는 과목) 시험에 응시하려구요."라고 대답했다. 명·청시기에는 '8고문八股文'이 유행했는데 지나치게 형식에 치우쳐 응시생들은 뼈를 깎듯 문장을 갈고닦아야 했다. 오로지 부귀공명만 추구한 나머지 친부모도 모른 체하는 일도 이 시기에 발생한다.

인류문명의 공동발전 시대를 연 대외개방
— 폭넓고 도량이 큰 대외개방

'성당기상(盛唐氣象)'은 당나라의 다각적인 대외개방과 뗄 수 없는 관계를 이루고 있다. 다각적인 대외개방이란 경제무역과 사상문화의 교류뿐만 아니라 정치영역의 접촉을 포함한 전면적인 개방이다. 수·당의 봉건문화 속에는 당시 세계의 많은 나라와 민족의 공헌이 녹아 있고, 수·당의 봉건문화 또한 당시 많은 나라와 민족의 문화발전에 크게 기여했다. 인류문화의 상호 교류와 공동 진보 역사에서 수·당의 대외개방은 빛나는 한 페이지를 장식했다.

당 고종 이치李治와 무측천武則天을 합장한 건릉乾陵에는 많은 능묘 석각이 보존되어 있다. 석비石碑·화표華表·비마飛馬·주작朱雀·석마石馬·석사石獅외에도 61개(60개는 현존)의 '번추蕃酋(오랑캐 우두머리) 석상'이 있다. 문헌 기록에 의하면, 그들은 모두 당나라와 밀접한 관계를 맺고 있던 중국 서·남 일대의 각국 수령으로 고종의 장례에 참가했다. 무측천은 이 일을 기념하기 위해 석상에 공적을 기록하게 했다. 오랜 세월 동안 비바람에 풍화되어 석상의 머리는 훼손되었고 등 뒤의 문자도 알아보기 힘들다. 그러나 의복과 장신구의 모습을 통해 소수민

61개의 빈왕상(賓王像)

족의 특징을 읽을 수 있다. 체격이 우람하고 생동감이 넘쳐나는 석상은 대부분 소매가 좁은 옷을 입고 허리에는 넓은 혁대를 찼으며 가죽장화를 신고 있는 형상이다.

명나라 유백온劉伯溫은 "번왕들이 층층이 엄숙하게 서 있고, 천마는 날아오를 듯한 기세로 줄지어 있다."고 시를 지어 당나라의 조각예술을 크게 칭찬했다. 성당 시기 대외개방의 기상이 얼마나 웅대하고 영향력이 광범위했는지를 알 수 있는 대목이다.

1. 다각적인 대외개방을 가능하게 했던 제반 조건

한 민족과 국가 및 지역이 대외개방을 하기 위해서는 일정한 조건을 갖추어야 한다. 요즘말로 하면, 사람을 끌어들이고 머물 수 있게 해야 한다. 수隋 · 당唐 시기의 봉건사회가 이런 조건을 구비했다.

강대한 국력과 다양한 무역로

진秦 · 한漢 시기와 마찬가지로 수 · 당은 고도의 중앙집권 통일국가였다. 사회는 안정되었고 큰 동란과 분열은 일어나지 않았다. 통일과 안정이 보장된 상태에서 물질문명과 정신문명(제도문명을 포함)은 모두 전례 없는 높은 수준을 보였다. 이런 사실은 앞의 각 장에서 다른 각도에서 다양하게 소개했는데 역사 발전의 종적인 면에서 본 것이다. 횡적으로 보자면, 문제 양견楊堅이 수나라를 세울 때 중국의 봉건사회는 이미 1,000년이 넘는 역사를 간직하고 있었지만 당시 서구의 봉건제도는 불과 한 세기의 역사에 지나지 않았다. 다른 나라들은 봉건사회로 진입한 시기가 서구보다도 늦었다. 비잔틴제국은 7세기, 즉 중국의 수나라 말, 당나라 초에 봉건사회로 진입했다. 아랍제국은 7세기 후기, 즉 중국 당 고종 이후 비로소 봉건사회로 이행했으며 인도는 5~7세기, 즉 중국 남북조부터 당나라 전기에 봉건제도가 형성되었다. 한국과 일본도 7세기 중기, 즉 중국 당 고종 시기에 봉건사회로 진입했다. 당시 세계에서 비교적 선진적인 나라들이 봉건사회로 진입할 무렵에 중국의 수·당왕조는 이미 봉건사회의 성숙단계에 있었고 세계 역사무대에서 앞자리를 차지하고 있었음을 말해준다. 이러한 이유로 세계 각국, 특히 이웃 나라와 지역에 대해 강한 영향력을 가지고 있었던 것이다.

국내의 통일, 강성한 국력, 번영과 상응해 이 시기에는 주변국과 대체로 평화를 유지했다. 수·당 시기에 대외적으로 전쟁을 치른 적도 있고 주변 민족, 나라와 충돌이 일어나기도 했지만, 대체로 변방은 안정되고 국제 교통로도 흐름이 원활하여 사통팔달이었다고 표현할 수 있다.

당시 서북쪽은 육로로 왕래했다. 육로는 중앙아시아, 서아시아와 유럽 노선이 있었는데 이것이 유명한 '비단길'이다. '비단길'은 또한 세 갈래 큰 길이 있는데 바로 북도, 중도, 남도가 그것이다. 북도는 천산북로를 따라 돈황에서 출발하여 이오伊吾(지금의 하미), 포류해蒲類海(지금의 바리쿤), 서돌궐칸정(지금의 발하슈호 남부)를 거쳐 동로마를 지나 지중해에 이르렀다. 중도는 천산남로의 북도를 지나는 것인데 돈황에서 출발하여 고창(지금의 투르판), 언기焉耆, 구자龜玆, 소륵疏勒, 총령葱嶺을 지나 페르시아로 연결됐다. 남도는 천산남로의 남도를 경과하는데 돈황에서 선선鄯善, 우전于闐을 거쳐 총령과 토하라를 지나 북파라국北婆羅國(지금의 인도 북부)에 이르렀다.

　동남 방면은 주로 해로다. 대식大食, 페르시아 및 남해(인도양) 여러 나라와의 상로商路는 모두 광주를 출발해 주로 진랍점불로산眞臘占不勞山(지금의 베트남 동쪽 200리 섬), 해협(말라카해협), 나월국羅越國(지금의 태국), 불서국佛逝國(지금의 수마트라 남부), 가릉訶陵(지금의 자바), 가곡라국哥谷羅國(지금의 수마트라 동북부), 사자국師子國(지금의 스리랑카), 막래국莫來國(지금의 인도 서남 해안), 발풍일국拔風日國(지금의 봄베이)를 지나 다시 서쪽으로 불리자하弗利刺河를 거쳐 말라국末羅國에 도착했다. 일본으로 가는 바닷길은 남과 북의 두 갈래가 있었다. 북로는 등주登州에서 출발해 발해를 지나 요동반도와 한반도를 거쳐 신라에 도착하고 다시 일본으로 가는 노선이고, 남로는 양주揚州 혹은 명주明州에서 떠나 동해(한국의 서해)를 지나 하카타만博多灣에 이르는 노선이다.

잘 갖추어진 기반시설

　국내의 기반시설도 잘 갖추어져 상업무역과 대외 교류 확대에 유리했다.

　국내외 상업무역과 문화 등 교류의 주요 매개체인 도시의 건설도 세인의 주목을 받았다. 수도 장안과 동도東都 낙양은 당시 세계에서 보기 드문 대도시로 규모가 방대하고 건축이 화려했으며 구조와 배치가 합리적이어서 공상업 경영과 대외 교류에 편리성을 제공했다.

　양주揚州·광주廣州·천주泉州·명주明州 등 도시는 매우 빠르게 발전해 유명한 상업도시이자 국제 항구로 이름이 높았다. 특히 광주는 중국에서 가장 큰 항구였고, 세계에서도 가장 큰 항구 중 하나였다. 매일 평균 11척의 배가 기항하고 한해에 출입하는 배가 대략 4,000여

척이나 되었다. 당나라 정부는 광주에 외국상인의 거주지역인 '번방蕃坊'을 설치했다. 여기에 번장, 도번장 등의 관리를 두고 외국상인들과 관련한 사무를 관리했다. 도번장은 외국상인들이 추천하고 당나라 정부에서 임명했다. 도번장은 외국상인과 관련한 사무를 관리하는 일 이외에 당나라 정부와 협조해 외국상인들을 끌어들였다.

수륙교통도 매우 원활했다. 주요 하천마다 수로를 건설했다. 수나라가 건설한 대운하는 남북을 하나로 연결해 운항이 매우 편리해졌다. 장안에서 위하渭河와 황하를 거쳐 동도 낙양에 도착하고, 영제거永濟渠를 지나 북으로 유주幽州(지금의 북경 일대)까지 연결됐다. 낙양 동남쪽은 통제거通濟渠를 통해 남으로는 양주와 동남 각 주에 이르렀다. 다른 한 갈래는 장안에서 남전藍田을 거쳐 상주商州에 도달해 200리 육로를 지나 단강丹江과 한수漢水를 이용해 장강에 이르며, 다시 장강에서 상강湘江을 따라 남하해 영거靈渠, 계강桂江, 주강珠江을 거쳐 광주에 도달했다. 육로는 더욱 사통팔달이었다.

당시 국내의 주요 통신시설인 우역郵驛(역참)도 상당히 발달해 있었다. 관청의 우편 교통망은 수도 장안을 중심으로 사방으로 퍼져 변방 지역까지 통해 있었고 30리마다 역참을 두었다. 전국에는 1,600여 개의 역참이 있었고 담당 인원만 5만여 명에 달했다. 우역은 육역, 수역, 수륙겸역 3가지가 있었다. 각 역참에는 역사가 있고 말, 당나귀, 배, 밭이 딸려 있었다. 전달 속도는 매우 빨라 급한 일이 있을 경우 역마로 하루에 300리 이상을 전달할 정도였다. 755년에 안녹산이 범양에서 반란을 일으켰을 당시 현종은 섬서성 임동臨潼의 화청궁華淸宮에서 양귀비와 즐기고 있었다. 두 곳은 3,000리나 떨어져 있었지만 현종은 6일 만에 급박한 상황을 전달받았다. 전달속도가 하루에 500리로 당시로서는 놀라운 일이 아닐 수 없다. 당나라 시인 잠참岑參은 역기驛騎를 묘사한 시에서 "한 역을 지나 한 역에 이르니 역기가 밤하늘을 가르는 유성과 같다. 아침에 함양을 떠났는데 저녁에 농산隴山에 이르렀다."라고 읊고 있다. 역기를 유성에 비유한 표현은 매우 적절하다. 후대의 소설과 희곡에 자주 등장하는 "유성 비마가 소식을 전한다." "유성 탐마가 보고한다."는 표현은 바로 여기서 나온 말이다.

2. 수·당 시기의 전면적인 대외개방과 영향

수·당 시기 대외개방의 수준은 말 그대로 전면적인 것이었다. 경제무역과 문화의식의 교류는 물론 정치적 접촉도 활발했다. 봉건시대에는 일찍이 없던 이러한 개방은 통치자의 자신감과 진보성을 충분히 보여 주고 있다.

활발한 경제교류

경제교류는 관청주도인 관방무역이 중심을 이루었다. 수나라는 수도 낙양의 건국문 밖에 '사방관四方館'을 설치하고 대외무역을 관리했다. 동방을 주관하는 사람을 '동이사자東夷使者', 북방을 주관하는 사람을 '북적사자北狄使者'라 불렀다. 당나라는 육상무역 관리기구와 함께 광주廣州에 시박사市舶使를 두고 출항하는 상선을 관리했다. 즉, 당나라에서 국외로 가는 상선을 대상으로 화물을 검사하고 관세를 징수했다. 시박사는 중국 역사상 최초의 해관海關기구다. 수·당 정부는 대외무역 촉진을 위해 외국 상인을 우대했다. 수 양제 때 수도에 오는 외국상인들은 음식·숙박·교통·위락시설 등 여러 면에서 우대를 받았다. 여기에는 국력의 우월함을 과시하려는 의도도 담겨 있었지만 이러한 조치가 실제로 대외무역 발전에 유리하게 작용했다.

또 조령을 여러 차례 반포해 각지에서 오는 외국상인들에 관한 사무를 합리적으로 처리할 것을 지시했다. 다시 말해 관세를 낮추고, 교통 편리를 제공하며, 광주·양주·명주·등주·천주·초주·장안 등에 '번방蕃坊'을 설치해 외국상인들이 거주할 수 있게 하고, 법률로 우대를 보장했다. 주요 수출품은 갖가지 견직물·도자기·차 등이고 주요 수입품은 진주·보석·향료·약품·무소뿔·상아 등이었다. 관방무역에서 수입은 주로 '조공朝貢'의 형식, 수출은 대개 '회사回賜'의 형식으로 각각 이뤄졌는데 모두 특혜의 성격을 띠었다. 대외무역의 대상 국가와 지역은 아시아와 유럽 및 아프리카의 일부 지역까지 확대되었다.

관방무역과 동시에 민간무역도 활발히 진행되었다. 흑의대식黑衣大食(지금의 아랍 일부 지역)국은 당나라에 여러 번 사절을 보냈고 양국의 민간 상업교류도 활발했는데, 장안의 서시西市는 흑의대식 상인들의 집결지였다. 광주와 동남 연해지역에는 바다를 건너 온 많은 대식 상인들이 있었는데, 일시 체류자와 장기 체류자는 물론 아예 중국에서 가정을 이루고 정착한 사람도 있었다. 페르시아·신라·일본·천축(지금의 인도·파키스탄 지역)·임읍(지금의 베트남)·진랍(지금의 캄보디아) 등 인근 국가를 상대로 한 민간 상업무역은 더욱 활발했다.

광범위한 문화교류

　문화교류의 범위도 더욱 광범위해졌다. 종교, 특히 불교를 중심으로 한 교류가 매우 중요한 위치를 차지한다. 인도에서 발생한 불교는 1세기 중엽인 서한西漢 말에 중국에 전해졌다. 동한 이후 통치계급은 불교가 통치지위 수호에 유리하다는 사실을 점차 인식하고 불교를 적극 지원했다. 불교는 나날이 발전하여 남북조 시기에 이르러서는 크게 성행한다. 수·당 때에는 불교가 더욱 성행하여 중국의 일부 학자들이 인도 등지에 가서 불교를 배우고 돌아와 경전을 번역했고, 조선과 일본 등의 승려는 중국에 와서 불법을 배웠다. 이에 더해 인도의 승려는 중국에서 포교하고, 중국의 승려들은 조선·일본·인도 등지에서 불경을 강의하고 불법을 전수하며 서로 왕래하고 교류했다.

　문화교류의 매개체로서 여러 종류의 많은 유학생이 '견수사遣隋使' '견당사遣唐使' '학문승' 등의 형식으로 중국에 왔다. 신라는 당 문종 개성開成 5년(840년)에 중국에서 귀국한 유학생 및 기타 인원이 한번에 105명에 달했다. 일본은 당나라 전후로 견당사를 19차례 파견했는데 가장 많을 때는 한번에 600여 명을 보냈다. 견당사는 경전과 역사에 정통하고 문예에 능숙했으며 당나라 정황을 자세하게 알고 있는 사람들로 구성되었다. 수행원 중에는 의사, 음양사, 악사 등도 포함되었다. 이들은 중국을 한층 더 깊이 연구하고 난제를 해결하기 위한 목적에서 중국에 파견되었다.

　종교의 전파가 주목적이었지만 유학생을 통해 이루어진 중국과 외국간의 문화교류는 그 내용이 매우 풍부했다. 불교와 이슬람교 등 종교의 전파와 함께 언어·문학·역사·경전·음악·무도·서법·회화·체육·잡기·천문·역법·산학·의학·율령·관제·복장·음식·거실·예의 등 수많은 분야에서 서로 배우고 교류하고 영향을 주고받았다. 과학발명의 전파도 빨랐다. 의학 분야를 보면, 천축의 발전된 외과수술·정형외과·안과 기법 등은 중국에 전해져 큰 영향을 미쳤고, 중국의 중의학도 일본과 한반도에 전파되었으며, 진맥법과 일부 중요한 의학 서적은 중앙아시아와 서아시아에 전해져 아랍 의학에 영향을 주었다.

중국에서 발명된 조판인쇄술은 먼저 한반도에 전해졌다가 당나라 말 오대五代시기에는 다시 일본에 전파됐다. 이어 베트남과 유럽으로 건너가 문화의 전파를 촉진했다. 751년 당나라 장군 고선지高仙芝가 대식을 상대로 한 달라사怛邏斯전투에서 패했는데 이때 사로잡힌 중국인 포로들이 제지술을 사마르칸트에 전파했다. 그 뒤 중앙아시아를 거쳐 아랍에 전해졌다. 방직·도자기기법·연단술·화약제조법 등도 당나라 때 외국으로 전해졌다.

전례 없는 정치의 개방

경제와 문화 분야의 교류 이외에 수·당 시기 중국과 외국간의 정치적 교류도 진행됐다. 이는 매우 흥미로운 사건이다. 중국에 온 유학생 중에서 많은 사람들이 중국의 율령과 제도 및 문물을 공부했다. 중국의 과거시험에 참가하고 학업에서 큰 성취를 이룬 사람들도 있었다.

금으로 만든 봉진신보살(捧眞身菩薩)

그들은 고국으로 돌아가서 대부분 고위관직에 임명돼 당나라 법제를 토대로 자국의 예의와 법률을 개혁하고 중국의 행정체제를 모방해 제도와 관료조직을 만들었다. 또 중국의 과거제를 이식해 관리를 선발했다.

당시 중국에는 외국인 관리가 매우 많았다. 수 양제 때 강도통수江都通守 왕세충王世充은 서역 사람이다. 중국에 50년 동안 살았던 일본인 아배중마려阿倍仲麻呂는 중국을 흠모해 이름을 조형晁衡으로 고쳤다. 중국에서 그는 우보궐右補闕·좌산기상시左散騎常侍·안남도호安南都護·진남절도사鎭南節度使·광록대부겸어사중승光祿大夫兼御史中丞 등을 역임했다. 페르시아가 아랍에 의해 멸망되고 나서 왕자 비로사卑路斯는 당나라로 왔는데 고종은 그에게 우무위장군右武衛將軍 직책을 주었다. 그는 또 중종 때에는 좌무위장군左武衛將軍에 임명되었으며 당나라에서 생을 마감했다. 아랍인 이언승李彦升은 진사에 급제하고 당나라를 위해 큰 공을 세웠다.

개부의동삼사開府儀同三司·무위태수武威太守·하서절도사河西節度使 등을 역임한 고선지는 고구려인이었다. 또 다른 고구려인 왕모중王毛仲도 당나라에서 보국대장군과 좌무위대장군에 임명되었고 확국공霍國公에 봉해졌다. 안식安息(지금의 우즈베키스탄 국경에 위치) 사람 이원량李元諒은 당나라의 화주자사華州刺史·겸어사대부겸어사대부兼御史大夫·동관방어潼關防御·진국군절도사鎭國軍節度使 등의 직책을 맡았다. 이렇게 많은 외국인들이 중국 정부에서 재직했는데 이는 세계에서도 유례를 찾아볼 수 없는 일이다. 일본의 아배중마려가 당나라의 관리였다는 사실은 당나라에서는 화젯거리가 아니었지만 당시 일본에서는 크게 화제가 된 바 있다.

3. 문화교류사에서 빛나는 인물들

서유기의 주인공 현장법사

『서유기西遊記』가 세상에 나온 이래, 서역에서 불경을 가져온 사실은 모두가 다 아는 이야기가 되었다. 『서유기西遊記』의 내용은 허구지만 등장인물 가운데 당나라 승려는 확실히 존재한 인물로 바로 현장玄奘이다.

현장의 원래 이름은 진휘陳褘로 수 문제 개황 16년(596년)에 하남 구씨현緱氏縣에서 태어났다. 13세가 되는 해에 머리를 깎고 법명을 현장이라 했다. 어려서부터 총명하고 배우기를 좋아한 그는 승려가 된 뒤에도 전국 각지로 고승을 찾아다니고 불경을 연구했다. 배우면 배울수록 더욱 많은 의문이 생기자 경전의 진의를 터득하고 부처에 귀의하기 위해 불교의 '성지'에 가서 불법을 구하기로 결심했다. 그리하여 그는 외국인에게 천축어를 배우고 여비를 모아 '서역'으로 구법求法여행을 떠날 준비를 한다.

정관 원년(627년, 정관 3년이라는 말도 있음), 현장은 장안을 출발해 서역으로 향하면서 '천축에 도착하지 못하면 평생 돌아오지 않겠다'는 생각을 품고 사막을 지나 지금의 중국 신강 위구르자치구, 구소련의 중앙아시아 지역과 아프카니스탄 등을 거쳐 마침내 파키스탄과 인도에 도착

현장(玄奘)

했다. 지금의 파키스탄, 네팔과 인도 북부에서 3년을 돌아다닌 그는 당시 인도의 불교학술 중심인 나란타사邢爛陀寺에서 〈유가사지론瑜伽師地論〉을 배웠다.

나란타사에서 5년간 열심히 공부한 현장은 계속해서 인도와 파키스탄 각지에서 불경을 탐구했다. 5년이 지나 다시 나란타사에 돌아와 그곳에서 〈섭대승론攝大乘論〉을 강의하고, 중요한 논문인 〈회종론會宗論〉을 발표했으며, 토론 과정에서 그를 비판하는 논적論敵을 반박하여 굴복시켰다. 642년, 계일왕戒日王은 그를 위해 곡녀성曲女城에서 한차례의 경학 토론대회를 개최했는데 5인도 18국 국왕과 각 파의 승려 수천 명이 참석했다. 이 대회를 통해 현장은 매우 높은 명성을 얻게 된다.

현장은 인도에서 15년간 유학하면서 한시도 조국을 잊은 적이 없었다. 정관 17년(643년), 그는 코끼리와 말에 657부의 불경 및 기타 물품을 싣고 귀국길에 나섰다. 정관 19년(645년) 정월 24일, 그는 마침내 당나라 수도 장안에 무사히 돌아왔다. 당 태종은 현장이 돌아왔다는 말을 듣고 재상 방현령, 대장군 후영侯英, 장안령 이건우 등을 파견해 영접하게 했으며 장안 시민들은 주작대로에서 환영회를 열었다.

현장은 장안에 돌아오자마자 전문기구를 조직해 불경 번역작업에 착수했다. 20년 동안 총 75부, 1,335권을 번역했다. 그는 또한 자신이 여행을 통해 보고 들은 사실을 바탕으로 『대당서역기大唐西域記』를 편찬했다. 이 책에는 중국 신강·구소련의 중앙아시아지역·아프가니스탄·인도·파키스탄·네팔 등 138개 나라의 산천·산물·풍속·종교·정치·경제상황이 기록되어 있어 7세기 중엽 이들 국가와 지역의 역사를 연구하는 중요한 문헌이 되고 있다.

현장의 또 다른 공헌은 노자老子의 『도덕경』을 산스크리트어로 번역해 인도에 소개한 일이다. 아울러 당나라의 「진왕파진악秦王破陣樂」을 인도에 소개했다. 인도의 계일왕은 「진왕파진악」의 기원을 알게 되자 사신을 장안에 보내 당나라와 정식으로 외교관계를 수립하기로 결정했다.

당 고종 인덕麟德 원년(664년) 2월 5일, 현장은 옥화사玉華寺에서 세상을 달리했고 4월 14일에 종남산에 묻혔다. 장례식을 거행할 때 장안 주위 500리 내의 수만 명이 영구를 떠나보냈고, 3만여 명은 묘 옆에 모였다. 사람들이 현장을 얼마나 추모했는지를 알 수 있는 광경이다.

현장이 불경을 가져오는 모습을 묘사한 그림

일본 불교와 건축 및 의학에 공헌한 감진

현장이 서역에서 불경을 가져온 지 얼마 지나지 않은 688년에 감진鑑眞이 강소 양주 강음현江陰縣에서 태어났다. 감진의 본성은 순우淳于이고 14세에 출가했으며 장안과 낙양에서 공부했다. 그가 주지로 있던 양주 대명사大明寺를 중심으로 회남淮南 지역에서 그의 명성은 매우 높았다. 감진은 계율 이외에도 건축과 의약을 깊이 연구했다. 사회문제에 특별한 관심을 갖고 있던 그는 80여 개의 사찰을 지었으며 무수한 불상을 주조했다. 또한 자비원慈悲院을 열어 빈민을 구제하고 가난한 환자를 위해 직접 약을 달이기도 했다.

천보 원년(742년), 일본의 고승 영예榮睿와 보조普照는 장안에서 양주 대명사로 와서 감진대사를 배알했다. 그들은 감진의 계율 강의를 듣는 것 이외에 그의 지지를 얻어 제자 몇 명을 일본에 파견할 것을 희망했다. 감진은 이 요구를 받아들였지만 그의 제자들은 일본이 너무 멀다는 이유로 가려고 하지 않았다. 감진은 "이는 법사法事이기에 생명을 아끼지 말아야 한다. 여러분이 가기 싫으면 내가 간다!"고 엄숙히 말했다. 제자들은 감명을 받았고, 20여명이 그와 함께 일본행을 결심한다. 하지만 여러 가지 원인으로 다섯 차례의 계획은 모두 수포로 돌아가고 끝내 성공하지 못했다.

천보 11년(752년), 일본 견당사는 장안에서 귀국하는 도중 양주 연광사延光寺에 들러 감진을 배알하고 다시 일본 방문을 간청했다. 이때 감진의 나이가 이미 66세의 고령이고 게다가 두 눈은 실명 상태였다. 양주의 승려들과 백성들은 모두 만류했지만 그는 일본에 가서 계율을 전할 것을 결심했다. 이해 11월 15일, 감진은 제자들과 함께 일본 부사副使 대반고마려大伴古麻呂의 배를 타고 출발했다. 마침내 천보 14년(755년) 2월 4일에 평성경平城京(헤이조쿄)에 도착하여 천황 이하 조야 인사들의 환영을 받았다. 헤이조쿄는 오늘날의 나라奈良이다.

감진을 따라 일본에 도착한 25명 중에는 건축가, 화가, 조각가 및 의약, 자수, 주조 등 여러 분야의 인재들이 있었는데 사실상 그들은 하나의 문화사절단인 셈이다. 그들은 일본에 도착하자 계율을 전파하는 동시에 건축·예술·의학 등 분야에서도 일본에 매우 큰 공헌을 했다. 감진이 일본에서 창건한 당초제사唐招提寺(도쇼다이지)에 있는 금당金堂, 강당講堂과 일부 중요한 조형물은 중국 성당 시기 건축 조각의 최고 수준을 대표한다. 또한 일본의 예술 극치를 보여주는 국보로서 지금도 완전한 상태로 보존되고 있다.

감진(鑑眞) 동상

감진은 또한 의학과 약물학 전문가로서 일본 황태후의 난치병을 치료해 주었다. 당시에 『감진상인비방鑑眞上人秘方』이라는 책이 있었는데 전하는 바로는 그의 비방기록이라 한다. 당시 일본에서는 약물학 붐이 막 일어나던 단계여서 약물의 진위여부로 논란이 일어났다. 천황은 이를 논증하라고 명했는데 감진은 비록 두 눈이 보이지 않았지만, 자신의 후각을 빌려 약물의 종류를 식별하고 성능을 감정하여 일본 고대 약물학의 기초를 다졌다. 현재 일본 동대사東大寺(도다이지)의 '기효환奇效丸'은 바로 감진이 일본에 전해준 것이라 한다. 이런 이유로 에도시대(1603~1867년)까지 일본의 약 주머니에는 감진의 형상이 그려져 있었다.

당나라 광덕 원년(763년) 3월, 감진이 병에 걸리자 제자들은 그의 동상을 조성했는데 지금도 일본의 당초제사 개산당(開山堂)에 보존되어 있다. 이것이 바로 일본의 국보 '감진화상좌상(鑑眞和尙坐像)'이다. 이해 5월 6일, 감진은 당초제사에서 76세의 나이로 별세했다.

중일 문화교류 대사 아배중마려

중일 우호관계사에서 또 다른 걸출한 인물이 있다. 바로 일본의 저명한 학자 아배중마려阿倍仲麻呂(아베노 나카마로)다. 아배중마려는 689년 일본의 혼슈 대화에서 태어났다. 어려서부터 총명하고 배우기를 좋아한 그는 소년시절을 일본에서 보냈다. 당나라 개원 5년(717년) 10월, 그는 일본 견당사에 선발되어 중국 장안으로 유학을 갔다.

장안에 도착한 뒤 태학太學에 배치되어 공부했다. 이곳의 학생은 모두 5품 이상 관리의 자제였고, 교사도 전국에서 유명한 학자들이었다. 이곳에서 『예기』『좌전』『공양전』『곡량전』『상서』『시경』『주례』『의례』등 필수과목과『효경』『설문』및 현안 대책 등을 공부했다. 아배중마려는 태학에서 9년 동안 열심히 공부하여 경전에 정통했을 뿐만 아니라 시와 부도 잘 짓게 되었다. 그는 점점 중국 문화를 흠모하게 되어 이름을 조형晁衡(혹은 朝衡이라는 설도 있음)으로 고쳤다.

현종 재위 때인 개원 16년(728년) 경에 아배중마려는 당나라 좌우춘방사경국左右春坊司經局의 교서랑校書郞(종9품)에 임명돼 전문적으로 도서를 교정하고 정리했다. 이듬해에는 '보궐補闕(종7품)'을 맡게 되었는데 이것은 황제 주위에서 간언을 하는 자리로 비록 지위는 높지 않지만 중앙 고관을 접촉하는 기회가 비교적 많은 중앙 정부의 관직이다. 4년 후 의왕儀王 이수李璲의 '우友(종5품하)'에 임명되었는데 의왕을 수행하고 봉건도덕으로 교육하는 직책이었다.

바로 이 시기에 대시인 이백李白이 현종의 요청을 받고 장안에 와서 황제의 문학시종인 한림공봉翰林供奉이 되었다. 이백은 장안에 2년여 동안 거주하면서 하지장賀知章 외에 아배중마려와 친분을 맺었다. 두 사람은 늘 함께 실컷 마시고 노래를 흥얼거리며 담

아배중마려(阿倍仲麻呂) 기념비

론을 주거니 받거니 하면서 깊은 우정을 쌓았다.

　천보 연간, 아배중마려가 귀국하는 도중에 바다에서 조난을 당하자 이백은 이 소식을 듣고 매우 비통한 심정으로 그와의 우정을 추모해 "일본 조형은 제도帝都를 작별하고 봉호蓬壺를 돌아 멀리 떠났다. 명월은 돌아오지 못하고 벽해에 빠지고, 백운은 이별의 슬픔을 달랜다."라는 시를 지었다. 일본의 사서에는 지금까지도 이 시가 실려 있다.

　그러나 아배중마려는 바다에서 구조되어 다시 장안으로 돌아왔다. 그리고 비서감秘書監(국가 도서관장, 종3품)에 임명되었다. 이 시기 그는 또한 왕유王維 등과 가깝게 지냈다. 아배중마려가 귀국할 때 왕유는 바닷가까지 배웅하면서 「송비서조감환일본送秘書晁監還日本」이란 오언시를 지었다. 이 시에서 왕유는 아배중마려가 험난한 바다를 건너는 모습을 묘사하면서 친구의 안위에 대한 깊은 관심과 석별의 정을 그리고 있다.

　아배중마려는 당나라 정부에서 관직을 맡고 중국 문인들과 교류하면서 두 나라 우호 증진의 다리 역할을 했다. 그는 당나라 관리이자 일본 대사의 임무를 수행했다. 일본의 견당사가 장안에 도착할 때마다 그는 자발적으로 나서서 당나라 정부와 통상 업무를 교섭했다. 천보 12년(753년), 일본의 제11차 견당사가 장안에 도착하자 아배중마려는 일본사절단을 인솔해 현종을 접견했다. 접견이 끝나고 현종은 아배중마려에게 명하여 사절단을 이끌고 당나라 중앙정부의 부고府庫와 삼교전三教殿 등을 참관하게 했다. 아배중마려의 요청으로 현종은 일본 대사 등원청하藤原清河(후지와라 기요카와)에게 '특진特進(정2품 산관)'을 하사하고, 부사 대반고마려大伴古麻呂(오토모 고마로)에게 은청광록대부銀青光祿大夫 · 위위경衛尉卿(종3품)을 수여했다. 대력大曆 5년(770년), 아배중마려는 향년 72세의 나이로 중국에서 세상을 떠났다.

4. 수·당 시대 대외개방이 인류문명에 남긴 발자취

　　　　　　　　　　　　　　　　수·당 시기, 나라의 문을 활짝 열고 외국과 교류를 두려워하지 않은 전면적인 대외개방은 당시 중국과 세계의 문명 진보에 긍정적이고 심원한 영향을 미쳤다.

　중국의 입장에서는 불교의 광범위한 전파를 대표로 하는 사상문화 및 생활의 여러 분야에 걸쳐 대외개방을 통해 새로운 유익한 것을 받아들였다.

　불교는 종교이자 철학이다. 불교가 널리 전파됨으로써 중국 철학사상에 깊은 영향을 주었다. 천태天台·법상法相·화엄華嚴·선종禪宗 등 4대 종파는 정도의 차이는 있지만 각 계층의 사상의식 속으로 침투해 중국 전통 통치사상과 복잡하고 미묘한 영향을 주고받았다. 불교는 통치계급 통치사상의 성숙과 완비에 도움을 주었고, 당시 절대다수의 통치자들은 불교를 적극적으로 장려했다. 물론 때로는 사회안정을 저해하여 통치자의 배척을 받기도 하고 심지어 당 무종시기에는 무력으로 불교를 없애려는 폐불사건도 일어났다. 그러나 억제정책은 일시적인 삽입곡일 뿐이고 충돌이 지나간 뒤에는 불교가 더욱 널리 퍼졌다. 송대에 이르러 전통적인 유가사상은 오직 표면을 치장했을 뿐 뼛속은 완전히 불교사상이라고 감탄한 이도 있었다.

입불상

불교의 영향은 주로 사상의식 영역에서 나타나지만 이에 국한되지 않고 더욱 광범위했다. 예컨대 문자 방면에서 당나라 사문沙門 수온守溫은 산스크리트어의 자모체계를 모방하여 한자의 30개 자모(후에 송나라 사람이 36개로 수정)를 선정했다. 대량의 경전을 번역하는 과정에서 새롭게 만든 단어와 관용어는 수만 개에 달하는데 비록 모두 널리 쓰이지는 않았지만 많은 수가 중국의 새로운 단어와 관용어가 되었다.

문장 분야에 있어서도 당시 불교계는 보통 백화문의 성격을 띤 새로운 문체를 사용했고 문장의 조직구조도 불교 본래의 조직구조를 따른 새로운 유형이 출현했다. 심지어 당나라의 경전주석학이 불교 경전의 소초疏鈔를 본뜬 것이라 생각하는 사람도 있다. 문학 형식을 살펴보면, 수·당에서 시작되어 송宋·원元·명明대에 유행한 전기소설 등은 불교의 '속강俗講' '변문變文'에서 유래한다.

이와 함께 불교의 전파에 따라 중국 건축영역에 부도浮屠(범문의 음역, 탑)·석굴·불사 등 새로운 요소가 출현했다. 유명한 당나라 대연탑은 바로 고종 시기에 현장이 가져온 불경을 보존하기 위해 만든 탑이다. 또 조각·인쇄·회화 등 분야에서도 불교가 전파되면서 일부 새로운 요소를 더했다.

학술과 예술 영역에서는 천축의 수학과 천문학이 당나라에 전해졌다. 당나라 『개원점경開元占經』 중에 천축 수학의 숫자와 원호의 화법 등이 기록되어 있다. 승려 일행一行은 『대연력』을 편찬할 때 천축의 『구집력九執歷』을 참고했다. 음악과 무용 분야에서는 외국의 음악과 무용이 큰 비중을 차지했다. 수 양제는 「구부악九部樂」을, 당 태종은 「십부악十部樂」을 만들었는데 모두 외국 음악이 들어있다. 오늘날 우즈베키스탄 지역의 음악인 안국악安國樂(스탄 지역), 사마르칸트 지역의 음악인 강국악康國樂이 바로 중요한 부분을 차지하고 있다.

의약학 방면에서 천축의 외과수술·정형외과·안과기법 등 아랍에서 전해 온 새로운 많은 약재 품종은 당시 중국의 의약학 영역에 영향을 미친다. 기타 학술과 예술 영역에서도 외래 요소를 찾을 수 있는데 서로 영향을 주고받으며 함께 발전해 나갔다.

경제생활 측면에서 보면 일부 새로운 동·식물 품종이 중국에 전해졌다. 즉 인도의 흰 가지와 작두콩, 네팔의 시금치, 지중해 연안의 상추는 모두 이 시기에 중국에서 재배에 성공했다. 한 무제漢武帝 때 서역에서 전해진 포도는 번식에 성공해 이 시기에는 널리 재배됐다. 고유의 제당기술과 더불어 이 시기에 인도에서 전해진 새로운 제당기술을 토대로 백설탕과 각설탕을 만들어냈다. 서역에서 우량말의 품종을 대량으로 수입하여 교배를 통해 국내 말 품종을 개량함으로써 건장하고 아름다운 품종을 만들어냈다. 또한 교잡을 통해 새로운 품종인 노새가 탄생했는데 이는 축산과학 방면의 큰 성과로 꼽힌다.

새로운 동·식물 품종의 수입과 가공방법의 혁신 이외에 경제생활에서는 거실·복장·음식 등에 있어서 외국 풍속의 영향을 받았다. 당 현종이 건축한 '양전凉殿'은 물을 실내로 끌어들여 선풍기를 돌렸다. 전하는 바에 의하면 불림佛菻(동로마)에서 전해진 것이라고 한다. 당나라 궁인들은 말을 탈 때 모두 '호모胡帽'를 썼고 이것이 민간에 전해졌다. 또한 외국의 화장법도 배웠으며, 페르시아의 삼륵장三勒漿과 용고주龍膏酒 및 서역의 '호병胡餠' 등도 장안에 전해졌다. 당시 곡강지曲江池 일대에는 적지 않은 페르시아 술집이 있었는데 외국여자가 접대를 했다. 유명한 시인 이백은 이곳에서 술을 마시며 시를 읊기도 했다.

대외개방의 커다란 의의

수·당의 봉건문명은 당시 세계의 많은 나라와 민족에게 공헌을 했고, 이에 상응하여 중국의 봉건문명도 세계 많은 나라와 민족의 문명진보에 큰 역할을 했다.

중국의 중요한 과학발명은 이 시기 세계 많은 나라에 광범위하게 전파되어 각국의 기술진보와 사회변영에 깊은 영향을 미쳤다. 당나라 천보 10년(751년) 10월, 장군 고선지는 군사를 이끌고 아랍군과 지금의 카자흐스탄 지역에서 전투를 벌였다. 당나라군이 패배하고 많은 병사가 포로가 되었다. 그중에는 제지공예가들도 포함되어 있어 아랍은 이들을 이용해 종이를 만들기 시작했다. 1189년에 이르러 프랑스는 제지작업장을 마련하게 되는데 그 전까지 유럽인들은 양피지를 종이 대신 사용했다. 한 권의 성경을 만들기 위해서는 30마리 이상의 양피를 필요로 했다. 종이가 양피를 대체한 의의는 두말할 나위도 없다. 제지술과 상응하여 조판인쇄술도 한반도·일본·베트남·유럽에 전해져 이들 국가뿐만 아니라 전 세계의 문화발전과 교류에 중요한 역할을 한다. 이 시기에 일행의『대연력』이 일본에 전해졌다. 순인천황淳仁天皇은 763년에 원래 있던『의봉력儀鳳歷』을 폐지하고『대연력』을 채택했다. 당 고종이 제정한『인덕력麟德曆』도 곧바로 신라에 전해져 채택되었다. '약왕藥王' 손사막遜思邈의『천금방千金方』을 대표로 하는 중국 중의약학도 일본과 한반도 등지에 전해졌고, 아랍 의약과 교류하고 서로 영향을 주어 당시 세계의학의 공동 발전을 촉진했다.

과학발명이 세계 각지로 전파되면서 중국 문화도 세계 많은 나라의 문화에 광범위하게 영향을 미친다. 일본과 한반도 등은 중국 문자의 영향을 받았다. 일본은 당시 고유문자가 없었다. 일본에는 대체로 3세기부터 한반도를 거쳐 중국문화가 전파된다. 『논어』『천자문』 등이 이때 일본에 전해졌다. 5세기에 이르러 일본의 귀족은 이미 한자의 사용에 익숙해져 있었다. 일본은 8세기에 정식으로 문자를 갖게 되는데 일본문자의 가타카나는 길비진비吉備眞備(기비노 마키비)가 한자의 편방을 기본으로 해 만든 해서楷書 자모이고, 히라가나는 공해空海(구카이)가 한자의 초서체를 기본으로 해 만든 초서草書 자모이다.

한반도는 통일신라 때 설총薛聰이 '이두吏讀'를 만들었다. 한자의 음과 뜻을 빌려 한국말을 적은 표기법으로, 한국문화의 발전을 촉진하는 역할을 했다. 이밖에 중국의 문학·사학·서법·회화·음악·건축·조각·복장·음식 등도 세계 많은 나라의 문화에 침투해 생활영역에서 광범위한 영향을 미쳤다. 특히 한반도·일본·베트남 등 주변국에 대한 영향력은 더욱 커서 지금까지도 그 흔적을 찾아 볼 수 있다.

더욱 중요한 점은 당시 중국의 정치와 법률제도가 교류국에 커다란 영향을 미쳤다는 사실이다. 〈당률〉이 당시 한반도·일본·베트남 등의 법률제도에 어떠한 영향을 미쳤는지는 이미 앞서 소개했다. 정치제도와 경제제도의 영향도 적지 않다. 한반도가 중국의 여러 제도를 모방했을 뿐만 아니라 일본도 중국의 제도를 운용해 자신의 고유제도를 개조했다. 당시 일본은 중국에 가장 많은 '견당사'를 파견했고, 견당사로 온 사람들은 귀국 뒤 대부분 중앙 혹은 지방의 관리가 되어 당나라에서 보고 들은 것을 일본에 보급했다.

일본역사에서 중요한 의의가 있는 '대화혁신大化革新'은 바로 당에 유학했던 유학생들이 정치분야에서 일으킨 혁신운동이다. 혁신의 주요 내용을 보면, '반전제班田制'는 당나라의 '균전제'와 대체로 비슷하다. 관리제도의 개혁도 실제로는 당나라 관제를 본뜬 것이다. '대화혁신'은 일본사회의 문화를 한 단계 발전시켰고, 당나라 사회와 비슷한 발전 방향으로 나가게 했다. 정치 교류를 포함한 다각적인 대외개방은 세계 각국과 각 민족이 장점을 취하여 단점을 보완하는 데 도움이 되었다. 또한 각국은 대외개방을 통해 자국의 실상에 맞는 더욱 합리적이고 정확한 발전 방향과 방법을 선택할 수 있었다. 대외개방은 인류 공동의 부강과 문명 발전을 위한 하나의 강력한 원동력이었다.

| 후기 |

"역사는 역사다."라는 말이 있습니다. 또한 "역사는 영원한 현실이다."라는 말도 있습니다. 역사를 읽는 사람들의 흥미는 바로 여기에 있고, 역사를 쓰는 사람들의 어려운 점도 아마 여기에 있을 것입니다.

청톈취안程天權(정천권) 선생으로부터 『천추흥망千秋興亡』 가운데 수·당 부분을 써달라는 요청을 받았을 때, 저는 며칠 동안 고민에 빠졌습니다. '성당기상'을 쓴다는 생각에 흥분되기도 했지만, 저작의 난이도 때문에 주저하지 않을 수 없었기 때문입니다. 다행히 거지엔슝葛劍雄(갈검웅) 선생께서 책의 구상에 관한 많은 아이디어를 제공해주셨습니다. 이런 과정을 거쳐 독자 여러분 앞에 이 책이 나오게 되었습니다.

필자는 역사를 좋아하는 사람의 하나로 〈중국고대호적제도사고中國古代戶籍制度史稿〉 등 논문도 썼지만, 여전히 전문지식이 부족하고 이론의 토대가 튼튼하지 못함을 실감합니다. 이 책을 쓰는 과정에서 관계된 사람들의 도움을 받고 일부를 수정했음에도 불구하고 틀린 부분이 없지 않아 있을 것으로 생각됩니다. 앞으로 계속해서 독자 및 전문가 여러분들이 지적해주시기를 희망합니다.

총서의 격식이 제한되다 보니 책을 쓰면서 참고하고 인용한 많은 연구성과를 하나하나 열거하지 못했습니다. 이 점은 이 책을 통해 감사의 인사를 드리며 양해를 구하는 바입니다.

저자
1999년 9월

이 책의 수정판에 첨가된 그림은 대부분 시안 비림碑林박물관의 청젠정(成建正, 성건정) 선생께서 제공해주셨습니다. 감사의 마음을 전합니다.

저자
2004년 5월

역사 연대표

한국사	중국사	세계사
576년 신라, 화랑도의 전신인 원화 제도가 시작됨		
	581년 북주의 양견, 정제를 폐하고 수나라 건국	
584년 신라, 건복(建福)으로 개원	584년 수, 돌궐과의 전쟁에서 승리. 장안과 황하를 연결하는 광통거(廣通渠) 개통	
586년 고구려, 평양의 대성산에서 장안성으로 천도		
	587년 수, 후량(後梁)을 멸함. 구품중정제 폐지. 최초의 과거 실시	
	589년 남조 마지막 왕조 진(陳) 멸망. 수의 천하 통일	
590년 고구려, 평원왕 죽고 영양왕 즉위(~618). 온달이 신라의 아차성에서 전사함		590년 로마교황 그레고리우스 1세 즉위(~604), 교황권이 확립됨
	600년 황태자 양용을 폐하고 양광을 세움	
	601년 태학설치. 돌궐 백성, 수나라에 투항	601년 영국 캔터베리 대사제제도 실시
	604년 진왕(晉王)이었던 태자 양광, 문제를 살해하고 양제 즉위	
	605년 동도 낙양 건설. 대운하 건설	
	610년 강남하(江南河) 개통	610년 동로마의 황제 헤라클리우스 1세 즉위(~641)
612년 고구려, 을지문덕이 살수에서 수나라의 별동대 30만을 전멸시킴(살수대첩)	612년 양제, 제1차 고구려 침략 실패	
	613년 양제, 제2차 고구려 침략, 살수에서 대패	

한국사	중국사	세계사
	614년 양제, 제3차 고구려 침략	615년 사산조 페르시아, 예루살렘을 점령함
		616년 동로마제국, 페르시아에 이집트를 빼앗김
	617년 태원 유수 이연(李淵)이 거병하여 장안 함락	
	618년 양제가 우문화급에게 피살됨. 이연, 당나라 건국	
		620년 사산조페르시아, 다리우스 1세 시대의 최대 영토를 회복함
	624년 3성과 6부의 중앙 정치 기구 설립. 균전법 실시, 조용조 세법 제정. 과거제도 실시	
	626년 현무문의 변. 고조가 태종 이세민에게 양위함.	
	627년 정관의 치 시작. 국내를 10도로 나눔. 현장의 인도 구법행	
	628년 당, 천하를 통일함	
631년 고구려, 천리장성 축조 시작		631년 아라비아 전지역이 이슬람교를 수용함
642년 고구려, 연개소문의 정변 발생		
	644년 태종, 제1차 고구려 침략	
645년 고구려, 안시성싸움 승리	645년 현장, 인도에서 귀국. 제2차 고구려 침략. 태종이 안시성싸움에서 고구려 장수 양만춘에게 져서 퇴각	
646년 고구려, 천리장성 완성	646년 현장, 『대당서역기』완성	

한국사	중국사	세계사
	649년 태종 사망, 태자 이치(고종) 즉위	649년 키프로스섬이 사라센군에 의해 점령됨
	652년 손사막이 의학서 『천금요방』편찬	
	655년 고종, 왕황후를 폐위하고 무측천을 황후로 세움	
	659년 세계 최초의 약전 『당초본』 발간	
660년 백제 멸망	660년 당, 백제 공략. 고종의 병으로 측천무후가 집정함	
668년 고구려 멸망	668년 나·당 연합군 제3차 고구려 침략	
675년 신라, 삼국통일 완성		
	690년 무측천, 국호를 주(周)로 바꾸고 친정 시작	
		697년 베네치아에서 도제(徒弟) 제도 시작
698년 대조영 발해 건국		
	705년 중종이 복위하여 당 국호를 되찾음. 무측천 사망	
	710년 이융기가 위황후 일당을 죽이고 소제를 퇴위시킴. 중종의 동생 예종 즉위	710년 사라센군이 탄제르를 점령함으로써 북아프리카 정복 완료
	711년 절도사 설치	711년 타리크가 이끄는 사라센군에 의한 이베리아반도의 정복 시작
	712년 예종, 태자 이융기(현종)에게 양위함	

한국사	중국사	세계사
	713년 개원의 치 시작	713년 사라센인의 정복에 의하여 서고트왕국 멸망 (466~)
		717년 동로마 황제 레오 3세 즉위(~741)
		726년 동로마의 황제 레오 3세가 성화예배를 금지
733년 신라, 당나라와 연합해 발해 공격	728년 개원 대연력 실시	
	742년 천보 원년, 변경에 10절도사 설치	
751년 신라, 불국사·석굴암 건립	751년 탈라스 강 전투	751년 프랑크, 피핀이 왕에 즉위해 카롤링거 왕조를 성립함(~987)
		752년 동로마, 콘스탄티누스 5세가 아르메니아와 메소포타미아에서 사라센군을 격퇴하고 국경을 정함
	755년 안녹산과 사사명의 난	756년 피핀이 랑고바르트족을 격파하여 라벤나와 중부 이탈리아를 교황에게 기증하여 로마교황령이 성립됨
	757년 안녹산, 아들 안경서에게 살해됨. 곽자의, 장안을 회복함	
	759년 사사명, 낙양을 재차 점령하고 천자를 자칭함	
	761년 사사명, 아들 사조의에게 피살됨	

한국사	중국사	세계사
	762년 현종, 숙종 사망. 시인 이백 사망.	
	763년 이회선, 사조의 살해하여 안사의 난 평정함. 토번, 장안 함락	
		768년 피핀이 죽고, 그의 아들 카를(1세)과 카를만이 프랑크 왕국을 분할하여 통치
771년 신라, 성덕대왕신종을 주조함		771년 카를만이 죽고, 카를이 프랑크왕국을 통일
		774년 동로마, 베네치아를 제외한 전 이탈리아를 상실함
	780년 덕종 건중 원년, 양염의 건의로 양세법 시행	
		787년 제2회 니케아공의회. 동로마 제국의 섭정 이레네가 성화숭배 금지를 해제
788년 신라 원성왕, 독서삼품과 설치		788년 모로코에 이도리스 왕조 성립(~974)
	792년 환관의 전횡 시작	
		800년 카를이 교황 레오 3세로부터 로마황제의 제관을 받음
	805년 덕종 사망, 순제 즉위했으나 이듬해 사망. 헌종 즉위	805년 일본, 사이쵸가 당에서 귀국해 천태종을 개창함
	808년 우승유, 정부의 실정을 비판하여 재상 이길보의 미움을 삼. 우이당쟁의 원인 제공	
		814년 카를 대제가 죽고, 루트비히 1세가 즉위함

한국사	중국사	세계사
	820년 환관 진종지, 헌종을 살해하고 황태자 이항(목종)을 옹립	820년 노르만족, 아일랜드에 왕국을 건설함
	826년 경종, 환관 이극명에게 피살됨. 문종 즉위	
828년 신라, 장보고가 청해진을 설치함		
	830년 우승유와 이덕유가 정권이 바뀔 때마다 번갈아 재상의 자리에 올라 다툼	
		832년 프랑크, 초기 로마네스크 양식이 등장
	835년 감로의 변이 실패하고 환관의 전횡이 극에 달함	
		843년 베디 조약. 프랑크왕국이 중부프랑크·동프랑크·서프랑크로 3분됨
846년 신라, 문성왕이 보낸 자객에 의해 청해진 대사 장보고가 살해됨		
		867년 동로마의 황제 바실레이오스 1세 즉위(~886)해 마케도니아 왕조 시작됨(~1051)
		870년 메르센조약. 중부프랑크 왕국이 동서의 양 프랑크 왕국에 의해 분할됨(독일, 프랑스, 이탈리아의 기원)
	874년 신라, 최치원이 당에서 과거에 급제함	
	875년 왕선지에 호응하여 황소의 난이 일어남(~884)	
	884년 황소, 태산 동남쪽 낭호 산중에서 자살함	

한국사	중국사	세계사
888년 신라, 삼대목 편찬	888년 희종. 장안에서 사망. 소종 즉위	888년 부르군트 왕국 성립 (~1032). 옴미아드 왕조의 압둘라 즉위
	902년 주전충, 이무정을 격파하고 조정의 실권을 빼앗음	
	904년 주전충, 소종을 낙양에서 살해하고 소선제 옹립	
	907년 주전충, 당 애제(哀帝) 살해. 당나라 멸망. 주전충, 황제(태조)로 등극하고, 국호를 양(梁)이라 함. 오대 십국 시작	
910년 후고구려, 왕건이 나주에서 견훤의 군대를 격파함		
		911년 노르망디공국의 창립. 서프랑크 왕이 노르만인의 수장 롤로를 노르망디 공으로 봉하여 노르망디 지방을 수봉함. 동프랑크의 카톨링거 왕조가 단절되고 프랑켄대공 콘라트 1세대가 독일 국왕에 즉위 (~918)

431

역사연대표

수·당나라 - 중화문화의 절정기

초판 1쇄 발행 2009년 2월 6일
초판 3쇄 발행 2010년 12월 27일

총편집   거지엔슝
지은이   쑹창빈
옮긴이   이지연
펴낸이   김혜승
편 집   김신애
디자인   김경옥

펴낸곳   따뜻한손
등 록   제13-1345호
주 소   서울특별시 종로구 명륜동 1가 33-90번지 303호
전 화   02-574-1114   02-762-5114
팩 스   02-761-8888
블로그   www.humandom.com

이 책의 저작권은 저작권자에게 있습니다.
저작권자의 허락 없이 사진과 글을 인용하거나 발췌할 수 없습니다.

*잘못된 책은 바꿔 드립니다.
가격은 뒤표지에 명시되어 있습니다.

한국어판ⓒ 따뜻한손, Humandom Corp. 2010. Printed in Seoul, Korea
ISBN 978-89-91274-32-7
ISBN 978-89-91274-29-7(전8권)

| 당대의 아시아 (7세기) |

* 지도 출처 | (주)천재교육 고등학교 역사부도

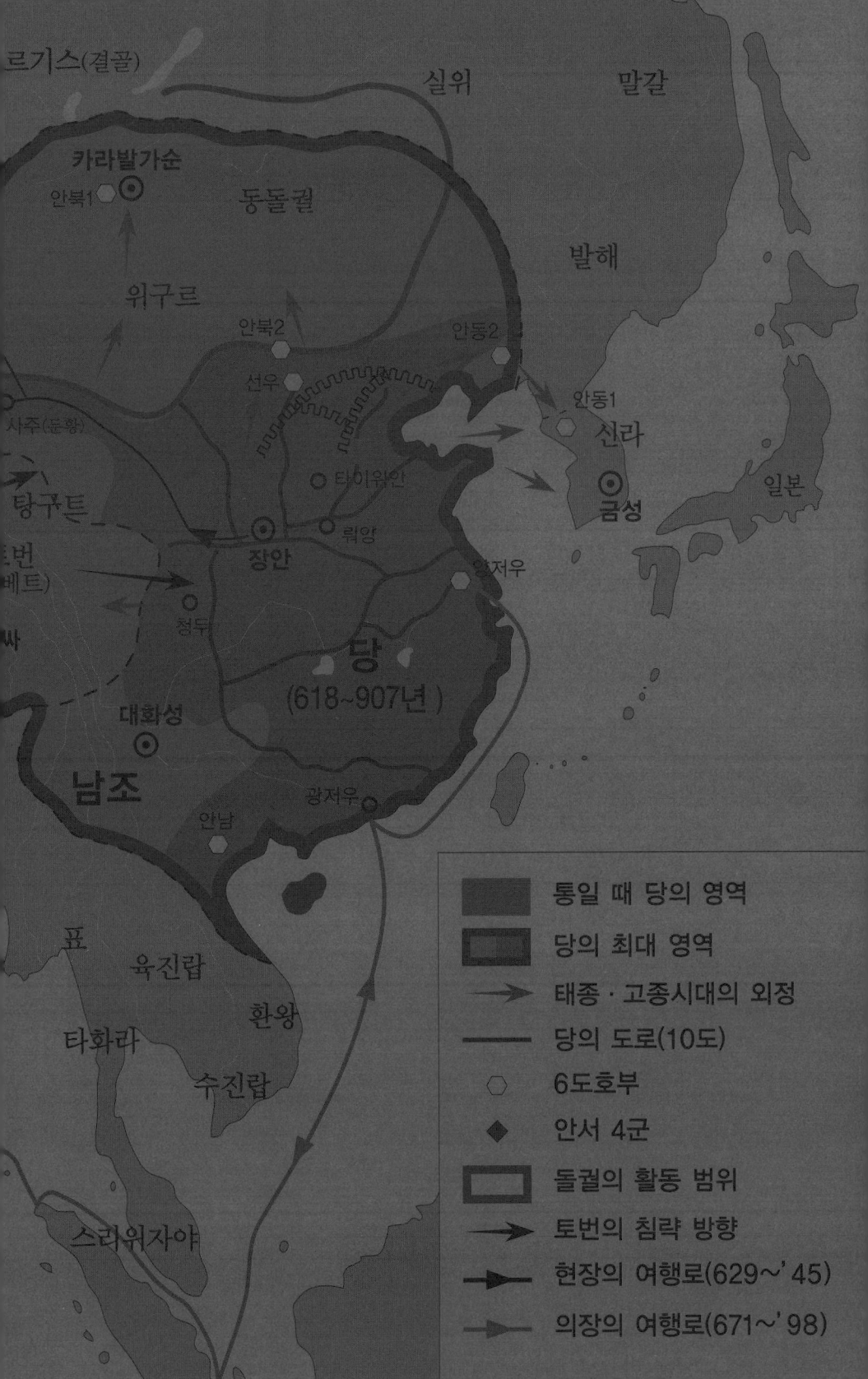